Ernst Hallier

Grundzüge der landschaftlichen Gartenkunst

Eine Ästhetik der Landschaftsgärtnerei, den Gärtnern und Gartenfreunden gewidmet

Verlag
der
Wissenschaften

Ernst Hallier

Grundzüge der landschaftlichen Gartenkunst

Eine Ästhetik der Landschaftsgärtnerei, den Gärtnern und Gartenfreunden gewidmet

ISBN/EAN: 9783957003553

Auflage: 1

Erscheinungsjahr: 2015

Erscheinungsort: Norderstedt, Deutschland

Hergestellt in Europa, USA, Kanada, Australien, Japan
Verlag der Wissenschaften in Hansebooks GmbH, Norderstedt

Cover: Claude Monet "Die Terrasse von Sainte-Adresse" (1867)

Grundzüge

der

Landschaftlichen Gartenkunst,

eine

Aesthetik der Landschaftsgärtnerei,

den Gärtnern und Gartenfreunden gewidmet

Ernst Hallier.

Mit E. Petzold's Bildniß und 41 Zeichnungen in Holzschnitt.

Neue wohlfeile Ausgabe.

Leipzig,

Verlag von Georg Heinrich Meyer

1896.

Herrn

Eduard Petzold

Park- und Garten-Direktor,

dem größten Landschaftsgärtner,

dem genialen Künstler

widmet diese Arbeit als Zeichen

seiner Verehrung und Bewunderung

der Verfasser.

Alles, was man immer dem Menschen beibringen kann, macht ihn nur in soweit brauchbar, oder zu einem Mann, auf den oder auf dessen Kunst man bauen kann, in sofern sein Wissen und seine Kunst auf den Schweiß seiner Lehrzeit gebaut ist; und wo dieser fehlt, sind die Künste und Wissenschaften wie ein Schaum im Meer, der oft von Wellem wie ein Fels erscheint, der aus dem Abgrund emporsteigt, aber verschwindet, sobald Wind und Wellen ihn anstoßen.

Pestalozzi in: Lienhard und Gertrud

Vorwort.

Als ich zu Ostern 1848 in Jena bei Franz Baumann meine Gärtnerlehrzeit begonnen hatte, da war die Landschaftsgärtnerei mein höchstes Ideal. Einst die Ausführung und Ueberwachung großer landschaftlicher Anlagen übernehmen zu können, das war das Ziel meiner Wünsche.

Diesen Wünschen ward Vorschub geleistet, als ich durch Vermittelung meines Lehrherrn dem größten deutschen Landschaftsgärtner, Herrn E. Petzold, damaligem Hofgärtner in Weimar, dem bedeutendsten Schüler des Fürsten Hermann Pückler-Muskau, vorgestellt wurde und dieser ebenso liebenswürdige als begabte Künstler die Anschauungen des 16 jährigen Jünglings aufzuhellen suchte.

Wäre Baumanns Wunsch in Erfüllung gegangen, mir nach beendigter Lehrzeit eine Gehülfenstelle bei L. Eulefeld in Reinhardsbrunn zu verschaffen, so würde ich sicherlich meiner Neigung zur Landschaftsgärtnerei haben folgen können. Aber Leonhard Eulefeld's Tod vereitelte diesen Plan. Ich diente ein Jahr bei Friedrich Adolph Haage jun. in Erfurt, ein zweites Jahr in Berlin in der Rosengärtnerei zu Wißleben bei Ferd. Deppe, dem Reisebegleiter Humboldts und in der Ananastreiberei im Garten von Prinz Albrechts Palais in der Wilhelmstraße bei'm Hofgärtner Hempel.

Der traurige Zustand, in welchem damals sich die dienstlichen Verhältnisse bei den deutschen Handelsgärtnern befanden, veranlaßte mich, auf die praktische Laufbahn zu verzichten und theoretischen Studien mich zu widmen. Erst jetzt, im reiferen Mannesalter, werde ich lebhaft an meine Jugendideale erinnert. Zwar ist es mir nicht vergönnt, zu sagen: „Was man in der Jugend begehrt, das hat man im

Alter die Fülle", denn es ist mir bis jetzt nicht beschieden, meinen gartenästhetischen Ideen durch praktische Ausführung im großen Maaßstab Ausdruck zu verleihen. Aber das Studium der Aesthetik hat mich zur Landschaftsgärtnerei zurückgeführt und giebt mir den Anlaß, durch die folgenden Darstellungen meinen Ideen Verbreitung zu geben und angehenden Landschaftsgärtnern die Grundsätze mitzutheilen und zu erläutern, von welchen jede größere Gartenanlage geleitet sein muß. Dabei wird die gärtnerische Technik von mir als bekannt vorausgesetzt, denn diese muß jedem Gärtner geläufig sein, bevor er sich an ästhetische Aufgaben heranwagt.

So ist dieses Werk entstanden. Möge es Freunde finden und dieselben zu weiteren Naturstudien anregen.

München, im Februar 1891.

Der Verfasser.

Inhaltsübersicht.

I.

Geschichtliche Einleitung.

Die Bestrebungen der Menschen, die Umgebungen ihrer Wohnsitze durch Gartenanlagen zu schmücken, können wir bei den Völkern des Alterthums bis in die Sagenzeit zurück verfolgen. Chinesen, Japaner, Indier und semitische Völkerschaften umgaben namentlich die Paläste ihrer Fürsten mit Gärten und Baumpflanzungen.

Die ältesten Gärten der Chinesen sind uns selbstverständlich nur der Sage nach bekannt. Die Gärten der im Jahr 1122 v. Chr. durch Wu Wang begründeten Tsche Hu-Dynastie sollen so ausgedehnt gewesen sein, daß durch den großen Wasserverbrauch der Ackerbau gefährdet wurde; so daß die bedrängte Bevölkerung, durch übermäßige Frohnarbeiten zur Verzweiflung getrieben, sich empörte und die kaiserlichen Gärten vernichtete. Die Kaiser der Tsche Hu-Dynastie, unter deren Herrschaft der Reformator Con Fu Tse auftrat, ließen aus Persien Baumeister und Gärtner kommen zur Ausführung ihrer Pläne. Tschwang Siang Wang, einer der Vasallen, stürzte im Jahr 248 v. Chr. die Tsche Hu-Dynastie und warf sich zum Kaiser auf. Ihm wird die Erbauung des größten Theils der großen Mauer gegen die Tatareneinfälle zugeschrieben. Er betrieb den Gartenluxus weit großartiger als seine Vorgänger. Seine Gärten sollen zum Theil mehr als 30 Stunden Umfang gehabt, zahllose verschiedene Baumarten enthalten haben und unseren Parkanlagen nicht unähnlich gewesen sein. Dieser chinesische Gartenstyl, welcher sich bis zu unserem Jahrhundert erhalten und mehr und mehr entwickelt hat, zeugt von nicht geringem Natursinn des so mannigfach begabten Volkes. Vom Gartenstyl unserer Zeit zeichnet er sich durch zu große Mannigfaltigkeit, durch Ueberladung mit allerlei Zierrathen, mit Thürmen, Brücken, Tempelchen u. dgl. aus.

Lord Makartney erzählt in dem Bericht über seine Gesandtschaftsreise nach China (Bd. 3 S. 255): „Der Park des Lustschlosses Yuen Min Yuen hält, wie Herr Barrow, der oft dort gewesen ist, versichert, nicht weniger als 12 (engl.) Meilen (2¼ deutsche Meilen) im Umfange. Er schilderte ihn als einen entzückenden Aufenthalt, dessen einzelne Particeen ein zusammenhängendes Ganzes bilden, wohl geordnet und durchaus im großen Styl der Natur angelegt sind. Man findet dort nichts Kleinliches, keine Spielereien, keine abgezirkelten Formen, keine regulären Rasenplätze, wo das Gras wie mit dem Scheermesser abgeschnitten wäre; sondern es sind wirkliche Landschaften, die der Gärtner durch die Wahl und Stellung der Bäume gezeichnet, und durch überlegte Abwechselung des Laubes auch kolorirt hat. Besonders gut verstehen sie sich darauf, durch die Art der Anpflanzung das Auge zu täuschen, so daß eine Gegend beim ersten Anblick größer erscheint, als sie wirklich ist. In den Vorgrund kommen hohe, üppig gewachsene Bäume mit dunklen Laubarten; weiterhin nehmen die Baumgruppen, je mehr sie vom Vorgrund entfernt sind, an Höhe ab, und das Laub wird immer heller und die Form verliert sich

zwischen einzelnen Baumgruppen, deren Kolorit auch auf die verschiedenen Jahres=
zeiten berechnet ist. Wo Felsenpartieen sind, da trägt auch das Pflanzenreich den
Charakter der Gebirgspflanzen, die Bäume sind mitunter kümmerlich und krüppelhaft.
Die Kunst, durch versteckte Anlagen mit Wenigem viel auszurichten und mehr
errathen als wirklich sehen zu lassen, ist dem chinesischen Ziergärtner ebenfalls
nicht unbekannt. In Yuen Min Yuen war namentlich eine schlichte Mauer durch
ein Dickicht so vortheilhaft versteckt, daß das Wenige, was man davon erblickte,
in der Ferne ein mächtiges Gebäude ahnen ließ; sogar Wasser, das, wie gestauet oder
geschützt, in breiter Fläche aus einem höheren in einen niedriger gelegenen Behälter
herabstürzte, war künstlich, zum Täuschen schön, nachgeahmt und von Felsen ein=
geschlossen. Die steife Form und das bunte Kolorit der chinesischen Gebäude waren
das Einzige, was in diesen Landschaften keine malerische Wirkung that; indeß war
jene, durch die wellenförmige Gestalt des Daches, dieses, durch den Schlagschatten,
den der vorspringende Bau desselben auf die Kolonnade warf, einigermaßen ge=
mildert. Die chinesischen hohen Thürme, welche wir Pagoden zu nennen pflegen,
waren gemeiniglich als Belvedere auf den höchsten Berggipfeln angebracht, und
machten dort, als Gesichtspunkte, viel Effekt.

Alles Vorstehenden ungeachtet haben die Chinesen dennoch von Perspektive
und von Vertheilung des Lichtes und Schattens nicht nur gar keinen Begriff, welches
ihre Zeichnungen beweisen, sondern sie finden auch in fremden Arbeiten dieser Art
an dem Zauber der Beleuchtung nicht einmal Geschmack.

Besondere Sorgfalt wenden die Chinesen ihren Begräbnißstätten zu. In dem
Bericht über Lord Macartney's Gesandtschaftsreise[1]) (a. a. O. S. 366. 367) heißt es:

„Jenseits dieser Lustgefilde[2]) änderte sich die Szene, denn die walbigen Hügel
und Thäler umher waren eine weit ausgebreitete Ruhestätte der Todten; doch
störte dieser Anblick den Eindruck der reizenden Gegend nicht im mindesten, denn
der Luxus der Chinesen äußert sich vornehmlich bei ihren Grabstätten, und die
Form derselben hat nichts Melancholisches. Kein Wunder also, daß hier, in der
Nachbarschaft einer reichen Handelsstadt, auch der Todtenacker in der Ferne die
Gegend verschönern half! Man erblickte viele Tausend aufgemauerte Grabstellen, die
6 bis 8 Fuß hoch, von weitem wie lauter kleine Häuser aussahen, und auch reihenweise
neben einander, gleichsam Gassen formirten. Sie waren größtentheils blau an=
gestrichen und an der Hauptseite mit weißen Pfeilern verziert. Die Grabmäler
der Vornehmen lagen auf den Anhöhen und unterschieden sich, auch der Form nach,
von den übrigen; sie bestanden nämlich aus einer Terrasse in Gestalt eines halben
Mondes, dessen Vorderseite mit Quadersteinen, der Eingang aber mit schwarzem
Marmor verkleidet war, auf welchem in vergoldeten Buchstaben Name, Stand
und das Lob des Verstorbenen angegeben waren. Oft waren dergleichen Monu=
mente auch noch mit einem Obelisk verziert, der von der Terasse emporragte. Die
Zypresse hat, wegen der düsteren Farbe ihres Laubes, auch in China das Vorrecht
erhalten, die Gefährtin der Trauer zu sein. Nächst ihr war bei den Gräbern auch
eine (damals) in Europa nicht bekannte Art von Lebensbaum (Thuja) angepflanzt,
dessen lange, tief herabhängende Zweige sehr gut zu diesem Zweck passen. Dagegen
scheint hier zu Lande der Taxusbaum zu fehlen, der bei uns gemeiniglich auf allen
Kirchhöfen anzutreffen ist. Außer den vorgedachten, zierlicheren Grabstätten gab
es andere minder geschmückte, theils bloße Erdhügel, von Bäumen beschattet, theils
hölzerne Grabstätten von mannigfaltiger Gestalt. Diese Gegend heißt: das Thal
der Ruhestätten. Im Mittelgrunde sieht man den Thurm der Gewitterstürme
und in der Ferne den See Si Hu. Von so großem Umfange dieser Begräbnißplatz

---

[1]) Der Berichterstatter spricht seine Verwunderung aus über das Fehlen des Epheu in
China. [2]) Am See Si Hu.

auch war, so standen doch auch hier, wie sonst überall, in den Feldern und Gärten, an den Landstraßen und längs den Kanälen, noch eine Menge Särge einzeln umher."

Die Jesuiten, welche vom 17. Jahrhundert an im chinesischen Reiche verweilten, haben uns vollständig schiefe und verkehrte Beschreibungen von den dortigen Gärten überliefert, denn sie standen unter dem Eindrucke der damaligen abgeschmackten und steifen italienischen und französischen Gärten mit schnurgeraden, rechtwinkelig sich schneidenden Wegen und Hecken; sie konnten also für den Naturstyl der Chinesen unmöglich Verständniß haben.

Man hat früher versucht, die chinesische Gartenkunst in England, und auch in Deutschland einzuführen, ein Versuch, der nothwendig mißlingen mußte, weil die meisten und schönsten chinesischen Holzgewächse unser Klima nicht ertragen. Man mußte sich also auf Nachahmung der Baulichkeiten beschränken, welche in unseren Gärten doch immer einen lächerlichen Eindruck machen.

Der gärtnerische Geschmack der Japaner ist demjenigen der Chinesen so ähnlich, daß hier von einem Eingehen auf denselben abgesehen werden kann. [1]

Die Gärten der südlicheren asiatischen Völker, der Indier, Perser, Araber, Assyrer, Babylonier, Israeliten, scheinen schon in der Urzeit in erster Linie den Anbau von Nutzpflanzen im Auge gehabt zu haben, sie waren daher gut kanalisirt und meist von geraden Wegen und Baumreihen durchschnitten. Als angenehmer Aufenthalt im Freien dienten sie nur beiläufig. Zu diesem Zweck schuf man freie, von gradlinigen Baumreihen durchschnittene Plätze (Paradies Παράδεισος). Die Baumreihen kreuzten sich rechtwinkelig. Mit Vorliebe benutzte man dazu Platanen und Ahorne. Aus Asien ging diese Vorliebe für schattige Plätze zum Lustwandeln auf Griechenland und Italien über. Hie und da, namentlich in Persien, schmückte man diese Gärten auch mit Hainen und Blumenbeeten, doch kam es wohl selten, wie bei den Chinesen, zur Entwickelung eines Naturstyls. Die Gärten des Salomo und anderer orientalischer Fürsten, ja selbst der späteren Kalifen, hat man sich nicht als Landschaftsgärten, sondern mehr als architektonische Gärten zu denken.

In den Städten des alten Griechenland fanden sich Baumanlagen zum Lustwandeln, hauptsächlich vor den öffentlichen Gebäuden. Aristoteles ertheilte seinen philosophischen Unterricht vor dem Lyceum zu Athen, indem er mit seinen Schülern in den Schattengängen desselben lustwandelte und dadurch seiner Lehre den Namen der peripatetischen (wandelnden) zuzog. Ähnlich hatte es auch sein Lehrer Plato schon gehalten in den Anlagen der Akademie und in seinem eigenen in deren Nähe befindlichen Garten.

Fast jeder vornehme und wohlhabende Römer besaß, in größerer oder geringerer Entfernung von der Hauptstadt, einen Landsitz, auf welchem er seine ganze Mußezeit zubrachte, fern von der Unruhe und Geschäftigkeit des städtischen

---

[1] Mein verehrter Freund Dr. Julius Hoffmann in New-York schreibt mir unterm 25. Februar d. J. Folgendes: Insel Hamilton. Bermuda. Seit meinem Verweilen auf dieser herrlichen Inselwelt, der ich jetzt einen zweiten Besuch abstatte, geht mir Ihre „Aesthetik der Natur" nicht mehr aus dem Kopfe, aber noch mehr muß ich unwillkürlich an die „Aesthetik der Landschaftsgärtnerei" denken. Der Zusammenhang ist jedenfalls durch mein Verweilen im 32. Breitengrad bedingt, und in diesem habe ich auf der Insel Kiuschu (Japan) das Herrlichste an Landschaftsgärtnerei gesehen, was die Welt bietet. Der Japaner ist ein geborener Landschaftsgärtner und er hat das zarteste Verständniß für diese Kunst. In einem Vogelbadewännchen baut er eine herzige Landschaft auf, und der Aermste versteht es, sein winziges Gärtchen in Einklang mit der Umgebung zu bringen. Sind diese Gärten und Gärtchen entzückend schön, so sind die amerikanischen Nationalparks, hauptsächlich der Yellow Stone National Park, mehr großartig und oft eigenartig; sie sind eben natürliche Parks. Der United States Park ist so groß wie der ganze Staat Rhode Island. Ihre Wirkung hat nichts zu thun mit dem ergreifenden, packenden, ja durchbohrenden der japanischen Gärten.

Lebens, seinen Garten, seine Weinberge und Felder selbst bebauend, pflegend und
beaufsichtigend. Die römischen Gärten hatten anfänglich nur praktischen Zwecken,
dem Obstbau, Weinbau, der Gemüsezucht und Fischzucht zu dienen. Ihre Ein=
richtung hat man sich daher sehr einfach zu denken. Baumgänge, namentlich in
der Nähe des Wohngebäudes, gaben den Lustwandelnden Schatten und Kühlung.
Mit der zunehmenden Üppigkeit und Verderbnis wuchs auch die Vorliebe für
prächtige Gärten. Aus den einfachen Wohnhäusern wurden Palläste. Die Wirt=
schaftsgebäude, auf welche man anfänglich die größte Sorgfalt und den größten
Geldaufwand gewendet hatte, mußten mehr und mehr zurücktreten. Der Garten
nahm mehr landschaftlichen Charakter an. Bäder, Fischteiche, Vogelhäuser, Obst=
und Gemüsegärten, Blumenanlagen, Wiesen, Getreidefelder, Weinberge, Waldungen,
Baumpflanzungen, Wildgehege verbanden sich zu einem harmonischen Ganzen.
Ganze Landschaften Griechenlands, Aegyptens und anderer Länder suchte man in
den größeren Gärten nachzuahmen.

In späterer Zeit, so z. B. während der Regierung des Kaisers Trajan,
nahmen die Gärten in der Umgebung der Wohngebäude eine den späteren italie=
nischen und französischen Gärten sehr ähnliche Gestalt an. Das Wohnhaus selbst
war mit Bädern und mit allen in damaliger Zeit möglichen Bequemlichkeiten
ausgestattet. Vor demselben betrat man eine geräumige Terrasse; schattige Baum=
gänge luden ein zum Lustwandeln; die Wege waren mit Buchsbaum eingefaßt;
überall sah man Statuen, Grotten, Springbrunnen, aus Buchs oder Taxus
geformte Figuren aller Art.

Die Sitten und Einrichtungen der Sarazenen brachten es mit sich, daß sie
auf ihre Gärten die größte Pracht verschwendeten. Die Einrichtung der Gärten
war im Ganzen wohl eine ähnliche wie diejenige der Römer zur Kaiserzeit, nur
daß eine weit größere Vorliebe für Blumen aller Art an den Tag gelegt wurde,
wie ja auch die Blumensprache orientalischen Ursprungs ist. Eigentliche Land=
schaftsgärten gab es nicht; vielmehr war die ganze Anlage eines Gartens gekünstelt
und architektonisch. So war es schon zur Zeit der Kalifen und so ist es geblieben
in den mohammedanischen Ländern bis in unser Jahrhundert hinein.

Jener Karl, den man den Großen zu nennen pflegt, der aber diesen Namen
ebensowenig verdient wie alle übrigen Eroberer und Despoten, erwarb sich ein
Verdienst um den Gartenbau, indem er die Mönche zur Fortsetzung ihrer emsigen
Bestrebungen ermunterte und Verfügungen (capitularia) erließ über die in den
Klostergärten anzubauenden Gewächse. Seine Stellung zum Papst und zu den
italienischen Verhältnissen, welche die ihm untergebenen Völker für ein ganzes
Jahrtausend ins größte Unglück, in Knechtschaft, Krieg und Verwirrung gebracht
hat, indem sie die römische Hierarchie fest begründen half, hat wenigstens beiläufig
den verhältnißmäßig kleinen Nutzen gehabt, daß er die in Italien gebauten
Gewächse kennen lernte und in Frankreich und Deutschland einführte. Auch seine
Beziehungen zu Harun al Raschid verhalfen ihm zur Kenntniß zahlreicher
Pflanzen, die wir seitdem in jedem Bauergarten antreffen.

Die Gärten der damaligen Zeit waren lediglich dem Obst= und Gemüsebau
gewidmet und in untergeordneter Weise der Blumenzucht. Von Landschafts=
gärtnerei konnte nicht die Rede sein. Und so blieb es während des ganzen Mittel=
alters. Die Vorliebe für Blumen wurde jedoch durch die Kreuzzüge wesentlich
belebt.

Während des fünfzehnten Jahrhunderts und namentlich nach der Entdeckung
Amerikas, gelangte der steife aber luxuriöse römische Gartenstyl in Italien zur
vollsten Blüthe. Durch die geographischen Entdeckungen angeregt, legte man auch
immer größeren Werth auf die Einführung neuer und seltener Gewächse. Von
Italien aus verbreitete sich die Pracht architektonischer Gärten mit einem Überfluß

an schönen und seltenen Blumen über Frankreich und Deutschland während des 16. Jahrhunderts. Die römischen Kardinäle widmeten um diese Zeit meistens ihr ganzes Vermögen den Künsten. Die Musik, die Baukunst, die Skulptur, die Malerei, die Dichtkunst und die Gartenkunst erfreuten sich in gleich hohem Grade der Gunst der Kirchenfürsten, von denen die meisten das höchste Kunstverständniß entwickelten und einige selbst ausübende Künstler waren, namentlich in der Musik. Eine der berühmtesten Villen war die Villa Pamfili, welche Lenôtre besuchte und welche Lenôtres Geschmack in so hohem Grade entsprach, daß man ihm irrthümlicherweise den Plan zu diesen Anlagen zuschrieb. In den damaligen italienischen Gärten widmete man, oft mit außerordentlichen Geldopfern, die größte Sorgfalt den Wasseranlagen. Besonders gepriesen wird in dieser Hinsicht der Garten des Kardinals von Ferrara zu Tivoli. Die Gärten waren fast immer den sich dafür Interessirenden unentgeltlich oder gegen ein geringes Eintrittsgeld geöffnet. Dabei wurde nicht selten der Besucher argen Neckereien ausgesetzt. Man wurde hie und da plötzlich von Wasserstrahlen durchnäßt oder sah sich mitten unter kämpfende Soldaten versetzt, die sich mit Wasserstrahlen beschossen[1]), oder man erblickte ein schönes, halbentkleidetes Mädchen, welches rasch davoneilte. So war noch während der ersten Jahrzehnte des siebzehnten Jahrhunderts die Beschaffenheit, nicht nur der italienischen, sondern auch der französischen Gärten. Es herrschte durchaus der architektonische Gartenstyl, aber durch geschmacklose Überladung mit allerlei Spielereien und Künsteleien verunziert.

Da trat André Lenôtre (1613—1700) auf, Sohn des Palast-Intendanten der Tuilerien. Er war Maler, Architekt und Gartenkünstler. Sein großes Verdienst bestand darin, daß er die architektonische Gartenkunst von ihren Ausartungen reinigte und dem französischen Gartenstyl jenes großartige Gepräge aufdrückte, welches wir noch jetzt an den vorhandenen Ueberresten bewundern. Seine Studien führten Lenôtre nach Rom, wo er den Garten der Villa Ludovisi anlegte, ein Muster des reinen architektonischen Styls. Nach Frankreich zurückgekehrt, schuf er für den Finanzminister Fouquet den Garten zu Vaux, welcher durch seine Pracht die Eifersucht des Königs erregte, der ihn 1640 für 18 Millionen Fr. ankaufte. Es folgte der noch großartigere Garten zu Versailles, ein wahres Meisterstück; ferner die Gärten zu Trianon, Meudon, St. Cloud, Sceaux und Chantilly, welche Lenôtre einen europäischen Ruf verschafften, so daß sogar König Karl II. es nicht verschmähte, Lenôtre nach England zu berufen, um die Gärten von Greenwich und von St. James anzulegen.

Man hat den Styl des Lenôtre in früherer Zeit meistens als französischen Gartenstyl bezeichnet, aber mit Unrecht. Es ist der architektonische Styl, der schon vor Lenôtre in Frankreich und Italien, ja, der schon im Alterthum herrschte. Lenôtre war aber der größte Meister in diesem Styl. Grade die streng architektonische Symmetrie seiner Schöpfungen mußten einem Despoten wie Ludwig XIV. nicht minder behagen wie in früheren Jahrhunderten den Kalifen und den türkischen Sultanen.

Selbstverständlich hat Lenôtre auch den Schwächen und Verirrungen seiner Zeit und seines Volkes einigermaßen Rechnung tragen müssen, ein Tribut, welcher keinem großen Mann erlassen wird.

Ein Haupterforderniß für einen größeren Garten waren die Labyrinthe,

---

[1]) Goethe hat diese Wasserkünsteleien geschickt benutzt in seinem Märchen „Der neue Paris“. Wer sich über die Beschaffenheit der altrömischen sowie der späteren italienischen Gärten eine kurze Uebersicht verschaffen möchte, dem empfehle ich den Aufsatz von Lothar Abel: Das römische Gartenwesen als Kunst und die italienischen Villen im 16. Jahrhundert. Wiener illustr. Gartenzeitung 1882. Heft 7—9.

Gehölzanlagen mit sehr verwickelt verschlungenen Wegen.[1]) Die Wege waren durch glattgeschorene Wände von Taxus, Buchsbaum oder Hainbuche begrenzt, entweder sehr hoch oder auch niedriger. Statt der Gehölze waren die Zwischenräume zwischen den Wegen nicht selten durch Blumenfelder ausgefüllt, so daß sie unseren Teppichbeeten ähnelten. In diesem Fall waren die begrenzenden Hecken selbstverständlich niedriger, so daß man bequem darüber hinwegsehen konnte. Bei hohen Wänden brachte man auf den langen Wegen mannigfache Spielereien, Neckereien und Ueberraschungen an, auch hatte der Weg ein bestimmtes Ziel, einen Pavillon, eine Hütte u. dergl. an seinem Ende, wo die Lustwandelnden sich zusammenfanden. Waren die Zwischenräume zwischen den Hecken mit Buschwerk, mit sogenannten Halliers, ausgefüllt, so brachte man darin nicht selten Ausschnitte an, durch welche man auf einen fernen Gegenstand, einen Thurm oder dergl. blickte. Bei niedriger Pflanzung schnitt man in die Hecken fensterartige Oeffnungen, sogenannte Haha's, durch welche die Lustwandelnden in den Stand gesetzt waren, einander von Zeit zu Zeit gegenseitig zu sehen und zu necken.

In Deutschland befand sich am Anfang des 17. Jahrhunderts die Gartenkunst ohngefähr in dem nämlichen Zustand wie in Frankreich: sie war vorwiegend architektonisch. Daß man später dem gereinigten Geschmack eines Lenôtre huldigte, war keineswegs blinde Nachahmung des Französischen, sondern es war ein entschiedener Fortschritt in der Gartenkunst.

So wurden um die Mitte des 18. Jahrhunderts der kaiserliche Garten zu Schönbrunn unweit Wien, die Gärten Nymphenburg und Schleißheim unweit München, der Garten zu Schwetzingen, die Solitüde unweit Stuttgart und zahlreiche andere Gärten dem streng architektonischen Styl gemäß umgestaltet, welchem auch Friedrich der Große bei der Anlage von Sanssouci folgte.

Bedauerlicherweise liegt es in der Natur des Menschen, beim Aufkommen einer neuen Richtung die Schöpfungen der vorhergehenden, die doch zweifelsohne zu ihrer Zeit ihre volle Berechtigung hatten, zu vernachlässigen, verfallen zu lassen, wenn nicht gar mit Stumpf und Stiel auszurotten. Noch während meiner Kindheit gab es in der Nähe von Hamburg zwei Volksgärten im französischen Styl, nämlich Tippenhauers Garten zu Schiffbeck und Lintstants Garten in Wandsbeck. Wie viele glückliche Stunden haben tausende und abertausende von Gästen in beiden zugebracht. Aber wo sind diese Gärten geblieben? Welchen trostlosen Anblick gewährt der zwar noch vorhandene, aber gänzlich verfallene und verwilderte Garten im Styl des Lenôtre zu Schleißheim bei München. Und nun gar die Solitüde bei Stuttgart, wo Schillers Vater Gärtner war und wo sich in Schillers Schuljahren die Karlsschule befand! Die in ihrer Art herrliche französische Anlage mit den ihres Gleichen suchenden Irrgärten hat man vollständig ausgerottet! Oed und fremd liegt das Schloß am Waldessaum, der zum Renaissancebau grade so paßt, wie wenn man einen Kaiserpalast in einen Sumpf baute! Mit der Zerstörung des architektonischen Gartens war auch dem Schloßgebäude das Urtheil gesprochen, welches mit seinen Kunstschätzen einem raschen Verfall entgegengeht. In der Kirche mit den schönen Gemälden von Guibal findet der Besucher Bierfässer und Flaschen aufgestapelt!

Man hat viel von Stylen geredet und geschrieben in der Landschaftsgärtnerei. Man hat einen italienischen, französischen, holländischen, englischen, deutschen, chinesischen Gartenstyl unterschieden, aber mit Unrecht. Strenge genommen kann man nur den Naturstyl vom architektonischen unterscheiden. Da aber die Natur sich überhaupt keinem Styl anbequemt, so giebt es nur einen Gartenstyl, nämlich den architektonischen.

[1]) Lothar Abel, Bemerkungen über Irrgärten (Labyrinthe). Wiener illustr. Gartenzeitung 1880. Heft 4. S. 139—142.

Der architektonische Gartenstyl ist nun keineswegs derartig, daß er dem Natur=
freund ein Genügen bieten könnte. Im Gegentheil: der wahre Naturfreund muß
sich abgestoßen fühlen von der Art und Weise, wie man edlen Holzgewächsen,
als z. B. der Eibe, dem Buchsbaum und der Weißbuche fremdartige Formen auf=
zwängt. So sehr also auch dieser Styl in der Umgebung großer, monumentaler
Gebäude seine volle Berechtigung hat, so wenig befriedigt er, wenn er größere Gärten
ganz beherrscht. In dieser Ausdehnung paßte er nur für die Zeit Ludwigs XIV.
und für das 18. Jahrhundert.

Schon Lenôtre selbst mußte die Erfahrung machen, daß seine Schöpfungen
keineswegs den Anforderungen der Landschaftsgärtnerei genügten. Dufresny,
Kammerdiener Ludwigs XIV. später Gartenkünstler, Lustspieldichter und Musiker,
trat gegen ihn auf, wenn auch in echt französischer Weise, wie außer vielen anderen
seiner Schöpfungen auch der Garten des Abbé Pajot zu Vincennes beweist, wo
Dufresny auf dem unregelmäßigen und unebenen Grundstück eine ganze Samm=

Fig. 1

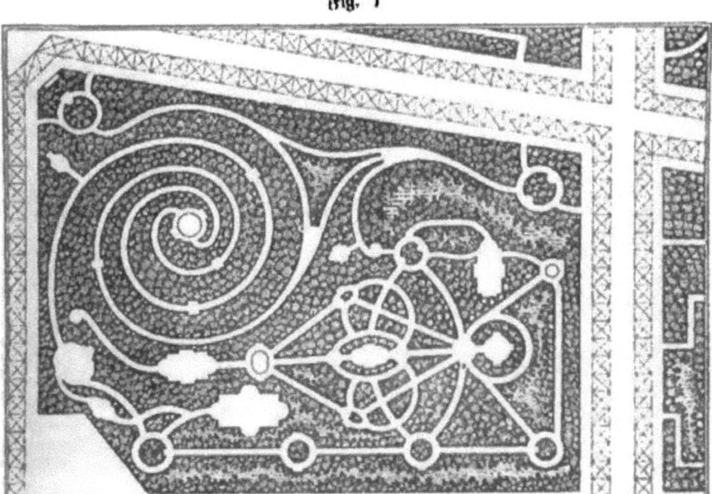

Irrgarten.

lung der verschiedenartigsten Landschaften im Kleinen schuf, so daß ganz Paris
nach Vincennes wallfahrtete, um das Wunderwerk in Augenschein zu nehmen.
Bei einer Umformung des Gartens zu Versailles trat Dufresny mit Lenôtre in
Konkurrenz. Der König nahm großes Interesse an Dufresny's Plänen, entschied
sich aber doch für Lenôtre, und mit Recht. Damit war Dufresny's System das
Todesurtheil gesprochen. Während es anfänglich Mode war, ihm die Anlage von
Gärten anzuvertrauen, wendete man sich bald wieder ganz und gar der archi=
tektonischen Gartenkunst zu und Dufresny gab die Gärtnerei auf.

Der gärtnerische Geschmack rührt niemals von einzelnen genialen Männern
her, vielmehr bringen diese nur den bereits im Volk und in der Zeit vorhandenen
Schönheitssinn zu vollkommener Entwickelung. Das größte Naturverständniß
besitzen die Engländer, und dieser Natursinn ist bei ihnen am frühesten zum prak=
tischen Ausdruck gekommen. Man schaue sich nur um in England; man betrachte
die Städte, Dörfer, Kornfelder, Wiesen und Gehölze!

Das ganze südliche England ist ein großer Garten. Da ist nirgends eine schroffe Grenze. Sanft geht eine Landschaft in die andere über. Da ist kein noch so kleines Dorf, welches nicht von mächtigen Eichen oder Ulmen umgeben wäre. Jedes kleine Wirthshaus (Inn) auf dem Lande, jede Hütte liegt in malerischer Vegetation versteckt. Wer würde wohl wagen, diese Eindrücke dem Gartenstyl irgend eines Reformators in der Gartenkunst zuzuschreiben? Es ist der reine Natursinn des Volkes, welcher, begünstigt durch ein ungemein mildes Klima, diesen Zauber hervorruft; ein Klima, welches auf der Insel Wight die Häuser bis auf das Dach mit Passifloren, Myrten und Arbutus schmückt. Tove sagt: „In Irland gedeiht in gleicher Breite mit Königsberg die Myrte wie in Portugal; kaum friert es im Winter, und doch reift keine Traube, ja nicht einmal Pflaumen. An den Ufern des Sees von Killarney steht der Erdbeerbaum verwildert; auf Guernsey gedeihen Hortensien im Freien, in Cornwallis Lorbeeren in der Breite von Prag und Dresden, wo neben ihnen nicht einmal Aprikosen reifen. Dieser gleichförmigen Vertheilung feuchter Wärme verdankt England die saftige Frische

Fig. 2.

Alte Kirche zu Bonchurch auf der Insel Wight.

seiner Wiesen und die lebhafte Gesichtsfarbe seiner Bewohner. „O ihr blühenden, jugendlichen Wangen“, ruft Moritz, „ihr grünen Wiesen und ihr Ströme in diesem glückseligen Lande, wie habt ihr mich bezaubert! O, Richmond, Richmond, nie werde ich den Abend vergessen, da ich an den blumigen Ufern der Themse voll Entzücken auf und nieder ging!“

Kein Wunder also, daß wir England als die Wiege der Landschaftsgärtnerei zu betrachten haben. Einen Abglanz dieses volksthümlichen Natursinnes finden wir im nordwestlichen Deutschland. In den kleinsten wie in den größten Gärten rings um Hamburg findet man selten etwas Geschmackwidriges.

Der Natursinn der Engländer spricht sich überall aus, so z. B. in ihren Kirchhofsanlagen. Die Kirche zu Bonchurch mag uns als Beispiel dienen.

Es giebt in Bonchurch zwei Kirchen, welche man als die alte und die neue unterscheidet. Die alte war dem Bonifacius, Erzbischof von Menz, dem Apostel des inneren Deutschland, geweiht, und aus Boniface Church entstand der jetzige Name Bonchurch. Die Kirche ist in normännischem Styl erbaut, Chor und Portal ſind ohne Ornamente. Erbaut wurde ſie wahrſcheinlich 1070 bis 1080, vielleicht an der Stelle eines älteren Gebäudes.

Gewaltige Bäume, Platanen, Ulmen, Eichen und andere, umgeben die Kirche und den Kirchhof und ſteigen hier und da zwiſchen den Gräbern empor, über welche ihre weithin ragenden Aeſte ſchützend ſich ausbreiten. Die mächtigen Stämme ſind zum Theil mit Epheu, wildem Wein und anderen Schlingpflanzen bedeckt, welche bis in die höchſten Gipfel emporſteigen, theils ſind ſie, namentlich bei Ulmen und Steinbuchen, bis zum Boden belaubt. Nichts gleicht der feierlichen Stimmung, welche den Beſucher beſchleicht, wenn er, unter dem erhabenen Laubgewölbe ſtehend, das Murmeln und Rauſchen der Meereswogen hört oder das Brauſen des Windes in den Baumwipfeln. Da giebt es nichts, was den Eindruck ſtören könnte, keine Gartenkünſteleien, keine Cypreſſen oder Lebensbäume, keine Gartenblumen und Beete; nur hier und da wird ein Grab von einem naturwüchſigen Strauch beſchattet. Aber alle Gräber liegen im Frieden in der gemeinſamen Beſchattung durch das erhabene Laubgewölbe.

Man muß in England einen Unterſchied machen zwiſchen der natürlichen Begabung des Volks und dem Geſchmack, welcher die Könige ſowie die Großen überhaupt bei ihren Gartenanlagen beherrſchte. Dieſer hing ſo gut von der herrſchenden Mode ab wie in anderen Ländern. Zur Zeit der Königin Eliſabeth (1558—1603) huldigte man der architektoniſchen Gartenkunſt in England ebenſo gut wie in Frankreich; und, wie wir bereits geſehen haben, fand auch Lenôtre's Geſchmack in England Eingang. Freilich nicht auf die Dauer. Dufresny gewann alsbald in England größeren Einfluß, denn ſeine phantaſiereiche Manier ſagte dem ſelbſtſtändigen Charakter der Engländer weit mehr zu. Aber die Abgeſchmacktheiten, welche König Wilhelm aus Holland einführte, wendeten die Engländer auch von Dufresny's phantaſtiſcher Manier ab. Sehnſucht nach natürlichen Anlagen begann ſich zu regen. Der Dichter Pope war einer der Erſten, welche natürliche Gärten ſchufen. Er betrachtete die Natur als einen großen Garten, den man bei allen Anlagen um Rath fragen und zum Muſter nehmen müſſe. Ganz konnte er indeſſen den Geiſt ſeiner Zeit nicht verleugnen, indem er Steppen, Brachfelder, Haideland, Wald und Wieſe nachahmte und halbzerſtörte Häuſer, halbverbrannte Hütten, abgeſtorbene Bäume u. dgl. m. anbrachte.

Der Maler Kent, ein Freund Lord Burlingtons, betonte, daß einzig und allein die Natur die Lehrmeiſterin des Gärtners ſein müſſe. Bridgemann, Eyre und Andere gingen mit gutem Beiſpiel voran.

Es folgten im Naturſtyl Männer wie Wright, Brown, Hamilton, Sheeſtone, Maſon, Whately und Andere.

Für den größten engliſchen Landſchaftsgärtner hält man Humphrey Repton (1752—1817). Berühmt iſt auch Joſeph Paxton, Gärtner des Herzogs von Devonſhire, im Park zu Chatsworth.

„Die von Repton aufgeſtellten Grundſätze werden ewig bleiben; etwas Beſſeres läßt ſich nicht ſagen; ſie ſind gewiſſermaßen die Bibel für die bildende Gartenkunſt." So äußerte ſich der Fürſt Pückler-Muskau, eine der erſten Autoritäten auf dem Gebiete der Landſchaftsgärtnerei.[1]

Herr Parkdirektor Petzold hatte die Güte, mir eine biographiſche Skizze über Repton zur Verfügung zu ſtellen, welche der von Loudon veranſtalteten Ausgabe ſeiner Werke voranging, und welche Petzold in Gemeinſchaft mit Döll in Eiſenberg im Jahrgang 1857 (S. 481—500) der Hamburger Gartenzeitung in einer

---

[1] E. Petzold, Die Landſchaftsgärtnerei. Ein Handbuch für Gärtner, Architekten und Freunde der Gartenkunſt. Mit 6 erläuternden Figuren, 85 landſchaftlichen Anſichten und Abbildungen nach Originalaufnahmen von Friedrich Preller. Leipzig (H. Haſſel) 1888. S. VIII im Vorwort.

für die deutschen Leser zweckmäßigeren Bearbeitung veröffentlichte. Dieser entnehme ich mit Pezolds ausdrücklicher Erlaubniß die folgenden Angaben.

Von Repton sind folgende Werke über Landschaftsgärtnerei im Druck erschienen:

1. Sketches and Hints on the Landscape Gardening. 1795.
2. Observations on the Theory and Practice of Landscape Gardening. 1803.
3. An Inquiry into the Changes of Taste in Landscape Gardening. 1806.
4. Designs for the Pavillon at Brighton. 1808.
5. Fragments on the Theory and Practice of Landscape Gardening.

Die von Loudon veranstaltete Gesammtausgabe führt den Titel:

The Landscape Gardening and Landscape Architecture of the late Humphry Repton Esq. By. J. C. Loudon 1840.

Repton war der erste, welcher sich des Namens „Landschaftsgärtner" bediente, was Uvedale Price in seinem „Essay on the Picturesque" zu der Aeußerung veranlaßte, „daß er sich einen Titel von nicht geringen Ansprüchen anmaße."

Humphry Repton wurde am 2. Mai 1752 geboren zu Bury St. Edmunds als Sohn des Accisceinnehmers John Repton. Sieben Jahre verlebte er auf der Lateinschule zu Norwich.

Im Sommer 1764 brachte sein Vater, mehr auf eine äußerlich glänzende und einträgliche Laufbahn als auf hohe klassische Ausbildung bedacht, ihn auf die Schule in Helvoet-Sluis in Holland. Sehr charakteristisch schildert er die Eindrücke, welche bei Betrachtung der eingefaßten Kanäle von einem Trefschuit aus auf ihn einwirkten:

„Zu jener Zeit war es der Stolz eines jeden Besitzers einiger Acker oder auch Quadratruthen Landes, seine Reichthümer und seinen Geschmack dem Anblick der Vorüberpassirenden zu zeigen, welche kaum eine andere Gelegenheit als mit dem Trefschuit zu reisen haben. Diese Darstellung war verschieden an verschiedenen Orten; zuweilen bestand sie in einem Parterre, das sich nach dem Wasser zuneigte, in welchem die auf dem Boden ausgeführte Zeichnung einem Muster für gearbeitete Muslin oder Stickerei ähnlich war. Der Umriß mochte vielleicht mit einer Buchsbaumeinfassung versehen sein; auch waren in einigen Fällen kleine Rasenflecke eingeführt; gewöhnlich aber war der Effekt dieser Gärten, wie sie genannt wurden, ohne irgend andere Gewächse hervorgerufen. Doch wurde das Auge durch einen Farbenkontrast und eine Mannigfaltigkeit der Formen unterhalten, während ein guter Geschmack die Abgeschmacktheit belächelte. Anstatt diese Beete mit gewöhnlicher oder guter Gartenerde auszufüllen, in welcher Pflanzen wachsen konnten, ward ein Theil mit rothem Ziegelmehl, ein anderer mit klarer Holzkohle, ein dritter mit gelbem Sand, ein vierter mit weißer Kreide, ein fünfter mit Porzellanstücken, andere mit grünem Glas, andere mit Feldspath und Erzen, kurz mit jeder Farbe oder Sorte ausgefüllt, welche die Gärten der köstlichen Steine, die in den schönen Geschichten der arabischen Nächte beschrieben sind, nachahmen konnten. Solche wunderliche Bodenflächen waren von geschnittenen Hecken mit Statuen und Vasen von Blei, mit prahlenden Farben angestrichen, oft reich vergoldet, vermischt; zuweilen waren sie flache Bretter, auf welchen Männer und Weiber gemalt waren, um die Handlungen und die Farben der Natur nachzuahmen. In anderen Gärten herrschte ein weniger ausschweifender Geschmack vor. Die hohen Bäume, obgleich immer in Reihen gepflanzt und immer beschnitten, um die genaue Linie ihres Schattens zu bewahren, waren durch Verzierungen der Bildhauerkunst von Marmor begleitet, und die Vasen waren reich mit wirklichen Blumen anstatt der vergoldeten Ananas versehen. An vielen Orten waren die

Aussichten der Gärten nur zum Theil auf den Kanal geöffnet; aber hier hatte man den Effekt auf die Vorbeipassirenden durch eine lange Perspektive, einer Allee nicht unähnlich, welche von einem zu dem anderen Ende gleich ist, berechnet. Durch Bogen oder andere Vorrichtungen ward das Auge über verschiedene Abtheilungen eines ausgedehnten Gartens weggeführt, und die Ansicht war gewöhnlich durch eine gemalte Szene hinter einem Ruhesitz begrenzt, welche jenseits der Grenze eine imaginäre Ausdehnung gab. Das ganze Innere dieser Gärten war so regelmäßig, wie diese zuweilen vorkommenden Durchsichten. Die Natur wurde nie beachtet; sie waren Werke der Kunst, und die hohen geschnittenen Hecken und dichten überwölbenden Bäume wurden sorgfältig unter der Scheere gehalten, sowie der Rasen unter der Sense und Walze. Alles war Sauberkeit, die Wirkung unaufhörlicher Arbeit. Eines holländischen Kaufmannes Buchhaltung und sein Garten wurden mit gleicher Genauigkeit und Aufmerksamkeit gehalten." Der Berichterstatter fügt hinzu: „Konnte man erwarten, daß der zukünftige Landschaftsgärtner Englands in den Parterres und verschnittenen Durchsichten eines Holländers studirt haben könnte?"

Während dieses Schuljahres in dem kleinen holländischen Dorfe Workum erregte Repton die Aufmerksamkeit des Zacharias Hope und erwarb sich binnen Kurzem dessen Gunst in einem außerordentlich hohen Grade. Er wurde in die Familie jenes hochangesehenen Mannes und damit in die vornehme Welt eingeführt. Zwei Jahre verlebte er dann auf einer Schule zu Rotterdam und kehrte als 16jähriger Jüngling nach Norwich zurück, um seine kaufmännische Laufbahn weiter zu verfolgen; doch zogen ihn Flötenspiel und Zeichnenkunst, denen er sich in Stunden der Muße widmete, mehr an als die Beschäftigung mit Kattun und Seidenwolle.

Schon mit 21 Jahren ging Repton eine Ehe mit einem Fräulein Clarke ein, welche sich 40 Jahre hindurch als eine glückliche bewährte. Da das kaufmännische Glück ihm auf die Dauer nicht günstig war, so zog er sich nach dem Tode seiner Eltern auf den Landsitz seiner beiden Schwestern zurück. Hier erneute er die Bekanntschaft mit einem ehemaligen Schulkameraden James Edward Smith, dem späteren Vorsitzenden der Linnéischen Gesellschaft. Beide Männer wirkten höchst anregend auf einander und Repton beschäftigte sich fast ausschließlich mit Naturwissenschaft und mit Landschaftsgärtnerei. Noch wichtiger wurde für ihn die Bekanntschaft mit Wyndham, den er als vertrauter Sekretär nach Irland begleitete. Aus Rücksichten der Sparsamkeit wurde das Besitzthum zu Sustead aufgegeben und die Cottage zu Harestreet bezogen, welche Repton bald so lieb wurde, daß er sie 40 Jahre lang bewohnte. Die Betheiligung Reptons mit seinem kleinen Kapital an Palmers Plan, statt der Briefboten Briefpostkutschen einzuführen, lief für ihn insofern unglücklich ab, als die Regierung dieses Geschäft übernahm, ohne ihm seine Auslagen zu ersetzen. So sah er sich genöthigt, eine Erwerbsquelle zu suchen. Da kam ihm während einer schlaflosen Nacht die Idee zu natürlichen Gartenanlagen und er beschloß, die Landschaftsgärtnerei fortan berufsmäßig zu betreiben.

Zu seinen ersten Auftraggebern und Gönnern gehörten Jeremias Jves Esq. zu Catton, J. W. Come Esq. (späterem Earl of Leicester) zu Holkham, und vor allen der Herzog von Portland.

Am 29. Januar 1811 hatte Repton das Unglück, daß bei der Rückkehr mit seinen Töchtern von einem Ball der Wagen in einer Schneewehe umgeworfen wurde. Er erlitt bei dieser Gelegenheit eine Verletzung von dauernden Folgen denen er am 24. März 1818 durch einen Schlaganfall erlag. Er ruht in einem Rosengärtchen an der Südseite der malerischen Kirche von Aylsham in Norfolk; neben ihm seine treue Lebensgefährtin, die ihm bald gefolgt war.

Bei uns in Deutſchland hat man die erſte Anregung zur Anlegung von
natürlichen Gärten von England empfangen. Man nannte daher ſolche Anlagen
auch engliſche Gärten. Der erſte derartige Verſuch ſoll der Garten zu Schwöbber
unweit Pyrmont in Weſtphalen geweſen ſein, welcher 1759 angelegt wurde. Dieſer
und ähnliche Verſuche waren aber wohl recht beſcheidener Natur.

Der erſte wirkliche Landſchaftsgärtner in Deutſchland war Ludwig von Sckell
(1750—1823). Sckell wurde in Schwetzingen ausgebildet. Im Jahr 1772
ſtudirte er die Gärten von Paris und Verſailles. Vier Jahre lang, nämlich von

Fig. 3.

Waſſerfall im Engliſchen Garten in München.

1773 bis 1777 lebte er in England. Das war ſeine hohe Schule. Nach ſeiner
Rückkehr erhielt er vom Kurfürſten Karl Theodor den Auftrag, einen Theil des
Gartens zu Schwetzingen in eine engliſche Anlage zu verwandeln. Das gelang
vollkommen und es folgten zahlreiche ähnliche Aufträge. Der folgenreichſte war
die Berufung nach München durch den Kurfürſten Karl Theodor, um im Verein
mit dem Grafen Rumford die Anlage des engliſchen Gartens zu übernehmen.
Dieſer Garten, ein holzreicher Park von etwa 1½ Stunde Länge, iſt die erſte
größere landſchaftliche Anlage im ſüdlichen Deutſchland. Große Raſenflächen
ſind von Gehölzmaſſen einfacher Beſtände begrenzt, ſo daß ſie an engeren Stellen

ben Eindruck flacher Waldthäler hervorrufen und dadurch die Ebenheit des Bodens
vergeſſen laſſen. Namentlich eine derartige Wieſenpartie im unteren Theil des
Parks, in der ſogenannten Hirſchau, zwiſchen Kleinheſſelohe und dem Aumeiſter,
iſt ſo geſchickt angelegt, daß ſie ſich in unendlicher Ferne zu verlieren ſcheint. In
ſehr zweckmäßiger Weiſe hat man von der Iſar Kanäle mit ſtrömendem Waſſer
durch die ganze Anlage geleitet. Der Fall iſt ſo beträchtlich, daß man ſogar im
oberen Theil des Parks, unweit des Dianabades, einen ſehr hübſchen Waſſerfall
hat anbringen können. In der Mitte des Ganzen, bei Kleinheſſelohe, hat Graf
Rumforb durch Austiefung des ſumpfigen Terrains einen recht artigen Landſee
geſchaffen, eine kleine halbe Stunde im Umfang, für Bootfahrten und im Winter
für Eisbeluſtigungen trefflich geeignet. Da das ganze Sumpfterrain dicht bewaldet war, ſo konnten beim Austiefen des Sees einige Inſeln durch Ausſparen
geſchaffen werden. Dieſe Waldinſeln und die zu etwa zwei Dritttheilen bewaldeten
Seeufer geben dem Ganzen große Anmuth und Natürlichkeit. Geradezu zauber-
haft wirkt der See mit ſeinen Inſeln des Nachts beim Vollmond bei nebeligem
Wetter, ſowohl im Sommer als im Winter.

Sowohl der engliſche Garten zu München als auch der Park von Nymphenburg und alle übrigen Schöpfungen Sckells wirken ſo großartig durch das für
unſere Gegenden des öſtlichen Teils der nördlichen gemäßigten Zone gültige Natur-
geſetz der einfachen Waldbeſtände. In dieſer Beziehung befand ſich Sckell nicht
nur mit Repton und anderen großen engliſchen Landſchaftsgärtnern, ſondern auch
mit dem Fürſten Pückler-Muskau im völligen Einklang. Daß er hier und da in
Deutſchland von Gartenkünſtlern nicht verſtanden oder wohl gar bekrittelt wurde,
kann ſeinem Künſtlerruhm keinen Eintrag thun, denn es beweiſt nur, wie ſelten
wahres Naturverſtändniß und wahres Kunſtgenie zu finden ſind. „Der üblichen
vollſtändigen Vermiſchung aller Holzarten" [1] wird kein Landſchaftsmaler Geſchmack
abgewinnen, eben ſo wenig aber ein künſtleriſch durchgebildeter Gärtner. Nur ein
kleinlicher Sinn kann an ſolchem Leipziger Allerlei Gefallen finden. In der Landſchaft ſoll nicht der einzelne Baum zur Wirkung gelangen, ſondern die Laub- und
Waldmaſſen. Daß die Landſchaftsmaler in vielen deutſchen Gärten ſo wenige
brauchbare Vorwürfe für ihre Studien finden, liegt eben daran, daß ſo viele Gärtner
für die großen Naturgeſetze kein Verſtändniß haben und daher bei ihren Schöpfungen
allzu leicht in's Kleinliche gerathen.

Selbſt ein Peter Joſeph Lenné (1789—1866) hat nur ſo weit Großes geſchaffen, als er den in München bei ſeinem Lehrer Sckell erworbenen Natur-
anſchauungen treu geblieben iſt.

Uebrigens hat Sckell gerade in München und Nymphenburg zur Genüge
gezeigt, daß er der Forderung einfacher Beſtände keineswegs pedantiſch und ſklaviſch
angehangen hat. Ein großer Künſtler ſchafft überhaupt nicht nach Regeln; er
hütet ſich nur vor Verſtößen gegen die Naturgeſetze. Der Beſtand im engliſchen
Garten iſt allerdings der Hauptmaſſe nach, den Bodenverhältniſſen entſprechend,
aus Eſchen, Weiden und Erlen gebildet, doch treten hie und da kleinere oder größere
Gruppen von Nadelholz, beſonders Fichten, aber auch Kiefern auf, an trockneren
Orten Gruppen von Buchen, Linden, Ulmen, Ahornen u. ſ. w.

Nirgends iſt der Eindruck der Waldbeſtände durch unnöthiges Buſchwerk
geſtört. Wo das jetzt der Fall iſt, da ſind es ſpätere Anpflanzungen, Verbeſſerungen
von Sckells Nachfolgern im Amt, die von ihm nicht beabſichtigt waren.

Gerade die Anwendung des Buſchholzes unterſcheidet das Gartengenie vom
Garten-Virtuoſen. Jenes ſchafft Naturgemälde, dieſer macht Kunſtſtücke. Wo
Sckell Vorhölzer, Unterholz oder freiliegendes Buſchholz anwendet, da ſieht es

---

[1] Vergl. u. a. Th. Rümpler, Jlluſtrirtes Gartenbau-Lexikon. Berlin, 1882. S. 936.

aus, als wäre es von selbst an der betreffenden Stelle gewachsen, als könne es
gar nicht anders sein.

Wer aber, wie Lenné, grundsätzlich die schönsten Waldanlagen mit Vor=
pflanzungen von Buschwerk säumt, meistens im buntesten Durcheinander, wodurch
oft die herrlichsten Bäume in ihrer freien Entwickelung gehemmt werden, dem
fehlt das wahre Verständniß für die Natur und er fordert das strenge aber ge=
rechte Urtheil eines so feinen Naturkenners wie der Fürst Hermann zu Pückler=
Muskau heraus.

Fig. 4.

Tempelchen im Englischen Garten in München.

Auch darin zeigte Sckell einen feinen Geschmack, daß er nur wenige Ver=
zierungen und Künsteleien anbrachte. Der untere Theil des Gartens enthält über=
haupt gar nichts Derartiges und der obere nur den chinesischen Thurm, der zugleich
als Erfrischungsort dient. Der hübsche kleine Tempel, sowie die beiden Denkmale
bei Klein=Hesselohe sind von Ludwig I. erst später errichtet worden. Wunderbar
schön sind auch die von Sckell gepflanzten einzelnen Baumgruppen auf dem Rasen,
niemals die Rasenfläche unangenehm unterbrechend, wie das in neuerer Zeit so
häufig geschieht. Wege und Brücken sind einfach, zweckentsprechend, nirgends
bloßer Schmuck, sondern stets einem wirklichen Bedürfniß Genüge leistend.

Als in Schwetzingen der Oberbaudirektor von Pigage gestorben war, erhielt
Sckell dort eine Anstellung als wirklicher Gartenbaudirektor. Im Jahr 1803 rief
Maximilian Joseph ihn als Hofgarten=Intendanten nach München. Hier wurde
ihm die nicht leichte Aufgabe gestellt, den im französischen Geschmack angelegten
Garten zu Nymphenburg in eine natürliche Gartenanlage zu verwandeln. Mit
ausnehmendem Takt hat Sckell diese Aufgabe gelöst. Ein anderer Naturenthusiast

würde vielleicht alles Alte zerſtört und den ganzen Garten in einen Naturpark
umgewandelt haben. Nicht ſo Sckell. Der Renaiſſancebau des Schloſſes würde
ſich, von engliſchen Anlagen umgeben, höchſt wunderlich ausgenommen haben.
Daher ließ Sckell nicht nur vor dem Schloß innerhalb des geräumigen Halbkreis=
baues die großen Waſſerbecken, umgeben von Heckenanlagen, beſtehen, ſondern er
verſchönerte ſie noch im Sinne des Lenôtre durch anſehnliche Springbrunnen.
Ebenſo ließ er im großen Garten hinter dem Schloß den graden Kanal mit den
mächtigen Springbrunnen, dem weiten Fernblick, den zahlreichen Statuen, den
Baumgängen zu beiden Seiten beſtehen. Nur der Kundige ahnt auch in den drei
Waldthälern, welche ſehr regelmäßig fächerförmig ſich in große Ferne verlieren,
den einſt franzöſiſchen Charakter der ferneren, natürlichen Anlage.

Fig. 5.

Schloß Nymphenburg.

Zwei Seen wurden von Sckell geſchaffen, ein größerer und ein kleinerer,
beide auf die anmuthigſte Weiſe durch theilweiſe bewaldete Ufer geſchmückt. Am
großen See iſt ein klarer Sonnenuntergang von außerordentlich ſchöner Wirkung,
wenn die Sonne blutroth durch den Fichtenbeſtand hindurchglüht und die Gehölze
ſich auf der ſtillen, klaren Fläche ſpiegeln.

Durch die Ausſtechungen der beiden Landſeen gewann natürlich Sckell Erd=
maſſen zur theilweiſen Erhöhung des Bodens. Mit Hülfe dieſer verhältnißmäßig
geringen Aufſchüttungen hat Sckell den Beweis geführt, wie man auch auf völlig
ebenem Boden durch geſchickt angebrachte Aufſchüttungen und zweckmäßig geordnete
Gehölzanlagen die Täuſchung ſanfter Gebirgsthäler hervorrufen kann. Auf ein=
zelne Schönheiten des Gartens zu Nymphenburg komme ich noch ſpäter zurück.

„Doch mit des Geſchickes Mächten
Iſt kein ew'ger Bund zu flechten.“

Die Wahrheit dieses Ausspruchs muß der Landschaftsgärtner mehr erfahren als irgend ein Anderer.

„Dem Mimen flicht die Nachwelt keine Kränze!"

Dem Landschaftsgärtner nicht einmal, oder doch nur selten, die Mitwelt!

Er erlebt äußerst selten, nur wenn er in früher Jugend pflanzen konnte, und ein hohes Alter erreichte, die volle Wirkung seiner Schöpfungen.

Und die Nachwelt?

In der Mehrzahl der Fälle verdirbt sie seine Werke, und zwar auf die traurigste Weise.

Wenn die Kriegsfackel eine Gartenanlage zerstört, dann muß ihr Schöpfer sich sagen: „Du hast das Beste gewollt, aber ein bitteres und unerbittliches Geschick hat Dich um den Lohn deines Schaffens gebracht." So etwas wird ein wahrer Mann zu tragen wissen. Aber der Gedanke, seine Schöpfungen wie durch einen Krebsschaden langsam hinsiechen zu sehen, — dieser Gedanke muß entsetzlich sein! Und doch ist dies das Schicksal der meisten Landschaftsgärtner und ihrer Werke.

Man betrachte nur den englischen Garten zu München, den Park zu Nymphenburg, die Anlagen zwischen Stuttgart und Kannstadt. Der Kenner sieht deutlich, wie groß die Absichten ihres Schöpfers waren. Aber was ist daraus geworden?!

Alles wächst wild durcheinander, Baumpflanzungen, welche nach der Absicht des Schöpfers nur eine Zeit lang den übrigen als Schutz dienen sollten, hat man wild aufschießen lassen. Mitten im Laubholz stehen herrliche Fichten und anderes Nadelholz, halb erdrückt von der Schutzpflanzung! Dagegen schlägt man alljährlich eine bestimmte Menge Holz aus dem Garten, theils zum Verkauf, weil eine bestimmte Summe an die Intendantur abgeliefert werden muß, theils zur Deckung des Bedarfs an Brennholz und Nutzholz. Da werden oft die werthvollsten Bäume dem Geldgewinn geopfert.

Das Alles geschieht ohne kunstgerechten Schlag, nach blinder Willkür. Man bedenkt nicht, daß bei regelrechtem Ausholzen der alljährliche Geldgewinn ein ungleich beträchtlicherer sein würde. Es gehört dazu aber Verständniß für die Gedanken des Schöpfers einer solchen Anlage, und das fehlt bei seinen Nachfolgern nur allzu oft.

Das ist die eine Sünde, daß nicht zur rechten Zeit und auf die rechte Weise von der Axt Gebrauch gemacht wird. Die andere ist fast noch schlimmer. Sie besteht in planlosen Anpflanzungen. Die schönsten Wiesengründe und Rasenflächen verdirbt man durch willkürliche Anpflanzungen von einzelnen Bäumen, von Baumgruppen oder von Gebüschanlagen. Das letztgenannte ist das furchtbarste. Eine wahre Gebüschwuth hat sich mancher Gärtner bemächtigt. Und diese Gebüsche setzt man meist ohne Sinn und Verstand aus den Sträuchern der verschiedensten Oertlichkeiten, der verschiedensten Klimate zusammen.

Diesem Schicksal sind auch Nymphenburg, der englische Garten in München, ganz besonders aber die königlichen Anlagen in Stuttgart nicht entgangen. Man ließ Sckells Schöpfungen vollständig überwachsen, wie das noch heutigen Tages geschieht. So fand der Fürst Pückler die Anlagen bei München, so fand sie Petzold im Jahre 1841 [1]), und jetzt sind sie stellenweis völlig verwildert. Für den Naturfreund ist es ein Jammer, zu sehen, wie mächtige Fichten so völlig von Laubholz umwachsen sind, daß sie ersticken und langsam von unten her absterben.

---

[1]) E. Petzold, Fürst Herman v. Pückler-Muskau in seinem Wirken in Muskau und in Branitz, sowie in seiner Bedeutung für die bildende Gartenkunst. Leipzig 1874. S. 58.

Die Laubhölzer, in welche seit Sckells Tode niemals die Axt eingedrungen ist, sehen an vielen Orten aus, wie eine Stangenplantage. Andererseits fallen die schönsten Bäume zur Gewinnung von Brennholz, ohne daß sich absehen läßt, warum denn gerade diese Bäume fallen müssen, warum man nicht weniger werthvolle auswählte, welche ohnedieß edleren Bäumen Licht und Luft wegnehmen.

Sckells Nachfolger war ein gewisser Seitz, dem die Gärten seit Sckells im Jahr 1825 erfolgten Tode anvertraut wurden, bis man ihn endlich im Jahr 1851 pensionirte. Sein Nachfolger Effner, dem München viele Verschönerungen verdankt, besonders die Maximiliansanlagen am rechten Ufer der Isar, dem englischen Garten gegenüber, entfaltete eine zu vielseitige Thätigkeit, um der Wiederherstellung Nymphenburgs und des englischen Gartens sich hingeben zu können.

Wie Seitz für München, so ist Hackländer für Stuttgart als Gartenintendant ein Unglück geworden. Der Schloßgarten von Stuttgart bis Cannstadt zeigt noch jetzt die Spuren einer ursprünglich ausnehmend schönen Anlage, aber er ist fast durchweg überwachsen und verwildert, durch spätere Anpflanzungen und durch wellenförmig begrenzte Gebüschanlagen geschädigt. Die beste Wirkung macht der neuere Theil zwischen der Wilhelma und der Villa Rosenstein.

Dagegen zeichnet sich Stuttgart aus durch architektonische Anlagen nach neustem Geschmack, welche zu den allervollkommensten in Deutschland gehören. Der Schloßplatz mit seinen Kastanienalleen, seinen von Leins entworfenen Springbrunnen, seiner Friedenssäule, seinen Monumenten, seiner schönen Teppichgärtnerei auf sammtenem Rasen, seinen Cypressenhainen, den Prachtexemplaren von Musa, Canna, Dracaena und anderen ausländischen Blattpflanzen dürfte seines Gleichen suchen. Ebenso schön in seiner Art ist der von Herrn Stadtgärtner Wagner angelegte Stadtgarten, welcher im Sommer dem erholungsbedürftigen Stuttgarter Publikum den anmuthigsten Aufenthalt darbietet. Wagner besitzt ein ungewöhnliches Talent für architektonische sowie für dekorative Gärtnerei. In der Teppichgärtnerei, in der Aufstellung von Statuen und Lusthäuschen, in der Gruppenbildung von Palmen, Drachenbäumen, Baumfarren u. s. w. ist Wagner Meister ersten Ranges.

Wir dürfen übrigens nicht vergessen, daß unter denjenigen, welche zuerst einen natürlichen Gartenstyl in Deutschland einzuführen suchten, in erster Linie Goethe zu nennen ist, welcher unter Karl Augusts Regierung den Park zu Weimar schuf. Es mag hier beiläufig bemerkt werden, daß seit jener Zeit eine ganze Anzahl von Nachkommen des berühmten Ludwig Sckell in den Anlagen des weimarischen Fürstenhauses thätig war. Aber auch Goethe und Karl August hatten bereits ihr Vorbild in den Schöpfungen des Herzogs Leopold Friedrich Franz von Dessau (geb. 1740, gest. 1817), nicht zu verwechseln mit dem unter dem Namen des alten Dessauers berühmten Kriegshelden. Derselbe hat den größten Theil seines Landes in einen Naturgarten verwandelt. Besonders durch den herrlichen Park zu Wörlitz wurden Goethe und Karl August angeregt. Dem Fürsten Leopold III. errichteten sie im Park zu Weimar einen großen Felsblock mit der Widmung: Francisco, Dessaviae Principi. Franz von Dessau führte seine Anlagen aus mit Hülfe der Hofgärtner Schoch und Eiserbeck und des Baumeisters von Erdmannsdorf.

Goethe und Karl August waren auch an anderen Orten des weimarischen Landes thätig. So schufen sie das Bad und die ursprünglich sehr geschmackvollen Gartenanlagen zu Berka a. Ilm, über deren trauriges späteres Schicksal ich an einem anderen Ort berichtet habe. [1])

---

[1]) Ernst Hallier, Kulturgeschichte des 19. Jahrhunderts in ihren Beziehungen zu der Entwickelung der Naturwissenschaften. Stuttgart 1889. S. 553.

Ich habe nun des Mannes zu gedenken, welcher, sowohl durch hohe Begabung als auch durch hohe Lebensstellung begünstigt, den größten Einfluß auf die Entwickelung der landschaftlichen Gartenkunst hatte; ich meine natürlich keinen anderen als Ludwig Heinrich Hermann, Reichsgrafen, später Fürsten Pückler (1785—1871), gewöhnlich nach seinem Stammsitz Muskau in der Oberlausitz Fürst Pückler-Muskau genannt. [1] Dieser Mann besaß eine ungewöhnliche ästhetische Begabung, ein feines Verständniß für die Werke der Natur und der Kunst. Seine Hauptneigung wendete sich von vornherein der Landschaftsgärtnerei zu. Von einem Styl konnte bei ihm nicht die Rede sein. Seine Lehrmeisterin war die Natur und nur die Natur. Die englische Gartenkunst, die er in England selbst studirte, schätzte er so hoch, weil sie der Natur so nahe kam. Alles Kleinliche, Pedantische, Manierierte war ihm zuwider. Es ist für die Entwickelung der deutschen Gartenkunst ganz ungemein zu bedauern, daß nicht der Fürst selbst oder sein großer Schüler Petzold die Oberleitung der Königlichen Gärten zu Berlin und Potsdam übernommen haben. Es war Freiheitsliebe, was den Fürsten verhinderte, in den Staatsdienst zu treten. Er selbst äußert sich darüber folgendermaaßen: „Was hätte aus den preußischen Gärten bei den reichen Mitteln werden können, wenn ich damals (1817) die Leitung übernommen hätte, aber meine Freiheit war mir zu lieb." [2]

Vier Jahre, von 1806—1809 bereiste der junge Reichsgraf Oesterreich, Baiern, die Schweiz, Italien und Frankreich. Am 10. Januar 1811 gelangte er durch den Tod seines Vaters in den Besitz der Standesherrschaft Muskau und des Majoratserbes Branitz.

Im folgenden Jahr lernte er in Weimar Goethe kennen, der ihn zur Fortsetzung seiner Studien ermunterte. Nachdem er als Adjutant des Großherzogs Karl August von Weimar 1813 und 1814 den Feldzug gegen Napoleon mitgemacht, begab er sich nach England, welches seine hohe Schule wurde. Besonders Browns und Reptons Werke hatten bleibenden Einfluß auf die ganze Richtung seiner Bestrebungen.

Dann begann er, im Jahre 1822 in den Fürstenstand erhoben, das Hauptwerk seines Lebens: Die Schöpfung des Parks zu Muskau. [3]

Die praktische Ausführung der Pläne des Fürsten besorgte von 1817 bis 1852 mit großer Gewissenhaftigkeit der Garteninspektor Rehder.

Die Jahre von 1826 bis 1829 brachte der Fürst wieder in England zu, wohin er sogar seinen Garteninspektor Rehder nachkommen ließ. Später bereiste er auch den Orient und einige Gegenden Afrikas. Seine Studien in den englischen Gärten veröffentlichte er in einem anonymen Werk, welches man anfänglich Goethe zuzuschreiben geneigt war. [4]

Im Jahre 1845 ging die Standesherrschaft Muskau durch Verkauf an den Grafen Nostiz und 1846 an den Prinzen Friedrich der Niederlande über.

Fürst Pückler wendete nun sein schöpferisches Genie und seine Schaffenskraft der Majoratsherrschaft Branitz zu, die er in ähnlichem Sinne wie Muskau um-

---

[1] In meiner kurzen Darlegung folge ich hauptsächlich Petzolds weiter oben bereits angeführtem Buch über den Fürsten, welches man zu eingehenderer Belehrung lesen wolle. Es enthält das treuste Bild des Fürsten aus seiner späteren Lebenszeit und ein schönes Bild von der Begräbnißstätte des Fürsten im Park zu Branitz in Form einer Pyramide inmitten eines hübschen Landsees.
[2] Petzold a. a. O. S. 6.
[3] Wie der Fürst hier 35 Jahre lang mit den außerordentlichsten Schwierigkeiten zu kämpfen hatte und sie zu besiegen wußte, darüber lese man bei Petzold a. a. O. S. 7—14.
[4] Briefe eines Verstorbenen. Stuttgart 1831.

geſtaltete. Aber nicht nur Muskau und Braniß verdanken ihm den größten Theil
ihrer Reize, ſondern auch in Babelsberg, dem Wohnſiß Kaiſer Wilhelms I. zu
Potsdam, in Ettersburg bei Weimar, in Wilhelmsthal bei Eiſenach, in Altenſtein
am Thüringer Wald und noch an vielen andern Orten hat er bahnbrechend
gewirkt.

Das Eigenthümliche von Fürſt Pücklers Genie charakteriſirt Petzold[1]) folgendermaaßen: „Das ganze Geheimniß ſeines Styls beruht auf dem Studium
der Natur, und auf einem hohen Verſtändniß derſelben. Er ſtudirte die Eigentümlichkeiten jedes Terrains, brachte die Vorzüge deſſelben zur Geltung und ließ
ſich niemals beikommen, die Natur neu ſchaffen zu wollen. Auf dieſe Weiſe erhielten ſeine Anlagen bei aller Einfachheit ſtets das Gepräge des Natürlichen und
Großartigen — einen großen Zug —, dem man es ſogleich anſah, daß hier ein
und derſelbe Geiſt gewaltet habe.“ Beſonders groß war er im Anlegen von Seen
und Teichen, wobei er alle kleinlichen Uferlinien, Buchten und Inſelchen, die bei
uns an vielen Orten ſo beliebt ſind, vermied, ebenſo wie in Wald- und Wieſen
anlagen die vielen Wege, Pfade und Pfädchen.

Mit dem Tode des Fürſten Pückler iſt die Landſchaftsgärtnerei bei uns keineswegs verwaiſt. Einer der größten jetzt lebenden Landſchaftsgärtner iſt ſein Schüler,
nämlich: Eduard Carl Adolf Petzold. Er wurde geboren im Jahre 1815 zu
Königswalde in der Neumark als Sohn des dortigen Predigers, welcher 1826
als Superintendent nach Muskau verſetzt wurde. So lernte ſchon früh der junge
Petzold das Schaffen des Fürſten kennen, in deſſen Gärtnerei er von 1831 bis
1835 unter Rehders Leitung als Lehrling thätig war, also grade zu der Zeit, wo
der Fürſt ſeine regſte Thätigkeit begann. „Vom 1. Oktober 1835 bis 1. März
1838 führte Petzold nach Rehders Plan die umfangreiche Anlage zu Maßdorf
bei Löwenberg in Schleſien aus, legte noch einige Privatgärten an und lieferte
den Plan zur Verſchönerung des Blücherplatzes bei Löwenberg, eines Vergnügungsortes der Bewohner dieſer Stadt. Hier, in den Vorbergen des Rieſengebirges,
befeſtigte ſich in ihm die Ueberzeugung, daß die Natur die erſte Lehrmeiſterin des
Landſchaftsgärtners ſei, und er lag in ſeinen Mußeſtunden mit Eifer dem Studium
der Naturſchönheiten des Rieſengebirges ob. Er entwarf den Plan zu den Anlagen auf dem Gute Möſtchen bei Schwiebus für den Landrat Breſcius. Dann
folgte er einem Ruf des Landmarſchalls von Riedeſel, der ihn auf einer Reiſe
durch Schleſien kennen gelernt hatte, nach Neuenhof bei Eiſenach, wo er von
Oſtern 1838 bis Michaelis 1840 die Umgeſtaltung der Anlagen nach ſeinen
Plänen zur Ausführung brachte. Im Jahr 1839 entwarf er den Plan für die
Umgebungen des Schloſſes Merzbach im Itzgrund zwiſchen Koburg und Bamberg
im Auftrage des Beſitzers, Grafen Rotenhau. Einem Antrage des Landmarſchalls von Riedeſel, Petzold ſolle nach erlangten Kenntniſſen in der Landwirtſchaft
und im Forſtweſen die Verwaltung ſeiner Güter übernehmen, leiſtete derſelbe aus
Liebe zu ſeinem Fach nicht Folge, trat vielmehr in ein Verhältniß ganz eigener
Art. Er ſiedelte ſich nämlich als Diener dreier Herren mit dem Prädikat Garteninſpektor in Eiſenach an, zufolge eines vom 1. November 1840 bis zum 1. No
vember 1843 gültigen Vertrages, nach welchem er die Verwaltung von Neuenhof
und außerdem für die Gebrüder Eichel die Anlage und Verwaltung von Metſchröberhof und Pflugensberg übernahm. Es gab Zeiten, wo Petzold in dieſen drei
Gärten gleichzeitig 200 Leute beſchäftigte. Das ausgeworfene Gehalt betrug nicht
mehr als 350 Thaler jährlich, aber Petzold hatte 6 Monate des Jahres Reiſeurlaub. Dieſen Urlaub hat der raſtloſe Mann gründlich ausgebeutet.“[2]) In den

---

[1]) A. a. O. S. 32.
[2]) Nach meiner „Kulturgeſchichte“ S. 555, 556.

verschiedensten Gegenden Deutschlands, Oesterreichs, des Alpengebietes, des nördlichen Italiens, Hollands, Belgiens und Frankreichs studierte er die Gärten und
Gärtnereien, sowie die Natur.

„Nachdem Petzolds Dienstverhältniß in Eisenach seine Endschaft erreicht
hatte, boten sich ihm Aussichten beim Fürsten Pückler, welcher mit dem Plan
umging, die Burg Pöchlarn an der Donau, den Wohnsitz Rüdigers von Pöchlarn,
seines hohen Ahnen, anzukaufen, — ferner beim Conde Conferra in Cintra bei
Lissabon durch einen jungen Portugiesen Namens Almeida, welcher sich damals
in Eisenach aufhielt, — endlich beim Gouverneur von Riga, Freiherrn von Essen,
für dessen Besitzungen. Schon hatte Petzold sich für Rußland entschieden, als
der Erbgroßherzog von Weimar ihn in seine Dienste nahm. Zu Neujahr 1844
zog Petzold nach Ettersburg. Im Jahre 1848 wurde ihm als großherzoglichem
Hofgärtner die Oberaufsicht über den Park zu Weimar, außerdem die Inspektion
der Gärten zu Ettersburg, Tiefurt, Großkromsdorf und Niederroßla übertragen,
nachdem er im vorhergehenden Jahr mit dem Erbgroßherzog Karl Alexander
England besucht hatte.

„Petzold brachte außerdem noch zur Ausführung: im Jahre 1844 die An=
lage des Freiherrn von Thüngen beim Schloß zu Roßbach unweit Brückenau;
im Jahre 1845 die Anlage der Freiherr von Tucherschen Familie beim Schloß
zu Simmelsdorf in der Fränkischen Schweiz, ebenso die Anlage des Freiherr
von Tucherschen Gartens in der Nürnberger Vorstadt Whörd; im Jahre 1846
die Anlage beim Schlosse zu Steinburg im Auftrage des Freiherrn von Münch=
hausen zu Kölleda; im Jahre 1847 die Umgestaltung der Anlagen zu Schloß
Altenstein, die Pläne für die Anlagen bei dem uralten Schloß Eisenbach, Stammsitz
der Freiherren von Riedesel zu Eisenbach bei Lauterbach im Großherzogthum
Hessen; den Plan für die Anlage zu Bad Wittekind bei Halle an der Saale; im
Jahre 1849 die Anlage bei Bad Sulza; 1850 die fürstlichen Anlagen zu Son=
dershausen, sowie die städtischen Anlagen im Schwanenfeld bei Zwickau; 1851
die städtische Anlage bei einer alten Schanze gegenüber der Rosenau zu Nürn=
berg; 1852 die Anlage beim Schloß Neuhausen des Herrn von Werthern und
für die Großherzogin von Weimar die Anlage der Altenburg daselbst.“

Im Jahre 1849 erschien das klassische Werkchen: Beiträge zur Landschafts=
gärtnerei. Dasselbe behandelt folgende Gegenstände: 1. Ueber die Art und Weise,
wie der Gärtner seine Studien machen soll. 2. Ueber die Wirkungen der Pflanzen
in der Landschaft, gestützt auf Beobachtungen in der Natur. 3. Das Schloß
Ettersburg. 4. Ueber Anlage und Bepflanzung der Landstraßen, sowie über Holz=
anpflanzungen in den Feldern überhaupt.

Es sei hier auf eine nähere Erörterung des Inhalts verzichtet, weil sich in
den späteren Abschnitten Gelegenheit genug bietet. Nur die Bemerkung sei hin=
zugefügt, daß der dritte Abschnitt die Umwandlung der Umgebung des Schlosses
Ettersburg unter dem direkten Einfluß des Fürsten Pückler behandelt.

Kein angehender Gärtner darf unbeschadet seiner Ausbildung dieses kleine
Werk ungelesen lassen, da es sich den besten gärtnerischen Schriften ebenbürtig
anreiht.

Im September 1852 wurde Petzold auf besonderen Wunsch des Fürsten
Pückler nach Muskau berufen. Der Prinz Friedrich der Niederlande wünschte die
Schöpfungen des Fürsten genau in dessen Sinne fortgesetzt und erhalten zu sehen,
wozu diesem niemand mehr geeignet schien als Petzold. Dreißig Jahre lang, bis
zum Tode des Prinzen, hat Petzold mit der größten Pflichttreue seine ganze
geniale Arbeitskraft diesem Werk gewidmet. Ueber die Hälfte der riesigen An=
lagen ist sein Werk, denn da der Fürst seine Gartenpläne zu zeichnen pflegte, so

mußte Petzold ſeinen eigenen Ideen folgen; und er that es in ſo vollendeter Weiſe, daß der Fürſt ihn ſein Alter Ego nannte. Der Flächeninhalt des Parks betrug etwa 5000 Morgen. Die Holzungen, an welchen der Fürſt 35 Jahre lang gepflanzt hatte, waren mittlerweile ſtark überwachſen und hatten ſich zu Anlagen von Stangenholz entwickelt, wie man ſie in ſo vielen unſerer deutſchen Parks in traurig ergötzlicher Weiſe wahrnimmt. Es fehlte das Unterholz und die freudige Entwickelung der großen Bäume. Hier konnte nur eine gründliche und wohl= durchdachte gärtneriſche Durchforſtung Abhülfe ſchaffen, welche Petzold während der 30 Jahre ſeiner dortigen Wirkſamkeit dreimal vom Schloß aus durch ſämmt= liche Anlagen durchgeführt hat. Das trug ihm heftige Vorwürfe und thörichtes Geſchwätz bei dem gebildeten und ungebildeten boeotiſchen Pöbel ein, woran Petzold ſich um ſo weniger zu kehren brauchte, als er die volle Billigung des Fürſten Pückler für ſich hatte. [1]

Während dieſer großen Arbeiten fand Petzold noch Zeit zur Ausarbeitung von ferneren „Beiträgen zur Landſchaftsgärtnerei“, in denen er die Farbenlehre behandelte und ihre praktiſche Anwendung im Park wie im Blumengarten. [2] Auch dieſe Schrift wirkte bahnbrechend und ſelbſt jetzt noch wird ihr praktiſcher Werth dadurch wenig beeinträchtigt, daß ſeit jener Zeit eine Erweiterung der theoretiſchen Anſichten ſtattgefunden hat.

Seine geſammten gärtneriſchen Erfahrungen und Studien legte er dem Publikum vor in ſeinem großen Werke über „Landſchaftsgärtnerei.“ [3] Dieſes Werk iſt das Hauptbuch des Landſchaftsgärtners, namentlich in der Form, welche es in der zweiten Auflage bekommen hat. [4]

Petzold hat in Muskau noch eine große Anlage geſchaffen von ganz beſon= derem Werth für Wiſſenſchaft und Praxis, weil ſie in ihrer Art und in dieſer Ausdehnung ganz einzig daſteht, nämlich das Arboretum. Petzold hat 30 Jahre lang an dieſer herrlichen Gehölzſammlung gearbeitet, welche einen Flächenraum von 500 Morgen Landes bedeckt. Leider geht dieſelbe ſeit dem Tode des kunſt= ſinnigen Prinzen Friedrich ihrem Verfall entgegen. Man ſollte dieſe Angelegen= heit zur Nationalſache machen, das Arboretum auf Reichskoſten ankaufen und Petzold's Rath wegen der künftigen Verwaltung und Fortführung einholen. Wer ſich von der Großartigkeit des Unternehmens eine Vorſtellung bilden will, der ſtudire das von Petzold in Gemeinſchaft mit dem Arboretgärtner Kirchner heraus= gegebene „Arboretum Muscaviense“, ein für die Dendrologie äußerſt werth= volles Werk. [5]

Petzold behielt die künſtleriſche Oberleitung der Muskauer Anlagen in ihrem ganzen Umfange bei, auch nach ſeinem Abgange von Muskau und bis zum Tode des Prinzen im Jahre 1881. Im Jahre 1878 zog er ſich nach Bunzlau zurück.

<hr>

[1] Petzold, Fürſt Pückler. S. 48—52.

[2] E. Petzold, Zur Farbenlehre der Landſchaft. Jena 1853.

[3] E. Petzold, Die Landſchafts=Gärtnerei. Ein Handbuch für Gärtner, Architekten, Gutsbeſitzer und Freunde der Gartenkunſt. Nach Humphry Reptons „The Landscape Gardening.“ Mit 10 in den Text gedruckten erläuternden Figuren und mit 20 land= ſchaftlichen Anſichten nach Originalzeichnungen von Friedr. Preller und Carl Hummel. Leipzig 1861.

[4] E. Petzold, Die Landſchaftsgärtnerei. Ein Handbuch für Gärtner, Architekten und Freunde der Gartenkunſt. Mit 6 erläuternden Figuren, 35 landſchaftlichen Anſichten und Abbildungen nach Originalaufnahmen von J. Preller d. J. Zweite vermehrte und ver= beſſerte Auflage. Leipzig 1888.

[5] E. Petzold u. G. Kirchner, Ueber die Entſtehung und Anlage des Arboretum Sr. Königlichen Hoheit des Prinzen Friedrich der Niederlande zu Muskau, nebſt Verzeichniß der ſämmtlichen in demſelben kultivirten Holzarten. Ein Beitrag zur Dendrologie der deutſchen Gärten. Mit einem kolorirten Plan des Arboretum zu Muskau. Gotha 1864

wo er große Baumſchulen anlegte, die er aber 1882 verkaufte, um fernerhin ſich in Blaſewitz bei Dresden niederzulaſſen.

Außer einer Anzahl kleinerer Anlagen in verſchiedenen Gegenden bearbeitete Petzold nach dem Jahre 1878 noch die Pläne zu folgenden größeren Gärten, die er zum Theil auch ſelbſt ausführte:

1) Die Anlage des Fürſten Sapieha bei Schloß Krasyczyn zwiſchen Krakau und Lemberg in Galizien in den Vorbergen der Karpathen am Sanfluſſe.

2) Die Anlage von Kobelnik am Goplo-See im Großherzogthum Poſen, Herrn von Willamowitz-Möllendorf gehörig.

3) Gab er ein Gutachten ab im Auftrage des Großherzogs von Sachſen über die landſchaftliche Behandlung des Marienthals und der Gegend von Wilhelmsthal bei Eiſenach.

4) Wurde von ihm im Auftrage des Königlich Niederländiſchen Miniſteriums ein Gutachten nebſt Plan ausgearbeitet über die Behandlung des Boſches beim Haag.

Ferner entwarf er die Pläne von Kleinskal, die ſogenannte Felſenſtadt unweit Turnau in Böhmen für Herrn Baron von Oppenheimer; von Ruurlo bei Zütphen in Holland für Frau Baronin van Heekeren van Kell; von Klitſchdorf im Queißthal unweit Bunzlau in Schleſien für den Grafen Solms; von Joſephsthal bei Jungbunzlau in Böhmen für Baron von Leitenberger; von Altdöbern und Reddern in der Niederlauſitz im Auftrage des Freiherrn von Witzleben; von Elzwoudt und Duinluſt bei Haarlem im Auftrage der Herren van der Vliet und Vorſti.

Auf wenige Zweige menſchlichen Schaffens haben politiſche Wirren einen ſo verhängnisvollen Einfluß wie auf Gartenanlagen. Das erfuhr auch Petzold, nachdem er im Jahre 1884 vom Fürſten Alexander von Bulgarien berufen wurde, um die Pläne für die umfangreichen Anlagen bei dem neuerbauten Schloſſe zu Sandrowo bei Warna am Schwarzen Meer zu entwerfen. Abgeſehen von einzelnen ſtarken Aprikoſen- und Mandelbäumen, einigen Ulmen, Eſchen, Cerriseichen, welche ſich in den umliegenden Weingärten zerſtreut vorfinden, fand Petzold die Gegend baumlos. Um die Vegetationsverhältniſſe kennen zu lernen, begab er ſich nach Konſtantinopel, wo er durch Vermittelung des deutſchen Botſchafters Herrn von Radowitz ſeinen Zweck erreichte, ſo daß er auf Grund ſeiner dortigen Studien den Plan und die Bepflanzung zur Ausführung bringen konnte. Nach faſt zweijähriger Arbeit traten die bekannten Ereigniſſe ein, welche die Vollendung der Aufgabe vereitelten.

Seit 30 Jahren hat Petzold auch noch die Oberaufſicht der nach ſeinen Plänen ausgeführten Anlagen der Frau Großherzogin zu Sachſen-WeimarEiſenach zu Heinrichau in Schleſien, was zweimal jährlich ſeine dortige Anweſenheit erfordert. Außerdem bearbeitet er ſeit 5 Jahren eine 800 Hektaren große Anlage bei dem Schloß Twickel bei Delden in Holland, zu welchem Zweck ſich derſelbe jährlich zweimal, im Frühling und im Herbſt, auf längere Zeit dorthin begiebt.

So arbeitet dieſe ungewöhnliche Künſtlerkraft noch im 77. Lebensjahre unermüdlich fort, und zum Wohl der deutſchen Gartenkunſt wollen wir wünſchen, daß es ihm noch viele Jahre vergönnt ſein möge, ſeine hohe künſtleriſche Begabung zu bethätigen.

Es mögen nun noch einige Landſchaftsgärtner hier Erwähnung finden, welche auf die deutſche Landſchaftsgärtnerei mehr oder weniger großen Einfluß geübt haben; jedoch bemerke ich ausdrücklich, daß es mir dabei keineswegs um Vollſtändigkeit zu thun iſt.

Zuerſt nenne ich Dr. Rudolph Siebeck, welcher 1812 zu Leipzig geboren wurde und 1878 zu Graz in Steiermark ſtarb. Seine Hauptwirkſamkeit hat er in den öffentlichen Anlagen in Wien entfaltet, wo er namentlich den Stadtpark geschaffen hat. Er trat auch als gärtnerischer Schriftsteller auf und hat in Theorie und Praxis alle diejenigen Fehler begangen, an denen so viele deutsche Landschafts= gärtner laboriren, und zwar hat er diese Fehler bis auf die äußerste Spitze ge= trieben, da er sie zur Regel machte. So haben seine Wege und Abgrenzungen die Form unregelmäßiger Wellenlinien, der Eindruck großer Rasenflächen wird durch sinnlose Baumpflanzungen gestört, es fehlt bei ihm meistens an Gehölzen mit Massenwirkungen u. dgl. m. Leider hat er durch diese verkehrten Manieren höchst nachtheiligen Einfluß auf die Landschaftsgärtnerei geübt, denn viele Gärtner sind Pedanten, welche blindlings den aufgestellten Regeln folgen, besonders, wenn dieselben durch sauber gezeichnete und hübsch kolorirte Pläne erläutert werden. Alle diese Fehler findet man z. B. wiederholt in den Königlichen Anlagen zu Stuttgart, in den neuen Anlagen auf der Reinsburg daselbst, sowie in den Anlagen am Hasenberg. So rühmenswerth die architektonische Gärtnerei in Stuttgart vertreten ist, so wenig versteht man dort landschaftlich im großen Styl zu arbeiten. Siebeck war kein Künstler, sondern Manierist im höchsten Grade.

Fast dasselbe gilt auch von Lenné, wenn dieser auch mehr Geschmack hatte als Siebeck. Peter Joseph Lenné wurde 1789 zu Bonn geboren und starb 1866 zu Potsdam als Generaldirektor der königlichen Gärten, als Ehrenmitglied der Berliner Akademie der Künste und als Ehrendoktor der Universität Breslau. Die Potsdamer Gärten und der Thiergarten, sowie andere Anlagen in Berlin verdanken ihre Neugestaltung im Wesentlichen Lenné. Seine Manier der Vor= pflanzungen von Gesträuchen vor größere Baummassen gab den meisten seiner Schöpfungen einen erkünstelten Anstrich.

In Potsdam, Charlottenburg und Berlin haben außerdem die Familien Sello, Fintelmann und andere mit größerem oder geringerem Erfolg und Glück gewirkt.

Erwähnung verdient auch Wilhelm Hentze (1793—1874), welchem Kassel und Wilhelmshöhe einen großen Theil ihrer landschaftlichen Reize verdanken.

Viel Schönes ist in Thüringen geschaffen worden. Leonhard Eulefeld und sein Sohn Karl Theobald sind in Koburg, Gotha und Reinhardsbrunn mit großem Geschmack zur Verschönerung der herzoglichen Gärten und der öffentlichen Anlagen thätig gewesen. Leonhard Karl Eulefeld, herzoglich Koburg=Gothaischer Oberhof= gärtner, wurde im Jahr 1861 emeritirt und starb zu Koburg am 21. April 1870, woselbst er auch begraben liegt. Seine Ehegattin Johanna Maria geb. Kahl starb am 28. Juni 1857 und liegt zu Gotha auf dem Friedhof III begraben.[1]) Karl Theo= bald, geboren zu Koburg im Jahr 1818, folgte seinem Vater schon im Jahr 1877 ins Jenseits.

Im Karthausgarten zu Eisenach und in Wilhelmsthal wirkte seit fast einem halben Jahrhundert Hermann Jäger in der sinnigsten Weise. Er wurde 1815 in Münchenbernsdorf als Sohn des dortigen Pfarrers geboren. Kein Besucher Eisenachs wird den ebenso paradiesisch gelegenen wie geschmackvoll angelegten Karthausgarten unbesucht lassen. Jäger starb zu Eisenach 1889.

Auch meines Lehrherrn möchte ich hier gedenken, des weiland Inspektors des botanischen Gartens zu Jena, Franz Baumann. Sein künstlerisches Talent, welches sich z. B. in der Anlage des Arboretums im botanischen Garten und in den leider durch spätere Eingriffe zerstörten Anlagen auf dem Fürstengraben bekundete, ist wenig bekannt geworden, weil er dasselbe nicht zur Geltung zu bringen wußte. Ich verdanke ihm manche Belehrung über die Grundprinzipien der Landschaftsgärtnerei.

---

[1]) Diese Notiz verdanke ich der Freundlichkeit des Herrn F. Schlimbach zu Hummels= hain, welcher bei Leonhard Eulefeld seine Lehrzeit zugebracht hatte.

Thüringen ist reich an schönen Gärten. Der gärtnerische Geschmack liegt hier einestheils schon in der Volksbegabung, andererseits wird er wachgerufen durch die überaus herrliche Natur des Thüringer Waldes und des Saalthals.

Eine ähnliche Erscheinung wiederholt sich im nordwestlichen Deutschland, in Bremen und namentlich in Hamburg. Hier ist es zum Theil der Einfluß des Verkehrs mit England, zum Theil die Anregung, welche dem Naturliebhaber durch die prächtigen Waldungen des nördlichen Hannover sowie durch das an malerischen Landseen und herrlichen Buchenwaldungen so reiche östliche Holstein geboten wird, endlich zum Theil aber auch ist es der ausgebildete Natursinn der Bewohner, welcher den gärtnerischen Geschmack reinigt und bildet.

In Bremen und Hamburg schuf Albert Altmann (1777—1837) die schönen Wallanlagen, welche aus den geschleiften Festungswerken hervorgingen. Die dankbaren Hamburger nannten ihm zu Ehren die bedeutendste Höhe in seinen Schöpfungen die Altmannshöhe. Sie lag innerhalb des ehemaligen Steinthors vor dem Johanniskloster und dem Schweinemarkt. Seit 40 Jahren ist nicht nur infolge der außerordentlichen baulichen Veränderungen die Altmannshöhe, sondern es ist auch der größte Theil der übrigen Anlagen bis auf geringe Reste nach und nach verschwunden. Die jetzigen außerordentlich geschmackvollen öffentlichen Anlagen verdankt Hamburg der hohen künstlerischen Begabung des Oberingenieurs Andreas Meyer.

Bremen hat in neuerer Zeit einen großen Bürgerpark erhalten, auf dessen Einrichtung zurückzukommen, ich in den folgenden Abschnitten Gelegenheit haben werde. Mit ausnehmend großem Geschmack wirken manche Gärtner in den schönen Privatparks der großen Hamburger Kaufmannshäuser wie z. B. Kramer im Flottbecker Park des weiland Senators Jenisch, Reimers im Donnerschen Park zu Neumühlen u. A.

Es ließen sich noch viele Beispiele anführen von schönen und geschmackvollen wie von verfehlten Gartenanlagen im weiten lieben Vaterland; aber bei dem hier zu Gebote stehenden Raum muß ich den Leser bitten, das weitere in größeren Gartenwerken, wie z. B. im Gartenbau-Lexikon nachzuschlagen.

II.

Allgemeine ästhetische Grundsätze der landschaftlichen Gartenkunst.

Die Aesthetik oder die Schönheitslehre ist eine philosophische Wissenschaft, welche auf das Studium der Naturschönheit sich gründet und welche der Natur ihre Gesetze ablauscht. Sie ist die Gesetzgeberin für alle Künste, folglich auch für die Gartenkunst. Die allgemeinen ästhetischen Ideen und Grundsätze sind für alle Künste die nämlichen wie für die Natur. Diese wirkt auf unser Gemüth in dreierlei verschiedenen Ausdrucksweisen, welche wir die drei ästhetischen Grundideen nennen, nämlich in der Schönheit, Erhabenheit und Sehnsucht. Die Schönheit der Natur läßt uns die ewige Bedeutung derselben ahnen. Sie entspricht daher der Idee der Unsterblichkeit aller Wesen. Die Erhabenheit der Natur erfüllt uns mit der Ahnung ihres Schöpfers. Sie entspricht also der religiösen Idee der Gottheit. Die Sehnsucht, welche die Naturbetrachtung in uns wachruft, macht uns aufmerksam auf unseren im Erdendasein unvollendbaren, in den Formen von Raum und Zeit befangenen Geiste8zustand. Sie läßt uns Befreiung von demselben ahnen und entspricht daher der religiösen Idee der Freiheit.

Das Wesen der Schönheitsempfindung überhaupt ist Ahnung des Ewigen im Endlichen.¹) In den ästhetischen Empfindungen der Schönheit, Erhabenheit und Sehnsucht ahnen wir eine höhere Bedeutung der irdischen Dinge als die bloß materielle. Wir ahnen einen Zweck der Welt und der Naturwesen. Da wir diesen Zweck nicht begrifflich auffassen, sondern nur im ästhetischen Gefühl ahnen können, so nannte Kant die Schönheit eine Zweckmäßigkeit ohne Zweck. Man nennt aber gleichwohl die Aesthetik nicht Zweckmäßigkeitslehre, weil das Wort Zweck zu vieldeutig ist. So z. B. ist der Hauptzweck der Menschen auf der Erde das Gute. Es darf nun etwas, was wir als schön beurtheilen sollen, niemals diesem Zweck, niemals dem Guten oder der Moral widersprechen. Daher ist eine an das Unsittliche oder Lüsterne streifende Operette oder ein unsittliches Bild oder Dichtwerk unschön.

Ebenso ist ein noch so schön geformter Mensch häßlich, wenn er nicht nach dem Guten strebt. Nun giebt es aber Dinge, die weder ästhetisch noch moralisch oder ethisch zweckmäßig sind. Sie sind es nur als Mittel für einen anderen Zweck. So z. B. kann ein Gartengeräth für die damit zu verrichtende Arbeit zweckmäßig sein. Man nennt das technische Zweckmäßigkeit. Soll ein Gegenstand schön sein, so darf er auch der technischen Zweckmäßigkeit nicht widerstreiten. Jene mit den schönsten Schnitzereien geschmückte Armbrust war doch nicht schön,

¹) Auf die Begründung der Aesthetik kann hier nicht näher eingegangen werden. Wer sich darüber zu unterrichten wünscht, den verweise ich auf meine Schrift: Aesthetik der Natur. Für Künstler, Naturkundige, Lehrer, Gärtner, Land= und Forstwirthe, Reisende. Geistliche, sowie für Freunde der Natur überhaupt ausgearbeitet. Stuttgart 1890.

weil sie bei der ersten Benutzung zerbrach, also ihrem Zweck nicht genügte. Aus dem soeben Mitgetheilten geht also hervor, daß es für alle Künste einen Grund- satz giebt, nämlich den der Zweckmäßigkeit, und den wir folgendermaßen aus- sprechen können: Ein Kunstwerk darf weder der moralischen (ethischen) noch der technischen Zweckmäßigkeit widerstreiten. Dieser Grundsatz ist für die Landschafts- gärtnerei von ganz besonderer Bedeutung.

Die landschaftliche Gartenkunst hat es mehr als alle anderen Künste mit der Natur zu thun. Die Natur ist ihre große Lehrmeisterin. Aus diesem Grunde nennen manche Gärtner die Landschaftsgärtnerei Nachahmung der Natur. Das ist freilich grundfalsch. Man soll die Natur nicht kopiren. Die Photographie kopirt die Natur; daher gehört sie nicht zu den Künsten, sondern zur Technik. Was sollen wir denn aber thun, um einen natürlichen Landschaftsgarten zu schaffen, ohne die Natur zu kopiren?

Wie macht es denn der Landschaftsmaler? Kopirt er die Natur? Sicherlich nicht. Aber er entnimmt zu seinen Gemälden der Natur die Motive zu freier künstlerischer Benutzung. Er sucht den Geist der Natur zu erfassen, ohne sklavisch ihre äußeren Formen nachzuahmen. Ebenso hat auch der Landschaftsgärtner zu verfahren. Er hat die der Natur entnommenen Motive für seine freien Schöpfungen zu verwerthen.

Eins ist nun bei dieser Betrachtung wohl klar und augenfällig geworden: daß nämlich der Landschaftsgärtner niemals gegen die Gesetze der Natur ver- stoßen darf, daß seine Schöpfungen natürlich sein müssen. Das hat er mit den übrigen Künsten gemeinsam. Ein Landschaftsmaler schuf einst eine „Frühlings- landschaft in der Haide". Auf seinem sonst nicht so üblen Bilde ließ er im Früh- ling das Haidekraut in voller Blüthe stehen, wodurch das Bild durchaus ver- dorben wurde.

Wir erhalten auf diese Weise einen zweiten ästhetischen Grundsatz, den wir als Grundsatz der Natürlichkeit bezeichnen können und den wir folgendermaßen aussprechen dürfen: Kein Kunstwerk darf den Gesetzen der Natur widerstreiten.

In der Natur herrscht ein Gesetz, welches man etwas unpassend das Gesetz der Sparsamkeit in der Natur genannt hat, besser: das Gesetz der Einfachheit. Es will besagen, daß die Natur sich zur Erreichung ihrer Zwecke stets der ein- fachsten Mittel bedient. Da es ein Naturgesetz ist, so wird es auch für die Kunst gelten. Es wird also derjenige Künstler als das größte Genie anerkannt werden, welcher mit den einfachsten Mitteln die höchste Wirkung erzielt. Gerade durch ihre Einfachheit machen die griechischen Baustyle einen so bezaubernden und rührenden Eindruck. Selbstverständlich gilt dieser Grundsatz der Einfachheit für den Land- schaftsgärtner so gut wie für jeden anderen Künstler.

In der Natur ist alles einheitlich gestaltet. Hier sieht man nicht etwa einen Baum, welcher Lindenblätter und Eicheln trägt. Alle Organe eines Naturwesens stehen in vollkommener Harmonie. Dieses Gesetz der Einheit gilt auch für die Kunst. Man sagt auch wohl: das Gesetz der Einheit in der Mannigfaltigkeit. Denn wie der Lindenbaum tausende und abertausende von Blättern trägt, alle nach einem einheitlichen Plan gebaut, so sind auch beim gothischen Dom alle die tausende von Thürmchen, Zinnen und Ornamenten nach einem einheitlichen Plan zusammengefügt. Ein Dom mit griechischen, romanischen und gothischen Säulen würde häßlich, ja sogar lächerlich aussehen. Ebenso gilt der Grundsatz der Ein- heit für den Gärtner. Obstbäume in einem Naturgarten sind häßlich.

Wir haben also vier allgemeine ästhetische Grundsätze gewonnen, welche für jede Kunst, also auch für die Gartenkunst gelten. Sie heißen:

1. Grundsatz der Zweckmäßigkeit.
2. Grundsatz der Natürlichkeit.

3. Grundsatz der Einfachheit.

4. Grundsatz der Einheit.

Nun sind die Künste aber sehr verschieden nach ihrem Material und der Art ihrer Darstellung. Wir können unterscheiden:

1) Musik. Sie schafft Zeitbilder durch Rhythmus und Harmonie der Töne.

2) Bildende Künste. Sie schaffen Raumbilder durch Zeichnung (geometrische Verhältnisse) und Licht und Farbe. Zu diesen gehören die Baukunst, die Plastik, die Malerei und die Gartenkunst.

3) Mimische Künste. Sie setzen sich zusammen aus Raum- und Zeitbildern. Es gehören dahin Tanz, Gymnastik, Drama, Oper, in gewissem Sinn auch die Redekunst.

4) Dichtkunst. Sie überliefert durch Rede und Schrift Bilder aus dem geistigen Leben. Durch Drama und Oper steht sie zu den mimischen Künsten in naher Beziehung.

Uns interessiren hier zunächst nur die bildenden Künste. Für diese gelten gemeinsam: 1) die Gesetze der Geometrie, Statik und Mechanik, 2) die Gesetze der Perspektive und der Farbenlehre. Da wir es in der Gartenkunst mit Naturkörpern zu thun haben, so interessiren uns besonders die Perspektive und die Farbenlehre.

Wir müssen nun im Folgenden erstens die vier ästhetischen Grundsätze und dann die Gesetze der Perspektive und der Farbenlehre in ihrer Beziehung zum Landschaftsgarten einer näheren Betrachtung unterziehen.

Die allgemeinen ästhetischen Grundsätze.

§ 1. Grundsatz der Zweckmäßigkeit.

Der Fürst Pückler-Muskau und andere große Landschaftsgärtner haben durchaus folgerichtig erkannt, daß der Zweck eines Gartens in erster Linie in Frage kommt und daß Schönheit und Zweckmäßigkeit in einem innigen Verhältniß zu einander stehen. Alle im Garten vorzunehmenden Arbeiten müssen daher dem Grundsatz der Zweckmäßigkeit untergeordnet werden. Das hat in doppelter Weise zu geschehen. Erstlich erfüllen die Gärten an und für sich verschiedene Zwecke. Diese können wissenschaftliche sein, wie z. B. die Zwecke der botanischen und zoologischen Gärten. Oder der Zweck eines Gartens ist der der Erholung, Erheiterung, Belustigung größerer Volksmengen. Dahin gehören die Volksgärten, Stadtgärten, Bürgerparks und öffentlichen Anlagen. Oder die Gärten dienen als Schmuck der Umgebung fürstlicher Schlösser. Oder sie sollen größeren oder kleineren, adeligen oder bürgerlichen Grundbesitzern und ihren Familien und Freunden als angenehmer und erhebender Aufenthaltsort dienen. Oder endlich sie dienen bei ganz bescheidenen Verhältnissen nur als angenehmer Aufenthaltsort im Freien. Allen diesen verschiedenen Zwecken muß vorkommenden Falls Rechnung getragen werden. Wir kommen darauf im dritten Buch zurück.

Nehmen wir aber vorläufig an, daß jener Hauptzweck des Gartens bereits bestimmt sei, und daß wir es z. B. mit einer rein landschaftlichen Anlage zu thun hätten, so gilt zweitens der Grundsatz der Zweckmäßigkeit auch für alle Einzelheiten der Anlage. Richtet man zunächst Alles so zweckmäßig wie möglich ein, so wird das Schöne sich in manchen Fällen von selbst ergeben, aber fast niemals umgekehrt. Gehen wir z. B. von der Absicht aus, eine Weganlage möglichst schön auszuführen und vernachlässigen dabei ihren Zweck, so werden wir fast immer etwas Zweckwidriges und schon aus diesem Grunde Häßliches schaffen.

Es giebt Parkanlagen, bei welchen ein eigentliches Wohnhaus gar nicht in Betracht kommt, oder bei denen Park und Wohnhaus, vielleicht sogar durch eine Fahrstraße und durch besondere Umzäunungen, völlig von einander getrennt sind.

Fig. 6.

Schloß Berg am Würmsee bei Starnberg.

In diesem Fall ist der Park ein Kunstwerk für sich und man hat auf das Wohngebäude keine Rücksicht zu nehmen. In der Mehrzahl der Fälle jedoch ist der Park zugleich herrschaftlicher Landsitz, und in diesem Fall muß er sich den Wohngebäuden anfügen. Die bequeme und gesunde Wohnung steht im Vordergrund aller Interessen. Ist das Wohngebäude schon vorhanden, so hat der Park sich zunächst nach demselben zu richten. Ein Schloß im Renaissance= oder Rococostyl

darf man nicht mit Waldungen und Gebüsch umgeben. Das wäre geradezu
lächerlich, zweckwidrig und daher auch häßlich. Das Gebäude und seine Umgebung
würden in einem schreienden Gegensatz (Kontrast) zu einander stehen. Ebenso
lächerlich, zweckwidrig und häßlich wäre es aber, ein Haus im Hütten= (Cottage=)
Styl mit einem architektonischen Garten im Sinne des Lenôtre zu umgeben;
denn ein Hüttenbewohner will von freier, traulicher Natur umgeben sein. Ist
also das Wohngebäude bereits vorhanden, so muß der Gärtner dessen unmittelbare Umgebung in zweckentsprechender Weise ihm anzupassen suchen. Ist es erst
zu erbauen, so hat er sich über Styl und zweckmäßige Einrichtung mit dem Bauherrn zu verständigen. Der Plan für die Parkanlagen sollte überhaupt erst nach
Vollendung des Wohnhauses endgültig festgestellt werden, denn der Gärtner muß
eben aus Zweckmäßigkeitsgründen vom Wohnhause und seinen Einrichtungen die
genaueste Kenntniß haben.

Bezüglich der zweckmäßigen Lage und Einrichtung des Wohnhauses sind die
Engländer Meister ersten Ranges. Sie gehen darin häufig so weit, daß sie die
erste Begründung des Hauses in kleinem Maaßstabe, aber so einrichten, daß
später nach Bedürfniß angebaut werden kann. Dazu eignet sich ihre ländliche
Gothik vortrefflich, ohne daß wir derselben in ihren häufigen Uebertreibungen das
Wort reden wollen.

Auch in Deutschland haben wir Beispiele genug der zweckmäßigsten Anpassung
von Park und Wohnhaus. Muster in dieser Beziehung ist das Schloß zu Muskau
mit dem vom Fürsten Pückler angelegten Park. Unvergleichlich harmonisch ist
das Bild, welches einige der Hamburger Villen an der Elbe zwischen Altona und
Blankenese gewähren. Nicht minder schön sind viele Villenanlagen am Würmsee
in Oberbaiern, vor allem das Schloß Berg.

Hat man über fließendes Wasser zu verfügen, so hat man nicht zuerst dafür
besorgt zu sein, wie man es in Schlangenlinien durch die Anlage führe, sondern
man hat es auf zweckmäßige Weise dahin zu leiten, wo man es am nothwendigsten
braucht. Brücken darf man nur dort bauen, wo sie unentbehrlich sind. So ist
die Brücke in der neuen Anlage auf der Reinsburg bei Stuttgart sehr zweckentsprechend angebracht und bringt eine schöne Wirkung hervor.

Wege sind Verbindungspfade (Kommunikationen). Sie dürfen nur da
angelegt werden, wo man sie durchaus nicht entbehren kann, nur da, wo wichtige
Punkte mit einander zu verbinden sind. In größeren Gärten ist es immer am
besten, sich so viel wie möglich auf Fahrwege zu beschränken und auch diese möglichst zu beschränken und zu verbergen, denn eine Zierde der Landschaft bilden die
Wege nur in seltenen Fällen.

Auch bei den Pflanzungen ist in erster Linie auf den Zweck Rücksicht zu
nehmen, so z. B. auf die an manchen Punkten nöthige Beschattung. Erst in
zweiter Linie kommt die Schönheit an und für sich in Frage.

Ruhesitze haben ganz bestimmte Zwecke zu erfüllen. Sie sollen möglichst
bequem sein, sollen Schutz gegen Wind und Sonne gewähren, unter Umständen
auch gegen den Regen, und sollen dem Ruhenden den Blick in eine angenehme
Aussicht öffnen. Bänke, welche den ganzen Tag der prallen Sonne ausgesetzt
sind, oder welche der schönen Thalaussicht den Rücken zuwenden, wie man beides
bei Stuttgart in den obersten Anlagen der neuen Weinsteige, nach Degerloch zu,
sehen kann, sogenannte Naturbänke, an deren Nägelköpfen man sich die Kleider
zerreißt, wie das in den Kuranlagen von Berka an der Ilm vorkommt, sind
unbequem und schädlich, und schrecken selbst vom Genuß einer so reizenden Aussicht ab, wie der Blick von der Hardt auf den Dreieichsgrund.

Diese und zahllose andere Unzweckmäßigkeiten und Zweckwidrigkeiten hat der
Gärtner zu vermeiden, wenn seine Anlage Anspruch auf Schönheit machen soll.

§ 2. Grundsatz der Natürlichkeit.

Es sind sonderbare Schwärmer, die da meinen, die Gartenkunst sei eine Verbesserung, eine Idealisirung der Natur. Welche Blasphemie! Als ob Gottes Werke einer Verbesserung bedürften oder fähig wären! Die Parodie auf eine solche Ansicht ist jener Leutnant in den Fliegenden Blättern, welcher beim Anblick einer großartigen Alpenlandschaft ausruft: „Süperb! Auf Taille, janz meine Idee!"

Das wahre Verhältniß der Landschaftsgärtnerei zur Natur haben wir bereits im ersten Buch kennen gelernt. Die Natur ist die große Lehrmeisterin des Landschaftsgärtners wie des Landschaftsmalers. Aber wie der Landschaftsmaler niemals seinen Bildern den reinen Gotteshauch verleihen kann, der uns in der freien Natur so beseligt, so wird auch der Landschaftsgärtner die wahre Naturgröße niemals erreichen, geschweige sie übertreffen können, obgleich er vor dem Maler den großen Vortheil voraus hat, daß er mit dem Naturmaterial selbst arbeitet. Maler und Gärtner schaffen Bilder, durch welche sie sich dem Natureindruck möglichst zu nähern suchen, indem sie ihre Motive der Natur entnehmen.

„Natur suchen wir im Garten", sagt K. E. Schneider mit Recht.[1] Der Grundsatz der Natürlichkeit verlangt also, daß wir alles Unnatürliche verbannen. Fort also mit den Sträußen von abgestorbenen Blumen, Gräsern und Blättern, mit den sogenannten Makartsträußen, welche nur ein Zeichen von der Ideenlosigkeit dieses sinnlichen Malers sind, — fort vor allen Dingen mit den künstlich gefärbten Blumen und Gräsern.[2]

Aus dem Landschaftsgarten sind alle Künsteleien zu verbannen. Abgeschmackt sind z. B. die Porzellanfiguren, namentlich das Wild von Porzellan, die Ruheschemel von Porzellan in Gestalt von Hutschwämmen u. dergl. m.[3] Ebenso verwerflich sind die Blumenkörbchen in Gestalt von Häusern, Schiffen oder gar von Thieren, wie die Japaner sie aus Davallia bullata herzustellen wissen.[4] Zu welchen Geschmacklosigkeiten man sich durch Einzwängen von Bäumen in bestimmte Formen versteigen kann, davon giebt C. Pohl ein auffallendes Beispiel.[5] Die Teppichgärtnerei ist an und für sich eine schöne und lobenswerthe Seite der architektonischen Gartenkultur, aber nur so lange, als sie sich auf geometrische und streng radialsymmetrische Formen beschränkt. Unschön ist schon die Nachahmung von Blumenkörben, Füllhörnern, Harfen u. dergl. Völlig albern und häßlich aber ist die Nachahmung von Vögeln, Insekten und anderen Thieren u. dergl. mehr.[6]

Wenn nun schon in jedem Zweige der Gärtnerei Unnatürlichkeiten zu vermeiden sind, — wie viel mehr wird das in der Landschaftsgärtnerei der Fall sein müssen!

Wie aber kann sich der Gärtner vor Unnatur bewahren? Einzig und allein durch sorgsames Studium der Natur. Von einem angehenden Landschaftsgärtner muß man verlangen, daß er gründliche Kenntnisse besitze in der modernen Biologie, Systematik und Geographie der Pflanzen und Thiere. Diese Kenntnisse dürfen

---

[1] K. E. Schneider, Die Aesthetik der Gartenkunst. Ein Beitrag zur Einführung in das Kunstsystem. Leipzig 1890.

[2] Carl Steinbach, mit Farben gemißhandelte Blumen. Deutsche Gärtner-Zeitung. 20. Nov. 1882. S. 436.

[3] Vgl. Schneider, a. a. O. S. 30.

[4] Wiener Illustr. Gartenzeitung 1883. Heft 1. Januar. S. 37, 38.

[5] Pariser Gärten. Reisebriefe von C. Pohl in Olmütz. Wiener Illustr. Gartenz. 1879. Heft 10. Oktober. S. 403—405.

[6] Mosaikkultur. In demselben Heft S. 412.

aber nicht lediglich im Zimmer erworbener Schulstaub sein, sondern der Gärtner soll ununterbrochen in der freien Natur verkehren und dort die im Zimmer er= worbenen Kenntnisse verwerthen. In einem naturwüchsigen Walde wird er sich umsehen, welche Bäume, Gesträuche und krautartigen Gewächse das Bild zu= sammensetzen und von welchen orographischen, geologischen, hydrographischen und klimatischen Verhältnissen diese Zusammensetzung bedingt wird. Hat er auf diese Weise einige Jahre hindurch die verschiedensten Oertlichkeiten gründlich studirt, so wird er nicht mehr in den Fehler gerathen, die schönsten Wiesenflächen des Parks durch hie und da zerstreute Obstbäume zu verderben oder in den Holzungen die einheimischen Bäume mit ausländischen zu mengen. Obstbäume gehören in den Obstgarten, auch wohl in den Blumengarten, aber nicht in eine landschaftliche Anlage. Ebenso wenig soll man ausländische Bäume und Gesträuche im Laub= schaftsgarten verwenden, da sie stets den Gesammteindruck stören. Ausländische Gewächse gehören in den Ziergarten, welcher so angelegt sein muß, daß er die Landschaft, in welcher er gar nicht sichtbar werden darf, nicht stört.¹)

Es bedarf wohl keiner Versicherung, daß ich mit dem Gesagten durchaus kein Verdammungsurtheil gegen die architektonische Gärtnerei aussprechen will. Sie ist im Gegentheil, da, wohin sie gehört, gradezu geboten. Aber sie soll niemals in leere Spielerei ausarten, sondern stets den Gesetzen der radialen Symmetrie gerecht werden. Es wäre grundfalsch, Jemand aus dem Grunde den Natursinn abzusprechen, weil er sein in Renaissancestyl erbautes Schloß oder Wohnhaus mit architektonischen Gartenanlagen umgiebt.²) Eben so falsch aber ist es, die Architektur und die Natur mit den Schlagworten: grade und gebogene Linie, Raum und Zeit, Ruhe und Bewegung beleuchten und charakterisiren zu wollen. Weder das eine noch das andere ist wahr. Wenn in der Architektur die gerade Linie ausschließlich herrschte, wo bleiben dann die maurischen, romanischen und gothischen Bogen, Kuppeln und Gewölbe, die organisch dem Boden entwachsenen Säulen, die Rosettenfenster des gothischen Baues, alle die gebogenen und ausgebuchteten Wände, die mannigfaltigen Schnörkel des Rococostyls, die Rundgänge (Rondele) wie z. B. der großartige Säulengang der Peterskirche, die runden Thürme und Basteien und unzähliges andere. Wo bleiben ebenso in der architektonischen Gärtnerei die durch Kurven verschiedenster Art begrenzten Teppichbeete, die ver= schiedenartig gewundenen Wege der Labyrinthe. Als ob überhaupt im architek= tonischen Garten die Wege immer grade sein müßten, als ob sie nicht ebensogut kreisförmig oder elliptisch sein könnten. Und andererseits ist es ebenso unwahr, daß die Natur ausschließlich von der Kurve beherrscht wäre. Man betrachte doch nur die scharfen, ebenen Absonderungsflächen mancher Felsgesteine, um von den Krystallbildungen gar nicht zu reden; und nun gar die Pflanzenwelt mit ihrem regelmäßigen Achsenaufbau! Richtig ist bloß, daß die Naturbilder meistens ver= wickelteren mathematischen Gesetzen folgen und daher, wie schon Ed. von Hartmann anerkennt, auf höheren ästhetischen Werth Anspruch machen dürfen, als die Gebilde der Baukunst.

Solche Schlagworte sind eben — Worte.

> „Denn eben, wo Begriffe fehlen,
> Da stellt ein Wort zu rechter Zeit sich ein.“

Ein derartiges neoplatonisches Spiel mit Worten führt aber niemals zur Wahrheit, sondern einzig und allein die strenge kritische Methode. Das gilt für die Aesthetik genau ebenso wie für jeden anderen Zweig der Philosophie.

---

¹) Vgl. Petzold, Fürst Pückler. S. 38. 39.
²) Schneider a. a. O. S. 20

Wer aber des Glaubens sich erfreut, daß die Natur „ganz unter dem Einfluß des Zufalls steht", daß sie „nur blindlings hinstreut", daß sie „Häßliches und Schönes mischt ohne Plan und Vertheilung", — dem kann man es nicht übel nehmen, wenn er „Ordnung in die wirre Vegetationsmasse" bringen und die Natur verbessern will.[1])　Besser thäte er freilich, erst einige Jahre auf's gründlichste Naturwissenschaften zu studiren, ehe er sich an die Naturästhetik heranwagt.

Soll ein Landschaftsgarten den Eindruck der stillen, friedlichen, keuschen Natur hervorrufen, so hat man jegliche Ueberhäufung, jede rasche Aufeinanderfolge von Bildern zu vermeiden.　Bringt man wie Dufresny Landschaften mannigfaltigster Art im verjüngten Maßstab in den Garten, so wird derselbe stets gekünstelt, niemals natürlich aussehen.

Einer der größten aber leider am häufigsten begangenen landschaftlichen Fehler ist die starke Zerschneidung der Rasenflächen (lawns der Engländer) durch Wege und die Ueberladung derselben mit Gebüsch, zerstreuten Bäumen und Blumenbeeten, mit Skulpturen und Bauwerken.　An diesem Fehler leidet im höchsten Grade der Bremer Bürgerpark,[2]) was um so mehr zu bedauern ist, weil derselbe reich ist an hübschen Bildern.[3])

Am Wohnhause darf man, sowohl aus ästhetischen als aus gesundheitlichen Rücksichten keine wilden Felsparthien oder andere wilde Naturszenen anbringen, auch dasselbe nicht eng mit Bäumen und Gebüsch umgeben.　Das Wohnhaus soll wohnlich, gesund und gemüthlich sein.

Jede überflüssige Verzierung ist zu vermeiden; besonders hüte man sich vor allen sogenannten Ueberraschungen.　Sie sind eine Spekulation auf den schlechten Geschmack der Besucher und für den Naturfreund geradezu eine Beleidigung. Aus demselben Grunde lasse man alles Excentrische bei Seite, also z. B. künstliche Ruinen, Scheingebäude, Scheinbrücken u. s. w.　Alle diese Dinge sind für den gesunden Geschmack störend und verletzend.　Selbstverständlich hat man aus dem eigentlichen Naturgarten alle strenge Symmetrie zu verbannen, was selbst im kleinsten Gärtchen ausführbar ist.　Es hat das noch überdies den Vortheil, daß der Garten bei unregelmäßiger Anlage größer erscheint.

Symmetrische Anlagen sehen stets kleiner aus als asymmetrische.

Bäume dürfen in einer landschaftlichen Anlage niemals verstümmelt, nicht beschnitten oder, wie der Gärtner sich euphemistisch ausdrückt, nicht verjüngt werden.　Steht ein Baum aus irgend einem Grunde im Wege, so muß man ihn ganz wegnehmen, nicht aber kappen oder einzelner seiner Aeste berauben.　Auch Gesträuche müssen so behandelt werden, daß man in der Landschaft von ihrer Verjüngung keine Ahnung bekommt.　Dagegen wird in vielen Gärten gefehlt. Der königlichen Anlagen in Stuttgart habe ich in dieser Hinsicht bereits Erwähnung gethan.　Selbst der durch Petzold zu so hoher Vollendung geführte Park zu Weimar ist, seit Petzold nicht mehr die Oberleitung hat, von glatt geschorenen Gesträuchen nicht ganz frei geblieben.

Es giebt einzelne Fälle, wo man genöthigt ist, im Park einem schönen Baum einzelne Aeste wegzunehmen.　In diesem Fall muß man den Ast ganz glatt am

[1]) Schneider a. a. O. S. 31.

[2]) Vgl. den Plan des Bürgerparks in Bremen, gezeichnet von Carl Ohrt, Bremen. Ich verdanke den Plan der Freundlichkeit des Herrn Ministerresidenten Syndicus Schuhmacher.

[3]) Ausführliche Belehrung über alle diese Dinge giebt, namentlich auch kleineren Grundbesitzern zu empfehlen, die Schrift: Ed. Kemp, How to lay out a garden: intended as a general guide in choosing, forming or improving an estate with reference to both design and execution. 2. Ed.　Ich verdanke die Kenntniß dieser Schrift einem leider zu früh verstorbenen Freund Dr Olfried Mylius (Müller).

Stamm absägen und die Wunde mit sehr scharfem Hobel glätten, damit sie möglichst rasch überwallt wird und vernarbt.

Den Stammausschlag freistehender Bäume wie z. B. der Pappeln, Ulmen, Steinbuchen und anderer soll man ruhig wachsen lassen, wie die natursinnigen Engländer es thun, aber nicht wegrasiren, als hätten die Ratten den Baum abgefressen.

Ueberall soll die Natur unsere Schritte leiten, und die Natur allein.

Fig. 7.

Ulmen im Dorf Shanklin auf der Insel Wight.

§ 3. Grundsatz der Einfachheit.

Es gab eine Zeit in der ersten Hälfte unseres Jahrhunderts, wo man in größeren Städten, wie z. B. Berlin, die Häuser mit möglichst viel Zierrathen, mit Friesen, Gesimsen und anderen Ornamenten zu schmücken suchte. Ein geläuterter Kunstsinn hat das längst als geschmacklos erkannt; denn wie die Natur, so soll auch die Kunst mit den einfachsten Mitteln das Höchste zu erreichen suchen. Da also der Grundsatz der Einfachheit eine der Naturbedingungen erfüllt, so wird er zum Grundsatz der Natürlichkeit in naher Beziehung stehen. So gehört z. B. hierher die Vorschrift einfacher oder wenig gemischter Waldbestände für unsere Erdgegend. Dadurch bringt die Natur den Ausdruck der Ruhe, des Friedens, der Erhabenheit in der europäischen Waldung hervor.

In dieser Beziehung richten die sogenannten Verschönerungsvereine (beiläufig ein sehr dummer Name, denn die Natur kann man nicht verschönern, sondern höchstens besser zugänglich machen) oft großen Schaden an, weil häufig Männer an ihrer Spitze stehen, welche von den Gesetzen der landschaftlichen Gartenkunst keine Ahnung haben. Nur so natursinnige Männer, wie z. B. der Oberbaurath Boß in Jena, dem die Umgebung dieser reizend gelegenen Stadt so viel des Schönen verdankt, können an der Spitze eines derartigen Vereins wahrhaft nützen. Boß hat die schroffsten Muschelkalkabhänge durch zweckmäßig angelegte Horizontalwege zugänglich gemacht. An diesen Wegen und an den Abhängen hat er nur solche Bäume gepflanzt, welche der Oertlichkeit entsprechen, wie z. B. Bergerlen, Schwarz= kiefern, Knieholz u. s. w. Der obere dachförmige Abhang des Tatzend ist mit ganzen Beständen solcher Bäume bedeckt.

Die Natur malt nur in großen, harmonischen Linien. Wiesenpläne, von Wald umgeben, sind entweder eben oder sanft abgedacht und nach der Mittellinie sanft muldenförmig vertieft, besonders, wenn dieselbe von einem Wasserlauf durchzogen wird. Die Grenzen, z. B. der Waldsaum, müssen in großen, sanften Zügen fort= laufen. Sogenannte Wellenlinien, namentlich solche mit kurzen Kurven, die in deutschen Gärten so beliebt sind, müssen ganz und gar vermieden werden, denn sie sind unnatürlich. Als Beispiel mögen die königlichen Anlagen zwischen Stutt= gart und Berg dienen. Das Areal ist durchaus günstig für die Schöpfung einer großartigen Anlage. Herrliche alte Bäume bedecken einen schönen Wiesenplan. Man hat aber den Eindruck gänzlich verdorben, indem man die dichte Anpflanzung von Nadelhölzern und Gesträuchen, durch welche die Cannstatter Straße verdeckt werden soll, beständig in kurzen Bastionen und Ausbuchtungen vorspringen ließ, statt sie in einer großen, langgezogenen Kurve fortzuführen.

In der Natur giebt es keine Störungen des Eindrucks durch die Landschaft zerschneidende Linien. Wo die Natur wahrhaft große Züge bildet, wie in den Hochalpen, da stören z. B. die Eisenbahnen nicht, denn man sieht sie gar nicht. Der englische Garten giebt auch insofern ein reines Naturbild, als er bloß aus Rasenanlagen und Baumanlagen besteht. Die Rasenflächen sind nirgends von Wegen durchschnitten. Selbst in dem kleinen Wirthschaftsgarten von Holliers Hotel zu Shanklin auf Wight treten wir aus dem Gartensaal unmittelbar auf die schönste Rasenfläche. Es ist ein reines Vorurteil in Deutschland, daß das Betreten des Rasens demselben schaden sollte. Gerade das Gegentheil ist der Fall.[1])

Damit man aber den Rasen betreten könne, ist es unerläßlich, daß er wöchent= lich mindestens einmal mit der Maschine geschoren und gewalzt werde. Auf solchem Rasen wandelt man auch stets trocknen Fußes und wahrlich angenehmer, als selbst auf den bestgehaltenen Wegen. Läßt man das Gras hoch werden, so hat das oft noch eine andere höchst unangenehme Folge, nämlich das Aufschießen hochwüchsigen Unkrauts. In den königlichen Anlagen bei Stuttgart sind im Sommer große Rasenstrecken ganz mit meterhohem Kälberkopf bedeckt (Anthriscus silvestris *Hoffm.*), was ganz abscheulich aussieht. Es giebt Leute, welche dergleichen schön zu finden sich einbilden, weil sie es für ein Zeichen von wilder Natürlich= keit halten. Sie begehen dabei aber die grobe Verwechselung von Wildniß und Verwilderung. Der Tiger ist von Natur wild, aber er verwildert nur unter dem Einfluß des Menschen. Wildheit ist schön, aber Verwilderung ist häßlich.

---

[1]) Vergl. meine Kulturgeschichte S. 552.

Unter der Wartburg findet sich auf der Südseite im Wald eine Stelle, wo die Küchenabfälle und anderer Unrath hinabgeschüttet werden. Hier findet man zerbrochenes Küchengeschirr, zerbrochene Bierseidel und andere Relikte menschlicher Thätigkeit. Dort wachsen Brennnesseln, Kanariengras, wilder Senf, Gartenbingelkraut (Mercurialis annua *L.*) und andere Unkräuter. Das wird niemand für schön halten, denn es ist nicht Wildniß, sondern Verwilderung. Bei München giebt es einen größeren Garten, er wird sogar als Park bezeichnet, wo jede Holzung von Flieder (Sambucus nigra *L.*) und Brennnesseln gesäumt ist. Wer das schön findet, der mag getrost in seinem Garten alles Unkraut emporschießen lassen. Eine Verwilderung wird er schaffen, aber nimmermehr eine wilde Natur, eine Wildniß. Von Unkraut kann überhaupt nur da die Rede sein, wo der Mensch eingreift, auf Kulturland.

Ja, wer in der glücklichen Lage ist wie der Garteninspektor Jäger in Eisenach, daß seine Rasenflächen im Karthausgarten und in Wilhelmsthal die ganze wunderbare Pracht der Thüringer Wiesenflora zur Schau tragen, der thut wohl daran, und zeigt grade dadurch wahren Natursinn, daß er den Rasen hoch werden läßt und das Betreten desselben streng verbietet.

Ich habe mich in verschiedenen größeren Parkanlagen erkundigt, aus welchem Grunde man die schönen Rasenflächen so verwildern lasse. Jedesmal habe ich die Antwort erhalten: „Ja, wir gebrauchen das Heu." Herr meines Lebens! Wer Heu braucht, der soll eine Meierei anlegen, aber keinen Naturpark. Und wer Holz braucht, der soll seinen englischen Garten in einen regelrechten Forst verwandeln.

Wenn aber einerseits feststeht, daß ein englischer Garten bei kunstmäßiger, gärtnerischer Durchführung weit mehr Holz liefert als bei der üblichen Stangenkultur und der wüsten regellosen Abholzung, so ist anderer-

Fig. 8.

Schloß Charlottenhof bei Potsdam.

seits zu erwägen, daß der Rasenschnitt mit der Maschine zwar, namentlich auch nach Pezolds Erfahrungen, keinen Futterwerth besitzt, wohl aber ein brauchbares Material für den Komposthaufen liefert.

Ist man genöthigt, im Park Viehzucht zu treiben, so bringe man das Rindvieh auf die Weide, was dem Park zugleich eine sehr schöne und naturgemäße Staffage verleiht. Daß man im Park keine Schafzucht treibe, versteht sich von selbst, denn die Schafe treten den Rasen in Grund und Boden und viele der schönsten Gräser verschwinden auf den von Schafen beweideten Triften. Es bleibt zuletzt, wie auf Helgoland, fast nur der Schafschwingel (Festuca ovina *L.*) übrig.

Dem Grundsatz der Einfachheit kann jedermann, und sei er auch ein großmächtiger Fürst, huldigen. Das beweisen die Bestrebungen des überaus kunstverständigen Königs Ludwig I. von Baiern und mancher anderer. Ein gärtnerisches Bild dieser sinnigen Einfachheit giebt uns das Schloß Charlottenhof bei Potsdam mit seiner Umgebung, welches der kunstsinnige König Friedrich Wilhelm IV. für seine Gemahlin geschaffen hat.

§ 4. Grundsatz der Einheit.

Will Jemand ein Gedicht, einen Roman, ein Drama, ein Lied, eine Oper, ein Bauwerk, ein Gemälde, überhaupt ein Kunstwerk irgend welcher Art schaffen, so bedarf er eines einheitlichen Planes. Ein Gebäude im Rococostyl mit griechischen Säulen kann niemals schön sein.

In der Natur ist dieser Grundsatz der Einheit ohnehin selbstverständlich, da alles in ihr von ehernen, ausnahmslosen Gesetzen abhängt. Wir müssen also mit Nothwendigkeit annehmen, daß dieser Grundsatz auch für die Gartenkunst gilt.

In der Kunst kommt es vor, daß in den Einzelheiten eine ungemein große Mannigfaltigkeit herrscht. So im gothischen Kirchenbau. Ein Roman kann eine unendliche Fülle der Thatsachen bringen, wie z. B. der Kampf um Rom von Felix Dahn; ebenso ein Epos, wie der König von Sion. Beide Kunstwerke scheinen also dem Grundsatz der Einfachheit zu widerstreiten. Das ist aber nur scheinbar der Fall. Beide sind trotz der großen Mannigfaltigkeit wahre Kunstwerke, denn alle die zahllosen Einzelheiten sind einem bestimmten Plan eingeordnet und wie beim Kölner Dom zu einem einheitlichen Gesammtbau zusammengefügt. Man nennt das in der Kunst die Einheit in der Mannigfaltigkeit.

Es kommt nun auch in der Gartenkunst vor, daß man diesem Grundsatz folgen muß. So z. B. werden an einen Volksgarten, an einen botanischen oder zoologischen Garten die mannigfaltigsten Ansprüche erhoben. Der Volksgarten soll zahlreiche Ruheplätze enthalten, wo man geschützt gegen Sonnenbrand, gegen Wind und Wetter sich niederlassen kann; ferner Spielplätze für Kinder mit Schaukeln, Kegelbahnen, Ballplätzen, Turngeräthen u. dergl. m.; Wasseranlagen zum Bootfahren, Rudern, Schlittschuhlaufen, Eisschießen u. s. w.; Bäder im Freien und in geschlossenen Räumen: Kaffeehäuser, Bier- und Weinhäuser, Erfrischungshäuser aller Art; Konzertplätze und manches andere. Trotz aller dieser Anforderungen muß auch dem Volksgarten ein einheitlicher Plan zu Grunde liegen; er muß, wenn er Naturgarten sein soll, ein großes Naturgemälde darbieten. Aber auch der mehr architektonisch gehaltene Garten muß einen einheitlichen Plan erkennen lassen, ja hier ist es vielleicht noch nothwendiger als im Naturgarten. Als Muster kann in dieser Hinsicht der Stuttgarter Stadtgarten betrachtet werden, wenn auch der hintere Theil in der Nähe der Wirthschaftsgebäude zu sehr mit Pavillons überladen ist. Vergebens aber sucht man eine solche Einheit auf dem Plan des Bremer Bürgerparks, dem schon die vielen unruhig gewundenen Wege und Wasserläufe das Gepräge der Unnatur aufdrücken.

Muster einheitlicher Naturgemälde findet man in den Schöpfungen eines Ludwig von Sckell, eines Fürsten Pückler-Muskau, eines Eduard Petzold.

Ein Gärtner, dem es an Natursinn gebricht, soll sich an die Schöpfungen großer Landschaftsmaler anlehnen. Welche Mannigfaltigkeit zeigt z. B. E. Hummels Gemälde: Die Zaubergärten der Armida! Aber zugleich auch welche erhabene Einheit und Größe! Ebenso in Prellers historischen Landschaftsgemälden.

Leichter haben es die Amerikaner mit ihren Riesenschöpfungen im Josemite-thal in Kalifornien und in Newyork, — einmal, weil die Natur ihnen so mächtig zu Hülfe kommt, und zweitens, weil sie über ungeheure Mittel verfügen. Der Centralpark in Newyork ist eine der größten Sehenswürdigkeiten der Welt. Er wurde 1858 in Angriff genommen, mißt 850 Acker, befindet sich im Herzen der Stadt, und das für ihn bisher verausgabte Kapital verschlingt täglich 1800 Doll. Zinsen. Seit dem 1. Juni 1858 arbeiten täglich 500—3000 Arbeiter in New-yorks Riesengarten; dieselben werden beaufsichtigt von 32 Beamten und 50 Polizei-dienern, die ihre eigenen Stationen im Park haben. Im vierten Jahre wird die Anlage in Ordnung sein. Die vom Staat bewilligte Summe, um den Garten in

Fig. 9.

Stadtwäldchen zu Budapest.

Ordnung zu halten, beträgt jährlich 150,000 Doll. Der Schlittschuhteich ist im Winter täglich von ca. 12,000 Menschen frequentirt. Die Fahrwege haben eine Gesammtlänge von 9 englischen Meilen (fast zwei Stunden), die Fußwege von 38 Meilen und sind mit einer so glücklichen Benutzung des Terrains und mit so vielem Geschmack angelegt, daß man halbe Tage ihren Windungen folgen kann, ohne in Bewunderung der Anlagen zu ermüden. So las man am 8. Dezember 1861 in der Halleschen Zeitung.

Es bedarf wohl keiner Versicherung, daß Einheit und Eintönigkeit zwei sehr verschiedene Dinge sind. Eintönig darf ein Garten niemals werden. Aber bei aller Abwechselung, bezüglich welcher man immer das rechte Maaß zu halten hat, sollen die Grundsätze der Einfachheit und Einheit niemals außer Acht gelassen werden.

§ 5. Gesetze der Perspektive.

Es ist eine altbekannte Thatsache, daß wir die Dinge in der Welt nicht so sehen, wie sie wirklich sind, sondern wie sie uns erscheinen. Um das einzusehen, dazu bedarf es zunächst noch gar keiner philosophischen Erwägungen, vielmehr

genügt dazu die einfachste Beobachtung. Wenn wir z. B. einen größeren Luft=
ballon aufsteigen sehen, so bedeckt er im ersten Moment einen großen Theil des
Himmels. Je weiter er emporsteigt und sich von unserem Standpunkt entfernt,
desto kleiner erscheint er uns. Recht gut wissen wir, daß er in Wirklichkeit nicht
kleiner wird, daß er nur kleiner erscheint.

Woher kommt denn das, daß man die ferneren Gegenstände nicht so groß
sieht, wie wenn sie uns näher sind?

An den Körpern selbst kann es nicht liegen, denn diese verkleinern sich ja
nach unserer Ueberzeugung nicht mit zunehmender Entfernung. Also kann es
nur in unserer Auffassung liegen, und zwar in der Beschaffenheit der räumlichen
Anschauung, ohne welche wir die Körperwelt überhaupt nicht betrachten können.
Forschen wir genauer nach, so gelangen wir zu dem Gesetze, daß die scheinbare
Größe der Körper abnimmt im graden Verhältniß mit dem Quadrat der Ent=
fernung.

Daß die Größe der Körper abnimmt mit dem Quadrat und nicht mit dem
Kubus der Entfernung, kommt daher, weil wir überhaupt, mit Ausnahme der
durchsichtigen Gegenstände, keine Körper sehen, sondern nur Flächen, was Folge
der Gesetze der Optik ist.

Aus dem soeben angeführten optischen Gesetz ergiebt sich auch Folgendes.
Stellen wir uns so vor den Eingang in eine doppelte Baumreihe (Allee), daß
unsere Augenachse genau in der Mitte derselben und mit ihr gleichlaufend gegen
den Horizont gerichtet ist, so werden die Bäume mit zunehmender Entfernung
immer niedriger (sowie überhaupt kleiner) und rücken stetig näher zusammen. Es
gehört nur geringes Nachdenken dazu, um einzusehen, daß es nach dem oben
angeführten Gesetz nothwendig so sein muß und gar nicht anders sein kann.
Zuletzt scheinen die beiden Baumreihen sogar zusammenzustoßen und sich zu
einem Punkt zusammenzuziehen.

Daß eine jede Fläche sich im Quadrat ihrer Entfernung vom Beschauer
verkleinert, ist die Grunderscheinung (Fundamentalerscheinung) der sogenannten
Fernscheinlehre oder Perspektive. Da auch die Farben eines und desselben Körpers
mit zunehmender Entfernung sich verändern, so hat man wohl von einer Farben=
und Licht=Fernscheinlehre, aber im uneigentlichen Sinne des Wortes, gesprochen.
Um nun Verwechselungen zu vermeiden, nennt man jene figürliche Fernschein=
lehre, wo es lediglich auf die Größenverhältnisse, aber nicht auf Licht und Farbe
ankommt, die geometrische oder Flächen=Fernscheinlehre (Flächenperspektive), diese
aber zum Unterschied davon die Lichtscheinlehre (Lichtperspektive). Wir haben es
also zunächst mit der geometrischen oder Flächenscheinlehre zu thun.

Mit jener Grunderscheinung der Flächenscheinlehre hängt noch eine andere
Erscheinung zusammen. Wenn wir aus Kartenpappe ein Quadrat ausschneiden,
und dieses in einiger Entfernung so vor uns aufstellen, daß unsere Augenachse
senkrecht auf seine Mitte fällt, so sehen wir wirklich einigermaßen genau ein
Quadrat vor uns. [1]) Legen wir nun dieses Quadrat auf den Tisch, so zwar,
daß unsere Augenachse senkrecht auf die Mitte der oberen und unteren Grenzlinie
des Quadrates fällt, so sehen wir kein Quadrat mehr, sondern ein Viereck, welches
in der Richtung gegen das Fenster verkürzt erscheint, dessen rechte und linke
Grenzlinie also kürzer sind als die obere und untere, oder, richtiger ausgedrückt,
als die fernere und nähere. Nehmen wir es ganz genau, so sehen wir kein recht=
winkeliges Viereck (Parallelogramm), sondern ein Trapez, dessen fernere Grenz=
linie etwas kleiner ist als die nähere. Geben wir nun dem Quadrat irgend eine

---

andere Lage zum Raum, bei welcher keine der Grenzlinien von unſerer Augen=
achſe ſenkrecht getroffen wird, ſo erhalten wir ein gänzlich verſchobenes Viereck,
deſſen Seiten ſich um ſo mehr verkürzen, je ſchiefer der Winkel iſt, den ſie mit
unſerer Augenachſe bilden. Hierbei kommt alſo nicht die direkte Entfernung,
ſondern der Geſichtswinkel in Betracht.

Die Gegenſtände (d. h. ihre Außenflächen) erſcheinen uns alſo um ſo größer,
je näher ſie uns ſind und je mehr der Winkel, in welchem wir darauf blicken,
ſich dem rechten nähert..

Steht ein hoher Baum auf der graden Linie, die wir uns von unſerem
Standpunkt aus nach dem Punkt gezogen denken können, in welchem unſere
Augenachſe den Horizont trifft, und den wir Hauptpunkt nennen, ſo ſehen wir
nur auf den unterſten Theil des Baumes ſenkrecht. Je weiter unſer Blick am
Baum aufwärts ſchaut, deſto ſchiefer fällt unſere Sehachſe auf ſeine Längsachſe,
um ſo mehr wird er alſo verkürzt erſcheinen. Aus dieſem Grunde macht ein ſehr
hohes Gebirge in mäßiger Entfernung einen weit niedrigeren Eindruck als man
erwartet, — eine Erfahrung, welche alle diejenigen machen, die zum erſten Mal
die Alpen bereiſen. Daß bei ſehr großen Entfernungen dieſe Art der Verkürzung
nicht mehr in Betracht kommt, verſteht ſich von ſelbſt.

Wir ſehen alſo, daß die Thatſachen der geometriſchen Scheinlehre uns in
eine Welt der Erſcheinungen verſetzen, in welcher nichts uns ſo erſcheint, wie es
wirklich iſt. Auf dieſem Verhältniß der Außenwelt zu uns beruht ein großer
Theil ihrer Schönheit. Erblickten wir alle Gegenſtände der Außenwelt ſo wie
ſie wirklich ſind, ſo würden ſie uns zwar viel leichter verſtändlich ſein, aber ſie
würden uns auch entſetzlich nüchtern entgegen treten.

Für keine Kunſt nun iſt die geometriſche Erſcheinungslehre ſo wichtig wie
für die Landſchaftsgärtnerei und Landſchaftsmalerei. In zahlloſen Fällen hat
der Landſchaftsgärtner auf perſpektiviſche Verhältniſſe Rückſicht zu nehmen.
Nehmen wir einige Beiſpiele heraus:

Iſt man bei einer größeren Anlage ſo glücklich, daß man alle Grenzen der=
ſelben verdecken, aber hie und da den Blick in eine ſchöne Umgebung eröffnen
kann, ſo bekommt der Beſchauer die Vorſtellung von einer rieſigen Größe der
Anlage, denn die ganze ſchöne Landſchaft rechnet er unwillkürlich dazu. Die
Wirkung iſt um ſo größer, in je weitere Fernen man hie und da blicken kann.

Hat man es in der Anlage mit ſehr großartigen Verhältniſſen zu thun, ſo
iſt der angeführte Zweck leicht zu erreichen. So bei Burgen und Bergſchlöſſern.
Eine Burg wie Neu=Schwanſtein oder die Wartburg bei Eiſenach wird man ohne
Weiteres als zur Landſchaft gehörig betrachten.

Aber man kann ähnliche Wirkungen auch bei weit kleineren Verhältniſſen
erreichen. So gelang es dem Garteninſpektor Franz Baumann in Jena bei der
Anlage des Arboretum im botaniſchen Garten. Hier legte er die Umzäunung in
einen ſo tiefen Erdeinſchnitt, den er durch Bäume und Geſträuch verdeckte, daß
man nirgends etwas davon gewahr wird und man einerſeits ohne Weiteres in die
Anlagen des Prinzeſſinnengartens, andererſeits auf einen Theil des Städtchens mit
den ſchönen dahinter liegenden Bergen und der ganzen reizenden Umgebung ſieht.

Es leuchtet ein, daß der erwähnte Zweck beſonders in dem Falle leicht zu
erreichen iſt, wenn der Garten, oder wenigſtens der größte Theil deſſelben, höher
liegt als ſeine Umgebung.

Vom Wohnhauſe aus ſoll man wo möglich in ein ſanftes Thal hinabſchauen,
weil dadurch das Grundſtück größer erſcheint, als wenn man auf eine Ebene oder
gar auf einen gewölbten Abhang hinabſchaut, deſſen unteren Theil man vielleicht
gar nicht ſehen kann.

Soll irgend ein ebener Theil des Gartens möglichſt ausgedehnt erſcheinen, so muß man für Hügel oder andere erhöhte Standpunkte sorgen, weil er, aus der Horizontalebene betrachtet, natürlich sehr verkürzt erscheint. Dieser Anforderung hat man vor allen Dingen bei Landseen und Teichen zu genügen. Wenigstens an einer Seite derselben sollte man einen erhobenen Aussichtspunkt schaffen.

Will man häßliche Gegenstände, so z. B. Baulichkeiten dem Beschauer durch Deckvegetation entziehen, so hat man zu beachten, daß man denselben Zweck erreicht durch hochwüchsige Holzpflanzen fern vom Standpunkt des Beobachters

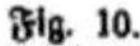

Fig. 10.

Neu-Schwanstein von der Pöllach-Schlucht.

oder durch niedrigere in seiner Nähe, was oft eine wünschenswerthe Ersparniß zur Folge haben kann.[1])

Die Anwendung der geometrischen Erscheinungslehre auf die Gartenkunst ist so mannigfaltig und vielseitig, daß sie sich gar nicht erschöpfend behandeln läßt. Ein sehr häufig vorkommender Fall ist der folgende: Man will ein längeres, sanft gewundenes Waldthälchen anlegen, in der Mitte mit einem Wiesengrund, beiderseits von Baummassen, im wesentlichen von gleicher Höhe, z. B. von Fichten, begrenzt. Hier ist es ein großer Vortheil, wenn man dem Thälchen an einer Stelle

---

[1]) Petzold, Beiträge. S. 9—13.

seines Oberlaufs, eine scharfe Rückbiegung giebt, wenigstens an einer von beiden
Seiten, so daß durch die vorspringenden Baummassen die unmittelbar dahinter
liegenden verdeckt werden. Läßt man das Thal etwas weiter oben wieder vor=
springen, so erscheinen die unsichtbar werdenden Baummassen weit kleiner, was
die Wirkung der Perspektive beträchtlich erhöht und das Thal länger erscheinen
läßt. Man kann sogar bei genügender Länge des Thals die Wirkung noch
dadurch erhöhen, daß man im oberen, entfernteren Theil desselben eine weniger
hochwüchsige, ähnliche Baumart pflanzt oder die Bäume dort nur bis zu einer
bestimmten Höhe heranwachsen läßt. Daß solche Dinge mit großer Vorsicht und
großem Takt auszuführen sind, versteht sich von selbst. Ein Muster einer solchen
Anlage findet man zu Nymphenburg.

Ein sehr langes Thal wird man gewöhnlich bis an die Grenze des Besitz=
thums führen. Hier kommt es nun darauf an, ob man den Blick in die freie Land=
schaft eröffnet oder nicht. Sind die Parkgrenzen häßlich und eröffnen sie keinen
Blick in eine schöne Ferne, so wird es rathsam sein, das Thal gar nicht gegen
die Grenze auslaufen zu lassen, sondern ihm vorher eine Biegung zu geben.
Kann man aber den Blick auf eine schöne Fernsicht öffnen, um so besser. Wie
das zu geschehen habe, hängt natürlich von den Umständen, vom ganzen Charakter
der Umgebung ab. Soll das Thal auslaufen, ohne die Grenze des Parks zu
erreichen, so bringt man eine sehr große Wirkung hervor, wenn man schon eine
beträchtliche Strecke vor der Grenze dem Thal eine starke Biegung giebt, hinter
welcher man, durch leichte Baumpflanzungen halb versteckt und halb sichtbar ge=
macht, das Thal auf eine scheinbar sehr große Wiesenfläche auslaufen läßt. Es
macht das den Eindruck, als wenn das Thal sich noch weiter in endlose Ferne
verlängerte. Eine solche Anlage kann man in ausgezeichneter Vollendung aus=
geführt sehen im oberen Theil des Englischen Gartens zu München, in der soge=
nannten Hirschau, nicht weit vom Aumeister.[1]

Selbst in kleineren Gärten darf es keine Punkte geben, von denen aus man
den ganzen Garten übersehen kann. Dagegen ist es gerade in einem kleinen
Bürgergarten ein dringendes Bedürfniß, einen Hügel mit Ruhesitzen zu haben,
von denen aus man auf einen Theil der Anlage einen schönen perspektivischen
Ausblick hat. Man hat also bei der Anlage eines derartigen Hügels aufs sorg=
samste zu überlegen, an welcher Stelle des Gartens er liegen muß, um die schönste
perspektivische Ansicht zu gewähren.

Kleinere Gärten kann man dadurch bedeutend anziehender machen, daß man,
etwa in der Mitte des Gartens, das Gehölz und Buschwerk an einer Stelle,
wo der Weg eine sanfte Biegung macht, sich eng zusammenziehen läßt, jedoch so,
daß man in der Mitte, durch locker gestellte Holzpflanzen, den hinteren Theil des
Gartens mehr ahnt als deutlich sieht. Die ästhetische Empfindung der Sehnsucht
wird durch solche geheimnißvolle Verschleierung wachgerufen.

Die Perspektive ist für die Schönheit des Natureindrucks ganz unentbehrlich,
und zwar ist es, wie Karl Müller sehr richtig sagt,[2] keineswegs gleichgültig, in
welcher perspektivischen Ansicht man ein Gebirge oder einen anderen Natur=
gegenstand auf die Leinwand bringt. Der Hausberg bei Jena sieht, vom Saal=
thal betrachtet, aus wie der Vesuv. Er hat die Gestalt eines Kegels mit breitem
Fuß. Vom Gembdenthal aus erscheint derselbe Berg wie ein langgestreckter oben
bewaldeter Gebirgsrücken.

---

[1] Vergl. Petzold, Landschaftsgärtnerei, II. Aufl. S. 52—60. Wenn Rümpler in
der ersten Auflage des Gartenbau-Lexikons die Anwendung der Perspektive auf die Land=
schaftsgärtnerei „Spielerei“ nennt, so ist er sehr im Irrthum.
[2] Karl Müller von Halle, Ansichten aus den deutschen Alpen. Halle 1858. S. 67.

Wenn nun schon für den Landschaftsmaler die Perspektive oder die geometrische Erscheinungslehre von so ausnehmender Wichtigkeit ist, — wie viel mehr muß das bei dem Landschaftsgärtner der Fall sein, da er das Naturmaterial selbst zu verwerthen hat.

Wie der Baumeister ohne gründliche Kenntnisse in der Perspektive nicht im Stande ist, einen guten Bauriß zu zeichnen, ebenso wenig ist ein solcher Gärtner befähigt, einen brauchbaren Gartenplan zu entwerfen. Ein Gartenplan ohne Berücksichtigung der Perspektive ist fast werthlos, wie man an den Plänen eines Siebeck und selbst eines Lenné gesehen hat. Gründlicher Unterricht in der Perspektive und im perspektivischen Zeichnen ist kaum für irgend Jemand so unerläßlich wie für den angehenden Gärtner.

§ 6. Gesetze der Farbenlehre.

Zum Naturbilde gehören zwei Dinge: Sinnesanschauung und mathematische Anschauung. Die mathematische oder reine Anschauung konstruirt die Gestalten in den Raum, die Bewegungen in Raum und Zeit. Sie giebt uns die Form, ohne welche ein Bild überhaupt nicht entstehen kann. Die Sinnesanschauung giebt uns die Eindrücke des Lichtes und der Farben, der Töne u. s. w. Sie liefert zur Form des Bildes den Inhalt oder das Material, welches die Form ausfüllt. Hier haben wir es zunächst nur mit den sinnlichen Eindrücken zu thun, welche unser Auge vermittelt, mit Licht und Farbe.

Licht und Schatten, d. h. Lichtmangel, geben dem Bilde das Leben. Daher befriedigt eine schattirte Zeichnung mehr als eine bloße Umrißzeichnung.

Der Sinneseindruck des Lichtes wird vermittelt durch die Wellenbewegung einer sehr feinen, überall verbreiteten Materie, des sogenannten Lichtäthers. Das Sonnenlicht, welches als Aetherstrahl unsere Sehnerven trifft, ruft in uns den Eindruck des weißen Lichtes, der weißen Farbe hervor. Der Eindruck des Schattens oder der schwarzen Farbe beruht nun zwar zunächst lediglich auf Lichtmangel. Trotzdem ist es kein bloß negativer Eindruck, sondern er erscheint uns ganz positiv als schwarze Farbe. Diesen vom weißen Sonnenlicht bedingten Wechsel von Licht und Schatten, von Weiß und Schwarz in der Landschaft haben wir zuerst zu berücksichtigen. [1]

Der Landschaftsmaler erzielt durch die Schattirung, durch den Wechsel von Licht und Schatten, seine größten Wirkungen. Ohne Schattirung ist sein Gemälde leblos. Da nun die Sonne ihren Ort am Himmel wechselt, so wechselt auch die Beleuchtung und man unterscheidet: Morgenbeleuchtung, Mittagsbeleuchtung, Abendbeleuchtung u. s. w. Der Maler kann aber, ohne naturwidrig zu werden, nicht verschiedene Beleuchtungsrichtungen zugleich anwenden; er muß den Sonnenstrahl auf seinem Bilde von einer ganz bestimmten Seite einfallen lassen. Er schafft dadurch eine bestimmte Stimmung, eine bestimmte Beleuchtung in der Landschaft.

In ganz anderer Lage befindet sich der Landschaftsgärtner. Seine Schöpfung wird im Lauf eines Tages allen Veränderungen des Sonnenlaufs ausgesetzt. Er muß also auf den Sonnenlauf genau Rücksicht nehmen, besonders bei seinen Pflanzungen.

Zunächst sei einer einfach praktischen, gleichwohl sehr wichtigen Rücksichtnahme Erwähnung gethan, welche mancher Gärtner verabsäumt. Der Garten soll ein angenehmer Aufenthaltsort für Lustwandelnde sein. Wem es dort un=

---

[1] Zu eingehenderer Belehrung empfehle ich den dritten Abschnitt in meiner „Aesthetik der Natur": Die Empfindung des Lichtes und der Farben.

behaglich ist, der kann auch die Schönheit des Gartens nicht genießen. Nichts kann aber in einem Garten unangenehmer sein, als wenn man auf Wegen und Ruheplätzen vom Sonnenlicht geblendet und von der Sonnenwärme erhitzt wird. Bei jeder Gartenanlage muß es daher eine der ersten Rücksichtnahmen sein, daß man an der Südost-, Süd- und Südwestgrenze eine hohe und dichte Baumanlage schafft, welche dem Besucher den größten Theil des Tages Schatten verleiht. Sehr leicht kann man dieser Baumanlage eine solche Beschaffenheit geben, daß sie Abends gegen Sonnenuntergang den schönsten Lichtwirkungen ausgesetzt ist. Führt man nun in der Nähe dieser Gartengrenze einen Weg entlang, so kann derselbe strecken- weise durch das Wäldchen geführt werden, streckenweise kann er aus demselben heraustreten, darf aber niemals das Gebiet des Schlagschattens verlassen. Gegen Westen und Norden mag man dem Blick des Beschauers, wo der verfügbare Raum es gestattet, eine weite, sonnige Wiesenlandschaft eröffnen. Diesem Be- dürfniß ist sehr gut im Englischen Garten zu München, sehr schlecht in den Stuttgart-Cannstatter Anlagen Rechnung getragen. Auch in Nymphenburg hat man für Beschattung des Südost-Südwest-Quadranten gut gesorgt.

Selbstverständlich gilt dasselbe für alle übrigen Wege im Garten. Sie sind möglichst so zu führen, daß sie von der Sonnenseite her beschattet werden.

Ruheplätze soll man so anbringen, daß der Ruhende sich des Blicks auf eine schöne Landschaft, und zwar zur Zeit ihrer günstigsten Beleuchtung, sei es nun Morgen-, Mittags- oder Abendbeleuchtung, erfreut. Man muß aber, um dem Ausruhenden einen wirklichen Genuß zu gewähren, dafür sorgen, daß zu der betreffenden Zeit der Ruhesitz im tiefen Schatten liegt.

Mit diesem praktischen Gesichtspunkt geht der rein ästhetische meistens direkt Hand in Hand. Bei jeder Gehölzmasse, die man schafft, bei jedem Baum, den man pflanzt, hat man zu berücksichtigen, zu welcher Tageszeit die Beleuchtung, die Vertheilung von Licht und Schatten am günstigsten sind und von welchen Standpunkten aus die Pflanzung den besten Eindruck machen wird. Dabei ist Rücksicht auf die Baumarten zu nehmen. Will man z. B. einem kleinen Thal einen recht düsteren Anblick verleihen, so muß man dasselbe an der Sonnenseite, und besonders am Eingang, mit einem Fichtenbestand säumen.

Für die Lichtstärke gilt ein ähnliches Gesetz wie für die geometrische Er- scheinungslehre der Körper. Dasselbe spricht sich also aus: „Die Lichtstärke nimmt ab mit dem Quadrat der Entfernung vom leuchtenden Gegenstand, mag derselbe nun eigenes oder geborgtes (reflektirtes) Licht aussenden. Es leuchtet ein, daß dieses Gesetz für die Naturbetrachtung überhaupt und insbesondere für die Gartenkunst von der größten Wichtigkeit ist, denn es geht daraus hervor, daß die Sichtbarkeit der Gegenstände mit dem Quadrat ihrer Entfernung abnehmen muß, daß ferne Gegenstände uns undeutlicher erscheinen werden als nähere, was durch die tägliche Erfahrung bestätigt wird. Es beruht also darauf zum größten Theil das, was man etwas unzweckmäßig als Luftperspektive bezeichnet. Daß man diesem Gegenstand für landschaftliche Anlagen ganz besondere Aufmerksam- keit zuzuwenden habe, bedarf wohl keiner Versicherung. Wir gehen aber an dieser Stelle noch nicht weiter darauf ein, weil wir bei Besprechung der Farbenwirkungen ohnedieß darauf zurückkommen müssen, denn das Gesetz gilt selbstverständlich nicht nur für das weiße Licht, sondern ebenso gut für jede einzelne Farbe. Außerdem kommen aber noch die Dichtigkeitsverhältnisse der atmosphärischen Luft in Betracht.

Newton hat zuerst gezeigt, daß das weiße Sonnenlicht nicht einfach ist, son- dern daß man es mittelst eines stark brechenden durchsichtigen Körpers in sieben Farben zerlegen kann, wie man sie in der ersten Figur unserer farbigen Tafel sieht. Man nimmt dazu meist ein Glasprisma und stellt den Versuch in einer dunklen Kammer an, wo man den Sonnenstrahl durch einen Spalt im Fensterladen auf das Prisma fallen läßt und das Farbenbild, das sogenannte Spektrum, auf einer weißen Fläche auffängt. Man kann sich aber von der Zerlegung des Sonnenlichtes in die sieben Farben noch einfacher überzeugen, indem man auf eine mit Wasser gefüllte Flasche von farblosem Glase die Sonne scheinen läßt. Regnet es beim Sonnenschein, so wirken die Wassertropfen als Prisma und es entsteht der Sonne gegenüber am Himmel das große, unter dem Namen des Regenbogens bekannte Spektralbild. Man nennt daher die Spektralfarben auch Regenbogenfarben. Es sind die folgenden: Roth, Orange, Gelb, Grün, Blau, Indigo, Violett. Man nennt diese Farben auch einfache oder Hauptfarben.

Vergleicht man die Farben des Prismas bezüglich des Verlaufs ihrer Strahlen mit dem Sonnenstrahl, so sind sie alle mehr oder weniger von der Richtung des Sonnenstrahls abgelenkt, oder gebrochen, wie man zu sagen pflegt, und zwar hat der rothe Strahl die geringste, der violette Strahl die stärkste Brechung oder Ablenkung erfahren.

In der Natur sind verhältnißmäßig wenige Körper vollkommen durchsichtig. Diese lassen den weißen Sonnenstrahl total hindurchgehen. Die meisten Körper sind mehr oder weniger undurchsichtig. Wenn solche Körper die Sonnenstrahlen total verschlucken, so erscheinen sie uns schwarz, so z. B. die Kohle. Wenn sie die Sonnenstrahlen dagegen ganz und gar zurückwerfen, so erscheinen sie uns weiß. Die meisten Körper sind aber weder schwarz noch weiß, sondern gefärbt. Diese verschlucken nur einen Theil der farbigen Strahlen, aus denen der Sonnenstrahl zusammengesetzt ist; die übrigen Strahlen werfen sie zurück. Ein rother Körper z. B. wirft die rothen Strahlen zurück; alle übrigen verschluckt er.

Bei näherer Betrachtung des Sonnenspektrums werden wir gewahr, daß die sieben Regenbogenfarben ganz allmählig in einander übergehen. Außerdem können die verschiedenen Farben mit einander gemischt werden. Wenn es also auch nur sieben Grundfarben giebt, so ist doch die Zahl der Mischfarben unendlich groß.

Jede Farbe kann dichter oder weniger dicht auftreten. Man unterscheidet demnach verschiedene Sättigungsgrade. Jede Farbe kann mehr oder weniger vom weißen Licht getroffen werden. Danach unterscheidet man Schattirungsgrade. Jede Farbe kann mit anderen mehr oder weniger gemischt erscheinen. Danach unterscheidet man verschiedene Stimmungsgrade.

Die Zahl der Sättigungsgrade, Schattirungsgrade und Stimmungsgrade ist selbstverständlich unendlich groß. Ist doch schon die Zahl der Permutationen der sieben Hauptfarben eine ganz erstaunliche. Man darf sich also nicht wundern über die unendliche Mannigfaltigkeit der Färbungen der Naturkörper.

Wie man mittelst des Prismas das Sonnenlicht in die sieben Spektralfarben zerlegen kann, so kann man durch ein zweites Prisma diese auch wieder zum Sonnenlicht vereinigen.

Ebenso kann man aber auch zwei oder mehr Farben für sich auffangen und durch ein zweites Prisma vereinigen. So kann man Grün durch Vereinigung von Gelb und Blau, Violett durch Roth und Blau, Orange durch Roth und Gelb herstellen. Reines Karminroth läßt sich durch keine Farbenmischung ersetzen, auch Himmelblau und reines Gelb nicht. Zur Herstellung des reinen Weiß sind nicht alle sieben Regenbogenfarben nöthig. Man kann Weiß erzeugen aus Purpur und Grün, aus Roth und Grünblau, aus Safran und Cyanblau, aus Gelb und Indigo, aus Grüngelb und Violett. Es giebt also Farbenpaare, von denen die eine Farbe die andere zu Weiß ergänzt. Solche Farben heißen Ergänzungsfarben oder Komplementärfarben.

Will man in der Kunst zwei Farben neben einander wirken lassen, so ist die Wahl derselben keineswegs gleichgültig. Die Ergänzungsfarben passen vortrefflich zusammen, man kann sie also getrost neben einander wirken lassen.

Man hielt in früherer Zeit Roth, Gelb und Blau für die Grundfarben des Spektrums. Das hat sich aber als Irrthum erwiesen, denn man kann aus der Mischung dieser drei Farben keineswegs alle übrigen zusammensetzen. [1]) Die wahren Grundfarben sind: Roth, Grün und Violett.

Trägt man die sieben Regenbogenfarben am Umfang einer Kreisscheibe in Form eines Ringes auf, und fügt noch drei Farben hinzu, nämlich Purpur (p) als Schluß des Ringes zwischen Roth (r) und violett (v), Blaugrün (bg) zwischen Grün (g) und Blau (b), Gelbgrün (gg) zwischen Gelb (gb) und Grün (g), so hat man einen Farbenring gebildet, welcher sämmtliche Hauptfarben enthält. Auf einem zweiten, von jenem eingeschlossenen Ring kann man dann noch sechs durch Mischung und Zusatz von Weiß entstandene Farben auftragen, nämlich wenn man vom Safran (o) beginnt: Strohgelb, Blaßgrün, Wasserblau, Himmelblau, Lila, Fleischroth.

Da die Farben, analog den musikalischen Tönen, Harmonieen und Disharmonieen mit einander bilden, so kann man von Farbenspielen und Farbenkonzerten reden. So spielt das Sonnenlicht Farbenkonzerte im Wechsel der Beleuchtung über der Landschaft.

Die reinen Spektralfarben üben auf uns eine ganz verschiedene Wirkung aus. Die weniger brechbaren Farben: Roth, Safran und Gelb erscheinen uns lebhafter. Sie werden warme Farben genannt. Die stärker brechbaren Farben: Grün, Blau, Indigo und Violett, welche uns weniger lebhaft berühren, nennen wir kalte Farben.

Blickt unser Auge längere Zeit auf eine und dieselbe Farbe, so ermüdet es für diese Farbe, ist von derselben so zu sagen gesättigt und verlangt nach der Ergänzungsfarbe derselben, ja, es sieht die Ergänzungsfarbe von selbst, sobald es auf eine weiße Fläche blickt.

Hat man sich z. B. längere Zeit in einem Zimmer aufgehalten mit grünen Vorhängen und Tapeten, und tritt nun in ein Treppenhaus mit weißer Wand, so erscheint die Wand nicht weiß, sondern purpurroth. Aus diesem Grunde wirken die Ergänzungsfarben, die man auch Kontrastfarben nennt, so angenehm und harmonisch auf unser Auge.

Schöne Farbenkontraste in der Natur sind: Trübpurpurne Buntsandstein-felsen mit dunkelgrünem Nadelholzbestand; die rothblühende Roßkastanie (Pavia rubra *L.*) mit trüb purpurrother Blumentraube auf dunkel blaugrünem Laube; die Weinrose (Rosa rubiginosa *L.*) mit karminrother Blume auf bläulich-blau-grünem Laube; der Klatschmohn (Papaver rhoeas *L.*) mit schwarzblauen Staub-gefäßen auf scharlachrother Blumenkrone; das Vergißmeinnicht (Myosotis palus-tris *L.*) mit blaßblauer Krone und goldgelbem Schlund; das Veilchen (Viola odorata *L.*) mit violetter Blume, safranfarbigen Anhängseln der Staubbeutel und gelblichgrünem Laube; der Hain-Wachtelweizen (Melampyrum nemorosum *L.*) mit gelbig-safranfarbener Blume und violetten Deckblättern u. s. w.

---

[1]) Unter dem Ausdruck Mischung ist hier die Verbindung von Spektralfarben mittelst des Prisma zu verstehen, aber nicht die Mischung der Malerfarben. Diese sind keine Lösungen, sondern in Oel oder Wasser suspendirte Mineralkörper, deren Mischung oft eine von der Verbindung reiner Spektralfarben durchaus verschiedene Wirkung hat. So z. B. geben Blau und Gelb des Spektrums in ihrer Vereinigung mittelst des Prismas keineswegs genau grünes Licht. Das Grün ist also keine Additionsfarbe von Blau und Gelb; es ist vielmehr umgekehrt eine Subtraktionsfarbe von beiden. Sieht man durch eine blaue und eine gelbe Flüssigkeit oder Glasplatte hindurch, welche sich hinter einander befinden, so lassen beide zu-sammen grade dasjenige Licht hindurch, welches sie beide in geringem Grad absorbiren, und das ist das Grün. Aus demselben Grund erhält der Maler das Grün durch Mischung eines blauen mit einem gelben Farbstoff.

Schwarz und Weiß kontrastiren mit einander, ohne sich zu ergänzen. Mischt man sie, so erhält man Grau, welches sich zu jeder anderen Farbe neutral verhält.

Die warmen Farben wirken reizend, erregend, erheiternd, belebend, die kalten dagegen beruhigend, abstumpfend, deprimirend. Roth ist die belebendste, Violett die beruhigendste Farbe. Weiß gehört zu den warmen, Schwarz zu den kalten Farben.

Wirken Kontrastfarben neben einander, so verstärken sie sich gegenseitig. Dasselbe gilt auch für Schwarz und Weiß. Dabei wird stets die warme Farbe in höherem Grade verstärkt als die kalte. Eine purpurrothe Blume erscheint auf dem grünen Laube größer und lebhafter, als wenn man sie vom Laube trennt.

Sind zwei Hauptfarben des Spektrums zusammengestellt, welche nur durch eine Zwischenfarbe von einander getrennt sind, so ergänzen sie sich nicht, sondern wirken im Gegentheil höchst disharmonisch. Wir nennen solche Spektralfarben schreiende Farben. Schreiende Zusammenstellungen sind z. B. Purpur und Safran, Grün und Safran, Grün und Indigo u. s. w. Schreiende Farben darf man nicht zusammenstellen. Trägt eine Dame ein rosenrothes Kleid mit hellgelbem Besatz, so wird man ihr jeden Farbengeschmack absprechen.

Stellt man zwei Farben zusammen, welche im Spektrum unmittelbar auf einander folgen, so wirken sie ebenfalls disharmonisch, wenn auch nicht schreiend. Man nennt solche Farbenzusammenstellung charakterlos. Charakterlos wirkt z. B. Roth neben Purpur oder Safran, Violett neben Purpur oder Indigo, Grün neben Blau oder gelb. Daß die Mode nicht selten höchst abgeschmackt ist, bewiesen z. B. die blau und grün gestreiften Kleiderstoffe, welche vor Jahren allgemein verbreitet waren und von geschmacklosen Damen noch jetzt bisweilen getragen werden.

Es ist damit keineswegs gesagt, daß man schreiende Farben überhaupt nicht gleichzeitig auf einem Bilde zur Anwendung bringen dürfe. Will man aber den üblen Eindruck, welchen unmittelbar neben einander befindliche schreiende oder charakterlose Farben hervorrufen würden, vermeiden, so muß man ihn zu mildern suchen.

Schreiende Farben trennt man durch Schwarz, Weiß oder Grau, wodurch man sie mit einander aussöhnt. Oder man nähert sie einander. Karmin und Hellgelb bilden eine schreiende Zusammenstellung. Schiebt man Schwarz dazwischen, so wirken sie fast harmonisch. Besser noch, wenn man dem Gelb ein wenig Roth, dem Karmin etwas Gelb beimischt. So entstehen Scharlach und Goldgelb, welche nun gut harmoniren. Sie sind gegen einander abgestimmt. Das Laub der Waldmassen ist gegen den blauen Himmel mehr oder weniger grau oder bläulich grau abgestimmt. Das Laub blauer Blumen, so z. B. der blauen Enziane, des Guajakbaums u. a. pflegt bläulichgrün abgestimmt zu sein.

Auch die charakterlosen Farben kann man durch Einschieben neutraler Farben oder durch Abstimmen zu größerer Harmonie bringen. Ich habe vorhin bemerkt, wie charakterlos ein Kleid aussieht, wenn es blau und grün gestreift ist. Blaugrün und Grünblau wirken schon weit besser auf einander. Noch besser, wenn man eine größere Anzahl verschiedener Abstufungen einschiebt, — ein Fall, in welchen der Landschaftsgärtner sehr häufig kommt, wenn er z. B. blaugrüne Nadelhölzer, wie Wachholder, Saudkiefern, durch allmählige Zwischenstufen von dunkelgrünen Arten: Strandkiefer, Tanne, Fichte, Legföhre, mit hellgrünen: Lärche, Taxodium, und endlich mit grünen und saftgrünen Laubhölzern: Eiche, Buche, Linde, verbinden soll.

Es giebt außer dem reinen Grau, als Mischung von Schwarz und Weiß, und dem reinen Braun, als Mischung von Schwarz und Gelb, noch eine Unzahl feiner Farbentöne, welche dadurch entstehen, daß dem Grau oder Braun ein

Weniges von einer anderen Farbe beigemiſcht iſt. So ſpricht man von Röthlich=
grau, Bräunlichgrau, Gelblichgrau, Grünlichgrau, Bläulichgrau, Violettgrau,
Purpurgrau; ebenſo von Röthlichbraun, Gelblichbraun, Grünlichbraun, Purpur=
braun u. ſ. w. An ſolchen Farbentönen hat gerade die freie Natur einen unend=
lichen Reichthum aufzuweiſen und der Landſchaftsgärtner erzielt durch dieſelben
ſeine ſchönſten Farbenwirkungen. Natürlich hat man bei ihrer Anwendung genau
dieſelben Geſetze der Kontraſtwirkung, der Abſtimmung, der Verbindung im Auge
zu behalten wie bei den lebhaften Farben. In der Behandlung jener zarten
Farbentöne zeigt ſich erſt das wahre Farbenverſtändniß des Künſtlers.

Bei der Benutzung von Weiß und Schwarz als Trennungsfarben hat man
noch zu beachten, daß Schwarz auf die warmen Farben, Weiß dagegen auf die
kalten einen günſtigeren Einfluß ausübt. Auf ſchwarzem Kleide trägt eine Dame
keine blauen oder violetten Steine, ſondern Gold, Rubinen, Granaten, Korallen,
auf weißem Kleid dagegen Schmuck mit kalten Farben: Silber, Sapphir, Amethyſt.

Das Schwarz ſpielt in der Landſchaft eine große Rolle als Schatten und
in der Abſchattirung der Farben. Nachts tritt es in ſeine Rechte ein, wenn bei
finſterem Wetter in weiter Ferne am Horizont noch lichte Streifen am Himmel
hervortreten und wenn in tiefer Abendbämmerung nach und nach die Waldes=
ſchatten dunkler und dunkler werden und die Umriſſe von Bäumen und Felſen
ſich ſcharf gegen den Himmel abheben, wie der Wandsbecker Bote ebenſo einfach
wie ſchön ſagt:

> Der Wald ſteht ſchwarz und ſchweiget,
> Und aus den Wieſen ſteiget
> Der weiße Nebel, wunderbar!

Das Weiß zeigt ſich am Tage herrlich an Wolkenbildungen und am Horizont,
bald rein, bald in verſchiedenen zarten Abſtimmungen anderer Farben. Auch ſtille
Waſſerflächen erſcheinen weiß bei leicht bewölktem Himmel. Manche Bäume
beleben die Landſchaft durch weiße, ſilberglänzende Blätter oder Blattrückſeiten:
die Silberpappel, der Seedorn (Hippophäe), die Silberweide, die Silberlinde,
herrliches Material zur Abſtimmung von Waldfarben. Im Winter hebt der
Schnee das tiefernſte Grün der Nadelhölzer, was z. B. die Umgebung des Wohn=
hauſes ausnehmend verſchönern kann.

Die ſchönſte aller Farbenverbindungen iſt diejenige von Grün und Purpur,
— ein Fingerzeig für den Gärtner, wenn er den Park durch Blumen ſchmücken
will. Es ſollen daher auf dem Raſen die rothen Farben vorherrſchen, wie auf
den herrlichen Wieſen Thüringens: Rothe Kleeſorten, Esparſette, rothblühende
Orchideen, Nelken, Lichtnelken, Pechnelken u. dergl. m.

Der ſinnige Gärtner wird bei ſeinen Pflanzungen auch auf diejenigen
Farbenveränderungen Rückſicht nehmen, welche durch den Wechſel der Jahres=
zeiten bedingt ſind, namentlich auf die Herbſtfärbungen. Der Laubwald erhält
im Herbſt eine ganz prachtvolle Färbung, wenn Buchen den Hauptbeſtand bilden,
hie und da verſchiedene Ahorne eingeſprengt ſind, und, des Kontraſtes wegen,
Fichten und andere Nadelhölzer. Die herbſtliche Purpurfarbe des wilden Weins
wird kein Gärtner außer Acht laſſen. Als Schmuck niedriger Nadelholzbeſtände
thun die rothen Früchte der Ebereſche (Sorbus aucuparia L.), auch der Ber=
beritze, vorzügliche Wirkung, wogegen die ſchwarzen Beeren der Rainweide (Ligustrum vulgare L.) ſich vom hellen Hintergrund eines Silberweidengebüſches
vorzüglich gut abheben. Silberweiden machen einen vortrefflichen Eindruck, wenn
man ſie z. B. auf Friedhöfen vor einem Beſtand oder einer Gruppe von Fichten,
Cypreſſen, Lebensbäumen oder anderen dunkeln Nadelhölzern hervortreten läßt.

Im Frühling erſcheinen einzelne Birken in einem Fichtenbeſtand ausnehmend
ſchön, lebhaft hellgrün und zierlich. Auch einzelne Lärchen im Fichtenbeſtand

sehen im Frühling beim Austreiben sehr schön aus. Selbstverständlich treten derartige Wirkungen am schönsten an einem sanften von der Morgensonne oder Abendsonne beleuchteten Abhang hervor. Die Lärchen muß man wegschlagen, wenn sie zu hochwüchsig werden, weil dann die Farbenstimmung wegfällt und der sparrige Wuchs der Lärche den harmonischen Eindruck des Fichtenbestandes stört.

Die grüne Farbe, welche in der Farbenskala grade in der Mitte liegt, also weder zu den kalten noch zu den warmen Farben gehört, oder, wenn man will, zu beiden, wirkt auf das Auge wie auf das Gemüth am angenehmsten ein. Daher hat auch der Garten einen so unendlich schönen und milden Reiz für uns, einen Reiz, welchen der Gärtner so viel wie möglich auf alle Jahreszeiten ausdehnen soll. Mit vollem Recht sagt daher Petzold: „Das Grün hat doppelte Reize, wenn Alles um uns her weiß und grau ist; deshalb kann man Nadelhölzer und immergrüne Gewächse, wo es die Oertlichkeit erlaubt, in den Landschaftsgärten nicht genug anwenden, und zwar in besonderer Beziehung auf den Winter. — Die Natur belebt namentlich die langen Winter der nordischen Regionen des Kontinents mit Nadelhölzern und weist auf diese Weise selbst darauf hin." [1]

Aus dem weiter oben mitgetheilten Gesetz der Abnahme des Lichtes mit dem Quadrat der Entfernung folgt die Erscheinung der Luftperspektive, daß nämlich ferne Gegenstände uns weniger deutlich erscheinen als nähere. Außer der allgemeinen Luftperspektive giebt es nun noch eine Farbenperspektive, welche sich in Form zweier Gesetze ausdrücken läßt. Erstlich liegt es wohl auf der Hand, daß eine stärkere Lichtquelle ihre Strahlen bis in größere Entfernungen entsendet wird als eine schwächere. Ebenso aber verhalten sich auch die Farbenstrahlen, und zwar im umgekehrten Verhältniß zum Grad ihrer Brechbarkeit. Es wird also weißes Licht am weitesten sichtbar sein, demnach rothes, safranfarbiges u. s. w. Am wenigsten wird man das violette Licht sehen können. Zweitens aber kommt in Betracht, daß man die irdischen Gegenstände in der Ferne durch eine stärker brechende Luftschicht in horizontaler oder nahezu horizontaler Richtung wahrnimmt. Je ferner ein Gegenstand ist, desto stärker wird er also gebrochen, denn mit der Entfernung vergrößert sich die dichte Luftschicht, die er zu durchlaufen hat. Daher werden alle tellurischen Gegenstände um so mehr gegen den kältesten Theil des Spektrums hin gebrochene Strahlen zu uns gelangen lassen, je weiter sie von uns entfernt sind. Das ist der Grund, warum ferne Gebirge und Waldungen sowie am Horizont stehende Wolken uns violett erscheinen.

Die Farbenperspektive kann für den Landschaftsgärtner von der größten Wichtigkeit werden, wie Petzold ein solches Beispiel vom Fürsten Pückler erzählt. Will man z. B. einer Gegend eine scheinbar große Ausdehnung geben, so wird man in größerer Entfernung vom Beschauer nur Bäume und Sträucher anpflanzen mit gebrochenen Farben, so z. B. Nadelhölzer, deren Grün möglichst einen grauen, blauen oder violetten Ton besitzt.

---

[1] Petzold, Farbenlehre. S. 21. Herr Dr K. E. Schneider in seiner „Aesthetik der Gartenkunst" (S. 99) ist freilich anderer Meinung. Den Kiefern, Fichten und Tannen weist er nur kleinere Particeen im Garten an; nur Gruppen davon dürfen sich zwischen Laubmassen einschieben. Ich benutze diese Gelegenheit, um meiner Verwunderung darüber Ausdruck zu geben, daß ein Mann, der keine Spur naturwissenschaftlicher oder gärtnerischer Kenntnisse und nicht den geringsten Natursinn besitzt, es wagen konnte, eine „Aesthetik der Gartenkunst" herauszugeben. Auf Seite 95, 98, 194 ist der größte Unsinn über Anwendung der Bäume zusammengestellt, den ich je gelesen habe. Auf S. 73 behauptet der Verf., Aufschüttungen im Garten müßten kegelförmig sein. Inseln im Garten (S. 78) sollen mit dem Land durch eine Brücke verbunden werden. Platanen (S 194) kennt Herr Dr. Schneider nicht, denn er verwechselt sie mit Ahornen. Die gelbe Butterblume (Caltha) unserer Wiesen verwechselt er mit dem afrikanischen Aronsstab (Calla) u. dgl. m. Der ganze Inhalt des Buches ist eine Sintfluth von nichtssagenden Floskeln und Phrasen. Selten ist mir ein Buch vorgekommen, von dem man mit so vielem Rechte sagen könnte: „Es wäre besser ungeschrieben geblieben."

Vorbereitende Arbeiten für die Gartenanlage.

§ 1. Zweck und Charakter des Gartens.

Auf welche Weise und mit welchen Mitteln eine Gartenanlage auszuführen ist, das richtet sich in erster Linie nach ihrem Zweck. Eine Privatanlage soll so viel wie irgend möglich Naturanlage sein. Nur in der Nähe des Hauses kann man mehr oder weniger davon abweichen. Ein großer Volksgarten dagegen bedarf größerer Mannigfaltigkeit und Abwechselung. Die unmittelbare Umgebung eines fürstlichen Schlosses kann nur selten rein landschaftlich gehalten sein. In den meisten Fällen wird man hier einer architektonischen Anlage mit großen Terrassen, mit weiter, freundlicher Umgebung, mit Springbrunnen, Statuen, Blumenteppichen u. dgl. m. den Vorzug geben.

Ein Landschaftsgärtner, der den Renaissancebau des Schlosses Schleißheim unweit München unmittelbar mit einem Naturpark umgeben wollte, würde sich lächerlich machen. Sollte der Schleißheimer Garten wieder zu einem menschenwürdigen Dasein erhoben, von seiner Verwilderung und Unordnung befreit werden, so müßten vor allen Dingen zwischen den beiden Schlössern die alten architektonischen Anlagen wieder hergestellt werden. Für schattige Laubgänge eignet sich am besten die Eibe (Taxus baccata *L.*). Da diese jedoch sehr langsam wächst, so würde man wohlthun, zunächst Gänge von Hainbuchen (Carpinus betulus *L.*) zu schaffen, wie solche in Schleißheim schon bestehen, wenn auch in völlig verwildertem Zustande. Hinter den Hainbuchengängen könnte man dann allmählig dichte Eibenhecken heranziehen. Auch Laubengänge mit Wein oder Jungfernwein (Ampelopsis quinque folia *Michaux*) oder Pfeifenstrauch (Aristolochia Sipho *L.*) eignen sich trefflich zur raschen Heranbildung schattiger Wandelbahnen; nur Epheu darf man nicht dazu anwenden wegen seiner giftigen Eigenschaften. Teufelszwirn (Lycium) bildet ein gar zu dichtes Geflecht. Bogengänge von Linden sind nicht schön, weil die Linde den Schnitt nicht so gut verträgt wie die Hainbuche, und immer ein halbverwildertes Ansehen gewährt. Die Hauptsache ist hier, daß man rasch den dichtesten Schatten bekommt. Jährige Schlingpflanzen eignen sich gar nicht für diesen Zweck. Ein gutes Vorbild einer derartigen Anlage ist die nähere Umgebung der Villa Berg bei Stuttgart. Der Garten der Wilhelma verfehlt seinen Zweck insofern, als er nicht genügenden Schatten gewährt. Es ist hier offenbar mehr auf das Barocke als auf das Nützliche Rücksicht genommen. Auch sehen die beschnittenen Linden sehr unschön aus. Zur Beschaffung einer interimistischen Schutzwand würde sich auch die Robinie (Robinia pseud. Acacia *L.*) vorzüglich gut eignen, wenn sie strauchartig gezogen und stark im Schnitt gehalten wird. Sie bildet infolge ihres raschen Wachsthums bereits im dritten Jahr eine Wand von genügender Höhe und Dichte.

Es kann nicht zu oft wiederholt und betont werden, daß es einen oder verschiedene Gartenstyle nicht giebt. Mit demselben Recht würde man auch von Stylen in der Landschaftsmalerei reden dürfen. Was man gelegentlich Gartenstyle genannt hat, das sind nur verschiedene Manieren. Jede Manier verunstaltet aber die natürliche Gartenanlage, denn in der Natur giebt es keine Manierirtheit. Manier ist ja überhaupt eine Unzierde für jede Kunst. Manieren in der Malerkunst führen zur Farbenkleckerei, in der Musik zum Virtuosenthum. Die architektonische Gärtnerei ist kein Gartenstyl, sondern lediglich ein gärtnerisches Hülfsmittel, welches man an solchen Orten anzubringen hat, wo es zweckmäßig erscheint. Größere architektonische Anlagen wie zur Zeit Ludwigs XIV. bis zur Zeit Ludwigs XVI. wird man jetzt kaum noch zur Ausführung bringen mögen. Läge z. B. die Aufgabe vor, den Garten zu Schleißheim wieder aus seiner Verwilderung herauszuarbeiten und ihn zu einem anmuthigen Garten umzugestalten, so würde man vor Allem die architektonischen Anlagen zwischen den beiden Schlössern wieder herzustellen und geschmackvoll neu zu gestalten haben; — die entfernteren Partieen des Gartens jedoch würden in landschaftliche Anlagen zu verwandeln

Fig. 11.

Schloß Schleißheim.

sein, was bei dem günstigen Terrain und dem Bestand an älteren Bäumen nicht schwer fallen könnte, und was nicht den zehnten Theil derjenigen Kosten verursachen würde, welche man aufzubringen hätte, wollte man den ganzen Garten wieder architektonisch gestalten.

Ein Meisterstück in der Behandlung älterer architektonischer Anlagen hat Sckell in Nymphenburg geliefert. Obgleich begeisterter Anhänger der damals sogenannten englischen Gärten, besaß er doch künstlerischen Takt genug, um einzusehen, daß der Renaissancebau des Schlosses nicht ohne Weiteres mit natürlichen Anlagen könne in Verbindung gesetzt werden. Er beschränkte sich daher darauf, die Anlagen innerhalb des großen Rundbaues an der Außenseite des Schlosses von Ueberladungen und Abgeschmacktheiten zu befreien und die Wasseranlagen großartiger zu gestalten. Ebenso ließ er den großen Durchblick auf der Gartenseite des Schlosses bestehen, auch hier die Wasseranlagen grandioser und einfacher gestaltend. Höchst natürlich lehnen sich rechts und links und in größerer Entfernung die Landschaftsanlagen an das Centrum an, so daß man den Uebergang kaum gewahr wird. Dem Kenner wird es aber nicht entgehen, daß man, in der Mitte des Schlosses stehend, noch jetzt die Spuren dreier großartiger Heckengänge wahrnimmt in völlig gleichen Winkelabständen, obgleich diese drei alten Heckengänge von Sckell in drei anmuthige Waldthäler verwandelt worden sind. Auch jetzt wäre in Nymphenburg noch sehr viel zu schaffen. Wenn wir davon absehen, daß die Gehölze längst zu Stangenholz verwildert sind, also einer gründlichen künstlerischen Ausholzung bedürften, so tritt dem Besucher im archi- tektonischen Theil der Anlage höchst unliebsam der gänzliche Mangel an Schatten entgegen, denn die Baumreihen zu beiden Seiten sind für diesen Zweck keineswegs genügend. Daß die Wasseranlagen in der Mitte frei bleiben müssen, ist selbst- verständlich, aber an beiden Seiten würden Taxushecken, Laubgänge und Lauben- gänge, durch Fensterausschnitte dem Wanderer häufigen Einblick in das Centrum und auf das Schloß gewährend, sehr wohl am Platze sein. Diese Veränderung würde allerdings nur den vorderen Theil des Gartens treffen dürfen, da der hintere Theil in den landschaftlichen Anlagen zur Genüge mit schattigen Wegen ausgestattet ist.

Weit erneuerungs= und verschönerungsbedürftiger ist der Platz vor dem Schloß innerhalb des großen Rundbaues. Dieser Platz macht trotz der schönen Springbrunnen einen sehr kahlen und öden Eindruck. Die langweiligen weißen Wände des Rundbaues müßten mit Spalieren von Rosen und Schlingpflanzen bedeckt werden. In nicht zu großer Entfernung davon müßten um den ganzen Platz herum, zu beiden Seiten des Kanals, Taxushecken und Laubengänge geschaffen werden. Außerdem würde der Platz durch regelmäßige und symmetrische Anpflanzungen von Nadelhölzern, namentlich Cypressen, Lebensbäumen u. dgl. m., sowie von Buchs und anderen immergrünen Sträuchern wesentlich gewinnen, auch durch geschmackvolle Teppichbeete.

Ich lasse nun vorläufig alle diejenigen Gärten bei Seite, welche einen ganz bestimmten Zweck erfüllen sollen, für welchen das landschaftliche Bild zunächst nicht in Betracht kommt. Es sind das die zoologischen und botanischen Gärten, die Versuchsgärten, die Obst= und Blumengärten. So weit diese in größeren Anlagen in Betracht kommen, muß ihnen ein besonderer, für ihren Zweck geeigneter Platz angewiesen werden, von dem Landschaftsgarten durchaus getrennt. Dahin gehören auch Gewächshäuser, Mistbeete, Wirthschaftsgebäude. So wenig man geneigt ist, mit einem modernen Gartenhaus die Remisen, Stallungen, Wasch- häuser u. dgl. unmittelbar zu verbinden, so wenig darf man jene genannten Dinge im Landschaftsgarten dulden. Wir hätten also für rein landschaftliche Anlagen nur zu unterscheiden zwischen Privatgärten, mit Einschluß fürstlicher Besitzungen, Volksgärten und öffentlichen Anlagen. In den bei der Anlage zu befolgenden Grundsätzen stimmen diese drei Gartenformen durchaus überein, nur in ihrer Anwendung weichen sie hier und da von einander ab, jedoch keineswegs in so hohem Grade, daß wir jedem von ihnen eine besondere Darstellung zu widmen hätten. Wir gehen zunächst aus vom Privatgarten, welcher seinem Besitzer, dessen Angehörigen und Gästen und bei genügender Größe auch weiteren Kreisen als angenehme Zuflucht dienen soll. Einen solchen Garten wollen wir gewisser- maßen als Norm betrachten, und nur gelegentlich die bei Erweiterung oder Ver- änderung der Zwecke eintretenden Abänderungen hervorheben.

§ 2. Lage des Grundstücks und des Wohnhauses.

Lage des Grundstücks und des Wohnhauses, sowie ihre Beschaffenheit, sind entweder schon gegeben wie z. B. durch Erbschaft, oder man hat die Auswahl. Der zweite Fall wird im Allgemeinen der günstigere sein. Hat man keine Wahl, so sind einem bezüglich mancher Dinge die Hände gebunden und man wird einzelne Uebelstände in den Kauf nehmen müssen.

Das Wohnhaus bedingt durch seinen Styl und seine Einrichtung die nächste Umgebung.

Je schwerfälliger ein Haus gebaut ist, desto mehr bedarf es zur Vermittelung mit der Natur einer architektonisch gehaltenen Vermittelung des Gartens. Schon beim Schloß Coborne auf Wight ist das weniger der Fall als in Nymphenburg, Schleißheim oder Sanssouci; noch weniger beim Schloß Babelsberg bei Potsdam. Die wilde alterthümliche Burg Schwanstein bei München, durch den berühmten Bildhauer Schwanthaler erbaut, kann man sich ohne wildeste Waldscenerie nicht vorstellen.

Kauft Jemand ein Grundstück für die zu schaffende Anlage, so ist er sehr wohl daran, wenn er sich, bevor er den Kauf abschließt, sowohl mit dem Archi-

Fig 12.

Schloß Coborne auf der Insel Wight.

tekten als mit dem Gärtner verständigen kann. Er ist dadurch in der Lage, Fehler zu vermeiden, die sich hinterher nicht wieder gut machen lassen. Zuerst ist die Nachbarschaft zu berücksichtigen. Ein Garten soll so liegen, daß man ihn nicht leicht durch Baulichkeiten einengen und ihm die besten Ansichtspunkte nehmen kann. Natürliche Grenzen sind die besten. Sehr angenehm ist es, wenn man einen Garten ganz mit fließendem Wasser umgeben kann, wie das im englischen Garten zu München sehr zweckmäßig ausgeführt ist, auch im Bremer Bürgerpark. Nachbarschaft mit lärmenden Beschäftigungen, insbesondere Fabriken, Brauereien, vor allen Dingen aber Bier- und Weinhäuser, wie überhaupt jede Art von Kneipen suche man zu vermeiden.

Das Grundstück darf, schon aus Gesundheitsrücksichten, nicht zu niedrig liegen. Ein Theil desselben, und namentlich der Grund des Wohnhauses, soll sich über die Umgebung erheben. Eigentliche Berggrundstücke sind aber nur dann empfehlenswert, wenn sich ohne Schwierigkeit reichlich Wasser herbeischaffen läßt.

Auch darf das Geſtein des Abhanges nicht hygroſkopiſch ſein, wie z. B. der Buntſandſtein.

Das Grundſtück ſoll direkt an einer Straße liegen oder doch leicht und bequem mit einer ſolchen verbunden werden können. Wo möglich ſoll aber, ſchon der Ruhe und Sicherheit wegen, das Grundſtück nur an einer Seite von der Straße begrenzt ſein, und zwar wo möglich gegen Norden, Nordoſten und Nordweſten. Iſt die Straße ſehr belebt, ſo iſt es vorzuziehen, wenn das Grundſtück überhaupt nicht an der Hauptſtraße, ſondern an einer nicht allzulangen Verbindungsſtraße liegt, ſchon wegen des Staubes und der Zudringlichkeit der Neugierigen und Vagabunden. Die meiſt mit herrlichen Baumreihen bepflanzten Auffahrten zu den Landſitzen und Gutshöfen in Mecklenburg und anderen Gegenden Norddeutſchlands haben ihren guten Grund. Im Uebrigen iſt das Grundſtück am beſten von Feldern, Aeckern, Wieſen, Wäldern oder anderen Gärten umgeben. Auch die Lage am Ufer eines größeren Flußes oder eines Landſees iſt ſehr angenehm. Am ſchlimmſten iſt es, wenn ein Grundſtück durch einen öffentlichen Durchgang in zwei Theile zerlegt wird. Schließt man den Weg durch Mauern oder Zäune ab, ſo wird die Anlage beſchränkt.

Eine natürliche Grenze, ſelbſt eine Bergwand oder ein Felſen, iſt jeder bewohnten oder bewohnbaren Nachbarſchaft vorzuziehen. Will man aber am Berg bauen, ſo muß man erſt eine möglichſt große Terraſſe ſchaffen. Auf keinen Fall baue man ohne Weiteres an einen Bergabhang oder vor eine Felswand, weil das Haus dadurch der Gefahr der Feuchtigkeit und des Schwammes ausgeſetzt wird.

Die Vorgeſchichte des Grundſtückes und ſeiner Umgebung iſt keineswegs gleichgültig. Sie kann demſelben einen poetiſchen Hauch, einen romantiſchen Anſtrich, aber auch einen Anflug von Anrüchigkeit verleihen.

> „Die Stätte, die ein guter Menſch betrat,
> Iſt eingeweiht; nach hundert Jahren klingt
> Sein Wort und ſeine That dem Enkel wieder.“

Man berückſichtige auch den Boden des Grundſtücks vor Ankauf deſſelben, ſowohl die orographiſchen als die geologiſchen Verhältniſſe. Man erkundige ſich vor dem Ankauf, ob die Materialien zur Verbeſſerung des Bodens in der Nähe leicht und billig beſchafft werden können, namentlich, ob man nöthigenfalls: Thon, Kalk oder Sand, Kalkmergel oder Sandmergel leicht bekommen kann.

Die Grenzen des Grundſtücks ſollen möglichſt abgerundet ſein, nicht zu ſehr durch Ein- und Ausbuchtungen verſchnitten, wegen der dadurch bedingten großen Ausgaben für Zäune und der Beſchränkung in der Anlage. Das Grundſtück ſoll womöglich ſeine größte Längenausdehnung von Norden nach Süden haben, gegen Süden breiter werden und gegen Süden geneigt ſein. Eine Neigung nach Nordweſten, Norden oder Nordoſten macht das Grundſtück für eine Gartenanlage geringwerthig.

Beſitzt das Grundſtück keinen natürlichen Schutz gegen nordweſtliche, nördliche und nordöſtliche Winde, ſo muß man ihn durch Erderhöhungen und durch dichte und hohe Pflanzungen künſtlich ſchaffen. Es eignen ſich dazu nur hochwüchſige Koniferen, vor allen Fichten in größeren Beſtänden.

Das Klima hat man nicht in ſeiner Gewalt, ſollte es aber bei der Wahl ſeines Wohnſitzes berückſichtigen.

§ 3. Situationsplan und Gartenplan.

Ein ſo großes Künſtlergenie wie der Fürſt Pückler-Muskau bedurfte keines Gartenplans und arbeitete, ſo zu ſagen, aus freier Hand, ſowie Shakeſpeare trotz seiner Unkenntniß der todten Sprachen doch das feinste Verständniß für das Leben der Alten zeigte.

Das sind aber Ausnahmen. Für gewöhnlich wird der Gärtner sich erst einen sehr genauen Plan ausarbeiten müssen, bevor er an die Ausführung einer Anlage wird denken können. Um aber einen Plan zu zeichnen, bedarf man vorerst eines Situationsplanes. Ist ein solcher bereits vorhanden, so mag man ihn benutzen, wobei aber zu berücksichtigen ist, daß ein für andere Zwecke gefertigter Situationsplan den Anforderungen des Gärtners an einen solchen nur sehr selten Genüge leisten wird. In den meisten Fällen wird man also den etwa vorhandenen Situationsplan vervollständigen müssen, denn um als Grundlage für den Gartenplan dienen zu können, muß jener äußerst genau sein. Er muß jede Baumgruppe, jeden größeren Baum, jedes Blumenbeet aufs genaueste angeben.

Ist kein Situationsplan vorhanden, so muß der Gärtner ihn machen lassen, oder, was weit vorzuziehen ist, ihn selbst zeichnen. Bei der Vermessung, der Aufnahme, dem Nivellement des Grundstücks sollte der Gärtner stets zugegen sein, selbst mit Hand anlegen, das Brouillon selbst anfertigen. So lernt er das Terrain mit allen seinen Eigenschaften am besten kennen. Dadurch wird ihm der Entwurf des Planes wesentlich erleichtert, nicht minder die Verständigung mit dem Besitzer.

Ein Gartenplan, dem man irgend eine Bedeutsamkeit zuerkennen soll, darf nicht bloß im Zimmer entstehen und wenn ihm auch der genaueste Situationsplan zu Grunde läge. Sehr verkehrt sind die Konkurrenzausschreibungen für Gartenpläne von Seiten mancher Gesellschaften, wie vor einigen Jahren in Köln, wo die meisten Mitbewerber das betreffende Grundstück gar nicht in Augenschein nehmen können. Dabei kann unmöglich etwas Gutes zum Vorschein kommen.

Den Plan muß der Gärtner in einem Gebäude des Gartens selbst zeichnen, oder, wenn ein solches überhaupt nicht vorhanden ist, doch in möglichster Nähe vom Garten, damit der Zeichner bei jedem Gegenstand von einiger Wichtigkeit hinausgehen kann, um das schon vorhandene mit demjenigen zu vergleichen, was er beabsichtigt.

Man hat auch wohl zu beobachten, daß der Gartenplan an und für sich immer nur ein Grundriß ist, aus dem man noch auf die Wirkung der Pflanzungen gar keinen Schluß ableiten kann. Zu jedem Plan gehören Profilzeichnungen und landschaftliche, perspektivische Ansichten der wichtigeren Punkte, so wie der Gärtner sie sich denkt, wenn die Holzpflanzungen einigermaßen herangewachsen sind. Das ist eine schwierige Aufgabe, die niemals ganz, sondern immer nur annähernd gelöst werden kann, durch deren versuchsweise Lösung aber dem Künstler seine Ziele erst klarer zum Bewußtsein kommen.

Daß bei Abfassung des Planes auf alles Rücksicht zu nehmen ist, was das Grundstück an Eigenthümlichkeiten darbietet, an Unebenheiten des Bodens, an Wasserläufen und stehenden Gewässern, an Baulichkeiten, an Bäumen und Sträuchern, an Pflanzungen aller Art, und daß alle Dinge möglichst zu benutzen sind, soweit sie nicht durchaus unnütz, ja schädlich auf die neue Anlage wirken würden — das ist selbstverständlich; es wird aber häufig dagegen gesündigt.

Privatbesitzern möchte ich bei dieser Gelegenheit den Rath ertheilen, niemals Handelsgärtnern oder gar Baumschulenbesitzern die Anlage oder Erhaltung eines Gartens anzuvertrauen. Sie vernichten das Alte, um ihre eigenen Holzgewächse loszuwerden, und in einer fertigen Anlage hauen sie möglichst viel Holz heraus, sobald der Gewinn in ihre Tasche geht. Man vertraue eine Anlage nur einem Landschaftsgärtner von Fach. Es gilt das fast in noch höherem Grade für öffentliche Anlagen.

IV.

Ausführung der Anlage.

§ 1. Eintheilung des Gartens und Feststellung der Hauptpunkte.

Einen noch so sorgfältig ausgearbeiteten Gartenplan darf man niemals als etwas endgültig feststehendes, fertiges ansehen. Der Architekt kennt sein Material und kann genau und sicher nach dem vorliegenden Plan arbeiten. Nicht so der Gärtner. Sein Hauptmaterial sind die Pflanzen. Diese aber sind großer Veränderung unterworfen während ihrer Entwickelung. Diese hängen zum großen Theil ab von unvorhergesehenen, unberechenbaren Einflüssen, als da sind: das Naturell des Individuums, die Witterungsverhältnisse u. dgl. Wir können daher niemals genau vorher wissen, wie das, was wir auf dem Plan so zuversichtlich zeichnen, sich in der Natur später gestalten wird. Ja, selbst bei der ersten Anlage werden wir wohlthun, so oft wie möglich mit dem Plan in der Hand hinauszutreten und Aenderungen eintreten zu lassen.

Gehen wir nun an die Ausführung, so soll das Wohnhaus bereits fertig dastehen. Wir können überhaupt keinen Gartenplan zeichnen, ohne den Plan des Architekten mit Grundriß und Aufrissen aufs genaueste zu kennen. Der Gärtner wird sich darüber von allem Anfang an mit dem Bauherrn und dem Baumeister verständigt haben. Den Platz des Grundstücks, wo das Wohngebäude steht, hat der Gärtner zunächst zu berücksichtigen, in zweiter Linie die Beschaffenheit des Gebäudes. Bei einem kleineren, etwa einem vorstädtischen Grundstück wird die Lage des Hauses meistens eine gegebene sein, in den meisten Fällen unmittelbar an der Straße. Bei größerem ländlichen Besitz wird man das Haus nicht an die Straße legen, sondern mehr oder weniger in den Garten zurückrücken. Es wird in einem mäßig großen Besitzthum rechts und links an die Nachbarhäuser anstoßen, in einem größeren Garten aber frei liegen. Im ersten Fall wird man einen Vorgarten schaffen, einen Rasenplatz, umschlossen von Coniferen, höher oder niedriger, je nach der Größe des Raums. Viele Blumen und anderen Schmuck wird man hier nicht anbringen wegen der Bequemlichkeit des Diebstahls, sonst würden auf dem Rasen ringsum hochstämmige Rosen zu vertheilen sein; auch ein Beet mit wurzelechten Rosen und anderen Blumen wäre angenehm. Zwischen den niedrigeren Coniferen sind Farnkräuter gut angebracht. Natürlich läßt über einen solchen Vorgarten sich ganz Allgemeines nicht sagen: je nach seiner Größe, Lage, den Wünschen des Besitzers ist eine große Verschiedenheit in der Anlage möglich.

Liegt das Haus frei im Garten, so wird der Vorgarten weit größere Dimensionen einnehmen dürfen. Ein größerer Rasenplatz senke sich sanft, muldenförmig gegen die Straße herab. Blickt das Haus gegen Norden, so wird man an seiner linken Seite, gegen Osten, und von da nach der Straße hin für eine dichte An-

pflanzung hochwüchsiger Bäume Sorge tragen, etwa im Hintergrund hohe Laubhölzer, Ulmen, Buchen, Linden u. dgl., und im Vordergrund Tannenarten in
dichtem Bestande, welche ihre Aeste am Saum bis auf den Rasen herabsenken.
Dieser Bestand wird sich nach Norden bis an die Straße herabziehen. An der
Westseite kann man niedrigeres und mehr locker gestelltes Gehölz zur Anwendung
bringen. Nach vorn, also nach Norden, ist die Umfriedigung rechts und links mit
einem Thor zu versehen zur bequemen Ein- und Ausfahrt. Die eben angegebene
Gehölzanlage bedingt schon, daß ein Fahrweg um die nach Nordwesten gestreckte
und ausgebuchtete Gehölzanlage herumläuft, so daß man durch das nordöstliche
Thor einfahren, durch das nordwestliche wieder herausfahren kann. Diese Anlage würde einem Wohnhause von mäßig anspruchsvollen Verhältnissen ange-
messen sein. Man würde von der Nordostseite, von der Gegend des hier befindlichen Thores her, einen schmalen und unterbrochenen Einblick durch die Gehölz-
massen auf das Haus gewinnen, von der Gegend des Thores gegen Nordwesten
dagegen einen freieren und breiteren Einblick über die ganze hierher gestreckte
Rasenfläche gegen das Wohnhaus. Dieser Einblick ist um so vortheilhafter, weil
er das Haus und die ganze Anlage in starker perspektivischer Verkürzung zeigt.

Liegt das Haus gegen Süden, was nicht zweckmäßig ist, weil in diesem
Fall der Garten gegen Norden die stärkste Ausdehnung haben würde, dann würde
gegen Osten eine dichte und mächtige Baumpflanzung zum Schutz gegen den
Wind, gegen Westen und Südwesten eine leichtere Laubholzanpflanzung zum
Schutz gegen die Sonne anzubringen sein. Die Rasenfläche könnte sich gegen
Südwesten am stärksten ausdehnen. Es braucht nicht gesagt zu werden, daß
man in allen Fällen den Weg auf den sonnigen Strecken durch das Holz zu
führen oder ihn an der Sonnenseite mit einer Holzanlage zu versehen hat.

Es ist nicht nothwendig, daß wir alle möglichen Lagen des Wohnhauses
hier in Erwägung ziehen. Der denkende Gärtner wird von selbst einsehen, wie
sich die Anpflanzungen im Vorgarten nach der Lage des Hauses in Bezug auf
Schatten und Schutz gegen Kälte und heftige Winde zu gestalten haben. Und
was für den Vorgarten gilt, das gilt in umgekehrtem Sinn auch für den Haupt-
garten hinter dem Hause. Eduard Kemp (a. a. O. S. 17) specialisirt viel zu
sehr, wenn er sagt: „Am besten ist es, wenn die Hauptaussicht auf das Wohnhaus gegen Südosten liegt, der Haupteingang etwas gegen Nordwesten; das
Frühstücks- und Bibliothekszimmer sollten Aussicht nach Südosten haben, das
Schlaf- und Ankleidezimmer nach Südost und Südwest, das Speisezimmer nach
Nordost und Nordwest. Küche und dazu gehörige Räume sollten an der Nordostseite liegen, so auch der Hof, welcher mit dem Küchengarten zu verbinden ist.
Solche Vorschläge sind sehr zweckmäßig, lassen sich aber nicht unbedingt und
unter allen Verhältnissen befolgen.

Nach unseren modernen Begriffen von einem Landhaus ist es selbstverständlich, daß außer dem Haupteingang, welcher zum Treppenhaus führt, noch ein
seitlicher Eingang nebst Treppe für die Dienerschaft und die Lieferanten vorhanden sei, daß ferner die Stallungen, Remisen, die Wohn- und Arbeitsräume
für den Gärtner, den Kutscher, der Küchengarten, der Blumengarten vom Park
gänzlich zu trennen und zu verstecken sind und daß sie einen besonderen, fahr-
baren Zugang haben, womöglich durch ein besonderes Thor in der Haupt-
Umzäunung des ganzen Anwesens; Gewächshäusern und Nutzgärten muß ein
Raum hinter dem Hause nach Süden hin angewiesen werden. Waschhaus und
andere Wirthschaftsgebäude verlegt man am besten gegen Norden oder Nordosten.

Bei der ganzen Anlage hat man in erster Linie auf die Bequemlichkeit und
Gedrungenheit der Einrichtungen zu sehen. Ein Privatgarten von mäßiger Größe
muß vor allen Dingen abgeschlossen sein. Das Grundstück soll heimisch, gewisser-

maßen ein Heiligthum des Besitzers sein. Er muß darin wandeln, beobachten, studiren, die Natur belauschen, ausruhen können, ohne von außen beobachtet zu werden.

Für einen Privatmann ist ein Garten ohne Abgeschlossenheit fast werthlos. Der Garten muß in allen seinen Theilen Schutz gegen Wind, Kälte, Sonnenbrand gewähren, durch angenehme Ruhesitze, Zuflucht gegen Regen und anderes Unwetter, in der Nähe des Hauses einen Platz für ein Mahl im Freien mit soliden und bequemen Tischen und Stühlen, Plätze, wo man auf sammtenem, beschattetem, sanft abhängigem Rasen liegen kann u. s. w.

Fig. 13.

Hohenschwangau und Neuschwanstein.

Ist der Garten noch nicht ringsum durch Umzäunung oder durch einen Kanal geschützt, so muß diese Arbeit eine der ersten sein. Dabei soll man häßliche und allzu hohe Zäune vermeiden. Nur wenn der Garten ein Wildgehege einschließt, so soll man dieses mit einem hohen und soliden Zaun gegen den Ausbruch des Wildes sichern. Am besten ist hier ein Gatterzaun, den man durch zweckmäßige Anpflanzungen dem Auge entzieht. Zur Sicherung des ganzen Gartens gegen ungebetene Gäste ist das zweckmäßigste eine dichte Hecke von Fichten oder Weißdorn, außerhalb desselben ein, wenn auch trockener, Graben, welcher wieder von einem eisernen Geländer oder einem Stachelzaun eingefriedigt ist.

Wie ein Wohnhaus äußerlich erscheinen muß, in welchem Styl man es zu erbauen hat, das darf keineswegs der Bauherr seiner eigenen Liebhaberei oder Laune überlassen, auch darf nicht allein und ausschließlich der Zweck für ihn maßgebend sein, sondern auch die Lage muß Berücksichtigung finden.

Auf schroffer Felsenhöhe nehmen die Schlösser Hohenschwangau und Neuschwanstein im alten Burgenstyl sich höchst stattlich und romantisch aus, um so mehr, wenn solche Ritterburgen auf einem geschichtlich bedeutungsvollen Boden stehen. Eine wilde Umgebung wird ihre Wirkung in der Landschaft noch erhöhen. Setzt man eine solche Burg auf eine Ebene, so macht sie einen lächerlichen Eindruck und erinnert an Napoleons denkwürdigen Ausspruch bei seiner Rückkehr vom russischen Feldzug:

„Du sublime au ridicule il n'y a qu'un pas.“

Noch lächerlicher aber wird die Sache, wenn ein wohlhabender Banquier auf seinem städtischen oder ländlichen Grundstück eine Ritterburg erbaut, wie es eine zeitlang Mode war. Nicht minder lächerlich würde ein einfaches bürgerliches Wohnhaus auf einer schroffen Felsenhöhe erscheinen.

Noch größeren Unfug wie mit Ritterburgen hat man lange Zeit mit Schweizerhäusern getrieben. Ein Schweizerhaus gehört ebenso wenig in die Ebene wie eine Ritterburg. Ja auch auf unsere niedrigeren Berge und Höhenzüge gehören sie nicht. Sehen wir davon ab, daß die meisten sogenannten Schweizerhäuser überhaupt gar nicht im Schweizerstyl erbaut sind, so müssen wir doch zu bedenken geben, ob die Beschwerung des Schindeldaches mit großen Steinen, ob alle die Schutzvorrichtungen gegen Lavinen, gegen plötzlich herabdonnernde Gießbäche, gegen all den Sturm und Drang der Hochgebirgsnatur nicht unnütz sind in unseren friedlicheren Gebirgsgegenden. Was aber unnütz ist, das ist auch unschön nach dem ästhetischen Gesetz der Zweckmäßigkeit.

Manche Leute setzen schwere städtische Wohnhäuser an einen Bergabhang. Beispiele dafür sind verschiedene in der Umgebung von Jena zu finden. Auch bei Stuttgart findet man deren im Ueberfluß. Wer an einen solchen Abhang bauen will, der kann, wenn er ein Fürst ist und über ein fürstliches Vermögen verfügt, ein Schloß bauen, muß dasselbe aber auf eine riesige Terrasse setzen, damit es nicht aussieht, als ob das schwere Bauwerk vom Abhang herabrutschen müsse.

Dergleichen paßt aber nur für fürstliche Personen, nicht für den bürgerlichen Bauherrn. Wie soll denn dieser am Bergabhang bauen?

„Ganz leicht, wie hin gehaucht“,

so sagte der natursinnige Justizrath Dr. Zerbst in Jena, und er hat durch sein Beispiel am Landgrafenberg gezeigt, daß er Recht hatte.

Es hat sich nach und nach ein Gebirgsstyl entwickelt, für welchen Dresden, Stuttgart, der Würmsee bei Starnberg schöne Beispiele liefern. Allerliebst ist z. B. die Villa Millermann in Stuttgart, erbaut vom Architekten Julius Kornberg. Für ganz ebene Gegenden ist dieser Styl zu leicht. Die Engländer haben eine ländliche Gothik geschaffen, welche bei verständiger Anwendung manches für sich hat, namentlich, daß die Unregelmäßigkeit dieses Styls es gestattet und bequem macht, das Wohnhaus nach und nach durch Anbauten zu vergrößeren. Diese englische Gartengothik hat auch bei uns Nachahmung gefunden; sie ist aber in neuerer Zeit etwas in Mißkredit gerathen, weil sie in England häufig in Spielerei ausartete. Es giebt mancherlei Abänderungen verschiedener Style, welche sich für Gartenhäuser eignen. Für anspruchslose Besitzer in ländlicher Zurückgezogenheit ist der englische Hüttenstyl sehr geeignet: niedrige Häuser mit vorspringenden

Strohdächern. Alle Nebengebäude sind von der nämlichen Bauart. In den meisten Fällen wird der italienische Villenstyl sich besser eignen. Für ebene Gegenden eignen sich mittelschwere Gebäude in Privatgärten, nicht allzu schwer= fällig aber auch nicht allzu leicht.

Setzen wir nun voraus, das Wohnhaus sei vollendet. Erst jetzt kann der Gärtner mit Erfolg und ohne Störung in seinen Arbeiten befürchten zu müssen, an den Gartenplan und an seine Ausführung gehen. Das erste, was jetzt zu geschehen hat, ist die Eintheilung des Gartens, insbesondere die Ausscheidung und Abgrenzung desjenigen Theiles, welcher praktischen Zwecken, dem Obst= und Gemüsebau, der Blumenzucht u. s. w. gewidmet werden soll. Zunächst ist nun in Betracht zu ziehen, ob außer dem Wohnhaus mit seinen Nebengebäuden der Garten noch andere Baulichkeiten enthalten soll, was sich theils aus den Wünschen des Bauherrn und Besitzers, theils aus den Terrain= und Lageverhältnissen des Grundstücks ergeben muß.

Hier ist das Zweckmäßigkeitsprinzip in erster Linie maßgebend. Man soll nur dem wirklichen Bedürfniß Rechnung tragen. Kein Gebäude soll in der Anlage bloß als Schmuck und Zierde vorhanden sein, keins soll dastehen, als wollte es sagen: Seht nur, wie hübsch ich bin! Verwerflich sind also alle künst= lichen Ruinen, alle Burgen, Eremitagen, Klöster, Windmühlen u. dgl., wenn sie nicht entweder geschichtlich sind oder einem wirklichen Bedürfniß entsprechen. So ausnehmend romantische Wirkung die Ruine einer Burg, eines alten Schloßes oder Klosters ausüben kann, wenn ihr eine geschichtliche Bedeutung zukommt, so todt und langweilig sind alle diese Dinge, wenn man sie künstlich schaffen muß. Die meisten derartigen Baulichkeiten werden schon dadurch abgeschmackt, daß ihr Styl mit demjenigen des Wohnhauses nicht harmonirt.

Noch zu Goethe's Zeiten bedurfte man der Anregung der Phantasie durch künstliche Baulichkeiten. Aber jeden naturverständigen Besucher des Parks zu Weimar wird die Klosterruine sowie die Eremitage daselbst äußerst kalt lassen; denn man fragt unwillkürlich nach der Vorgeschichte des Klosters, und man möchte des Eremiten persönliche Bekanntschaft machen.

Wie ganz anders wirkt da der Blick von der Schillerbank auf Goethe's Gartenhaus, den Petzold in so überaus geschmackvoller Weise eröffnet hat! [1] Da ist Schönheit! Da ist Natur! Da ist Leben! Eine ganze Welt tritt uns entgegen! Eine Welt der Poesie, eine Reihe von Bildern aus der Glanzperiode des weima= rischen Hofes! Aehnliche Empfindungen ergreifen uns bei Betrachtung des römischen Hauses und des Borkenhauses, weil wir diese Räumlichkeiten uns belebt denken von der bunten, fröhlichen Gesellschaft, welche bei Hoffesten sich hier versammelte. In ähnlichem Sinne erfreuen wir uns auch des Felskolosses mit der Widmung: „Francisco, Dessaviae Principi", sowie des einfachen Steinaltars mit den drei Schaubroten und den drei danach haschenden Schlangen, mit der Inschrift: „Genio hujus loci".

Die in einem Garten erlaubten und wünschenswerthen Bauwerke müssen entweder einem praktischen oder einem ästhetischen Zwecke dienen. Praktische Zwecke kann es mancherlei geben. Ich will nur einige anführen. In jeder größeren Anlage ist eine Gärtnerwohnung ein unabweisliches Bedürfniß, welches in kleinen Gärten natürlich wegfällt. Ist ein besonderer Nutzgarten vorhanden für die Gewächshäuser, den Küchengarten u. dgl., so wird es am zweckmäßigsten sein, die Gärtnerwohnung innerhalb der Umzäunung der praktischen Zwecken

---

[1] Man vergleiche F. Prellers schöne Darstellung in Petzolds „Landschaftsgärtnerei" Tafel XVII. zu Seite 188. Es versteht sich von selbst, daß ich immer nur die Auflage von 1888 anführe.

geweihten Anlage anzubringen. Sind aber derartige Bedürfnisse nicht vorhanden, so wird die Wohnung des Gärtners oder Parkaufsehers am zweckmäßigsten innerhalb des Haupteingangsthores liegen wo ja auf alle Fälle ein Häuschen für den Pförtner nöthig ist. Eine solche Gärtnerwohnung am Hauptthor des Parks wird entweder mit dem Styl des Wohngebäudes harmoniren müssen, oder es wird

ein Hüttenstyl zur Anwendung zu bringen sein, was gleich beim Eintritt in den Garten den Besucher in eine gemüthliche Stimmung versetzt.

Ein zweites praktisches Bedürfniß für größere Gartenanlagen ist ein Bad. Natürlicherweise kann von dessen Erbauung erst die Rede sein, sobald die Wasseranlagen in ihren Grundzügen entworfen und zur Ausführung gekommen sind. Wird ein größeres Badehaus errichtet, so muß dasselbe im Styl des Wohn-

gebäudes gehalten sein. Kleinere Baulichkeiten für Badezwecke können im Hütten=
styl, Hallenstyl oder Zeltstyl ausgeführt werden.

Baulichkeiten zu ästhetischen Zwecken kann es verschiedene geben, so z. B.
Aussichtsthürme, welchen nicht selten die Vorgeschichte oder eine monumentale
Bedeutung besonderen Werth verleihen, wie z. B. der Flatower Thurm zu Babels=
berg, der Hasenbergthurm bei Stuttgart, der Forstthurm bei Jena und viele andere.
In solchem Fall giebt man dem Thurm eine einfache Form mit kreisrundem
Grundriß, ähnlich wie bei einer alten Warte. In Gebirgsgegenden wird man
dem Thurm einen möglichst hohen Standpunkt und eine solche Lage geben, daß
er wirklich neue und weitere Aussichten erschließt. In einem sehr großen Garten
wird vielleicht das Bedürfniß eines fern vom Wohnhaus liegenden Kaffeehauses
vorhanden sein. Man wird die Lage eines solchen Hauses womöglich mit einem
schönen Aussichtspunkt verbinden. Das Haus selbst sei einfach, dem wirklichen
Bedürfniß entsprechend, entweder im Style des Wohnhauses oder in einem noch
einfacheren, ländlichen gehalten. Ein Steinbau ist aber rathsam, weil das soge=
nannte Naturholz zu vielen Schädlichkeiten ausgesetzt ist.

Jeder größere Garten bedarf nicht nur hie und da an geeigneten Aus=
sichtspunkten einer schattigen Ruhebank, sondern auch einiger Plätze, wo man
unter Dach und Fach sitzt. Ein Theehäuschen sollte überhaupt ganz geschlossen,
mit Thüren, Fenstern, mit einem Ofen, überhaupt mit allen Bequemlichkeiten
eines kleinen Wohnhauses versehen sein. Dasselbe gilt auch vom Winzerhäuschen
eines Weinberges. An anderen Aussichtsplätzen kann man sich mit einer einfachen
Borkenhütte oder Blockhütte begnügen. Ruhebänke sollten immer aus gehobelten
Brettern und Latten, niemals aus Naturholz gezimmert sein. Eine Aussichts=
hütte muß einen weiteren Ausblick gewähren, auf einen Fluß oder See oder auf
ein Wiesenthälchen des Gartens, oder in eine freie Gegend. Eine solche braucht
nicht immer großartig oder romantisch zu sein. Ein Dorf, ein Bach, welcher
eine Mühle treibt, deren Rauschen man hört, versetzen in friedliche, harmonische
Stimmung.

Bedarf man einer Wasserhebemaschine oder einer Dampfmaschine zur elek=
trischen Beleuchtung, so sei das Maschinenhaus ganz einfach gehalten, durchaus
nur seinem Zweck entsprechend.

Statuen und Denkmäler gehören nur soweit in den Naturgarten, als sich
dieselben mit einer auf den Garten bezüglichen Erinnerung verbinden. Eine
Erinnerung an die Vorfahren des Besitzers oder an den Schöpfer des Gartens,
in sinniger Weise angebracht, so wie die Sckell und dem Grafen Rumford im
englischen Garten zu München gewidmeten Denkmale, ist durchaus an seinem Platze.
Aber allegorische Figuren, Kopieen von Kunstwerken u. dgl. gehören nicht in die
landschaftliche Anlage, sondern in den architektonischen Theil des Gartens in der
Nähe des Wohngebäudes. In äußerst seltenen Fällen kann man bei Wasser=
anlagen einmal eine Ausnahme machen und eine mythische oder allegorische Skulptur
anbringen, wie z. B. die niedliche Pangruppe in Nymphenburg.

Der Tempel (Monopteros) im vorderen Theil des englischen Gartens zu
München rechtfertigt sich durch die Absicht Ludwigs I. den beiden Bauherren dieses
Gartens: Karl Theodor und Max Joseph ein Denkmal zu setzen.

In den Stuttgart=Cannstadter Anlagen ist der Zweck des Naturgartens mit
demjenigen des architektonischen Gartens in einer für die dortigen Verhältnisse
geeigneten Weise verbunden. Die sehr breite, schattige Mittelallee nämlich erweitert
sich einige Male zu größeren Rundtheilen. Der Schloßgarten unmittelbar hinter
dem Schloß ist abgeschlossen und durch die querlaufende Fahrstraße von den
übrigen Anlagen getrennt. Diese beginnen in der Mitte mit einem großen
runden Wasserbecken, von Schwänen und ausländischen Enten belebt, an der

Schloßseite mit einer schönen Nymphengruppe versehen. Der breite, das Becken umschließende Weg ist von Gebüschanlagen umgeben und von einer lebenden Hede abgegrenzt. In Nischen des Gebüsches stehen Marmorstatuen, Kopieen altgrie-

Fig. 15.

Pangruppe zu Nymphenburg.

chischer Muster. Diese sind an und für sich nicht ohne Kunstwerth. Ihre Wirkung würde aber eine weit günstigere sein, wenn man ihnen eine dunkle Folie gegeben hätte, entweder durch eine Taxushecke oder durch eine dichte und hohe Anpflanzung von Lebensbäumen und anderen Nadelhölzern. Eine derartige Anpflanzung

ist auch zuverlässig ursprünglich vorhanden gewesen, wahrscheinlich eine Eiben=
hecke. Es mag hier ein für alle Mal gesagt sein, daß helle Skulpturen, namentlich
Marmor, einen dunklen Hintergrund verlangen, sobald sie im Freien stehen.

Bei den Büsten von Bismarck und Moltke am Eingang in die Neckarstraße
auf der Planie in Stuttgart hat man diese Regel auch befolgt, denn die hinter
den Büsten angepflanzte Nadelholzgruppe wird ihnen bald die genügende Folie
geben. Ebenso ist dieser Anforderung Rechnung getragen worden beim Hauff=
denkmal auf dem Hasenberg.

Von dem erwähnten Wasserbecken aus geht nun eine sehr breite Allee schnur=
gerade bis zur Villa Rosenstein in Cannstadt. Noch zwei Mal erweitert sich
dieselbe zu großen Rundtheilen, beide mit Marmorgruppen geschmückt, von denen
diejenige des Herzogs Eberhard (die Eberhardgruppe) der anderen, der Hylas=
gruppe noch vorzuziehen ist, weil sie sich auf ein Stück schwäbischer Sagen=
geschichte bezieht.

Daß man bei allen Anlagen, die man vornimmt, Rücksicht zu nehmen hat
auf das Wohnhaus und auf die Aussicht von seinen verschiedenen Zimmern,
sowie auch auf andere Aussichtspunkte, versteht sich von selbst.

Hat man die Punkte für sämmtliche Baulichkeiten im Garten bestimmt, den
Raum für den Nutzgarten abgegrenzt und alle wichtigeren Punkte des ganzen
Besitzthums scharf markirt, so wird man für die Ausführung des Weiteren eine
Uebersicht gewonnen haben, welche nicht ohne günstige Folgen bleiben kann.

Es kann hier nicht meine Absicht sein, Recepte für Gartenanlagen mitzu=
theilen. Der Plan muß in jedem einzelnen Fall dem Bedürfniß und Geschmack
des Besitzers und den gegebenen Verhältnissen angepaßt sein.

Wer keinen Landschaftsgärtner zur Verfügung hat, der mag sich im Noth=
fall an vorhandene Pläne halten, wie sie sich z. B. in Gartenbüchern und Garten=
zeitschriften vorfinden. [1]

§ 2. Wasser- und Erdanlagen.

Daß die Wasseranlagen mit den etwaigen Terrain= und Niveauveränderungen
unmittelbar zu verbinden sind, leuchtet auch dem Laien ohne Weiteres ein, denn
wenn man Erdreich aussticht, so muß man es abfahren, natürlich an denjenigen
Ort, wo man die günstigste Verwendung dafür hat. Die Wasseranlage wird hier
zuerst zu berücksichtigen sein, jedoch ohne daß man die Erderhebungen jemals
vernachlässigen oder aus dem Auge lassen dürfte.

Eine größere Anlage ganz ohne Wasser hat überhaupt nur einen geringen
Werth. Ist ursprünglich kein Wasser vorhanden, so muß man es zu beschaffen
suchen.

Wie man bei Umwandlung des Steinbruchs auf der Reinsburg bei Stuttgart
in eine Gartenanlage es hat versäumen können, für Wasser zu sorgen, ist unbe=
greiflich. Selbst wenn die unweit der Anlage vorbeilaufende städtische Wasser=
leitung nicht zu haben war, konnte man doch mit Leichtigkeit am Grunde des
durch den Steinbruch gebildeten kleinen Bergkessels eine Cisterne, einen kleinen
Landsee, ausgraben. Grund und Wände des Wasserbehälters müssen freilich durch
Thonlager oder durch Betonisirung wasserdicht gemacht werden.

In schlimmer Lage befanden wir uns im botanischen Garten zu Jena. Dort
waren wir auf die spärlich fließende und bisweilen ganz aussetzende städtische

---

[1] Für kleinere Verhältnisse passend, findet sich ein ganz netter, nur etwas zu symme=
trischer Gartenplan in der „Wiener Illustr. Gartenztg." 1880. Heft 2. S. 55—58. Ent=
wurf zur Verschönerung eines Landsitzes von Alexander Demeter Dimitriević.

Brunnenleitung angewieſen. Gleichwohl hat man ſich faſt ein halbes Jahrhundert auf dieſe Weiſe beholfen. Erſt nach Banmanns Tode wurden die Gelder zu einer Umarbeitung des Gartens bewilligt und an der niedrigſten Stelle ein kleiner Teich mit waſſerdichtem Bett angelegt.

In den Anlagen zwiſchen Stuttgart und Cannſtadt finden ſich Teiche von mäßiger Größe, aber die ſo naheliegende Gelegenheit, dieſelbe mit dem Neckar in Verbindung zu ſetzen, hat man verabſäumt. Stuttgart liegt überhaupt inſofern höchſt unglücklich, als das Centrum der Stadt eine Stunde vom Neckarufer bei Cannſtadt entfernt iſt. Um ſo mehr hätte man freilich die Gelegenheit benutzen ſollen, vom Neckar aus einen Kanal durch die Anlagen zu leiten, der zugleich den Neſenbach dem Fluß zugeführt hätte. Sollten die Anlagen einmal verjüngt werden, ſo würde dieſe Aufgabe die erſte für den Garteningenieur ſein müſſen.

Aeußerſt geſchickt hat man in Nymphenburg das Würmflüßchen, im engliſchen Garten die Iſar benutzt, um ſchöne Waſſeranlagen zu ſchaffen. Beide Gärten ſind auf's trefflichſte bewäſſert.

Wer über fließendes Waſſer zu verfügen hat, der kann überhaupt alles machen. Es iſt ihm ein Leichtes, alle möglichen Formen von Landſeen, Teichen, Kanälen, Waſſerbehältern aller Art zu ſchaffen. Bei München kommt noch als beſonders günſtiges Moment hinzu, daß die Iſar einen nicht ganz unbedeutenden Fall hat, ſo daß im engliſchen Garten ſogar ein Waſſerfall geſchaffen werden konnte.

Nicht immer werden ſo günſtige Umſtände benutzt. Vor dem Kurhauſe fand ſich bei dem kleinen Badeort Verka an der Ilm mooriges und ſumpfiges Wieſenland, in der Mitte mit einem kleinen Landſee, umgeben von Erlenbeſtänden, welche in großen maleriſchen Zügen bald vorſprangen, bald zurückwichen. Statt nun den kleinen Landſee zu erweitern und zu vertiefen, dadurch das umliegende Wieſenland trocken zu legen und die ganze Gegend geſünder zu machen, ſchüttete man den See zu, wodurch man die ganze Gegend in einen Moraſt verwandelte. Nachdem man ſpäter Moorbäder eingerichtet hatte, fuhr man die abgenutzte Moor- erde auf den ſchönen Wieſenplan, formte eierkuchenförmige Beete und Hügel daraus und bepflanzte dieſe ganz planlos mit beliebigen heimiſchen und auslän- diſchen Geſträuchen, wie man ſie gerade bekommen konnte. Hierdurch ſowie durch planloſes Abholzen hat man die ganze Parkanlage verdorben.

Wo man auf fließendes Waſſer verzichten muß, kann man in den meiſten Fällen wenigſtens Teiche mit ſtehendem Waſſer ſchaffen. Als ich in Jena die Anlage meines kleinen botaniſchen Gartens in Angriff nahm, da mußte ich mir ſagen, daß zur Kultur von Feuchtigkeitspflanzen eine wenn auch noch ſo kleine Waſſerfläche nöthig ſein würde. Ich ließ an der mir paſſend erſcheinenden Stelle den Boden vier Meter tief ausheben und die Erde gegen Süden und Südoſten aufwerfen, ſo daß ich gegen Norden vom Teich einen ſehr niedlichen Höhenzug erhielt, über welchen ein Weg gelegt wurde. Derſelbe wurde mit einem kleinen Arboret bepflanzt und dieſes gewährte ſchon nach wenigen Jahren den prächtigſten Schatten, ja eine förmliche kleine Waldeinſamkeit. Die Südwand des Teiches, nun gegen ſechs Meter hoch), war mit Naturſteinen (Muſchelkalk) aufgemauert und mit unzähligen Felſen- und Feuchtigkeitspflanzen bedeckt, welche gar prächtig gediehen. Auf zwei Dritttheil der Höhe führte ein ſchmaler Pfad ringsherum. Dieſe kleine Anlage gab meinem ganzen Garten eine originelle Romantik. Die Waldpflanzen gediehen dort ſo gut wie in der Wildniß. Nach dem Verkauf des Gartens iſt leider die ganze Anlage wieder zerſtört worden.

Die Geſtalt eines Teiches oder Sees iſt keineswegs gleichgültig. Entſpricht ſeine natürliche Geſtalt nicht den Anforderungen des Gärtners, ſo muß er eine Abänderung treffen.

Die Ufer eines Sees dürfen nicht im Kreiſe, in der Ellipſe oder einer anderen langweiligen Linie verlaufen. Das iſt auch in der Natur faſt niemals der Fall, ſondern wo es vorkommt, da iſt es faſt immer die Folge ſpäterer Eingriffe der Menſchen. Wo aber ein See eine langweilige Geſtalt hat, da muß der Landſchaftsgärtner dieſelbe verändern.¹) Eine ſolche Veränderung muß freilich mit dem allergrößten Takt vorgenommen werden. Die meiſten Gärtner verfallen dabei in Uebertreibung und Spielerei, indem ſie das Ufer in Wellenlinien fortlaufen laſſen, kleinliche Ein- und Ausbuchtungen herſtellen, wie die Natur ſie niemals ſchafft. Das iſt das alte Vorurtheil von der Schönheit der Wellenlinie! Wer ſich nicht ſicher fühlt, der thut wohl, erſt die Waſſergrenzen in der freien Natur zu ſtudiren. In großen Zügen malt die Natur.

Iſt der See nur von mäßiger Größe, ſo iſt es am beſten, die Veränderung der Uferlinie durch weitere Ausſtechungen zu bewerkſtelligen. Hat aber der See eine ſo beträchtliche Größe, daß man nicht gerne weiteres Areal verlieren möchte, ſo muß man Aufſchüttungen vornehmen. Es iſt das weit ſchwieriger und kann leichter zu Fehlern führen. In einer ganz ebenen Gegend iſt das Ausſtechen auch ſchon deshalb vorzuziehen, weil man dadurch Erdmaſſen gewinnt zur Aufſchüttung kleiner Höhenzüge.

In der freien Natur kommen Landſeen vor ohne Zufluß und Abfluß. Das kann im Nothfall auch der Gärtner nachahmen, wenn es ihm gänzlich an Waſſer fehlt. Man braucht dabei keineswegs zu fürchten, daß der ſo beſchaffene Landſee Fäulnißgeruch verbreite, wenn man ihn nur zweckmäßig anlegt und unter ſorgfältiger Aufſicht hält. Sein Bett iſt möglichſt tief auszugraben. Mit Baumpflanzungen an ſeinen Ufern muß man in dieſem Fall vorſichtig ſein, namentlich mit Laubholz, damit das Waſſer nicht zu ſehr durch den Laubfall verunreinigt werde. Am beſten eignen ſich Sumpfkiefern und Lebensbäume (Thuja). Der Seegrund ſollte mit großen Seegewächſen, namentlich Seelilien (Nymphaea) und Seeroſen (Nuphar), auch mit Tannenwedel (Hippuris) und anderen ſchönen und intereſſanten Seegewächſen bepflanzt werden. Ich habe dazu in Blumentöpfen gezüchtete Exemplare genommen und die Töpfe in den Seeboden eingeſenkt. Auch der Strand kann in ſolchem Fall etwas bepflanzt werden, mit Schilfrohr (Phragmites), Kalmus und Schwertlilien (Iris pseud. Acorus L.). Man muß dafür ſorgen, daß die Vegetation nicht allzuſehr um ſich greift. Das Waſſer muß mit Fiſchen belebt werden, wozu ſich Schleien und Aale am beſten eignen. Auch Waſſerſalamander (Tritonen), Schnecken und andere kleine Waſſerthiere, die ſich auch von ſelbſt einzuſtellen pflegen, können nicht ſchaden. Ebenſo muß man die Oberfläche des Waſſers durch Waſſervögel beleben. Das alles natürlich im Verhältniß zur Ausdehnung des Sees oder Teiches.

Wie aber in der freien Natur ein See mit Abfluß und Zufluß der häufigere Fall iſt, ſo iſt es auch für den Gärtner der wünſchenswerthere Zuſtand.

Sowohl kleine als auch große Waſſerläufe finden in der Natur, beſonders in ihrem Oberlauf, bisweilen Hinderniſſe, oder ſie treten in ein erweitertes, beckenförmiges Thal ein. Sie ſammeln ſich dann zu einem See, ſo lange, bis ſie das Becken ausfüllen, und durch irgend einen Spalt einen Abfluß finden. Im Garten muß man den See ſo anlegen, daß er ganz denſelben Eindruck macht. Es muß ſo ausſehen, als ob Zufluß und Abfluß gar nicht anderswo ſtattfinden könnten, als wohin man ſie verlegt hat. Bei ſtarkem Fall kann man an der Ausflußſtelle, oder etwas weiter unten, auch wohl am Zufluß, einen kleinen Waſſerfall bilden. Niemals aber darf das im Naturpark mit künſtlichen Mitteln erzwungen werden. Alle Waſſerkünſte gehören in den architektoniſchen Theil der Anlage.

---

¹) Vgl. Pezold, Fürſt Pückler. S. 34, 35. Landſchaftsgärtnerei. 118—135.

Ein Theil des Seeusers sollte stets mit Waldanlagen gesäumt werden, wozu man, ist ein Zufluß vorhanden, Laubholz anwenden kann. Eichen sind dazu besonders empfehlenswerth, auch Buchen, ferner die eigentlichen Sumpf- und Uferbäume: Eschen, Sumpferlen, Weiden. Bei der Anstiefung des Sees und bei der Bepflanzung seiner Ufer sorge man dafür, daß der See nirgends auf einmal übersehen werden könne. Eine sanfte Biegung, vorspringende bewachsene Ufer müssen einen Theil des Sees verbergen; auch Inseln, mit Gehölz und Busch- werk bestanden, dienen diesem Zweck. Der See mit seinen waldigen Ufern soll der ästhetischen Idee der Sehnsucht dienen. Man muß Sehnsucht empfinden, auch seinen nicht sichtbaren Theil kennen zu lernen.

Bei stillem, nebeligem Wetter muß ein geheimnißvoller Schleier sich über den See verbreiten, wozu eine geschickte Anlage und eine zweckmäßige Pflanzung viel beitragen. Ein Theil der Ufer soll in den meisten Fällen an den Wiesen- plan (lawn) anstoßen, und zwar so, daß man von mäßig entfernten Punkten einer schönen Ansicht des Sees sich erfreut. Auf einem Spaziergang durch den Garten soll der See von Zeit zu Zeit sichtbar werden, und zwar von verschiedenen Seiten und in verschiedenen perspektivischen Ansichten.

An einer einsamen Stelle kann man den Blick auf eine halb versteckte Wald- hütte fallen lassen am gegenüberliegenden Ufer. Auch ist es wohl erlaubt, dem Wanderer in einiger Entfernung am bewaldeten Ufer einen kleinen Tempel zu zeigen in rein griechischem Styl, jungfräulich einfach und anmuthig vom Waldes- grün sich abhebend, etwa als Erinnerung an einen frohen Familientag erbaut. Solche Baulichkeiten dürfen aber nur an einem oder an sehr wenigen Punkten sichtbar werden, wofür man durch sorgsame Vorpflanzungen Sorge zu tragen hat.

Etwa im See vorhandene Inseln sollen niemals durch Brücken mit dem Seeufer verbunden sein, sonst hören sie auf, Inseln zu sein. Ueberhaupt sollen sie dem Ufer ziemlich fern liegen und den Eindruck völliger Einsamkeit machen. Natürlich müssen sie dicht und wild bewaldet sein. Soll eine Insel aus- nahmsweise noch einem besonderen Zweck dienen, findet sich z. B., möglichst ver- steckt, ein Kaffeehäuschen auf derselben, so darf sie nur mittelst eines Bootes, nicht durch eine Brücke, erreichbar sein. Durch die Brücke würde der Insel aller poetische Reiz entzogen werden. [1]

Der Wasserlauf, mag er nun durch einen See unterbrochen werden oder nicht, muß die Beschaffenheit eines Baches oder Flüßchens haben, nicht diejenige eines Kanals. Ein langer Kanal mit gradlinigen Ufern ist immer häßlich. Man hat die Isargegend oberhalb und namentlich auch unterhalb Münchens nicht grade verschönert durch die sogenannte Regulirung, die denn doch auch ihre großen praktischen Bedenken hat. Denn die Natur hat den Gebirgsflüssen absichtlich große Krümmungen gegeben, nicht nur, um den Fall auf eine größere Strecke zu vertheilen und dadurch die reißende Beschaffenheit des Stroms zu mäßigen, sondern auch, um in den Erweiterungen des Thals ein Ueberschwemmungs- gebiet zu schaffen, wo der Fluß austreten kann, ohne Schaden anzurichten. Be- seitigt man dieses Ueberschwemmungsgebiet, indem man den Fluß vertieft und grade legt, so erhöht man die Gefahr. Die Ueberschwemmungen werden vielleicht etwas seltener, aber um so verheerender.

Es gelten hier nun zwei Regeln in der freien Natur, welchen man auch im Garten Rechnung zu tragen hat. Im Oberlauf, wo ein Fluß sehr starken Fall zu haben pflegt, bricht er sich mit Gewalt einen möglichst kurzen Weg, die Krümmungen sind also unbedeutender und nur durch ganz unüberwindbare

---

[1] Ein Boot ist ein kleines Schiff, mit Kiel und Ruderbänken versehen; ein Kahn ist kiellos, bloß aus Brettern gezimmert. Beides wird häufig verwechselt.

Hinderniſſe geboten. Derartige Hinderniſſe ſind namentlich Felſen, welche der
Strom umgehen muß. Man wird daher im Garten in einer Stromſchnelle
Steine und Felſen im Flußbett anbringen.

Gelangt aber der Gebirgsſtrom in eine große Thalerweiterung, auf eine
ausgedehnte Bergwieſe, ſo wird er entweder durch Hinderniſſe gezwungen, als
Regulator des Waſſerſtandes einen Gebirgsſee zu bilden, oder wenn ein derartiges

Fig. 16.

Badetempel zu Nymphenburg.

großes Hinderniß nicht vorhanden, das Thal vielmehr offen iſt, ſo wird er auf
der weiten Thalwieſe ſeinen Fall mäßigen und nun ſchon durch ſehr unbedeutende
Hinderniſſe zu gewaltigen Krümmungen veranlaßt werden. Dieſe ſind nicht
ſelten ſo groß, daß der Fluß rieſige Schleifen bildet, daß er ſtellenweiſe faſt wieder
in ſich zurückläuft. Benutzt nun der Menſch dieſen Umſtand zur „Regulirung“
des Fluſſes, zur Durchſtechung der von ihm gebildeten Landzungen, ſo rächt ſich

die Natur durch furchtbare Ueberſchwemmungen, deren Schaden wahrlich den
kleinen Vorteil der Abkürzung des Weges für Flöße und Schiffe hundertfach
aufwiegt. Solche große Krümmungen, nach dem Maeandros ſchon von den
alten Griechen maeandriſche genannt, zeigt in hoher Ausbildung die Saale bei
Dornburg, auch bei Jena und Burgau, der Main, die Seine und andere Flüſſe.
Die lange Linie, hervorgerufen durch die großen Schlingen des Waſſers, wirkt
natürlich analog wie ein Landſee als Waſſerſtandsregulator. Der aberwitzige
Menſch kürzt den Lauf des Fluſſes ab durch „Regulirung" und beſchwört dadurch
eine Gefahr herauf, gegen welche die Natur ihn hat ſchützen wollen.

Für den Landſchaftsgärtner aber ergeben ſich aus jener Beſchaffenheit der
Ströme zwei Regeln: Hat er über großes Gefälle zu verfügen, ſo gebe er ſeinem
Bach einen kurzen Verlauf mit geringen Biegungen, welche bedingt ſind durch
vorſpringende Felſen, alſo durch unbeſiegbare Hinderniſſe. Iſt das Gefälle unbedeutend, ſo muß das Flüßchen in großen Bogen und Schleifen durch den
Wieſenplan geführt werden. Sind die Biegungen und Krümmungen unbedeutend,
ſo wird man das Waſſer für einen Kanal, aber nicht für einen Fluß halten.
Unter allen Umſtänden aber ſind kurze und ſtarke Krümmungen zu vermeiden,
wie ſie der Plan zum Bremer Bürgerpark zeigt.

Die Ufer eines Fluſſes müſſen, von unbedeutenderen Abweichungen der
Uferlinien abgeſehen, die durch Baumwuchs oder durch Ungleichheiten in der
Beſchaffenheit des Erdreichs bedingt ſind, nahezu parallel ſein. Einſeitige, nur
das eine Ufer betreffende Ausbuchtungen ſind daher möglichſt zu vermeiden.
Wurſt- und darmförmige Einſchnürungen, wiederholte einſeitige Buchten, an denen
der Plan zum Bremer Bürgerpark ſo reich iſt, geben der Waſſeranlage das An-
ſehen von Waſſertümpeln in einer Sumpfgegend, aber nicht das Anſehen eines
Flüßchens. Solche ungeordnete und unruhige Uferlinien und Windungen können
den Eindruck eines ganzen Parks verderben. Es iſt ein unruhiger und kleinlicher
Geiſt, welcher die Anlagen im Bremer Bürgerpark beherrſcht.

Liegt das Beſitzthum am Meer oder an einem großen Strom, ſo wird man
ſich den Vortheil nicht entgehen laſſen, welchen der Blick auf eine ſo herrliche
Waſſerfläche gewährt. Für dieſen Fall iſt ein erhöhter Standpunkt auf einem
Landrücken oder Höhenzuge von beſonderem Werth. Man darf aber die Waſſerfläche nicht beſtändig, ſondern nur von Zeit zu Zeit, an beſonders ſchönen Stellen,
ſichtbar werden laſſen.

Es iſt oft von großem Vortheil, eine Allee am waldigen Ufer eines größeren
Landſees eine Strecke entlang zu führen. Das Ufer ſelbſt muß in dieſem Fall
mit größeren Bäumen beſetzt ſein. Auf einem ſolchen Wege genießt man alle die
zahlloſen und mannigfaltigen Abwechſelungen, welche durch eine größere Waſſerfläche durch den Wechſel der Witterung, der Tages- und Jahreszeiten uns dar-
geboten werden, den geheimnißvollen, ſehnſuchterweckenden Zauber einer ſtillen
Mondnacht, wie das erhabene Ahnungsgefühl, wenn der Wind in den Bäumen
rauſcht und die Wogen brandend am Geſtade toſen.

Brücken ſind nur an ſolchen Stellen anzubringen, wo ſie durchaus nothwendig ſind zur Verbindung zweier wichtiger Punkte mit einander, oder, mit
anderen Worten, wo man genöthigt iſt, einen Weg über das Waſſer zu führen.
Ich betrachte die Brücke als einen Theil des Weges und komme deshalb erſt bei
Beſprechung der Weganlagen auf dieſelbe zurück. Hier will ich nur betonen, daß
Brücken kein Zierat ſind, der Abwechſelung wegen gebaut, ſondern eine Einrichtung
des Bedürfniſſes, eine Zweckvorrichtung.

Bei der Verwerthung der durch Ausſtiche gewonnenen Erdmaſſen muß man
ſich nach der geologiſchen Beſchaffenheit des ganzen Landſtrichs richten. In einer
Geeſtlandſchaft hat man geſtreckte, dünenartige Höhenzüge zu bilden. Jede will-

kürliche, gekünstelte Aufwerfung von Hügeln ist zu vermeiden, mit dem einzigen Ausnahmefall, daß der Hügel nur den Grund für ein Gebäude, ein Denkmal oder dergleichen bilden soll, wie bei'm Monopteros in München.

In den meisten Fällen wird ein Erdvorrath die beste Verwendung finden bei der Bildung kleiner Waldthäler. Ein langgestreckter, muldenartiger Wiesengrund wird beiderseits mit sanften Erhebungen versehen, welche mit Hochwald zu bepflanzen sind. Je höher die Bäume, desto mehr wird die Täuschung eines Thals hervorgerufen. Regeln lassen sich hier überhaupt nicht geben, welche für alle Fälle gültig wären. Der Takt des Gärtners muß die Verhältnisse, wie sie nun einmal gegeben sind, zu beherrschen und zu benutzen verstehen.

Zu den Terrainanlagen ist auch die Drainage zu rechnen, welche in sehr niedrigen Lagen angezeigt sein dürfte. Im Englischen Garten zu München würde eine solche wohl angebracht sein. Es sei hier beiläufig bemerkt, wie Sckell sich bei seinen Anpflanzungen fast ganz auf Sumpfbäume: Eschen, Weiden, Erlen

Fig. 17.

Blick von der Rottmannshöhe auf den Würmsee.

beschränkt hat. Die übrigen Waldbäume fehlen fast ganz. Untergeordnet treten auf: Ulmen, Linden, Buchen, Ahorne, Fichten. Aeltere Eichen sind gar nicht vorhanden, obgleich doch die Eiche ein Feuchtigkeitsbaum ist. Ich bin überzeugt, daß bei gehöriger Behandlung des Bodens dem Holzbestand eine größere Mannigfaltigkeit hätte gegeben werden können. Damals aber, als Sckell seine großen Werke schuf, war von Drainage überhaupt kaum die Rede, namentlich nicht in Deutschland. Soweit die damaligen Verhältnisse es gestatteten, ist der Englische Garten durch den Klein-Hesseloher See und die Isararme gut drainirt worden.

§ 3. Weganlagen.

Wege sind eher Unzierden als Zierden des Parks. Sie sind aber nothwendig als Verbindungsmittel und müssen sich nach der Art ihrer Benutzung richten. Man muß Fahrwege, Fußwege und Reitwege unterscheiden. Besondere Reitwege sind in den meisten Fällen nicht nothwendig, vielmehr können die Fahr-

wege zugleich als Reitwege dienen. Wege, welche lediglich zum Reiten dienen,
werden in der Regel binnen kurzem sehr morastig, deshalb schon für Fußgänger
unpassirbar. Nicht so die Fahrwege, wenn sie gut angelegt sind. Fußwege sollten
überhaupt, mit Ausnahme der architektonischen Anlage, ganz in Wegfall kommen,
da ein gut gehaltener Rasen sie völlig entbehrlich macht. Ihr Wegfall würde
vielleicht für die deutsche Gartenkunst die gute Folge haben, daß die deutschen
Gärtner nach und nach von ihrer Liebhaberei zurückkämen, einen schönen Wiesenplan mit möglichst vielen Fußpfaden zu durchschneiden. Das richtigste wäre ein
breiter Fahrweg, rechts und links mit einem scharf markirten und nöthigenfalls
mit Schutzvorrichtungen abgegrenzten Fußweg versehen. Wo es stellenweise sich
nöthig macht, so z. B. bei Brücken für Fußgänger, könnte ja ein solcher Fußweg
leicht einen Zweig aussenden, welcher sich an einer passenden Stelle wieder mit
dem Hauptweg verbinden ließe.

Der Fürst Pückler-Muskau pflegte mit den Weganlagen zu beginnen. Das
ist aber nur möglich bei einem Manne wie der Fürst, welcher vorher schon einen
großen Theil seiner Anlage im Geist entworfen und die Hauptpunkte ins Auge
gefaßt hatte.[1] Denn bevor man Wege anlegt, muß man natürlich wissen, welche
Punkte durch sie zu verbinden sind. Ein auf's Gerathewohl angelegter Weg sieht
stets häßlich aus. Sind die beiden Endpunkte einer Wegstrecke bestimmt, so stecke
man den Weg ab, in einer sanften, gestreckten, hyperbolischen Kurve die beiden
Punkte verbindend, etwaige Hindernisse durch sanfte Ausbiegungen umgehend.
So geht der Mensch im Freien, so sehen die von ihm auf Wiesen ausgetretenen
Pfade aus und so ist es einzig und allein naturgemäß. Eine unruhige Schlangen-
oder Wellenlinie ist naturwidrig und unschön.

Jeder Weg, auch der Fahrweg, muß möglichst verborgen sein. Man nehme
sich das grüne Alpenland des Kantons Appenzell zum Muster, dessen herrliche
Wiesenfläche man, namentlich in Inner-Rhoden, fast nirgends von Wegen durch-
schnitten sieht. Die Fahrwege, sowie alle Wege überhaupt, sollen also durch die
Waldanlage oder stellenweise an derselben entlang, aber dann unbedingt an ihrer
Schattenseite, geführt werden. Man muß, auch vom Wagen aus sich der schönsten
Ausblicke zu erfreuen haben und niemals durch die Sonne belästigt werden. Dabei
darf man nirgends die Grenzlinien der Besitzung wahrnehmen. Mauern, Zäune,
Hecken u. dgl. sind durch Anpflanzungen zu verbergen oder sie müssen so niedrig
liegen, daß man hoch über sie hinweg und in die umgebende Landschaft hinaus-
schaut. Schaut man über größere Rasenflächen hinweg, ohne irgendwo eine
Grenze wahrzunehmen, so erhält oft ein Areal von nur mäßiger Ausdehnung
eine scheinbar beträchtliche Größe.

Unter allen Wegen sind die wichtigsten die Auffahrt und die Umfahrt.[2]
Den einzigen Fall ausgenommen, wo das Wohnhaus an der Straße liegt, was
bei großen Besitzthümern nicht nur unschön, sondern auch unzweckmäßig ist, wird
ein breiter und bequemer Fahrweg auf die Rampe oder vor die Hauptthür, be-
ziehlich in den Schloßhof führen. Ist das Besitzthum mit einem eingezäunten
Vorgarten versehen, so giebt man der Umzäunung billiger Weise zwei Thore,
das eine zur Einfahrt, das andere zur Ausfahrt. Der Fahrweg wird in diesem

---

[1] Petzold, Fürst Pückler. S. 33. Petzold sagt hierüber in brieflicher Mittheilung
sehr richtig: „Bei Entwurf des Plans für jede Anlage müssen vor Allem die Wege und
ihre Führung festgestellt werden, weil es darauf ankommt, die Schönheit einer Anlage am
vortheilhaftesten zu zeigen. Die Wege sind die unsichtbaren Führer, welche uns auf die
schönsten Punkte, welche hervorgehoben werden müssen, unbedingt hinbringen. Nach den
Wegen richtet sich die Disposition der Pflanzungen u. s. w.“
[2] Petzold, Landschaftsgärtnerei. S. 138—149.

Fall von jedem der beiden Thore in einer eleganten Kurve bis zur Hausthür geführt.

Eine derartige Auffahrt wird nicht selten in großem Maaßstabe ausgeführt, so z. B. in Nymphenburg. In diesem Fall umgiebt der Fahrweg eine einfach zu haltende architektonische Anlage mit Orangerie, Springbrunnen u. dgl., oder einen schönen Rasenplatz mit Blumen und anderen Zierpflanzen.

In einem großen ländlichen Anwesen hat jedoch eine Auffahrt meist größere Dimensionen und ist von größerer Bedeutung. Nach der älteren Sitte führt eine großmächtige Allee (doppelte oder vierfache Baumreihe) von Kastanien, Linden, Eichen, Ulmen, Rothbuchen oder Steinbuchen in grader Linie senkrecht zum Herrenhaus. Es läßt sich nicht leugnen, daß ein solcher breiter Fahrweg mit Fußwegen zu beiden Seiten, von gewaltigen Kronen alter Bäume beschattet, einen nicht nur alterthümlichen, sondern auch höchst ehrwürdigen Eindruck macht. Eine ebenso zweckmäßige wie imposante Einrichtung wie diese wird auch immer bei= behalten werden.

Eine vielleicht bequemere Form der Auffahrt ist die, daß man aus etwas größerer Entfernung von beiden Seiten der Landstraße und in gleichen Abständen vom Herrenhause je eine Allee seitlich zu demselben abzweigen läßt. Für Anfahrt und Abfahrt bei Gelegenheit großer Feste ist diese Einrichtung vielleicht noch angemessener. Petzold spricht sich über diesen Punkt folgendermaaßen aus:[1] „An dem Orte, wo die Auffahrt von der öffentlichen Straße ablenkt, darf eine solche Abzweigung nicht im rechten Winkel oder sonst in einer Weise geschehen, die den Eintritt seiner Wichtigkeit beraubt; sie muß eine solche Biegung annehmen, daß sich das Thorhaus mit dem Parkthor recht deutlich zeigen kann, und es muß den Anschein haben, als zweige sich die Straße von der Einfahrt ab.

Die Auffahrt darf nicht zu nahe der sichtbaren Parkgrenze fortgeführt werden; die Parkanlagen würden dadurch den Anschein geringer Ausdehnung bekommen. Das Wohnhaus muß sich da, wo es zuerst sichtbar wird, möglichst vortheilhaft präsentiren; am besten ist, wenn es in einer perspektivischen Seitenansicht gezeigt werden kann. Ist die Entfernung vom Beginn der Auffahrt bis zum Wohnhaus nicht groß, so muß man nicht in Versuchung kommen, dasselbe wieder aus den Augen zu verlieren, was geschehen würde, wenn der Weg in allzugroßer Krümmung angelegt wäre. In diesem Sinn ist der Auffahrtsweg nach dem Ihrer König= lichen Hoheit der Frau Großherzogin von Sachsen=Weimar=Eisenach gehörigen Schlosse zu Heinrichau in Schlesien angelegt. Nachdem er sich von der Münster= bergerstraße in entsprechender Breite abzweigt, präsentirt sich bald nach einer Wendung der Auffahrt das imposante Schloß (eine ehemalige Cistercienser=Abtei) vorteilhaft in einer perspektivischen Seitenansicht, und da der Weg in mäßiger Krümmung geführt ist, so verliert man dasselbe nicht wieder aus den Augen.“

Nächst der Auffahrt bildet die Umfahrt den wichtigsten Weg für das Besitz= thum. Diese bezweckt einen möglichst bequemen Genuß der ganzen Landschaft mit allen ihren Schönheiten. In den meisten Fällen werden nun die großen Rasenflächen (lawns), gegen die Mitte des Grundstücks zu liegen, und diese auf keinen Fall durch den Fahrweg, nur im Nothfall durch einen Fußweg zerschnitten werden dürfen, so ergiebt es sich von selbst, daß in der Mehrzahl der Fälle der Hauptweg nicht die Mitte durchziehen, sondern den mittleren Theil des Grund= stücks umkreisen wird. Ausnahmefälle kann es natürlich geben, je nach der Lage, Beschaffenheit und Umgebung des Grundstücks.

Natürlich ist mit dem Wort Umfahrt nicht gemeint, daß der Hauptweg stets

---

[1] Landschafts=Gärtnerei. S. 139/140.

an der Grenze entlang zu führen sei; er wird sich aber mehr oder weniger in ihrer Nähe halten.

Wie die Umfahrt zu führen ist, das hängt von der ganzen Landschaft ab, sowohl innerhalb als außerhalb des Parks. Der Park muß so eingerichtet sein, daß man von keinem Punkt aus ihn ganz übersehen könne. Zu große Einförmigkeit und Uebersichtlichkeit ist zu vermeiden. Trotzdem muß das ganze einen harmonischen Eindruck machen; man muß empfinden, daß man sich in einer Gegend von bestimmtem orographischem, geologischem, klimatologischem, pflanzlichem Charakter befinde. Je weniger Umfang der Garten besitzt, desto mehr ist alles Auffällige zu vermeiden, was selbst in großen Gärten nur mit Takt und Umsicht anzubringen ist. Die Rundfahrt soll eine Mannigfaltigkeit von Bildern, von perspektivischen Ansichten zeigen, welche in der Auffassung des Beschauers alle sich zu einem Naturgemälde vereinigen. Diese Bilder brauchen nicht alle innerhalb des Gartenzauns zu liegen: vielmehr ist es besser, wenn man von Zeit zu Zeit einen schönen Blick nach außen hat. Der Gärtner hat schon im Plan alle außerhalb des Gartens befindlichen Gegenstände angedeutet, welche zu einer interessanten Fernsicht Anlaß geben könnten! Auf diese muß die spätere Pflanzung sorgfältig Rücksicht nehmen.

An und für sich unbedeutenden Fernpunkten wie z. B. einem Kirchthurm, einer Windmühle u. dgl., kann oft Bedeutung gegeben werden durch die Art des Ausblicks, so z. B. aus einem auf beiden Seiten mit Gesträuch und Bäumen bepflanzten Thälchen oder durch einen eleganten Gatterbogen; auch durch das Thor einer mit Schlingpflanzen bekleideten Mauer u. s. w.

Das Kleine, an und für sich Unbedeutende, giebt mancher Landschaft ihre größten Reize. Es sei gleich hier bemerkt, daß wir bei der ganzen Anlage den drei ästhetischen

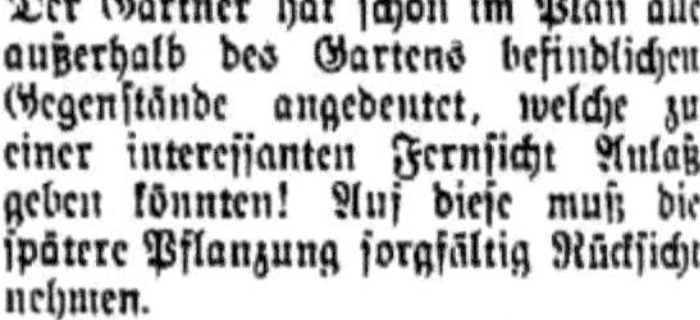

„Friederikens Ruhe" bei Sesenheim.

Ideen der Schönheit, Erhabenheit und Sehnsucht Rechnung zu tragen haben. Schön und anmuthig soll Alles uns berühren, was wir besonders durch die Pflanzungen, die Wiesen und den Wasserlauf erreichen. Erhabene Scenen können nur sehr große Gärten schaffen, so z. B. durch riesigen, dunklen Tannenbestand am Eingang eines größeren Waldthals oder durch etwa vorhandene Felsen u. dgl. m. Für erhabene Stimmung sorgt meistens die Natur selbst im Wechsel der Witterung. Sehnsucht legen wir in das Bild durch einen im lichten Wald in der Ferne verschwindenden Wiesengrund, durch den See, welcher hinter einer Insel sich unsern Blicken entzieht, durch den Ausblick auf eine große Ebene oder auf ein fernes Gebirge.

Läuft die Umfahrt in der Nähe der Grenzen rings um den ganzen Park, so hängt die Schattenpflanzung für dieselbe von der Lage des Gartens nach den Himmelsrichtungen ab. Erstreckt sich derselbe von Norden nach Süden, so wird man am besten thun, die Umfahrt in die Waldpflanzung zu legen, wenn auch nahe an ihrem Saum, wegen der Ausblicke. Muß aber der Fahrweg hie und da das Gehölz verlassen, so ist es am besten, ihn mit schönen Baumreihen (Allee) zu versehen und stellenweis durch Baumgruppen und Vorpflanzungen nachzuhelfen. Gesetzt aber, der Garten erstreckt sich von Osten nach Westen, so wird man bei der Einfahrt an der rechten oder Südseite, die Sonne zur Rechten haben. Der Weg wird also die Waldpflanzung innerhalb des Schlagschatten-Bereiches verlassen dürfen. Auf der Westseite dagegen muß er am Waldessaum bleiben oder etwas innerhalb desselben. Hier sind tief herabhangende Bäume am Holzsaum und hie und da Vorpflanzungen nicht gut entbehrlich.

In den Stuttgart-Cannstadter Anlagen, welche nur eine geringe Breite besitzen, hat man sich durch eine sehr breite, schattige Allee mit großem Fußweg in der Mitte und breiten Fahr- und Reitwegen zu beiden Seiten geholfen. Die Lage dieser schönen Allee, anfangs in der Mittellinie, dann mehr in der Nähe der Nordgrenze des im wesentlichen von Westen nach Osten sich erstreckenden Gartens war hier in sofern eine gegebene, als es galt, die Eingangsthore des Schloßgartens und der Villa Rosenstein mit einander zu verbinden. Wäre nicht das der Fall, so würde man wohl besser gethan haben, die Allee an der Südseite des Gartens entlang zu führen mit einer hohen Grenzwaldung zum Schutz gegen die Sonne und zur Verdeckung der Neckarstraße und der Cannstadterstraße. Die Anlagen zerfallen durch die Querstraße in der Nähe des Neckarthors in zwei Theile. Der vordere Theil, die Schloßanlagen im engeren Sinn umfassend, ist sehr schattig und die Mittelallee mit schönen, stark belaubten Kastanien bepflanzt. Den hinteren Theil ziert die herrlichste Allee alter Platanen, die ich je gesehen habe. Dieser Theil ist ohne Tadel, soweit die Platanen in voller Kraft und Größe dastehen und ihre Aeste gegen die Sonnenseite, also an der südlichen Seite der Allee bis auf den Rasenplan niederbeugen. Wo aber das nicht der Fall ist, wo die alten Platanen lückig geworden und durch junge Bäume ersetzt sind, da geht man in der Allee fast während des ganzen Tages im Sonnenbrand, denn es ist fast nirgends für genügende Vorpflanzungen gesorgt, so daß man von der entgegengesetzten Seite des Gartens hier auch kein malerisches Bild hat. Diese Rüge trifft nicht die erste Anlage, welche ganz vortrefflich gewesen zu sein scheint, sondern die spätere Verwaltung.

Eine Rückführung der großen Allee war wegen der Schmalheit der Anlage nicht angezeigt, auch bietet die Allee selbst, sogar während des Cannstadter Volksfestes, wo der Verkehr ein außerordentlich großer ist, den Fußgängern, den Fahrenden und Reitern reichlichen Spielraum zur ungehinderten Bewegung in beiden Richtungen. Uebrigens ist zu bemerken, daß im hinteren Theil der Anlage von der Platanenallee eine große Pappelallee und (ganz oben) Paviaallee abzweigt zur bequemeren Verbindung mit Berg und der königlichen Villa daselbst. Die rothe Roßkastanie (Pavia rubra) eignet sich vortrefflich als Alleebaum an solchen Orten, wo man den Weg frei über einen Wiesenplan führen muß, denn ihre Aeste hängen bei guter Pflege glockig bis zum Boden herab.

Tadellos ist die Umfahrt im englischen Garten zu München, welcher sich längs der Isar von S.-S.-W. gegen N.-N.-O. erstreckt. Der Fahrweg läuft ringsum im tiefen Schatten, und wo stellenweis Lücken vorhanden sind, da liegt die Schuld nicht an der ersten Anlage, sondern an späteren Eingriffen wie z. B. noch neuerdings bei der Baumschule. Vom Fahrweg an der Westgrenze läuft ein Zweig quer zur Isarbrücke bei Bogenhausen.

Im Allgemeinen muß die Umfahrt dem Zweckmäßigkeitsprinzip huldigen, d. h. sie soll nicht zum „Umweg" werden. Sie soll also in anmutigen Krümmungen und an den schönsten Gesichtspunkten vorüber zum Ziel führen. Dieses wäre bei der völligen Umfahrt der Punkt, von dem aus die Fahrt begonnen hat,

das Wohnhaus oder das Eingangsthor. Da nun kleine Gärten gar keines Fahr-
weges bedürfen, man es also immer schon mit einer Anlage von größerem Umfange zu thun hat, so ist es am besten, an einem möglichst fern vom Wohnhause
liegenden schönen Punkt ein Ziel, so z. B. ein Kaffeehäuschen oder etwas Aehn-
liches zu schaffen. Es bleibt ja dann dem Fahrenden immerhin unbenommen,
entweder kurze Rast zu machen, oder vorbeizufahren; aber es macht immer einen
besseren Eindruck, wenn ein derartiges Ziel vorhanden ist. In einem Garten
mit bloßer Durchfahrt wie in Stuttgart fällt dieses Bedürfniß natürlich weg.
Dagegen bildet der Aumeister, eine Art Försterhaus mit Wirthschaft am unteren
Ende des englischen Gartens zu München einen willkommenen Zielpunkt. Eine
Umfahrt aber, welche in Schlangenlinien oder im Zickzack bald zu diesem, bald
zu jenem bemerkenswerthen Punkte führt, sieht gesucht aus und ist unerfreulich.
Wer den Garten bis in seine Einzelheiten zu studiren wünscht, der mag zu Fuße
gehen. Dem flüchtigen Besucher muß manches verhüllt gezeigt werden, damit
ihm noch etwas zu denken und zu errathen übrig bleibt. In deutschen Anlagen
werden ja überhaupt derartige Punkte durch Fußwege mit den Hauptwegen verbunden, so daß man gewissermaßen von selbst dahin geleitet wird.

In ebenen oder nahezu ebenen Gegenden giebt sich die Lage der Wege gegen
die Horizontale ganz von selbst. Sind Unebenheiten vorhanden, muß der Weg
so sanft wie möglich ansteigen, so daß der Fußwandelnde kaum etwas von Steigung gewahr wird. Im vorigen Jahrhundert galt in vielen Gegenden Deutschlands, so z. B. im weimarischen Ländchen, beim Straßenbau der Grundsatz: der
grade Weg ist der beste, d. h. wenn eine Erderhebung im Wege war, so baute
man die Landstraße über den Hügel hinweg, statt ihn zu umgehen. Man bedachte
nicht, daß diese zwar kurze aber sehr starke Abnutzung des Materials der Straße,
der Fuhrwerke und der Pferdekraft viel kostspieliger sei als ein längerer aber
bequemerer Weg. Zwischen Weimar und Jena ist noch ein Stück derartigen
Wegebaues zu sehen. In den meisten Gegenden hat man aber in den letzten
fünfzig Jahren derartigen Landstraßen eine andere Lage gegeben. Im Park
wäre ein solcher Fehler noch weit ungeschickter, denn hier ist Annehmlichkeit und
Bequemlichkeit einer der ersten Gesichtspunkte. Eine Anhöhe muß entweder
umgangen werden, oder, wenn das nicht angeht, so muß man die Steigung des
Weges auf eine möglichst große Strecke vertheilen, im Nothfall durch eine Zickzacklinie, die aber dem Beschauer durch Anpflanzungen entzogen werden muß. Hier
geht das praktische Bedürfniß mit dem ästhetischen ganz und gar Hand in Hand,
denn der bequemste Weg ist auch der schönste. Steile Wege sind nicht nur unschön, sondern sie leiden auch sehr durch Regengüsse. Muster von Fußwegen in
Gebirgsgegenden sind die Zickzackwege und Horizontalen, welche die oft sehr
steilen Muschelkalkabhänge rings um Jena dem Oberbaurath Boz verdanken.

Die Pflanzungen, namentlich diejenigen in der Nähe der Wege, dürfen erst
ausgeführt werden, nachdem die Wege so weit hergestellt sind, daß an der Richtung derselben, an ihren Biegungen und Wendungen nichts mehr zu ändern ist.
Bäume oder andere schon vorhandene Gegenstände, welche für die künftige Anlage
geschont werden sollen, darf der Weg in einer sanften Biegung umgehen, aber
jede Biegung muß ihren Zweck haben und mehr als eine Biegung des Weges soll
man in der Regel nicht auf einmal übersehen können. Diese Regel gilt mehr
oder weniger streng für alle gebogenen Linien, für die Grenzen von Gewässern,
Holzungen u. s. w. Gegen diese Regel wird von den Gärtnern ausnehmend
häufig gefehlt. Plötzliche Biegungen eines Weges muß man zu vermeiden suchen.
Sind sie unabweislich, so müssen sie durch Abrundung so viel wie möglich gefällig
gemacht werden. Je breiter ein Weg ist, desto sanfter und länger müssen seine
Biegungskurven sein. „Plötzliche Wendungen ohne genügende Motive sind an-

stößig, da sie den Begriff vom Fortgange schwächen."[1] „Die Linie muß gekrümmt sein, darf sich aber nicht winden; eine vollkommene Schlangenlinie ist die anstößigste von allen." „In öffentlichen Anlagen sind bei Fahrwegen plötzliche Biegungen unter allen Umständen zu vermeiden, weil sie hier leicht Unglück haben können, indem man die Entgegenkommenden zu spät gewahrt." Wo, was immer sehr zweckmäßig und empfehlenswerth ist, neben dem Fahr= und Reitweg zu beiden Seiten möglichst deutlich markirte geschützte Fußwege verlaufen, da sorge man dafür, daß solche Stellen, wo der Fußgänger genöthigt ist, den Fahrweg zu über= schreiten, deutlich sichtbar sind und nicht an einer Biegung oder Kreuzung, über= haupt nicht versteckt liegen.

Eine große Unachtsamkeit und Unüberlegtheit lassen sich viele Gärtner zu Schulden kommen, indem sie ihre Pflanzungen so nahe an die Wege legen, daß die Zweige den Weg überwachsen, also weggeschnitten oder geschoren werden müssen. Nadelhölzer werden dadurch gradezu geschändet. Jeder Baum, besonders aber eine Tanne, Fichte, Kiefer u. a. ist nur schön in seinem natürlichen Wuchs.

Eine ältere Tanne oder Fichte ist nur dann schön, wenn ihre unteren Aeste sich auf dem Boden ausbreiten. Wie kann sie das, wenn man sie ganz nahe an einen unentbehrlichen Weg pflanzt? Dadurch ist man ja gezwungen, ihr im besten Wachsthum die unteren Aeste zu nehmen oder sie bis über Mannshöhe, auf Fahrwegen noch höher, aufzuästen. In diesem Fall ist es besser, sie ganz wegzunehmen; die Anlage ist aber auf alle Fälle geschändet, wenn man genöthigt ist, diejenigen Bäume wieder auszuroden, welche den Gehölzsaum bilden sollten. Und wie abscheulich sieht ein aufgeästeter Baum aus! Wie eine Thüringer Pfingst= tanne, oder wie eine Dame in engen Hosen. Der Fehler, mit der Pflanzung zu nah an die Wege heranzugehen, ist z. B. in Stuttgart vielfach in den neuen Theilen der Anlagen, besonders im vorderen Theil in der Nähe des sogenannten botanischen Gartens, begangen worden. Es kann überhaupt nicht genug betont werden, daß man in einer Anlage die Spuren der Axt nicht sehen darf. Ist ein Baum durchaus im Wege und man kann dem nicht durch eine Wegänderung ab= helfen; — dann hinweg mit ihm, aber nicht ihn durch Aufästung schänden! Im Englischen Garten zu München ist in dieser Beziehung durch spätere Eingriffe viel gesündigt worden. An den Wegen sieht man aufgeästete Bäume aller Art, sogar Fichten! Man kann hier Material für alle die traurigen Folgen sammeln, welche die Verwundung der Bäume nach sich zieht.

Eine Waldanlage muß mit ihrem Saum so weit vom nächsten Weg ent= fernt sein, daß die unteren Aeste niemals den Weg erreichen können. Dasselbe gilt auch für Gesträuche. Ich komme im nächsten Abschnitt darauf zurück. Ist man genöthigt, den Raum zwischen dem Gehölzsaum und dem Wege vorläufig auszufüllen, so bepflanze man ihn mit jungen Bäumen und Gesträuchen, auch mit Nadelhölzern, die aber nach strenger Anweisung in dem Parkbuch, welches bei keiner größeren Anlage fehlen sollte, später, sobald sie den Gehölzsaum oder den Weg beeinträchtigen, herauszuheben und an einen Ort zu pflanzen sind, wo man sie besser verwerthen kann. Es giebt nur einen einzigen Fall, wo eine dichte Pflanzung von Gehölz, auch von Coniferen, an einem Wege gestattet ist, wenn man nämlich den Eindruck hervorrufen will, als sei der Weg ein Durchhau durch ein Dickicht. Der Weg darf in diesem Fall nur ein schmaler Pfad sein, auf dem nur eben zwei Menschen einander ausweichen können. Eine solche An= lage in höchster Vollendung und von reizender Wirkung findet sich im Thüringer Schwarzathal, am rechten Ufer der Schwarza, etwa eine Viertelstunde unterhalb Schwarzburg. Selbstverständlich muß auch in diesem Fall die Holzung einen

---

[1] Petzold, Landschaftsgärtnerei. S. 145.

ganz natürlichen Eindruck machen, nicht den einer geschorenen Hecke. Die erwähnte Anlage im Schwarzathal besteht in einem jungen Fichtenbestand.

Ein älterer Holzbestand soll stets den Eindruck eines Hochwaldes machen und in einem solchen pflegt, auch in der Wildniß, Raum genug zu sein für die ungehinderte Führung eines Fußweges. Man schone die älteren und schöneren Bäume und führe den Pfad so, daß nur weniger schöne gerodet werden müssen.

Spaltet sich ein Weg, so sollen die beiden Zweige allmählig sich auseinander biegen, also in einem spitzen Winkel zusammenstoßen. Das praktische Bedürfniß wird hier in den meisten Fällen den richtigen Fingerzeig geben. Zu vermeiden ist wo möglich die Kreuzung zweier Wege im rechten Winkel, doch giebt es Fälle, wo sich eine solche Kreuzung fast als Nothwendigkeit ergiebt. In diesem Fall soll man ihr nicht aus dem Wege gehen. Wiedervereinigung zweier getrennten Wege ist unstatthaft. Ein Weg muß stets dieselbe Breite behalten. Nur bei der Vereinigung zweier Wege wird die Stelle, wo sie zusammenstoßen, meistens breiter, weil sie sich hier gewissermaßen summiren.

Bezüglich der technischen Ausführung einer neuen Weganlage lasse ich zuerst Petzold[1]) reden:

„Nachdem die Weglinie auf beiden Seiten bestimmt und genau mit Pfählen abgesteckt ist, wird zuerst die Kante einer Wegseite, welche später den Rasen aufnehmen soll, planirt; dies kann nach dem Augenmaß geschehen, wenn man die Arbeit selbst leitet und geschickte Arbeiter zur Seite hat, vorausgesetzt, daß das Terrain nicht allzu große Schwierigkeiten bietet. Hierdurch wird die Weglinie ungezwungener als durch Nivelliren. Nur auf ganz ebenem Terrain, wo man fürchten muß, dem Wasser nicht mit Sicherheit Abfluß verschaffen zu können, oder auf sehr bewegtem Boden, auf dem das Auge sich sehr leicht täuscht, stellt man sich mit dem Nivellirinstrument einige Punkte fest. Ist die eine Rasenkante auf diese Weise fix und fertig hergestellt, so bestimmt man mit der Grundwage die korrespondirende Weglinie und verfährt auf gleiche Weise; dann erst erfolgt die Planade der Wegfläche selbst, sowie die Regulirung der Seitenflächen. Bei Fahrwegen bettet man mit einer 6 Zoll starken Lage von klar geschlagenen Feldsteinen, für Fußwege ist eine 3 Zoll starke Steinlage hinreichend, und sind hierzu Ziegelstücke, wo sie billiger zu haben sind, wohl genügend.

Nachdem diese Steinlage gleichmäßig aufgebracht ist, wird sie entweder festgestampft, oder mit einer von Menschen gezogenen Walze erst an den Seiten, zuletzt in der Mitte gewalzt und dann mit Kies überzogen, welcher jedoch bindende Theile enthalten sollte; ist dies nicht der Fall, wie besonders beim Wasserkies, so muß eine dünne Lage von Bauschutt oder klarem Lehm auf das Steinlager aufgebracht und auf diese erst die 4 Centimeter starke Kiesschicht gleichmäßig ausgebreitet werden. Der auf diese Weise hergestellte Weg muß dann wiederum gewalzt und dies auch später noch öfters wiederholt werden.

Die Rasenkanten werden am besten einen Fuß breit mit abgeschälten Rasenstücken belegt, welche, nachdem sie gleichfalls festgestampft sind, an der inneren Wegseite mit dem Kantenstecher scharf abgeschnitten werden. Dadurch erhält der Weg ein fertiges und sauberes Ansehen, weil sich die Weglinie scharf und deutlich zeichnet, besonders dann, wenn die abgeschnittenen Rasenkanten 2 Zoll höher liegen als der Weg, dem sie zur Einfassung dienen. Nach der Mitte hin muß der Weg immer etwas gewölbt sein. Die Höhe dieser Wölbung richtet sich nach der Breite und Frequenz des Weges, und muß dieselbe der Wegfläche gegeben werden, noch ehe das Steinmaterial aufgebracht wird, um mit diesem zu sparen. Bei Fahrwegen von 5—7 Meter Breite genügt eine Wölbung von 20—25 Centi-

---

[1]) Petzold, Landschaftsgärtnerei. S. 146—148.

meter vollkommen, bei Fußwegen von 2—3 Meter Breite ist eine Wölbung von
8—10 Centimeter hinreichend. Zu stark gewölbte Wege sind für die Passage
nicht angenehm. Die übrigen Rasenflächen in der Nähe der Wege können dann
nach Belieben entweder gleichfalls mit Rasenstücken belegt oder mit einer passen=
den Grasmischung angesäet werden.

Die so konstruirten Wege sind, wenn man für Ableitung des Wassers vorher
gehörig Sorge getragen, fest und dauerhaft und trocknen schnell ab.[1]) Bei an=
haltend nasser Witterung und starker Passage wird ein öfteres Abziehen des
Schlammes, und je nach Umständen in ein oder zwei Jahren ein neuer Kies=
überzug nöthig. Auf diesen Wegen findet sich sehr selten Unkraut; wo dies der
Fall ist, muß es mit dem Jätemesser ausgerottet werden. Wird eine Erneuerung
nothwendig, so muß das ganze zu reparirende Stück aufgehauen und die Wölbung,
wie oben angegeben, mit Benutzung des alten und Ergänzung des fehlenden
Materials wiederhergestellt werden. Zum Reinhalten dieser Wege bedient man
sich des Besens und zu ihrer Befestigung der Walze; die Behandlung mit dem
Rechen ist nicht zu empfehlen, weil beim Gebrauch desselben oft Steine gelockert
oder ausgerissen werden und so Unebenheiten in der Wegfläche entstehen. Ord=
nung und Sauberkeit, welche in einem Garten nie vermißt werden dürfen, ge=
reichen vorzugsweise den Wegen zur Zierde.[2])

Wo Wege auf abschüssigem Terrain geführt sind, wird es nöthig, das Regen=
wasser in Rinnen, welche aus Feldsteinen oder einem anderen, nicht unangenehm
auffallenden Material an den Seiten des Weges ausgeführt sind, abzuleiten, weil
durch dasselbe der Weg durch Auswaschen des Kiesüberzuges sowohl an Ansehen
als an Dauer verlieren würde. Diese Abzugsrinnen können auch in der Weise
hergestellt werden, daß die rinnenartigen Vertiefungen an den Wegseiten in Kies
ausgeführt und von einem Arbeiter mit Cement ausgegossen werden, der dann
von einem zweiten Arbeiter mittelst einer in die Rinne passenden Walze sofort
geglättet wird. Das so gesammelte Wasser ist auf möglichst wenig sichtbare Weise
abzuleiten.

Mit der Benutzung neu chaussirter Wege zu warten, bis sie sich durch den
Einfluß der Zeit und Witterung gefestigt haben, bedeutet einen Fehlgriff; es ist
im Gegentheil besser, dieselben sofort nach der Vollendung zu befahren, nur mit
der Vorsicht, daß dasselbe Geleis nicht wieder benutzt wird; besonders sind Räder
mit breiten Felgen geeignet, die Wegbahn durch öfteres Befahren bald fest und
dauerhaft zu machen.

Endlich ist die Farbe des Materials, womit die Wege überzogen werden,
nicht gleichgültig. Ganz weißer Sand, Steinkohlenasche, welche man in Ermange=
lung besseren Materials an manchen Orten verwendet, sind zu grell, gemahlene
rothe Backsteine beleidigen vollends das Auge und werden noch auf andere Weise
lästig. Das schönste Material ist ein braungelber Kies mit einem matten Zug
in Roth, der zum Grün des Rasens und der Pflanzungen sehr gut steht. Wenigstens
sollten die Wege des Blumengartens und Pleasuregrundes mit diesem Material
ausgestattet sein und mit der größten Sorgfalt behandelt werden."

Nachdem nun Pezold die Lehm= und Kieswege besprochen, erwähnt er noch
die Rasenwege, über welche er sich folgendermaßen ausspricht:

---

[1]) Als lobenswerthes Beispiel einer vortrefflichen Weganlage muß ich den Englischen
Garten in München hervorheben, wo namentlich die Fußwege bei jeder Witterung trocken sind.

[2]) In einem anregenden Vortrag über die Wirkung des Kalks als Düngemittel, den
Herr Professor Dr. Wollny im Münchener Gartenbau=Verein hielt, machte derselbe den
sehr praktischen Vorschlag, auf die Wege Gaskalk aufzutragen, weil dessen Verunreinigungen
kein Unkraut aufkommen lassen. Anm. d. Verf.

„Die einfachste Anlage der Rasenwege besteht darin, daß, nachdem dem Grund- und Regenwasser Abzug verschafft, und die Wegfläche geebnet und gehörig gewölbt ist, diese gleich den umgebenden Wiesen mit Grassamen überstreut wird. Am besten, aber auch am kostspieligsten, stellt man die Rasenwege in der Weise her, daß man ihnen eine 15 Centimeter starke Steinunterlage giebt und diese dann mit Rasenstücken belegt, wie dies in England geschieht. Einfacher ist die Ausbreitung einer Schicht lehmiger Erde auf das Wegplanum und das Ansäen derselben mit feinen, aber dauernden Gräsern, besonders solchen mit kriechenden Wurzeln.

Auch bei diesen Wegen sind die Wegkanten zu erhöhen und scharf abzustechen, damit sich die Weglinie deutlich zeichnet. Diese Rasenwege fahren sich sehr gut und sind als Reitwege die besten."

Sehr beachtenswerth ist auch eine Arbeit von Jäger in Eisenach.[1]) Derselbe betont sehr richtig, daß im Landschaftsgarten bisweilen die grade Führung eines Weges nicht nur erlaubt, sondern sogar geboten sein kann. Er führt als Beispiel Stuttgart an, indem er sagt:

„Ich kenne keine schönere Vereinigung der Symmetrie des Weges mit der malerischen Landschaft als den Hofgarten in Stuttgart. Derselbe nimmt den Grund eines langen, schmalen Thales ein, ist daher nur so breit, daß er von den graden Hauptalleen gesehen und genossen werden kann. Eine solche Beschränkung der Aussicht gehört dazu, um eine solche Einrichtung zweckmäßig erscheinen zu lassen. Hier sind auch die hie und da auf Rundplätzen aufgestellten Statuen gut, besser angebracht als in einem reinen Landschaftsgarten." Sehr treffend spricht Jäger sich über die Langweiligkeit der gewöhnlichen, zwecklosen Schlangenlinie aus. So kann auch sein sehr richtiges Urtheil über Siebeck nicht Wunder nehmen, wenn er sagt: „Bei Siebeck und seinen Anhängern haben die Wege geradezu unerträgliche Windungen, und man kann sicher darauf rechnen, daß, wo zwei bis drei und mehr Biegungen vorhanden sind, ein einfacher Bogen das Richtigere gewesen wäre. Fast niemals führt ein Weg in derselben Richtung nach einem Ziel, sondern der darauf Gehende wird wider Willen auf verschlungenen Umwegen umhergezogen. Es kommt den Zeichnern in dieser Manier jedenfalls mehr darauf an, daß die durch die Wege entstehenden Abschnitte gewisse für schön gehaltene Formen bekommen, Nieren-, Herz-, Geigen-, Lyra-, Birnform u. s. w. Einigermaßen regelmäßig geformte Rasenstücke, Kreise, Ellipsen u. s. w. werden ganz vermieden; lieber zerrt man den Weg in Verrenkungen weiter, ehe man eine Annäherung an Symmetrie duldet. Und doch ist diese nicht zu vermeiden und oft das beste, namentlich in kleinen Gärten. Ehe eine Vereinigung zweier Wege stattfindet, werden die Enden gewiß noch geschnörkelt und verbogen. Kreuzwege kennt diese Schule nicht, hält sie für unkünstlerisch. Zur Noth sind solche Wege noch in kleinen Gärten erträglich, wo als Grund die dadurch bewirkte Verlängerung des Spazierganges gelten könnte; aber auch hier bekommt man diese „Wege eines Trunkenboldes" (wie der Prinz von Ligne sagte) bald überdrüssig, zumal weil in der Beschränktheit des Raumes ein Weg vom andern aus gesehen würde. Da der verstorbene Siebeck auch in Norddeutschland Nachahmer fand, weil die Riesenpläne urtheilslosen Gärtnern und Gartenfreunden imponirten, so sind die üblen Folgen dieser Manier in den publicirten „Musterplänen" auch hier und da noch nachwirkend. Aber sie sind auch nach Belgien und Frankreich gedrungen, indem der Pariser Buchhändler Rothschild einen französischen Text zu den litho-

<hr>

[1]) Ueber die Biegungen und Breite der Wege des Landschaftsgartens. Von Hofgarten-Inspektor Jäger in Eisenach. Wiener Illustr. Gartenz. 1881. Mai. Heft 5. S. 192—198. Juni. Heft 6. S. 251—254.

graphischen Plänen hat machen lassen. Da die Verlagsbuchhandlung von Paul
Parey in Berlin die Siebeckschen Pläne an sich gebracht hat, so führt sie nun
„süddeutsche und norddeutsche Schule" zusammen. Zur Ehre Siebecks sei es aber
gesagt, daß seine Anlagen weit besser sind als seine Entwürfe, einige — und ich
denke, dazu gehört der Wiener „Stadtpark" — sogar gute.¹)

Fig. 19.

Brücke im Schloßgarten zu Letzlingen.

Brücken gehören zur Wegführung; daher verdienen sie an diesem Platze eine
kurze Besprechung. Eine Brücke darf selbstverständlich nur an solchen Stellen

---

¹) Vergl. auch: W. Groß, Die Wege im Landschaftsgarten und ihr Bau. Wiener
Obst- und Garten-Zeitung 1876. Juli. Heft 7. S. 344—349. W. Strauwald, Ueber die
praktische Ausführung von Park- und Gartenwegen. Ebendaselbst 1878. April. Heft 4.
S. 136—188.

erbaut werden, wo sie unentbehrlich ist. Ein bloßer Zierrath soll sie nicht sein. Ihre Größe, Solidität und Bauart hängen ab von der Breite des zu überbrückenden Wassers und von der Frequenz der Passage, sowie bei Fahrwegen von der Größe der überzuführenden Lasten. Ein breiter Strom erfordert auf alle Fälle eine große und solide Brücke. Eine Zeitlang waren Brücken mit Geländer von rohem und möglichst knorrigem sogenanntem Naturholz beliebt. Ich bin der Meinung, daß solche Brücken keineswegs hübsch aussehen. Auf alle Fälle sind sie unsolide und nur von kurzer Dauer. Eine Brücke ist ein Kunstbau und kein Naturprodukt. Eine einfache Konstruktion der Brücke wie im Schloßgarten zu Letzlingen, in den öffentlichen Gärten zu München, ist die beste. Bei aller Einfachheit kann eine solche doch malerische Wirkung ausüben. Auch große und sehr solide Brücken können ein leichtes Ansehen haben, wie im Bremer Bürgerpark.

Die gewöhnlichen Parkwege werden natürlicherweise nicht mit Baumreihen bepflanzt, denn solche gehören nur der architektonischen Gartenkunst an. Wie die Stuttgarter Schloßanlagen zeigen, kommen aber ausnahmsweise auch in einem Landschaftsgarten, Alleen vor. Am häufigsten findet man sie an öffentlichen Straßen und Wegen, an Auffahrten und im architektonischen Theil einer Gartenanlage. Der Gedanke, einen Weg oder einen größeren Platz durch Baumreihen zu schmücken und zu beschatten, liegt so nahe, daß wir uns nicht wundern dürfen, dieser Sitte schon im frühesten Alterthum zu begegnen.

Eine breite Allee mit vierfachen oder achtfachen Baumreihen giebt einer offenen Gegend etwas sehr Imposantes, aber nur dann, wenn sie gut angelegt und unterhalten ist. Gegen beides wird so häufig gesündigt, daß man aus allen Weltgegenden Beispiele herbeiholen könnte.

Die Anlage einer Allee ist die erste Probe für den Landschaftsgärtner. Wer dieser Aufgabe nicht gewachsen ist, der wird noch viel weniger im Stande sein, eine korrekte Gehölzpflanzung in einem Park vorzunehmen. Freilich ist die Sache bei einer Allee recht einfach. Die Haupterwägung bei der Pflanzung muß darauf gerichtet sein, daß die Bäume weder zu fern von einander stehen, noch sich gegenseitig durch Ueberwachsen hinderlich werden dürfen. Fast immer werden Alleebäume zu dicht gepflanzt; ein Fehler, der sich vermeiden läßt durch genaue Kenntniß der zu pflanzenden Bäume. Man muß nämlich genau den Kronendurchmesser der betreffenden Baumart im ausgewachsenen Zustand kennen. Pflanzt man Pyramidenpappeln und Schwarzpappeln in gleichen Entfernungen von einander, so kann man kein zweckmäßiges Resultat erhalten. Ich begnüge mich hier noch mit allgemeinen Andeutungen und komme im nächsten Abschnitt mit Anführung von Beispielen auf die Sache zurück. Es fehlt leider bis jetzt an den für diesen Zweck nöthigen Messungen der Baumkronen in einem bestimmten Alter. Daher pflanzt man in der Regel die Bäume in Entfernungen, wie sie von altersher gebräuchlich und durch die Gewohnheit geheiligt sind. Da man nun sehr bald Schatten zu haben wünscht, so pflanzt man fast immer viel zu dicht. Man müßte später einen Theil der Bäume wieder wegnehmen, was aber fast niemals geschieht und was auch sein Mißliches hat, denn man wird bei dieser Methode selten die richtige Entfernung treffen, und wenn man Bäume mit sehr breiter Krone pflanzt, wie z. B. Linden, so werden sie sehr bald zusammenwachsen.

Es giebt eine andere, sehr einfache, leicht auszuführende und noch obendrein gewinnbringende Methode, welcher man unbedingt den Vorzug geben sollte. Sie besteht in der Anwendung von zweierlei Baumarten, und zwar folgendermaßen: Soll man z. B. eine Lindenallee schaffen, so pflanze man zunächst die jungen Linden in der Entfernung des Kronendurchmessers einer ausgewachsenen Linde. Die Breite des Weges muß womöglich dem Kronendurchmesser gleichkommen; so daß man die Linden paarweise gegenüberstehend pflanzen kann, was immer am

besten aussieht. Sollte kein genügender Spielraum für solche Wegbreite vor=
handen sein, so pflanze man die Linden im Verband.

Bei dieser Art der Pflanzung, mögen nun die Linden paarweis oder mögen
sie im Verband stehen, werden sie natürlich in den ersten zehn Jahren sehr große
Zwischenräume zwischen sich lassen. Diese vermeidet man, indem man zwischen
je zwei Linden einen rasch wachsenden Baum genau in die Mitte pflanzt. Man
kann dazu in unserem Fall Robinien wählen, welche noch den Vortheil haben,
daß sie anfänglich sehr rasch über die jungen Linden emporschießen, denen sie im
Sommer mit ihrem zarten Fliederlaub leichten Schatten gewähren. Man kann
statt der Robinien natürlich auch andere Bäume zur Zwischenpflanzung wählen,
so z. B. Ebereschen (Sorbus aucuparia *L.*), Elsebeerbäume (Sorbus torminalis *L.*),
selbst Schwarzpappeln. Später, sobald die Kronen der Bäume fast zusammen=

Fig. 20.

Schloß Fürstenried bei München.

stoßen, wird die Zwischenpflanzung weggeschlagen. Das wird, wenn man zu
dieser Zwischenpflanzung Robinien (Robinia pseud-acacia *L.* oder R. viscosa
Vent.) nimmt, nach etwa 20 Jahren der Fall sein, so daß die Allee nach dieser
Frist einen beträchtlichen Geldgewinn abwirft. Man sieht leicht ein, daß bei
dieser Methode schon in der Jugend die Allee einen ausnehmend schönen Anblick
gewähren wird, nicht minder aber nach dem Entfernen der Zwischenpflanzung,
wo die Linden ihre Kronen zu voller Größe und Kraft ausbilden. [1])

---

[1]) Da ich diesen Abschnitt sehr kurz behandeln mußte, so könnte eine oder die andere
Bemerkung, wenigstens von Anfängern, mißverstanden werden. Hier gilt mehr wie je der
Grundsatz: „Eines schickt sich nicht für Alle.“ Jede Baumart bedingt besondere Behand=
lung und Verwendung. Robinien wird man nur an geschützten Orten pflanzen, wo sie
nicht vom Windbruch zu leiden haben, Pappeln dürfen nicht als Saum von Feldern benutzt

Selbstverständlich nimmt man zur Pflanzung schnurgrade, gut geschulte Stämme. Den späteren Stammausschlag darf man aber nicht entfernen, sonst erhält man solche abscheuliche, verkrüppelte Alleebäume, wie sie durch unser ganzes liebes Vaterland verbreitet sind.

Zu dem einsam liegenden Schloß Fürstenried führt eine große, über eine halbe Stunde lange Auffahrt, anfangs zweireihig, zuletzt vierreihig mit Linden bepflanzt. Aber in welchem jammervollen Zustand befindet sich diese gewiß einst sehr schöne Lindenallee! Die Bäume sind, wie das gewöhnlich geschieht, zu eng gepflanzt und später nicht gelichtet worden, so daß ihre Kronen in einander verschränkt und verschoben sind und sich nicht normal haben entwickeln können. Mehr noch hat wohl den Baumkronen das Jahrzehnte hindurch immer wiederholte Wegschneiden des Stammausschlages geschadet. Die Stämme sehen im höchsten Grade kränklich aus, knorrig und wulstig, ähnlich den Menschen, wenn sie vor der Zeit altern und ihr ganzer Körper mit Beulen, Geschwüren und Ausschlag bedeckt ist. Offenbar hat man wohl auch seit Jahrzehnten rings um diese Bäume niemals den Boden gelockert, so daß ihre Wurzeln halb ersticken mußten.

Hier ist nun gar nicht anders zu helfen als durch gänzliches Ausroden der Allee und Anpflanzung junger, kräftiger Bäume. Würden dann die schönen, die Allee auf eine lange Strecke beiderseits begleitenden Fichtenbestände hie und da in geschmackvoller Weise ausgehauen, so könnte die ganze Gegend ungemein an Schönheit gewinnen. So wie sie jetzt beschaffen ist, macht sie einen ungemein traurigen Eindruck. Da liegt am Ende der verwahrlosten Allee das anspruchslose Schloß, umgeben von einem Garten, dessen regelmäßige Holzpflanzungen noch Spuren einer ehemaligen architektonischen Anlage zeigen, — das Ganze von klosterartigen Mauern eingeschlossen.

Große, hie und da an der Straße stehende Pappeln besitzen nur ganz kleine Wipfel. Wie kann aber auch ein alter Baum bei Kräften bleiben, dem man die unteren Aeste nimmt, grade diejenigen, die ihn ernähren sollen! Es gehört wahrlich nicht viel Naturverständniß und es gehören keine großen botanophysischen Studien dazu, um einzusehen, daß man grade einem älteren Baum seine unteren Aeste und seinen Stammaustrieb lassen muß, daß er nicht mehr die Kraft haben wird, den Rohsaft ausschließlich bis in den Wipfel hinaufzutreiben, daß aber kräftige Triebe der unteren Stammtheile ihn in den Stand setzen werden, auch den Gipfel zu ernähren. Man klagt so viel über Gipfeldürre, so z. B. bei der Pyramidenpappel. Wie kann man sich darüber wundern, wenn man den Baum beständig seiner unteren, kräftigsten Triebe beraubt? Die gewöhnliche Zucht der Bäume an Landstraßen, in Alleen u. s. w. ist eine Methode, die Bäume langem Siechthum entgegenzuführen.

Und wie schön ist eine ältere, wohlgepflegte Allee! Einer der schönsten Alleebäume ist die Ulme. Bei Oxford findet sich eine durch grüne Wiesen führende Allee riesiger Ulmen, vielleicht die älteste der Erde, angeblich schon 1520 angepflanzt. Am See von Albano bei Rom zieht sich eine Allee bis Genzano und Arricia hin, welche der Papst Urban VIII. im Jahre 1623 anlegen ließ. Eine

werden, weil sie mit ihren kriechenden Wurzeln den Boden aussaugen. So lange die Bäume in der Schule sind, ist eine Entfernung der Stammtriebe meistens nothwendig. Auf diese und hundert andere Dinge, welche Sache der Praxis und der praktischen Erfahrung sind, kann hier nicht näher eingegangen werden. Ich verweise bezüglich dieser Dinge auf Petzolds vortreffliche Schrift: „Die Anpflanzung und Behandlung von Alleebäumen. Berlin 1878." Sie enthält das Beste, was je über diesen Gegenstand geschrieben wurde.

wunderschöne Ulmenallee ist die vom Grafen Bothmer nach dem Amthause zu Traventhal angelegte.[1]

Ueberhaupt gehört neben der Platane (Platanus occidentalis *L.*) die Ulme mit ihrem himmelanstrebenden Wuchs zu den schönsten Alleebäumen. Ulme und Platane gehören zu denjenigen Bäumen, welche in ihrem Wuchs in höherem Alter uns Sinnbilder des Erhabenen sind. Es liegt das besonders darin, daß ihre langen Aeste in sehr spitzem Winkel sich allmählig ausbreiten.

Die Ulmen sind besonders beliebt bei den natursinnigen Engländern. In England habe ich auch die schönsten Bäume gesehen. Herrlich ist die Allee bei Bonchurch am Teich auf der Insel Wight. Der Stammaustrieb reicht fast bis zum Boden herab und breitet sich nach oben in die mächtige Krone aus. Die Baumreihen stoßen oben zusammen und bilden den schattigsten, traulichsten Laubengang, den man sich denken kann.

Fig. 21.

Teich bei Bonchurch auf der Insel Wight.

Zur Zwischenpflanzung zwischen Ulmen kann man Bäume mit breiten Kronen wählen, wie z. B. Ahorne, Linden u. s. w. Dasselbe gilt auch für die Platane.

Die Platane zu studiren, habe ich in Stuttgart die beste Gelegenheit gehabt. Die große Platanenallee von Stuttgart nach Cannstatt ist außerordentlich schön. Die Schönheit älterer Platanen beruht hauptsächlich darauf, daß sie verhältnißmäßig wenige Aeste bilden, welche sich fast gar nicht verzweigen, nur gegen das Ende hin, und welche steil gegen den Himmel emporgestreckt sind. Diese erhabene Form kommt aber erst in höherem Alter der Platane zur vollen Geltung. Junge

---

[1] A. Niemann, Vaterländische Waldberichte 3. Stück. Altona 1820. S. 419. Man muß hier wohl unterscheiden zwischen dem Stock- oder Wurzelausschlag und dem höheren Stammtrieb. Der Wurzeltrieb soll überall entfernt werden, denn er entzieht dem Stamme die Nahrung. Der Austrieb des Stammes selbst dagegen führt diesem Nahrung zu und befördert daher die Entwickelung der Krone. Im Pusterthal haben diejenigen Edelkastanien die schönsten Kronen, welche fast bis zum Boden belaubt sind.

Platanen haben ein besenartiges Ansehen, jungen Leuten in den Flegeljahren vergleichbar.

Den soeben beschriebenen Wuchs zeigt die Platane besonders im geschlossenen Bestand oder als Alleebaum. Wo man ihr größeren Raum zur Verfügung stellt, wie bei den Teichen in den Stuttgart-Cannstatter Anlagen, da breiten die Aeste sich gewaltig nach allen Seiten aus, ja sie biegen sich fast bis zur Wasserfläche herab. Auf diese Weise geben sie einer Allee auch von der Sonnenseite her Schatten, vorausgesetzt, daß sie gut gepflegt und nicht zu eng gepflanzt sind. Da aber dieser Wuchs der Platane erst bei älteren Bäumen eintritt, so muß man für die ersten Jahrzehnte Schutzpflanzungen anlegen.

Aeltere Ahorne (Acer platanoides *L.* und A. pseudo-platanus *L.*) sind bei freiem Stand den freistehenden Platanen ähnlich, wenn sie auch deren Majestät nicht ganz erreichen.

Großartig schön sind ältere Eichenalleen. Sie sind aber verhältnißmäßig selten wegen ihres langsamen Wachsthums. Am häufigsten findet man sie noch im nordwestlichen Deutschland. Wegen ihres langsamen Wachsthums bedarf die Eichenallee einer starken Zwischenpflanzung. Man kann eventuell zwei Eichenpaare durch je zwei Paare von niedrigeren Bäumen trennen oder durch ein Paar Schwarzpappeln. Buchen verhalten sich ähnlich wie die Eichen und erfordern als Alleebaum eine ähnliche Behandlung. Schade, daß die im nordwestlichen Deutschland üblichen Kniggs, nämlich hohe Hecken auf einem Erdwall, mit Alleebäumen dazwischen, nicht überall eingeführt sind. Die Weißbuche ist als Alleebaum der Rothbuche ziemlich gleichwerthig.

Alle Pappelarten zeichnen sich durch raschen Wuchs aus. Sie sind daher vorzüglich geeignet zu Zwischenpflanzungen. Besonders die Schwarzpappel (Populus nigra *L.*) und die Weißpappel (P. alba *L.*) bilden schon nach verhältnißmäßig kurzer Zeit mächtige Kronen. Wären sie von schönerem Wuchs, so würde man sie überall einführen. Bei Cuilenburg in Holland befindet sich eine Allee von Weißpappeln, in welcher ein Baum unten am Stamm 21 holländische Ellen im Umfang hat.[1])

Auch Weiden sind an geeigneten Orten empfehlenswerth, namentlich als Zwischenpflanzung. Salix pentanda *L.* macht einen schönen, lorbeerartigen Eindruck mit ihren breiten, sattgrünen, glänzenden Blättern. Ebenso ist die Silberweide an manchen Orten von großer Wirkung durch den Farbenkontrast. In feuchten Gegenden sollte man vor allen Bäumen die Esche kultiviren mit einer Zwischenpflanzung von Erlen oder Weiden. In Sandgegenden sollte man die zierliche Birke als Zwischenpflanzung benutzen. Man kann als Zwischenpflanzung auch Obstbäume wählen, obwohl im Ganzen ihre Anpflanzung an Landstraßen nicht gerade empfehlenswerth ist. Auch ausländische Bäume, besonders die nordamerikanischen, empfehlen sich als Alleebäume, sobald sie dem Klima entsprechen. In der Umgegend von Karlsruhe finden sich schöne Alleen von Tulpenbäumen, die freilich nur für das westliche Deutschland geeignet sind. Die verschiedenen Arten von Roßkastanien gehören wegen ihres kegelförmigen Wuchses und ihrer prachtvollen Blumenkandelaber zu den schönsten Alleebäumen, besonders die gewöhnliche Roßkastanie (Aesculus Hippocastanum *L.*) mit ihren zahlreichen Spielarten, und die rothblühende Roßkastanie (Pavia rubra) mit dem herrlichen Farbenkontrast zwischen Laub und Blumen.

Es ist auffallend, daß Nadelhölzer so selten als Alleebäume Verwendung finden. Eine Fichtenallee ist doch etwas Herrliches, wenn die unteren Zweige sich

---

[1]) Vertraute Briefe während eines Durchflugs durch einen Theil der nördlichen Provinzen des Königreichs der Niederlande. Bd. 3. Brief 43.

am Boden ausbreiten. An allen Arten von Roßkastanien können wir, bei guter Zucht, diese Eigenschaft rühmen, daß ihre unteren Aeste glockig fast bis zur Erde herabhängen. In Alleen von Fichten oder anderen Nadelhölzern würden Birken, Robinien, Silberpappeln, Silberweiden, Oelweiden (Elaeagnus angustifolia *L.* und *E.* argentea Pursh) die geeignetsten Zwischenpflanzungen abgeben.

Zu den herrlichsten Alleebäumen gehören die Nußbäume (Juglans regia *L.*) und die Maronen (Castanea vesca *L.*). Bei beiden könnte man Kernobst als Zwischenpflanzung verwenden. Die Marone gedeiht allerdings nur im südwest= lichen Deutschland und am Südfuß der Alpen. Bei Stuttgart gedeihen sie schon recht gut und reifen ihre Früchte. Das südliche Baiern hat zu bedeutende Meeres= erhebung und daher ein zu rauhes Klima. Sehr gut gedeihen sie in der oberen Rheingegend und am Rhein abwärts, an der Nordseeküste entlang bis nach Hamburg, wo man in den Parks ganz prächtige Bäume findet, die aber niemals ihre Früchte reifen. In Mitteldeutschland gedeihen sie nur an wenigen Orten, welche besonders geschützt liegen, so bei Wernigerode, in Wittekind bei Halle a. S. u. s. w. Das Thüringer Saalthal hat zu strenge Winter. In Jena im botanischen Garten machten wir vergebliche Versuche. Die Bäume erlagen nach wenigen Jahren den extremen Frösten des Winters und Frühjahrs. Im Dorfe Schwarza steht eine junge Marone, welche ein Vierteljahrhundert alt sein mag. Sie ist aber keines= wegs von sehr kräftiger Entwickelung.

Lothar Abel spricht sich über Alleen von Obstbäumen folgendermaßen aus: „Für die Anlage von Obstbaumalleen gilt die Regel, daß man den verschiedenen Obstsorten ihren besonderen Platz anweise, und auch, daß die zu gleicher Zeit reifenden Arten auf einer Strecke vereinigt sind, nicht Früh= und Spätobst, Kirschen, Aepfel, Birnen und Nußbäume durch einander gesetzt werden. Bei ent= sprechender Vertheilung braucht nur diejenige Wegstrecke überwacht zu werden, für deren Bestand gerade die Zeit der Reife eingetreten ist. Diese Anordnung bedingt auch eine wesentliche Erleichterung des ökonomischen Betriebes der Obst= kulturen." [1]

Mit Recht verwirft Lothar Abel die Verwendung der Pyramidenpappel als Alleebaum, wofür Napoleon I. aus strategischen Gründen so sehr eingenommen war. Indessen giebt es einzelne Fälle, wo die grade Linie einer Pappelreihe von bedeutender ästhetischer Wirkung ist, nämlich dann, wenn die Höhe der Allee als Maßstab für die Höhe eines hinter ihr liegenden Berges angesehen werden kann. Davon kann sich jeder überzeugen, welcher auf der Thüringer Bahn zwischen Naumburg und Kösen an Schulpforta vorbeifährt.

Zwischenpflanzungen empfehlen sich auch für Baumanlagen auf öffentlichen Plätzen, in Wirthsgärten u. s. w. Man pflanze z. B. Linden und Kastanien, auch Ahorne, im Abstand ihres größten Kronendurchmessers, und als Zwischen= pflanzung Robinien, die dann später weggeschlagen werden.

Bevor ich diesen Abschnitt schließe, will ich noch auf einen großen Uebelstand aufmerksam machen, welchem unsere Alleen in öffentlichen Anlagen und an Straßen nur allzu häufig ausgesetzt sind. Man sieht oft einen großen Theil der Allee= bäume abgestorben oder im Absterben begriffen. So ist es z. B. der Fall mit der schönen Ahornallee (Acer dasycarpum *Ehrh.* und andere amerikanische Arten) in der Neckarstraße zu Stuttgart zwischen dem Neckarthor und Berg. Der Grund dieses Absterbens ist in der überwiegenden Mehrzahl der Fälle kein anderer als der, daß die Wurzeln der Bäume mit dem für alle Pflanzen höchst giftigen Leucht=

---

[1] Wiener Illustrirte Gartenzeitung. Februar 1882. S. 87. Vgl. Petzolds Beiträge. 1849. S. 43—54. Schwarzrock, Alleen und Alleebäume. Wiener Illustr. Gartenz. No= vember 1880. S. 446—452.

gas in Berührung kommen. Fast nirgends ist der Verschluß der Gasröhren vollkommen dicht. Hier und da strömen an den Verbindungsstellen kleine Mengen
von Gas aus und tödten an der betreffenden Stelle alles Leben. Auch das Absterben der Bäume in der Ringstraße zu Wien zu Anfang der achtziger Jahre,
welches so vielen Staub aufwirbelte und zu so manchen Erklärungsversuchen
führte, dürfte keinen anderen Grund gehabt haben, als den nachtheiligen Einfluß
der Gasleitung. Möchte doch baldigst die auch für Menschen so schädliche Gas-
beleuchtung durch elektrisches Licht ersetzt werden.

§ 4. Pflanzungen.

Nachdem die Eintheilung des Gartens, die Herstellung der Baulichkeiten, die
Feststellung der Hauptpunkte, die Ausführung der Wasser- und Erdanlagen sowie
der Wege vollendet sind, hat der Landschaftsgärtner den wichtigsten Theil seiner
Aufgabe, die Pflanzung vorzunehmen.

In erster Linie handelt es sich hier um Baumpflanzungen. Bei solchen, insofern sie Gehölze zusammensetzen, beabsichtigt man entweder die Schöpfung ab-
gerundeter, in schönen, sanften Linien begrenzter Massen und Bestände, sowohl
bei Laubwald als bei Nadelwald, oder das Hervortreten einzelner schöner Bäume
aus dem Bestand, abgesehen von der Form einzelner ganz frei stehender Bäume.
Im ersten Fall hat man in den mitteleuropäischen Ländern einfache Bestände
anzupflanzen. Welche Baumarten man anzupflanzen hat, das muß in erster
Linie von der Natur der Gegend, von der Meereshöhe, von den Feuchtigkeitsver-
hältnissen des Bodens, vom Klima und endlich von der Liebhaberei des Besitzers
abhängen.

Petzold berichtet über die Methode der Pflanzung des Fürsten Pückler-Muskau
folgendermaßen:

„Bezüglich der Pflanzungen machte er, obgleich er alle seine Anlagen landschaftlich behandelte, doch in der Wahl der Gehölze einen strengen Unterschied.
Den Blumengarten, in welchem die landschaftliche Gruppirung immer eine Hauptsache ist und mit dem Ganzen zusammengehen muß, bepflanzte er ausschließlich
mit den edelsten Bäumen und den feinsten Gehölzen; er betrachtete denselben als
eine Erweiterung der Wohnzimmer, weshalb er ihn auch in der nächsten Nähe
des Schlosses oder Wohnhauses disponirt wissen wollte, und ließ, wie in jenem,
so in diesem seiner Laune, was die Ausschmückung mit Blumen, Vasen, Statuen
u. s. w. anlangte, freien Spielraum.

Der Pleasure-Grund als Mittelglied oder Uebergang zwischen Blumengarten
und Park, in welchem, wie im Blumengarten, der Rasen fein gehalten und kurz
gemäht wird, ist weniger reich gehalten; in ihm kommen sparsamer Blumenbeete
vor, und die landschaftliche Gruppirung besteht aus einheimischen und ausländischen
Bäumen und blühenden Gehölzen, auch solchen mit zierenden Früchten. Bei Wahl
der Gehölze war jedoch stets die Unempfindlichkeit gegen unser Klima die Haupt-
bedingung.

Der eigentliche Park repräsentirt unsere einheimische, wenngleich veredelte
Natur; in ihm wendete der Fürst nur einheimische Bäume an und gestattete
höchstens eine Ausnahme bei solchen, welche sich bei uns eingebürgert haben, wie
Kastanien, amerikanische Eichen, Akazien, Weymouthskiefern und dergleichen. Es
ist überraschend und erregt die Aufmerksamkeit und die Bewunderung der fremden
Besucher, welche Effekte der Fürst mit diesen unseren gewöhnlichen Bäumen im
Muskauer Park erzielt hat, wobei allerdings das vorzügliche Arrangement, nament-
lich die richtige Vertheilung von Licht und Schatten, von hell- und dunkellaubigen

Bäumen, nicht minder aber auch das gute Gedeihen und die malerische Ausbildung derselben bei richtiger Behandlung ein wesentliches Moment ist. Der Grundsatz des Fürsten war stets: „Ein gesunder einheimischer Baum ist mir lieber als ein kränkelndes exotisches Gewächs."[1]

Bei der Anlage von Holzungen hat man den Himmelsgegenden sorgsam Rechnung zu tragen. Wo man durch Beleuchtung und Schattirung wirken will, da müssen die in den Wiesenplan vorspringenden Baummassen ihre eine Seite entweder gegen Ostsüdost kehren (für die Morgenbeleuchtung), oder gegen Süden (für Tagesbeleuchtung), oder gegen Westen (für Abendbeleuchtung). Die Art, wie man zu pflanzen hat, hängt ab von der Natur der Holzung, welche man zu schaffen gedenkt. Hier muß man sich selbstverständlich an die Natur anlehnen. Diese schafft Hochwald, Buschwald und Gebüsch.

Der Hochwald ist in der freien, vom Menschen noch unbeeinflußten Natur das Endglied, das Gebüsch ist das Anfangsglied. Die Entwickelungsgeschichte hat man sich folgendermaßen zu denken:

Wenn ein Boden, welcher wegen zu großer Trockenheit bis dahin vegetationslos war, allmählig feuchter wird; sei es durch Vermehrung der atmosphärischen Niederschläge, sei es durch Veränderungen in einem benachbarten Stromgebiet, so wird er sich bald mit einem mannichfaltigen Pflanzenwuchs bedecken. Bestand der Boden vor der eingetretenen Veränderung aus losem Sande, so stellte er eine völlig pflanzenlose Wüste dar; war er jedoch bündig und schwer, so bildete er, je nach dem Klima, eine Steppe, Prairie oder Savanne. Auf jeden Fall verändert sich die ganze bis dahin öde Gegend mit der Veränderung der Feuchtigkeitsverhältnisse. Der Wind führt befiederte Samen und Früchte herbei; diese keimen auf dem feuchteren Boden und die dadurch bedingte größere Mannigfaltigkeit der Vegetation zieht Vögel herbei, welche bis dahin diese unwirthbaren Gegenden selten oder niemals besuchten, jedenfalls nicht zu längerem Aufenthalt. Diese Vögel setzen gelegentlich die Samen von in der Ferne genossenen Früchten unverdaut ab, so daß sie keimen können; auch führen sie Samen und trockene kleine Früchte herbei, welche, mit Haken oder Stacheln bewehrt, bei den Streifzügen der Vögel oder beim Nestbau sich in ihrem Gefieder angehängt haben. Immer reichhaltiger wird dadurch die Vegetation. Auch Vierfüßer kommen herbei, in deren wolligem oder seidigem Fell sich ebenfalls beim Durchstreifen des Dickichts Samen und Früchte festgesetzt haben. So entsteht nach und nach eine Pflanzendecke, anfangs aus Moosen, Gräsern und niedrigen Kräutern bestehend; dann kommen größere Stauden hinzu, bald auch Gesträuche und Baumarten; es bildet sich Gebüsch, in welchem später auch einzelne Bäume emporsteigen. Die Bäume werden größer und verleihen immer dichteren Schatten. Auch ihre Zahl vermehrt sich nach und nach durch das Ausfallen ihrer Samen und Früchte. So bilden sie zuletzt ein undurchdringliches Dickicht und ein finsteres Gewölbe, unter welchem zufolge des Licht, Luft und Nahrungsmangels nach und nach der größte Theil der niederen Vegetation, der Kräuter, Stauden und Sträucher wieder abstirbt. So hat sich der Hochwald entwickelt, welcher, je nach dem Klima, nach dem Charakter der Bäume und anderen Umständen entweder ganz ohne Unterholz dasteht, wie das bei uns häufig beim Fichten, Tannen oder Buchenhochwald der Fall ist, oder er ist mehr oder weniger mit Unterholz, auch mit Kräutern und Stauden geschmückt, wie bei uns ein lichter Kiefern oder Eichenwald, oder endlich er zeigt die mannigfaltigste, reichste und üppigste Vegetation, wie z. B. manche Urwälder in warmen Klimaten.

---

[1] Petzold, Fürst Pückler. S. 38, 39.

Soll nun der Gärtner in diesem Fall ebenso verfahren wie die Natur? Soll er einen bis dahin unbewachsenen Platz mit der nöthigen Feuchtigkeit versehen, im übrigen aber sich selbst überlassen? Dann würde er Jahrhunderte warten müssen, bevor der Hochwald endlich zum Vorschein käme. Bis dahin würde aber das Grundstück zehnmal den Besitzer und damit die Verwerthungsweise gewechselt haben.

Er muß also anders verfahren. Sehen wir einmal zu, wie die Forstleute ihren Hochwald ziehen. Sie säen oder pflanzen eine Baumart, ganz dicht, weit dichter als die Natur es jemals versucht. Es werden also alle übrigen Gewächse sehr bald verschwinden und nur der Waldbestand übrig bleiben. Dieser ist nun auch für das eigene Gedeihen viel zu dicht. Handelt es sich um Tannenarten, so stirbt der ganze untere Holzwuchs ab, alle Seitenzweige der Bäume verdorren und es bildet sich ein Wald von schlanken Mastbäumen mit kleinem Wipfel. Schön ist ein solcher Wald nicht, höchstens an seinem Saum, wo die Bäume mehr Luft haben, sich seitlich auszubreiten. Der geschickte Forstmann wird nun den Tannenbestand dadurch zum Hochwald ausbilden, daß er rechtzeitig, nicht zu spät, ausforstet, d. h. den größten Theil der Bäume, namentlich alle zu schwächlichen und kränklichen Individuen entfernt, um den kräftigeren, gesunden und daher auch schöneren Bäumen Platz zu schaffen für ihre normale Entwickelung. Der Forstmann hat es dabei zunächst nur auf möglichst großen Holzgewinn abgesehen, aber unwillkürlich fördert er auch die Schönheit der Waldung.

Ganz ähnlich verfährt er in einem Buchenbestand. In der Jugend ist dieser mit Unterholz und mit einer reichen Flora versehen. Später verschwindet alles bis auf die Buchen, welche aber viel zu dicht stehen und daher als Stangenholz aufwachsen. Nun gilt es für den geschickten Forstmann auch hier, den richtigen Moment zu wählen zur mehrmaligen Ausforstung, um mächtige Bäume zu erziehen.

Aehnlich ist das Verfahren in den meisten Parkanlagen. Es wird sehr dicht gepflanzt, so daß ein Stangenwald entsteht und Unterholz oft gar nicht aufkommt. Bis dahin ist das Grundstück in anderen Besitz übergegangen und der Verwaltung eines anderen Gärtners unterstellt worden, welcher die Absichten des Schöpfers der Anlage weder kennt noch begreift. Er läßt also das Stangenholz wachsen, ein Baum erdrückt den andern und die Anlage verwildert immer mehr. Nur wenige Bäume kommen zu kräftiger, malerischer Entwickelung. Es hätte längst, um der Absicht des Schöpfers der Anlage zu entsprechen, das Ganze künstlerisch durchforstet werden müssen. Der jetzige Gärtner meint vielleicht, man müsse den „wilden" Zustand der Anlage bestehen lassen, um der Natur keinen Zwang anzuthun. Dieser Zustand ist aber gar nicht Wildniß, sondern Verwilderung; darin liegt ein großer Unterschied. Die Natur schafft kein Stangenholz; dieses entsteht nur durch das einseitige und unnatürliche Eingreifen des Menschen. In der wilden Natur schießen, wie wir gesehen haben, die Bäume in großen Entfernungen von einander empor, diese entwickeln sich frei und mächtig und zwischen ihnen stehen jüngere Bäume. Alles übrige ist mit Buschholz und Stauden ausgefüllt, welche erst unterdrückt werden, während der Wald seine höchste Entwickelung durchmacht. Jetzt steht er da, groß und majestätisch, denn jeder der älteren Bäume hat Raum und Zeit genug gehabt, sich zu voller Kraft und Größe zu entwickeln. So kann in einer wirklichen Wildniß Stangenholz gar nicht entstehen. Der Forstmann verhindert bei regelmäßigem Schlag seine Bildung durch Ausforstung. Er hat aber zur Erreichung des nämlichen Zwecks noch ein anderes Mittel, das ist die Plenterwirthschaft, bei der von Zeit zu Zeit Bäume, und namentlich schwächere Individuen entfernt werden, um den kräftigeren Platz zu machen. Auf diese Weise erhält der Wald etwas mehr Aehnlichkeit mit einem wild aufgewachsenen. So lange nun der Schöpfer einer Anlage dieselbe unter seiner Leitung behält, wird

er sie wiederholt durchforsten, oder er wird sie beständig nach Art der Plenter=
wirthschaft behandeln. Das ist aber ein seltener Fall. Meistens muß er die
Leitung einem anderen Gärtner überlassen, welcher nur des Gewinnes wegen oft
die schönsten, für die Landschaft unentbehrlichsten Bäume und Bestände wegschlägt.

Um dieses zu verhüten, giebt es noch eine andere Methode, nämlich diejenige
der Zwischen= und Schutzpflanzungen, dieselbe, welche wir bereits für Alleen in
Vorschlag gebracht haben. Man pflanze z. B. Eichen in einer so großen Ent=
fernung von einander, daß ihre ausgewachsenen Kronen sich niemals berühren,
oder daß sie wenigstens niemals sich gegenseitig hemmen werden. In die übrig=
bleibenden Zwischenräume pflanze man andere Bäume und Sträucher, so z. B.
Lorbeerweiden (Salix pentandra *L.*), Aschenweiden (S. cinerea *L.*), Salweiden
(S. caprea *L.*), Ohrweiden (S. aurita *L.*) auf Sandboden, und andere, oder Espen
(Populus tremula *L.*), oder Robinien u. s. w. Man kann auch ein Gemenge
aller dieser und anderer Bäume zur Anwendung bringen. Beginnen nach einigen
Jahrzehnten die Eichen ihre Kronen mächtig zu entfalten, so schlägt man, je nach
Bedürfniß, auf einmal oder nach und nach die Schutzpflanzung weg, um dem
Eichenhochwald Raum zu schaffen. Das ist eine Sache, die auch der Nachfolger
in der Verwaltung des Gartens verstehen wird, und die er nicht so leicht ver=
nachlässigen wird, wie die regelmäßige Durchforstung.

Man kann es nach der hier angedeuteten Methode nun leicht dahin bringen,
daß man die Holzpflanzungen an verschiedenen Stellen im Park in ganz ver=
schiedenen Stufen natürlicher Entwickelung zeigt: Als Gebüsch, als Buschwald
und als Hochwald. Im Hochwald hat man selbstverständlich auch für Unterholz
Sorge zu tragen, wobei man die Natur zu Rathe ziehen muß. Sehr vorsichtig
sei man mit Verpflanzungen von Gesträuchen. In dieser Beziehung halte man
sich ganz streng an natürliche Vorbilder und pflanze niemals nach Gutdünken
und nach Willkür, sonst wird man den erhabenen Eindruck des Hochwaldes ver=
derben und Bilder schaffen, denen man das Unnatürliche sofort ansieht. In der
Mehrzahl der Fälle verlangt der Hochwald keine Vorpflanzungen, sondern wird
durch dieselben verunziert. Der Waldsaum erhält den besten Schmuck durch die
bis zur Rasenfläche herabreichende Belaubung der Bäume. Abgesehen von zweck=
mäßigem Unterholz sollte man mit Gesträuch im Garten sehr vorsichtig und spar=
sam umgehen und sich aufs strengste an die Natur halten. Am Bachufer thut
ein Saum von Weiden, Sumpferlen oder Grauerlen gute Wirkung und ist natur=
gemäß. Einen zusammenhängenden Wiesengrund (lawn) darf man niemals durch
Beete mit Gesträuchanlagen unterbrechen wie z. B. die abscheulichen Eierkuchen=
beete im Kurgarten zu Berka a. Ilm.

Massenanpflanzung von Strauchwerk ist dagegen erlaubt und häufig gradezu
geboten an solchen Orten, welche einen mehr architektonischen Charakter haben,
wie z. B. Böschungen oder Wegen, welche Zugänge zu Gebäuden oder Straßen
bilden. So nimmt sich z. B. der künstliche, mit Gesträuch beiderseits bewachsene
Hohlweg sehr gut aus, welcher neben Prinz Weimars Haus in der Neckarstraße
zu Stuttgart in die kgl. Anlagen führt.

Im Park beschränke man sich ganz und gar auf die einheimischen Sträucher,
welche einen genügenden Reichthum an Formen und Farben entfalten, sobald man
sie nur da anbringt, wo die Natur es ebenfalls thun würde. Ausländische
Sträucher, und namentlich sogenannte schönblühende, gehören in den Blumen=
garten oder allenfalls in den architektonischen Theil des Gartens. Ich zähle zu
solchen Gesträuchen z. B. die verschiedenen Arten des Lilak (Syringa[1]), des Pfeifen=

----

[1] Oft irrthümlich Flieder genannt. Der Flieder oder Hollunder ist ein heimischer
Strauch: Sambucus nigra *L.* Der Lilak heißt im Schwarzagebiet nach Sigismund:
„Silberblüthe“.

strauchs (Philadelphus, irrthümlich Jasmin genannt), der Jungfer Nieblich (Lonicera tatarica *L.* u. a. *A.*), der strauchförmigen Spierstauden (Spiraea), der japanischen Rosen (Corchorus oder Keria), der kultivirten und namentlich aller gefüllten Rosenformen, der ausländischen Hartriegel (Cornus sibirica und alba hort. u. a.) u. s. w. u. s. w. Den Blumengarten und die nächste Umgebung des Hauses mag man mit schönen ausländischen Bäumen und Sträuchern schmücken, aber den Park verschone man damit.

Man soll in landschaftlichen Anlagen die Gesträuche überhaupt niemals oder doch äußerst selten für sich allein auf Rabatten verwenden, sondern nur als Vorholz und Unterholz. Nur in ganz vereinzelten Fällen kann man sie gruppenweis oder einzeln auf dem Rasen anwenden.

Fig. 22.

Palmen in der Villa Garnier bei Borbighera.

Sowohl in der wilden Natur als auch im Park kann ein einzelner Baum oder eine Gruppe von Bäumen, frei auf dem Rasen stehend, von bedeutender Wirkung sein. Derartiges kann in der Wildniß auf verschiedene Weise zu Stande kommen, so z. B. durch Selbstaussaat, oder als Ueberrest eines durch Stürme oder andere Naturereignisse oder durch menschliche Eingriffe decimirten Vorholzes. Im erstgenannten Fall ist der Baum gewissermaßen ein vereinzelter Vorposten vor dem Waldgebiet. Bei einem solchen einzelnen Baum, welcher frei dasteht, kommt nur die Form in Betracht, ob er zu seiner Umgebung stimmt, seinen Platz ausfüllt. Sobald aber die Zahl, so z. B. durch Sichtbarkeit der Stämme, augenfällig wird, sollte man sich bei der Pflanzung stets auf Primzahlen beschränken: 1. 3. 5. 7. 11. 13. 17. 19

Am vortheilhaftesten wirkt meistens die Fünfzahl. Sie läßt sich noch bequem übersehen und ist doch mannigfaltiger als die drei, welche indessen für einzelne Fälle zu empfehlen ist, so z. B. wenn die Bäume sehr groß werden und sich mächtig entwickeln. Je größer die Anzahl der Bäume einer Gruppe wird, desto mehr tritt das Individuum zurück, desto weniger kommt also die absolute Zahl in Betracht, desto mehr hat man aber auch Sorge zu tragen, daß das Ganze als Masse wirkt. Bei kleinen Gruppen kann es dagegen sogar Absicht sein, daß man die einzelnen Stämme sieht, namentlich, wenn sie sehr groß und schlank sind, wie bei Ulmen.

Am meisten Anspruch auf Geltendmachung des Individuums haben die Palmen und andere monokotyle Bäume mit ihrem vollendet architektonischen Bau.

So lange man die Anzahl der Stämme leicht überschaut, ist immer eine Primzahl vorzuziehen weil man z. B. bei den Zahlen 4, 8 oder 9 sofort die Theilbarkeit (durch 2, 4 oder 3) gewahr wird, was den Charakter der Einheit stört. Die Zweizahl wird nur selten einen guten Eindruck machen; doch giebt es Fälle, wo sie sich empfiehlt, so z. B. bei Zwillingsbäumen, wenn zwei mächtige Stämme aus einer Wurzel entspringen. Die graden Zahlen, namentlich 4 und 8, sehen philiströs aus. Daß, so weit es sich irgend vermeiden läßt, im Bestand niemals drei Bäume eine Reihe bilden dürfen, ist selbstverständlich.

Schreiten wir nun weiter zu unserer Hauptaufgabe:

§ 5. Charakter und Verwendung der Holzgewächse.

Die einsamenlappigen Holzgewächse, Palmen, baumartige Liliaceen, Amaryllideen, Colchicaceen u. a. spielen nördlich von der Alpenkette im Landschaftsgarten nur eine ganz untergeordnete Rolle, so wichtig sie auch für den Ziergarten sind. Wir können daher an dieser Stelle vorläufig ganz von ihnen absehen. Erst an der Riviera bürgern sie sich vollständig ein und gehören daher auch zum Landschaftsgarten.

Unsere heimische Waldvegetation bildet ihre größten Gegensätze in der Form des Nadelwaldes und des Laubwaldes aus. Diese müssen wir zunächst ins Auge fassen.

Die Nadelhölzer (Coniferae) sind in unseren Gegenden vertreten durch Formen mit kleinen, nadelförmigen, oder schuppigen, meist das erste Jahr überdauernden, daher hart, lederartig und glänzend werdenden, starren und steifen Blättern. Laub und Zweige sind nicht scharf gegen einander abgegliedert wie bei den Laubhölzern, vielmehr stehen die Blätter zweizeilig oder allseitig borstig ab oder sie liegen schuppig den jungen Zweigen an. Das überjährige Laub giebt den Nadelhölzern meistens ein düsteres Ansehen. Nur im Sommer, meistens im Juni, bedecken sie sich mit frischem Grün und gewähren um diese Zeit des Austriebes ein besonders prächtiges Ansehen.

Ungeachtet ihres düsteren Charakters sind die Nadelhölzer doch mit Recht in den Gärten bevorzugte Lieblinge, weil sie im Winter grün bleiben. Besonders gern kultivirt man sie deshalb im Vorgarten sowie überhaupt in der Nähe des Wohnhauses. Durch ihren Harzduft tragen sie im Sommer wesentlich dazu bei, die Luft gesund zu machen.

Ihre Anwendung im Großen muß natürlich vom Charakter der Gegend abhängen. Ist ein Park ganz von Nadelwaldungen eingeschlossen, so wird man bei Neupflanzungen den Laubhölzern den Vorzug geben, und namentlich diejenigen Nadelbäume vernachlässigen, aus denen die umgebenden Waldungen bestehen. In den meisten Fällen ist es rathsam, einen Theil des Parks den Nadelholz=

beständen einzuräumen. ¹) Sind solche Bestände bereits vorhanden, so muß man sich die Frage vorlegen, ob sie sich auf zweckmäßige Weise in den Plan des Ganzen hineinziehen lassen. Aendern kann man in einem guten, geschlossenen Forstbestand in der Regel nur wenig. Der Saum soll bis zum Boden herabreichen. Wo das nicht der Fall ist, da wird man sich durch Vorpflanzungen von Laubholz helfen müssen. Selten wird man den Bestand durch Aushauungen verschönern können; doch ist das der Fall, wenn der Wald sehr locker steht oder als Hochwald gezogen ist oder wenn der Bestand überhaupt ein gemischter ist.

Soll eine Nadelholzanlage erst geschaffen werden, so thut man am besten, die Bäume gruppenweis zu pflanzen und zwar in so großen Zwischenräumen, daß sie einander niemals gegenseitig zu beeinträchtigen vermögen. Die Zwischen=räume sind vorläufig durch Schutzpflanzungen auszufüllen.

Ueber die Arten der Nadelbäume, welche man in Anwendung zu bringen hat, sowie über die Zwischenpflanzungen läßt sich im Allgemeinen nichts sagen. Es muß das von den Verhältnissen abhängen und diese können wir nur berück=sichtigen mit genauem Eingehen auf den Charakter der einzelnen Arten.

Der häufigste und am weitesten verbreitete Nadelbaum des mittlen und nördlichen Europa ist die Sandkiefer (Pinus silvestris *L.*). Sie bildet auf der norddeutschen Tiefebene, besonders im nordöstlichen Theil derselben, sehr aus=gedehnte Bestände. Nach Norden reicht sie bis zum 70. Breitegrade, steigt aber in den Alpen nicht bis zur Holzgrenze empor, wo die Fichte höher hinaufreicht. Die Sandkiefer erreicht eine Stammhöhe von 30—50 Metern und einen bedeuten=den Stammumfang. Im dichten, geschlossenen Bestand bildet sie schnurgerade Mastbäume mit unbedeutendem Wipfel. Landschaftlich ist sie nur dann von guter Wirkung, wenn sie ganz frei steht oder wenigstens sehr locker. In diesem Fall bildet sie eine dachförmige, unregelmäßige Krone wie die Pinie.

Der Anbau der Kiefer ist im Landschaftsgarten nur auf Sandboden zu empfehlen. Auf schwerem, namentlich kalkreichem Boden wächst sie sehr langsam und kommt niemals zu kräftiger Entwickelung. Im ausgewachsenen Zustand ist sie ein sehr schöner Baum durch den dachförmigen Bau ihrer Krone. In kleinen Gruppen beisammenstehend, ist sie von sehr guter Wirkung. Ferner macht sie sich sehr gut, wenn sie bei lockerer Stellung einen jüngeren Fichtenbestand hoch überragt. Sehr schön sind Gruppen größerer Kiefern auf Sandsteinfelsen. Will man die Sandkiefer im Bestande ziehen, so pflanze man sie sehr locker und bringe als Zwischenpflanzung Wachholder, Birken, auch Salweiden und Lorbeer=weiden an. Vorpflanzungen vor einen jungen Kiefernbestand sind mindestens überflüssig. Dagegen wird man wohlthun, für Pflanzung unserer schönen Sand=pflanzen zu sorgen, namentlich Haide (Calluna), Heidelbeeren, Preißelbeeren, zahlreiche Sandgräser, rothen Fingerhut, Weidenröschen (Epilobium angusti=folium *L.*), die sandliebenden Orchideen u. a. Die Sandkiefer zeichnet sich durch bläulich=grüne Blätter aus, — ein Umstand, den man zu einer sehr guten per=spektivischen Wirkung verwerthen kann. Bepflanzt man nämlich die Wände eines Thals im Vordergrund mit grünnadeligen Kiefern, wie z. B. mit Schwarzkiefern, im Hintergrund mit Sandkiefern in niedrigerem, jüngerem Bestande, so wird die Größe des Thals scheinbar wachsen, weil die Sandkiefer die grau=violette Ferne=wirkung bedeutend erhöht.

In der Nähe des Wohnhauses ist die Verwendung der Sandkiefer überhaupt nicht zu empfehlen. Dort sind Fichten von vortheilhafterer Wirkung, auch Tannen oder Taxus.

---

¹) H. Jäger, Verwendung und Behandlung von Nadelwald bei Einrichtung von Parkanlagen und ländlichen Verschönerungen. Wiener Obst= und Garten=Zeitung. Dezember 1876. S. 598—606.

Beim Pflanzen einer Gruppe oder eines Bestandes von Sandkiefern sollte man stets dafür sorgen, daß die untergehende Sonne die Stämme bescheinen kann, da sie auf der rothen Rinde eine gegen das Grün der Krone sehr warm kontrastirende Gluth hervorruft.

Will man auf schwerem Boden, namentlich auf Kalk, Kiefern anpflanzen, so darf man nicht die Sandkiefer wählen. Man nehme, je nach den Umständen, die Legföhre (Pinus mughus *Scop.*) oder die Schwarzkiefer (P. nigricans *Host.*). Beide gedeihen auf allen Bodenarten und wachsen auf Kalk weit rascher als die Sandkiefer.

Die Legföhre (Pinus mughus *Scop.*), auch Zwergkiefer, Knieholz oder Krummholz genannt, ist der Vertreter der Sandkiefer auf den höheren Alpen in der Nähe der Baumgrenze, auch auf den höheren Gebirgen des südlichen und mittlen Deutschland. In den Hochalpen und im hohen Norden ist das Knieholz niedrig, zwergartig, und legt seine Zweige auf den Boden. Einzeln oder in kleinen Gruppen auf dem Rasen gezogen, behält sie auch in unseren Gärten diesen Charakter. Im Bestande aber schießt sie rasch und grade empor und gedeiht z. B. auf den Muschelkalkabhängen des Saalthals bei Jena weit besser und kräftiger als die Sandkiefer. Die Nadeln der Legföhre sind grün (nicht bläulich) und steifer als bei der Sandkiefer.

Die Verwendung der Legföhre ergiebt sich nach Vorstehendem von selbst. Will man sie, niemals für sich allein, aber mit anderen Nadelhölzern untermengt, im Bestand anwenden, so muß man beachten, daß sie keine sehr bedeutende Höhe erreicht. Sehr empfehlenswerth ist ihr Anbau im gemischten Bestand in der Varietät *a. uliginosa* auf Moor- oder Sumpfboden. Man wird sie in diesem Fall mit Sumpfbäumen, insbesondere mit Sumpferlen, Grauerlen, Weiden, Eschen, auch Fichten, ferner mit Sumpfgesträpp, als: Myrica Galo *L.*, Salix repens *L.* u. a. zusammengesellen und eine passende Moorflora hinzufügen. Daß die Legföhre einzeln oder gruppenweis auf trockenem Rasen, namentlich an Abhängen, etwa neben größeren erratischen Geschieben oder Felsblöcken gedeiht, wurde bereits erwähnt. Die von Ramond unterschiedene und von ihm als besondere Art aufgefaßte Pinus uncinata, welche in der südöstlichen Schweiz wild vorkommt, ist hochwüchsiger und daher im Bestande mehr zu empfehlen. In diesem Fall wird man aber fast immer besser thun, die Schwarzkiefer (P. nigricans Host) zu wählen. Sie gedeiht auf allen Bodenarten, auch da, wo die Sandkiefer durchaus nicht fortkommen will. Ihre Heimath ist das südöstliche Europa, besonders die Strandgegenden der Adria und des Mittelmeeres, weshalb man sie auch Strandkiefer (P. maritima *K.*, P. maritima β. minor *Duh.*) nennt. Wegen ihrer Verbreitung in Niederösterreich, Kärnthen und Steiermark wird sie bisweilen auch österreichische Kiefer (P. Laricio β. austriaca *Autor.*) genannt. Sie erreicht fast die nämliche Höhe wie die Sandkiefer, besitzt lange, dunkelgrüne Nadeln, welche ihr ein sehr düsteres Ansehen verleihen. Während der ersten Jahrzehnte ist sie aber wegen ihres weit gedrungeneren Wuchses der Sandkiefer weitaus vorzuziehen und man kann sie weit eher in reinen Beständen auftreten lassen als diese. Große Bestände wird man aber in der Regel nicht bilden wollen, weil sie eine Waldgegend äußerst düster erscheinen lassen. Die Schwarzkiefer findet man in ganz Mitteleuropa als Zierbaum in Anlagen, aber auch in Forstbeständen angebaut. Sie läßt sich eher als die Sandkiefer gruppenweis in der Nähe des Wohnhauses verwenden. Im hohen Alter wird sie von der Sandkiefer an Schönheit übertroffen.

Sehr ähnlich der Schwarzkiefer in Wuchs und Größe, aber sparriger und langnadeliger ist die französische Kiefer (P. Pinaster *Ait.*). Da sie etwas zarter ist als die Schwarzkiefer, so wird man dieser den Vorzug geben. Ein schöner, großer Baum von 25—35 Meter Höhe, mit 3—5 ständigen, graugrünen Nadeln, ist die in den Hochalpen verbreitete Zirbe oder Arve. Sie verdient in den Parks Berücksichtigung zu gruppenweiser Verwendung oder in gemischten Beständen. Die amerikanische Weymouths-Kiefer (P. strobus *L.*) mit ziemlich langen, bläulichen, fünfständigen Nadeln, welche büschelig an den Enden der Zweige stehen, mit sehr glattem Stamm, ist für Parkanlagen ebenso wenig empfehlenswerth wie für Forsten. Sie verdient dagegen einen Platz im Ziergarten zwischen anderen Nadelhölzern in der Nähe des Wohnhauses, da sie in der Jugend hübsch aussieht. Aeltere Bäume sind nicht schön und das Holz ist geringwerthig.

Die ausländischen Kiefern kann ich nicht empfehlen, da die Mehrzahl derselben unser Klima nicht erträgt und die wenigen, bei denen das der Fall ist, unsere heimischen Arten an Schönheit kaum erreichen, jedenfalls nicht übertreffen.

Wir schreiten fort zur Betrachtung der Tannen, deren wir in Mitteleuropa zwei zu verzeichnen haben: die Edeltanne, Weißtanne, auch schlechtweg Tanne genannt (Pinus picea *L.* Abies pectinata *DC.* A. alba *Miller.* A. picea *Lam.* A. taxifolia *Desf.* A. vulgaris *Poiret*, A. excelsa *Lk.* P. Abies *Du Roi*), und die Fichte oder Rothtanne (Pinus Abies *L.* P. picea *Du Roi*, Abies excelsa *DC.* Picea vulgaris *Lk.*). Diese sind unsere schönsten und wichtigsten Nadelbäume im Park. Beide sollten keinem Garten ganz fehlen. Beginnen wir mit der Tanne.

Den Namen Weißtanne hat dieser bis 70 Meter Stammhöhe erreichende Baum seinem während der ersten Jahrzehnte völlig glatten, weißlichen Stamm zu verdanken. Der Stamm erreicht bisweilen Meterdicke, ist stets schnurgrade und während der ersten Jahrzehnte von höchst regelmäßigem, pyramidenförmigem Wuchs. Die Aeste stehen steif ab und sind sehr regelmäßig wagerecht fiederig verzweigt. Die Nadeln sind flach, schmal linealisch, am Ende stumpf oder ausgerandet, oberseits lebhaft grün und glänzend, rückseits zu beiden Seiten vom Mittelnerven von einem breiten weißen Streifen durchzogen, zwar wendelständig angeheftet, aber genau zweizeilig horizontal gerichtet. Die jungen Bäume haben daher ein schierlingsartiges Ansehen. Die glatten, cylindrischen Zapfen stehen aufrecht.

Die Tanne liebt warme, gegen heftige Winde geschützte Gebirgsthäler mit nicht zu schwerem und kalkreichem Boden. Am besten gedeiht sie in den nördlicheren Alpenthälern, wo sie bisweilen bis zu 2000 Meter emporsteigt, im ganzen Rheingebiet, besonders auf den oberrheinischen Gebirgen und bis Stuttgart, im südlicheren Thüringen, in Oberschlesien, im Meißner Hochland, sporadisch im Harz, in Jütland, England und im ganzen westlichen Europa. Im nördlichen Thüringen und im ganzen nordöstlichen Deutschland fehlt sie und gedeiht nicht gut in den Gärten. In den Hamburger Parks hat sie meistens ein verkrüppeltes Ansehen. In Thüringen fehlt sie im ganzem Muschelkalkgebiet, auch im Keuper.

Der hohe Werth der Tanne beruht in erster Linie auf ihrer zierlichen Verästelung und ihrem frischen, lebhaften Wintergrün in der Jugend. Alte Bäume werden von der Fichte an Schönheit übertroffen, weil sie meistens die unteren Aeste und damit den pyramidalen Wuchs verlieren. Es ist daher auch nicht zweckmäßig, die Edeltanne im reinen Bestand anzuwenden, vielmehr mische man sie stets mit Fichten oder auch mit Buchen und lasse die Tannen nur so lange einen Theil des Saumes bilden, als sie die unteren Aeste behalten. Junge Tannen bilden aber einen schönen Gehölzsaum und sind durch ihr herrliches Wintergrün eine große Zierde in der Nähe des Wohnhauses.

Der schönste unserer heimischen Nadelbäume ist die Fichte. Sie ist in jedem Alter schön. An Höhe und Umfang wetteifert sie mit der Tanne. Ihr Stamm wird weit früher rissig als derjenige der Tanne und zeigt eine rothbraune Borke. Die Nadeln sind kantig, allseitig eingefügt und gerichtet, grün. Die Zapfen hängen herab und ihre Schuppen biegen die Spitzen nach außen. Der Wuchs der Fichte ist lange Zeit pyramidenförmig. Bei größeren Bäumen hängen die Hauptäste herab und biegen sich gegen das Ende wieder empor, die Seitenzweige dagegen hängen ganz schlaff herab wie Schiffstaue und bilden schleierartigen Behang. Da der Baum in freier Lage bis zum Boden grün bleibt und seine unteren Äste sogar auf dem Rasen ausbreitet, da er ferner bis in's höchste Alter seinen pyramidenförmigen Wuchs bewahrt, so ist er auf jeder Altersstufe von unendlicher Schönheit.

Die Fichte muß in großen Abständen gepflanzt werden, so daß die Bäume sich am Grunde niemals berühren können. Als Schutzpflanzung wähle man Tannen, Kiefern, Eiben, auch Wachholder, Birken, Salweiden, Lorbeerweiden, Espen, Elsebeeren, Vogelbeeren (Ebereschen) u. s. w. Am besten ist unebenes, feuchtes, moosiges Erdreich. Pirola uniflora, umbellata, rotundifolia, minor, Ramischia secunda, auch Haide (Calluna), Heidelbeeren, Preißelbeeren, an nassen Orten Moosbeeren (Vaccinium uliginosum *L.* und V. oxycoccos *L.*), Rauschbeeren (Empetrum), wilde Veilchenarten und andere schöne und interessante Waldpflanzen sollen den Boden schmücken. Die Fichte gedeiht auch auf schwerem und kalkreichen Boden sehr gut. Sie liebt sowohl feuchtes als trockenes Erdreich. Die Fichte aufzuästen, wie es bisweilen geschieht, ist eine Blasphemie. Am Waldsaum müssen ihre Zweige den Boden bedecken. Jede Vorpflanzung ist vom Uebel. Die Fichte steigt in den Alpen höher empor als die Sandkiefer. Sie ist nördlich vom Alpengebiet durch ganz Europa verbreitet, aber besonders in Gebirgsgegenden, und auf den verschiedensten Bodenarten. Auf schwerem Kalkboden soll man lieber Fichten pflanzen als Sandkiefern. Die Fichte ist für den Park der wichtigste Baum unter allen Nadelhölzern, sowohl im Bestande als auch einzeln oder in Gruppen und zur Ausschmückung der Umgebung des Wohnhauses. Geschickte Anwendung der Fichte findet man in Nymphenburg und in der Hirschau im englischen Garten bei München. Leider aber läßt man die Fichte hier nicht selten zwischen Stangenholz verkümmern, nicht erwägend, daß sie ganz unberührt dastehen muß.

Vorzügliche Bilder giebt die Fichte im Buschwald, auch auf niedrigem, feuchtem Boden. Ein solcher findet sich am rechten Ufer der Isar oberhalb München zwischen Bogenhausen und Ober=Föhring, dem unteren Theil des englischen Gartens, der sogenannten Hirschau gegenüber. Die Fichten, in schönen, kräftigen Exemplaren, bald einzeln, bald in kleinen Gruppen beisammenstehend, bilden den Hochwald. Die beträchtlichen Zwischenräume zwischen ihnen nehmen Birken ein. Von diesen hoch überragt, wird das Unterholz gebildet aus Grauerlen, Sumpferlen, Eschen, Schwarzpappeln, verschiedenen Weidenarten und einem undurchdringlichen Gestrüpp von Rainweiden (Ligustrum), Essigkrüglein (Berberis) und anderen Gesträuchen, dicht durchwebt mit Waldreben (Clematis vitalba *L.*) Dieser undurchdringliche Buschwald hat eine Breite von etwa 5 Minuten, vom Isarstrand bis zum fast senkrechten Abfall der Hochebene, welcher mit einem dichten Bestand hoher Fichten bedeckt ist, und eine Länge von etwa 20 Minuten, bis dicht vor Föhring. Ein Fahrweg, den Unebenheiten des Bodens folgend, durchzieht das Ganze. In diesem Gehölz ist es äußerst anmuthig und heimlich. Zu jeder Jahreszeit, mögen die zahlreichen Stauden und Kräuter der Ufervegetation in Blüthe stehen oder mag die Last des Schnees die Gesträuche bis zur Erde niederbeugen: stets durchwandert man mit Vergnügen diesen stillen Hain. Prächtig ist der Sonnenuntergang, welcher die Gipfel der Fichten und Birken röthet und Purpurgluth hinter dem Buschholz hervorleuchten läßt, wenn die Rehe, behutsam die Lücken des Dickichts aufsuchend, über den Weg wechseln.

Des Durchhaues durch einen jungen Fichtenbestand im Schwarzathal unter=

halb Schwarzburg habe ich bereits früher erwähnt. Ein ähnlicher, aber weniger schöner, befindet sich auch am Wurzelberg.

Ich will endlich noch darauf hinweisen, daß die Fichte sich ganz vortrefflich zu Hecken und Wänden in architektonischen Gartenanlagen eignet. Vor der Eibe hat sie das weit raschere Wachsthum voraus.

Für den Mischwald bilden sowohl die Tanne als die Fichte eine sehr angenehme Zusammenstellung mit der Buche. Die Tanne ist wegen der im Alter weniger spitzen, mehr unregelmäßigen und abgerundeten Form ihrer Krone fast noch geeigneter als Geselle der Buche. Schönen Mischwald von Buchen und Edeltannen findet man in der Nähe von Kloster-Lausnitz im Altenburgischen.

In unseren Ziergärten kommen noch verschiedene mehr oder weniger schöne ausländische Arten von Tannen und Fichten vor, so z. B. die kaukasische Tanne (Picea Nordmanniana *Loud.*), die spanische Tanne (P. pinsapo *Loud.*), die griechische Tanne (P. cephalonica *Loud.*), die kalifornische Tanne (Abies nobilis *Loud.*), die Schierlingstanne (A. canadensis *Loud.*), die weiße Fichte (A. alba *Ait.*) u. a. Diese und viele andere Tannen und Fichten sind sehr schöne Errungenschaften für den Ziergarten, namentlich als Einzelbäume auf dem Rasen. In den Landschaftsgarten gehören sie aber nicht, zumal, da sie meistens kein hohes Alter erreichen. Ihr bester Platz ist in der Nähe des Wohngebäudes.

Dagegen habe ich noch der Lärche (Pinus Larix *L.* Larix europaea *DC.*) zu erwähnen. Dieser mächtige Baum, welcher eine Stammhöhe von 35 Metern erreicht, einen pyramidalen Wuchs mit abstehenden Hauptästen und hängenden Seitenästen besitzt, seine abfälligen Nadeln in entferntstehenden Büscheln erzeugt, kommt wild in den Alpen und Voralpen von 1000 bis 2500 Meter Meereshöhe, außerdem im hohen Norden, namentlich in Sibirien vor. Er erträgt als Forstbaum das Klima der meisten Gegenden Deutschlands und wird vielfach in Waldungen angepflanzt. Für landschaftliche Anlagen ist er von weit geringerem Werth als Tanne und Fichte, weil er einen großen Theil des Jahres hindurch kahl dasteht und seine nackten, mit kugeligen, haarfaserigen Knospen besetzten Zweige der sparrig verästelten Pyramide ein keineswegs sehr schönes Ansehen verleihen. Junge Bäume sehen im April und Mai sehr hübsch aus durch das frische Grün der zarten Nadelbüschel und durch die purpurnen, von grünen Nadeln gestützten, jungen Zapfen. Einen schönen Anblick gewähren durch ihr Grün um diese Jahreszeit einzelne Bäume in einem Fichtenbestand. In zusammenhängenden Beständen wird man im Park die Lärche nicht anbauen wollen, ebenso wenig einzeln oder in Gruppen auf dem Rasen.

Zu den schönsten Nadelhölzern gehört die Eibe (Taxus baccata *L.*), in Mitteleuropa der einzige Vertreter der Gruppe der Eibenbäume (Taxineae). In der Regel wird die Eibe nicht über 10 Meter hoch und wird infolge ihres langsamen Wuchses, obgleich sie ein sehr hohes Alter erreicht, doch niemals sehr dick. Die ältesten Bäume zeigen nur 30—70 Centimeter Stammdicke. Bei Bäumen im Alter von 200 bis 300 Jahren erreicht der Stamm nur einen Durchmesser von 30 Zentimeter. Die Eibe wächst bald strauchartig, bald baumartig. Infolge ihrer zweireihig gerichteten, linealischen, glänzenden, von einem Mittelnerven durchzogenen Nadeln würde sie große Aehnlichkeit mit der Edeltanne erhalten, wenn sie sich nicht sehr unregelmäßig und dicht verästelte. Die Nadeln sind auch dunkler und etwas spitzer, auch fehlen ihnen auf der gleichmäßig hellgrünen Rückseite die beiden weißen Streifen. Während alle Kiefern, Tannen und Fichten einhäusig sind, ist die Eibe zweihäusig. Der weibliche Baum trägt lebhaft rothe Beeren von der Größe einer Heidelbeere.

Während des Alterthums und auch noch im früheren Mittelalter war die Eibe ein in ganz Mittel- und Südeuropa verbreiteter Waldbaum. Ihr Holz wurde aber wegen seiner großen Härte und Schönheit zu Schäften von Speeren und Lanzen, später auch zu Weinpfählen verwendet; daher wurde bei ihrem sehr langsamen Wuchs dieses schöne Holzgewächs schon im Mittelalter fast ausgerottet. Jetzt kommt sie nur noch zerstreut vor. Sie sollte aber keinem noch so kleinen Garten fehlen. In den architektonischen Gärten des 17. und 18. Jahrhunderts gehörte sie zu den werthvollsten Sträuchern zur Bildung von Hecken und Wänden. Auch jetzt sollte man sie in der Nähe des Wohnhauses anpflanzen und sollte sie in jedem gemischten Holzbestande des Parks hegen und pflegen. In den architektonischen Theilen des Gartens sollte sie nirgends fehlen. Hier kann sie durch kein anderes Gehölz ersetzt werden. In reinem Bestande wird man sie nicht züchten wollen.

Einige andere Holzgewächse aus der Familie der Eibenbäume gehören in den Ziergarten. Hier ist in erster Linie zu nennen der in China und Japan heimische Gingkobaum (Salisburia adiantifolia *Smith*), ein seltsames Gewächs mit breiten, dreieckigen Blättern, welches niemand für einen Nadelbaum halten würde, und der irische Eibenbaum (Taxus hibernica Hooker) von steif aufrechtem, pyramidalem oder richtiger besenförmigem Wuchs.

Die dritte Abtheilung der Nadelhölzer, die der Wachholdergewächse (Cupressineae) ist nördlich vom europäischen Alpengebiet ebenfalls nur in einem einzigen Vertreter vorhanden, nämlich dem Wachholder, Krammets- oder Kranabittenbaum oder Wachtelbusch (Juniperus communis *L.*). Dieses schöne Gewächs findet sich fast durch ganz Europa, durch den größten Theil von Nordasien und Nordamerika, und zwar auf allen Bodenarten, in lichten Nadelwaldungen, an Bergabhängen und Haiden, von der Tiefebene bis in die Gebirge und hier bis nahe an die Grenze der Holzvegetation emporsteigend. Der Wachholder verästelt sich sehr stark, wächst langsam, bald baumartig, bald strauchförmig, meist nicht viel über mannshoch, bisweilen 10—15 Meter hoch werdend. Die dünnen, ruthenförmigen Zweige geben dem Bäumchen einen pyramidalen Wuchs, nicht unähnlich demjenigen der Cypresse. Die blaugrünen, sehr schmal lanzettlichen, stechend spitzen, steif abstehenden Blätter sitzen in dreizähligen Wirteln beisammen, welche durch deutliche Zwischenräume von einander getrennt sind.[1]) Die schwarzvioletten, bereiften Beeren, so groß wie Heidelbeeren, sitzen ziemlich gedrängt an den vorjährigen Zweigen.

Der Wachholder ist der werthvollste Strauch unter den Nadelhölzern. Er sollte bei jedem Wohnhaus, in jedem Ziergarten in größerer Menge angepflanzt werden. Im Park ist er durch nichts zu ersetzen. Seine Anwendung ist eine sehr mannigfaltige. Die graugrüne Färbung macht ihn sehr geeignet für farbenperspektivische Wirkungen. Für jedes Nadelholz, besonders aber für Kiefernbestände, ist er das beste Vorholz. An einem grasigen oder steinigen Abhang läßt man ihn anfangs vereinzelt, dann immer dichter und höher auftreten, bis er in den sehr locker zu haltenden Kiefernbestand als Unterholz eintritt. Zwischen den Wachholderbüschen bilden Disteln (Carlina acaulis *L.* und vulgaris *L.*, Cirsium eriophorum *L.*, acaule *L.*, heterophyllum *L.* Serratula tinctoria *L.* Carduus nutans *L.* Onopordon acanthium *L.*) eine große Zierde, auch Eryngium campestre *L.*, Pimpinella saxifraga *L.* und kleinere Gewächse, wie z. B. Augentrost (Euphrasia officinalis *L.* und E. lutea *L.*) u. s. w. Die Enzianen (Gentiana germanica *L.* campestris *L.* ciliata *L.* u. a.) wird man nicht vergessen. Auch in Fichtenbeständen kann man den Wachholder als Unterholz anwenden, vorausgesetzt, daß sie nicht zu gedrängt stehen.

---

[1]) In der „Flora von Deutschland" von Schlechtendal-Hallier, Bd. II, Gera 1880, welche hier als vollständiges Kupferwerk empfohlen werden kann, ist auf Tafel 82 der Wachholder irrthümlich mit 4zähligen Blättern von Dr. Ernst Schenk gezeichnet.

Der Alpenwachholder (Juniperus nana *L.*), welcher sich durch kriechenden
Wuchs und aufwärts gekrümmte Nadeln unterscheidet, ist ein Alpenstrauch, welcher
in den Hochalpen die Holzgrenze erreicht. Er eignet sich vortrefflich für alpine
Anlagen in Ziergärten. Im Park kann man ihm allenfalls neben dem Krummholz (Pinus mughus *Scopoli*) und dem Sabebaum (Juniperus Sabina *L.*) einen
Platz auf einem trockenen Rasenabhang zwischen Felsblöcken anweisen. Der Sabebaum mit kurzen, dicht dachig anliegenden, gegenständigen Nadeln und ruthenförmigen, bogig aufsteigenden Zweigen ist ein werthvoller Strauch in der Nähe
des Wohnhauses und im Ziergarten. Wild findet er sich an Felsen in den südlicheren Teilen des Alpengebiets.

Im südlichen Europa finden sich noch der Scharlachwachholder (Juniperus
oxycedrus *L.*), der großfrüchtige Wachholder (*J.* macrocarpa Sibthorp) und der

Fig. 23.

Cypressen beim Kloster Chilandarion auf Athos.

phönizische Wachholder (*J.* phoenicea *L.*) zerstreut. Sie sind hübsche Errungenschaften für den Blumen- und Ziergarten, wo man ihnen eine warme Lage geben
muß. Für den Park eignen sie sich nicht. Eher ist für Parkanlagen, namentlich
in der Nähe des Wohnhauses als Einzelbaum auf dem Rasen der virginische
Wachholder (*J.* virginiana *L.*) zu empfehlen. Es ist ein schöner, oft 30—40 Fuß
hoher Baum mit ausgebreiteter Krone und etwas hängenden Zweigen.

Nicht dürfen wir die Cypresse (Cupressus sempervirens *L.*) unerwähnt
lassen, den Trauerbaum für das gesammte Mittelmeergebiet. Er hat einen
schmal pyramidenförmigen Wuchs, eine sehr düstere, dichte Belaubung und erreicht eine Höhe von 50—60 Fuß. In Mitteleuropa kann man ihn nur in den
wärmsten, mildesten Gegenden des westlichen und nordwestlichen Gebietes in ganz
geschützter Lage im Freien züchten. Für den Park ist die Cypresse nur geeignet

in der Umgebung eines Grabes oder eines Mansoleums, hier aber auch kaum
durch etwas anderes zu erſetzen. Man kann ſtatt ihrer im ſüdlichen, mittlen,
nördlichen und öſtlichen Deutſchland, wo die Mittelmeer-Cypreſſe die Winter
nicht erträgt, die chineſiſche Cypreſſe (Cupressus funebris *Endlicher*) oder die
nordamerikaniſche Cypreſſe (C. nutkaensis *Lambert*) verwenden, muß jedoch auch
für dieſe eine möglichſt geſchützte Lage wählen. In der Regel benutzt man ſtatt
der Cypreſſe verſchiedene Arten und Formen von Lebensbäumen, am häufigſten
den breitſchuppigen oder amerikaniſchen Lebensbaum, welcher 40—50 Fuß hoch
wird und unſere Winter in den meiſten Gegenden Deutſchlands ſehr gut verträgt. Auch den weniger ſchönen und weniger hochwüchſigen chineſiſchen Lebensbaum (Biota orientalis *Don.*) findet man häufig in Gärten, obſchon er gegen die
Winterkälte empfindlicher iſt als der amerikaniſche.

Die Lebensbäume gehören zu den größten Zierden des Vorgartens und des
Ziergartens, beſonders aber der Umgebungen des Wohnhauſes. Sehr ſchön erſcheint eine Gruppe verſchiedener Lebensbäume auf dem Raſen, doch muß man
ſie ſo entfernt pflanzen, daß ſie einander niemals im Wuchs gegenſeitig beeinträchtigen können. Sehr gut eignen ſie ſich im architektoniſchen Garten zur
Bildung von Zäunen, Hecken und Wänden. Im ſüdweſtlichen Deutſchland, ſo
z. B. in Stuttgart, ſind ſie ſehr beliebt in Vorgärten und zu Gartenumzäunungen.
In den eigentlichen Park gehören ſie nicht.

Erwähnung verdient auch die amerikaniſche Sumpfcypreſſe, welche in Mexiko
und in den ſüdlichen Staaten der amerikaniſchen Union heimiſch iſt (Taxodium
distichon *Richard*), wo ſie die großen Cypreſſenſümpfe bewohnt. Sie erreicht
eine Stammhöhe von 100—120 Fuß, bisweilen einen Stammumfang von gegen
100 Fuß und bildet eine kegelförmig-rundliche Krone aus. In den wärmeren
Gegenden Deutſchlands gedeiht ſie ganz gut im Freien und macht mit ihren abfälligen, hellgrünen, zweizeiligen, linealiſchen Nadeln einen hübſchen Eindruck.
Im Ziergarten ſollte ſie nicht fehlen. Im botaniſchen Garten zu Hamburg ſteht
(wenn man ſie bei den wiederholten Umwälzungen geſchont hat) eine hübſche
Gruppe großer Exemplare, die größten, die ich kenne.

Eine Zukunft hat vielleicht in den wärmeren Gegenden Deutſchlands die
kaliforniſche Rieſencypreſſe (Sequoia gigantea *Endlicher*)[1], von welcher im ſüdweſtlichen Gebiet bereits Exemplare von 10—15 Metern zu finden ſind. Dieſer
Baum erreicht in Kalifornien eine Stammhöhe von mehr als 100 Metern und
iſt dabei von herrlichem, pyramidenförmigem Wuchs. Es iſt indeſſen fraglich, ob
dieſer Baum jemals Waldbaum bei uns werden wird, zumal, da Samen von ihm
ſehr ſchwer zu bekommen ſind; aber als Einzelbaum und Gruppenbaum gehört er
zu den ſchönſten aus Amerika bei uns eingebürgerten Gewächſen. Im Park
möchte man ihn kaum entbehren, darf ihn aber nur ſo anbringen, daß er den
Geſammteindruck einer Landſchaft nicht ſtört. Die ſchönſte Verwendung der
Rieſencypreſſe ſah ich auf dem Bopſer bei Stuttgart.

Dort findet ſich mitten im Walde eine von zwei ſich kreuzenden Wegen begrenzte Lichtung, die „Stelle" genannt. Den größten Theil dieſer Lichtung hat
man mit Raſen beſäet und darauf, in ſehr geſchützter Lage, die ſchönſten und
hochwüchſigſten in- und ausländiſchen Nadelhölzer gepflanzt, in genügender Entfernung von einander, ſo daß ſie ſich nicht berühren können, darunter auch drei
Rieſencypreſſen. Ruheſitze machen die Betrachtung dieſer ſchönen Bäume bequem.
Dieſes Beiſpiel verdient entſchiedene Nachahmung, auch in Parkanlagen. Auf

---

[1] Seltſamerweiſe nennen viele deutſche Garten- und Pflanzenbücher dieſen Baum
Wellingtonia oder Washingtonia, während doch ſchon ſeit Jahrzehnten nachgewieſen iſt,
daß er in die Endlicherſche Gattung Sequoia gehört.

diese Weise können die schönen Fremdlinge, die doch sehr empfindlich sind gegen unsere Winterkälte, im Schutz des Waldes ungehindert und frei sich entwickeln, ohne den landschaftlichen Eindruck im geringsten zu stören. Im Gegentheil würde es einem Besucher ausnehmende Freude und Ueberraschung gewähren, wenn er nach einer Wanderung durch dunklen Tännicht auf schmalem Pfade unerwartet auf freiem Platz im Walde Gelegenheit zum Ausruhen und vielleicht zur leiblichen wie geistigen Erfrischung fände, denn unter Umständen ließe sich hier ein Theehäuschen in Form eines einfachen Blockhauses anbringen. Ein solcher Platz müßte aber möglichst einfach gehalten werden, frei von ausländischen Blumen und Gesträuchen, um alles Erkünstelte zu vermeiden. Die schönen Bäume müßten ohne jede Beimischung für sich selbst reden. Der Platz könnte den Eindruck eines geheiligten Haines hervorrufen.

Hier sei noch einer Erfahrung erwähnt, welche ich bezüglich der Pflanzung von Nadelhölzern gemacht habe. Bei den Laubhölzern gilt mit Recht die Regel, daß man sie nur dann verpflanzen soll, wenn sie im Zustand der größten Ruhe sich befinden, also auf trockenem Boden im Spätherbst, auf feuchtem Boden im Frühling, und zwar möglichst früh, im Februar oder März. Bei den Nadelhölzern dagegen habe ich ganz andere Erfahrungen gemacht. Wachholderarten, Eiben und andere Coniferen zeigen sich sehr empfindlich beim Verpflanzen. Man muß die Saugwurzeln möglichst schonen, also einen möglichst großen Erdballen bilden. Am besten gelingt aber nach meiner Erfahrung die Verpflanzung der Nadelhölzer keineswegs zur Zeit der größten Ruhe, sondern unmittelbar vor dem Austrieb, in der zweiten Hälfte des April oder in der ersten Hälfte des Mai, ja, in rauhen Gegenden sogar gegen Ende des Maimonats. Infolge dieser Behandlung beginnen die Bäume sofort ihren Frühlingstrieb, wenn man nur einigermaßen für gute Bewässerung sorgt. Es ist dieses Verfahren besonders für Gärten und Parkanlagen zu empfehlen, namentlich, wenn es sich um die Versetzung werthvoller Exemplare handelt. Für die Forstkultur ist es weniger geeignet, weil eine so ausgedehnte Pflanzung nicht gut bewässert werden kann, also zu sehr von den Launen der Witterung abhängen würde.

Es ist eine gar traurige Erscheinung, daß man in unserer angeblich so hochgebildeten Zeit noch nöthig hat, auf die Heilighaltung aller Naturwesen hinzuweisen. Sie alle sind Gottes Geschöpfe und derjenige ist kein guter und gebildeter Mensch, der nicht eine heilige Scheu empfindet bei ihrem Anblick, sondern sie ohne Noth zerstört. Christus[1]) selbst spricht das Sittengebot also aus:

„Du sollst lieben Gott deinen Herrn von ganzem Herzen, von ganzer Seele, und von ganzem Gemüth.

Dies ist das vornehmste und größeste Gebot.

Das andere aber ist dem gleich: Du sollst deinen Nächsten lieben als dich selbst.

In diesen zweien Geboten hanget das ganze Gesetz und die Propheten.“

Dieses christliche Sittengebot verlangt von uns genau dasselbe wie die philosophische Ethik in den 3 Geboten der Frömmigkeit (Ehrfurcht gegen Gott, Liebe zu Gott), der Gerechtigkeit (Hochachtung und Liebe zu Gottes Geschöpfen, zu unserem Nächsten, d. h. Allem, was außer uns vorhanden ist), und der Ehre (Achtung vor uns selbst ebensogut wie vor dem Nächsten, weil auch wir Gottes Geschöpfe sind).

Traurig und beschämend ist es, daß den christlichen Kirchen während ihrer geschichtlichen Entwickelung die Hochachtung vor Gottes Geschöpfen fast ganz ver-

---

[1]) Matth. 22, 37—40. Marc. 12, 29—31.

loren gegangen ist, ja daß selbst viele deutschen Philosophen nur den Menschen
als den „Nächsten" betrachten, alle anderen Gottesgeschöpfe aber als Sachen be=
handelt wissen wollen; beschämend ist es um so mehr für uns, als das dreifache
Gebot der Liebe schon im Buddhismus so klar ausgesprochen ist, wie Rudolph
Seidel und W. Hübbe=Schleiden[1] nachweisen: „Und auch die äußere Wirkung und
Erscheinungsform dieses Strebens ist im Buddhismus genau dieselbe wie in Jesu
Lehre. Liebe und Barmherzigkeit für jeden Nächsten, ja, nicht nur für die Mit=
menschen, für alle Wesen überhaupt, das ist der Grundcharakter der Buddha=
lehre; und der kulturelle Erfolg in der Durchführung dieses Grundgedankens ist
in den buddhistischen Ländern durchweg ein besserer und weitergehender als in den
christlichen der europäischen Kultur."

Nicht immer ist es in dieser Beziehung so traurig bestellt gewesen wie jetzt.
Humboldt sagt im Kosmos (2,30): „Chrysostomus sagt in unzähligen Stellen:
„Siehst du schimmernde Gebäude, will dich der Anblick der Säulengänge ver=
führen, so betrachte schnell das Himmelsgewölbe und die freien Felder, in welchen
die Heerden am Ufer der Seen weiden. Wer verachtet nicht alle Schöpfungen der
Kunst, wenn er in der Stille des Herzens früh die aufgehende Sonne bewundert,
indem sie ihr goldenes Licht über den Erdkreis gießt, wenn er, an einer Quelle
im tiefen Gras oder unter dem dunklen Schatten dichtbelaubter Bäume ruhend,
sein Auge weidet an der weiten, dämmernd hinschwindenden Ferne."[2] Die Inder
verehren jeden Baum, ebenso die Jakuten, welche an jedem Baum, an dem sie
vorübergehen, ein Geschenk niederlegen.[3]

Und wir? Bei uns sind ja nicht einmal die altehrwürdigen Bäume vor der
Axt sicher, die ein Ludwig von Sckell gepflanzt hat! Wer an die Schöpfungen eines
Sckell, eines Fürsten Pückler, eines Ed. Petzold die Hand anlegt, der sollte jeden
Axthieb wenigstens aufs allerstrengste sowohl vom künstlerischen als auch vom
praktischen Standpunkt aus rechtfertigen können. In dieser Hinsicht werden wir
von den Engländern ganz außerordentlich beschämt.[4] Zur Erweckung des In=
teresses gebe ich hier noch einige Bemerkungen über große und alte Coniferen.
So erzählt Griesebach:[5]

Im Hofe des Klosters Zavra am Athos stehen zwei herrliche alte Cypressen;
eine von 12 Fuß, die andere von 15 Fuß Umfang, 4 Fuß über dem Boden ge=
messen. Gepflanzt wurden sie urkundlich 859, sind also sicher über 1000 Jahr alt.

Aehnlich ist die Cypresse in Somma bei Mailand die (nach De Candolle
Physiol. veget. III Errata) im Jahr 1832, 4 Fuß über dem Boden 20 Fuß
Umfang hatte, also 13—1600 Jahr alt ist.

Ueber die Cypresse (Cupressus sempervirens *L.*) zu Kischmer in Chorasan
berichtet Humboldt (Kosmos II, 132) folgendermaßen: „Im Schahnameh des
Firdusi, heißt es: „Eine schlanke Cypresse, dem Paradiese entsprossen, pflanzte
Zerduscht vor die Thür des Feuertempels (zu Kischmer in Chorasan). Geschrieben
hatte er auf diese hohe Cypresse: Guschtasp habe angenommen den guten Glauben;
ein Zeuge ward somit der schlanke Baum; so verbreitet Gott die Gerechtigkeit.

---

[1] Jesus, ein Buddhist? Eine unkirchliche Betrachtung. Von Hübbe=Schleiden.
Braunschweig 1890. S. 15, 16.

[2] S. Joannis Chrysostomi Opp. omnia, Paris 1838 (8°) T. IX p. 87 A, T. II
p. 821 A und 851 E, T. I p. 79. Vergl. auch Joannis Philoponi in cap. I Geneseos
de creatione Mundi libri septem Viennae Austr. 1630 p. 192, 236 und 272; wie auch
Georgii Pisidae Mundi opificium ed. 1596 v. 367—375, 560, 933 und 1248.

[3] Friedrich, Symbolik und Mythologie der Natur. S. 170.

[4] Gilpin remarks on forest scenery p. 101 und Blätter für literarische Unter=
haltung 1851 Nr. 15.

[5] Reise durch Rumelien und nach Brussa im Jahre 1839 von A. Grisebach, Dr. med.
Erster Band. Göttingen 1841. S. 277.

Als viele Jahre darüber verflossen waren, entfaltete sich die hohe Cypresse und ward so groß, daß des Jägers Fangschnur ihren Umfang nicht befaßte. Als ihren Gipfel vielfaches Gezweig umgab, umschloß er sie mit einem Palast von reinem Gold.... und ließ ausbreiten in der Welt: wo auf Erden giebt es eine Cypresse wie die von Kischmer? Aus dem Paradiese sandte sie mir Gott und sprach: neige Dich von dort zum Paradiese." (Als der Chalif Wotewekfil die den Magiern heilige Cypresse abhauen ließ gab man ihr ein Alter von 1450 Jahren.) Vgl. Fullers, Fragmente über die Religion des Zoroaster 1831 S. 71 und 114; Ritter, Erd= kunde Th. VI, 1. S. 242. Die ursprüngliche Heimath der Cypresse (arab. Arar= holz, persisch serw kohi) scheinen die Gebirge von Busih westlich von Herat zu sein; s. Edrisi, Géogr. trad. par Jaubert 1836, T. 1 p. 464.

Einer der größten und merkwürdigsten Cupressineen ist die weiter oben bereits erwähnte mexikanische oder virginische Sumpfcypresse (Taxodium distichon *Rich.*). In der Nähe der Hauptstadt Mexiko stehen sehr große und alte Bäume, darunter einer von 46 Fuß Umfang.[1] Die durch Humboldt so berühmt gewordene Cypresse von Santa Maria del Tule ist 120 Fuß hoch bei 98 Fuß Stammumfang. Schon Cortez erwähnt in seiner Geschichte der Eroberung Mexikos, daß er mit seinen Soldaten unter diesem Baum geruht habe.

Die Cypresse kommt in Unterlouisiana und Florida nicht selten 70—80 Fuß hoch und 8—12 Fuß im Durchmesser vor. Das Holz ist leicht, aber ungemein dauerhaft und darum als Bauholz sehr geschätzt. (Warden I. p. 178, II. p. 522.) Auch zu Kanoes dient es, und trägt als solches nur einen Zoll dick 3—4000 Pfd. Dupratz (hist. de la Louisiane) beschreibt einen Stamm zu Batonrouge, der 12 Klafter im Umfange hielt.[2]

Unter den schöneren Cypressenbäumen ist auch noch die sogenannte weiße Ceder (white Cedar) der Amerikaner (Chamaecyparis sphaeroidea *Spach*) zu erwähnen, welche besonders in New-Jersey, Maryland und Virginien vorkommt. Auch die nordchinesische Trauercypresse (Cupressus funebris *Endl.*) gehört zu den eleganteren Erscheinungen in dieser Gruppe.

In der Eibenfamilie gehört unsere gewöhnliche Eibe (Taxus baccata *L.*) zu den schönsten ihrer Vertreter. Daß auch dieser Baum zu einer mächtigen Größe sich entwickeln kann, trotz seines langsamen Wachsthums, davon sah Kohl ein auf= fallendes Beispiel im Jahr 1844 auf der Wiese Annachurch zwischen Trentham und Butterton, wo als Erinnerung an den ehemaligen Kirchhof noch die alten Taxusbäume standen, vielleicht die schönsten und ältesten in ganz England. Sie zeigten im Mittel 24 Fuß Stammumfang.[3] Wenn aber Marsh aus ihrem früheren häufigen Vorkommen in England, Deutschland, und nach Theophrast auch in Griechenland, wo sie verschwunden ist, aus ihrem Seltenwerden in Deutsch= land den Schluß ihres gänzlichen Aussterbens zieht, so ist das wohl übereilt.[4]

---

[1] E. B. Heller, Reisen in Mexiko. Leipzig 1853. S. 156.

[2] A. Niemann, Vaterländ. Waldber. Bd. 1, St. 2. Altona 1820. S. 245. Braden= ribge, Ansichten von Louisiana, deutsche Uebersetzung. Weimar 1818. 8. S. 81 ff. Herr Gartendirektor Bezold machte mir gütigst folgende briefliche Mittheilung: „Der Garten= direktor Grube, welcher mit dem Kaiser Maximilian in Mexiko war, hat mir von der be= rühmten Cypresse des Montezuma Folgendes erzählt: Die Bäume sind immergrün, gehen bis zu einer Höhe von 60—70 Fuß pyramidal, alsdann breiten sich die Aeste phantastisch aus und senken sich fast bis zur Erde. Auf ihnen haben sich zahlreiche Orchideen ange= siedelt. Das gewöhnliche Taxodium distichum kann es demnach nicht sein, da dieses nicht immergrün ist. Vielleicht die Abart T. distichon Montezumae?" Vielleicht erklärt der Unterschied sich dadurch, daß im wärmeren Mexiko die neuen Nadeln schon vor dem Abfall der vorjährigen erscheinen.

[3] J. G. Kohl, Reisen in England und Wales. 1844. Theil I. S. 67.

[4] Georg P. Marsh, Man and nature. London 1864. S. 70—71.

Daß ihre Anzucht aus Samen nicht mehr gelingen sollte, wird durch die That=
sachen wiederlegt. Das Klima kommt kaum in Betracht.

Auch aus der Tannenfamilie will ich noch einige besonders schöne und große
Bäume erwähnen. Im Jahr 1869 wurde im Gebirge bei Hermannstadt eine.
Tanne gefällt, deren Stamm volle 7 Fuß im Durchmesser hatte.[1] Auf der fürst=
lich Kinskyschen Besitzung bei Böhmisch Kamnitz am Kattenberg wurde vor einer
Reihe von Jahren die sogenannte Fürstentanne gefällt. Sie hatte eine Länge von
28 Klaftern, einen Stammdurchmesser von einer Klafter, 1 Fuß 6 Zoll und einen
Holzinhalt von 1499 Kubikfuß. Die Blätter für Handel und Gewerbe 1860
Nr. 49 berichten Folgendes:

Eine Königsfichte von riesiger Größe steht in dem Zsbenyovaer Waldrevier
der Munkacser Herrschaft. Die Höhe dieses Riesenbaumes beträgt gegenwärtig
204 Fuß, obschon ein Blitzschlag vor mehreren Jahren 12 Fuß von seiner Krone
raubte. In der Höhe einer Mannsbrust hat der Stamm einen Durchmesser von
7 Fuß und einen Umfang von nahe an 22 Fuß; nach einer regelrechten Theil=
berechnung würde der Baum 29 Klafter Holz liefern, die Klafter mit 70 Fuß
dichtem Holzinhalt gerechnet. Das Alter des Baumes läßt sich auch nicht an=
nähernd bestimmen, weil die verschiedenen hier vorhandenen Baumstämme ein
diverses Zeitalter haben. Die Frische der genannten Fichte läßt vermuthen, daß
sie unter besonderen günstigen Umständen rasch gewachsen sei und kaum mehr als
280—300 Jahre zählt.

In Nordamerika kommt zwar unsere Weißtanne nicht vor, jedoch hat sie
einen Vertreter in der nordkalifornischen Weißtanne (Picea grandis *Loudon*),
welche eine Höhe von 170—200 Fuß erreicht. Ein fast nicht minder ansehnlicher
Baum ist die Ahamel=Tanne der Mexikaner, welche bei 150 Fuß Höhe einen
Stammdurchmesser von 5—6 Fuß bekommt (Abies religiosa).

In der eigentlichen Kieferngruppe kommen wohl die größten Dimensions=
unterschiede vor. Zschokke[2] weist hin auf die allen Gesträuchen und Halbbäumen
der Hochalpen zukommende Eigenschaft, ihre Zweige niederzulegen und erst die
äußersten Theile derselben emporzukrümmen. Die Arme der Alpenföhre schleichen
von der Wurzel hinweg 10—20 Fuß lang, und erheben sich dann erst zu einer
Höhe von 10—15 Schuh. Ebenso die Tröffeln, deren Stämmchen oft einige
Schuh weit kriechen, ehe sie sich aufrichten; desgleichen die Rhododendern, die
Bergwachholdern (Iuniperus alpina) u. s. w. So weit die Stämme dieser Ge=
sträuche gelagert sind, fehlt ihnen Laub und Nadel. Die Arven sind in den Hoch=
alpen erst im 40. bis 50. Lebensjahr mannshoch.[3] Die jungen Arven auf der
Alpflur, welche Herr Medicus auf seiner Reise über die Lauterbrunner Scheideck
15—25 Jahr alt schätzte, (E. W. J. Gatterers neues Forstarchiv, IX, 90) sind
im Durchschnitt 50—60 jährig, wie sich ergab, nachdem ich einige schlagen ließ,
und dann hatten sie 6, 7 bis 9 Fuß Höhe. Die Arve legt bis in ihr 150. bis
200. Jahr die stärksten Holzringe an, dann haben sie aber kaum einen Fuß im
Durchmesser. Nur in tieferen Gegenden wachsen sie rascher. Auf Seite 88 erzählt
Zschokke: „Ich ließ eine junge Arve auf Wergisdahl=Alp schlagen, im besten Boden
gewachsen. Ihre Rinde, wie an jungen Bäumen, war noch ganz glatt, der Splint
frisch und weich. Das Harz quoll tropfend aus jedem angeschnittenen Zweig.
Sie hatte erst die Höhe von 6½ Berner Schuh und wo sie unten am dicksten
war, kaum 2 Zoll im Durchschnitt. Und dieses Kind unter den Arven zählte
schon beinahe 70 Jahr, wenigstens ließ sie 67 Jahrringe erkennen.

---

[1] „Neue freie Presse". Wien im Juni 1869. Abendblatt.
[2] H. Zschokke, Die Alpenwälder 1804. S. 90.
[3] Ebenda S. 155.

Eine andere Arve, am Fuß des Tschukkeberges gestanden, und keine von den mächtigsten, war in voller Kraft gefällt, zum Bau einer Sennhütte. Sie hatte im Durchschnitt einen Schuh 7 Zoll, und bewies durch ihre inneren Holzringe schon das Alter von 353 Jahren, ungerechnet die Jahre des ersten Keimens, welche sich noch durch keine oder nur durch höchst unmerkliche Kreise bezeichnen. Die Ringe sind so dicht, daß oft die Breite eines Strohhalms ihrer drei bis vier verdecken kann.

„Die Höhe des Bernhardpasses mag mit der Höhe von Wengeren-Alp zwischen Lauterbrunnen und Grindelwald übereinstimmen. Hier stehen vereinzelt nur einige tausendjährige Arvenkolosse und tiefer wenige Rothtannen ohne jungen Aufwuchs; dort auf dem Bernardin reichen Lärchen und Fichten in mehr geschlossenen Beständen etwa 6000 Fuß hoch, beinahe bis auf die Höhe des Passes, aber ohne, wie die Arven auf der Wengeren-Alp, starke Stämme zu bilden. Doch ist sichtbar das Aussehen des Baumwuchses gesünder, als auf gleicher Höhe der beiden Scheidecken im Berner Oberland, und Arven würden dort jetzt noch leichter als hier gedeihen, wenn sie angesäet würden. Kaum ist aber die Nähe größerer Gletschermassen auf den Scheidecken Ursache, daß hier die Bäume mehr Spuren des rauhen Klimas tragen, als auf dem Bernardin, denn unter dem Einflusse dieser Gletscher haben jene Arven Stammdurchmesser von 6 Fuß erreicht." [1])

„Der nutzbarste Baum des Alpengebirges, der wichtigste, abgesehen auch von Holz und Früchten, ist ohne Zweifel die Arve (Pinus cembra L.). Ueberall sind Spuren, daß dieser Baum auf dem Gebirge zwischen Bern und Wallis in vorigen Zeiten häufig gewesen und große Wälder gebildet habe. Noch jetzt stehen auf den Oberbaslischen und Grindelwaldischen Gebirgen in Höhen von 6000 Fuß Arven, die 4 Fuß im Durchmesser halten und vielleicht 1000 Jahre zählen. Kein Hirt des Hochgebirgs ist, bei dem dieser so seltene und zugleich so nützliche Baum nicht in hoher Achtung stände, und doch ist dem Verfasser, ungeachtet beständigen Nachforschens, kein Beispiel bekannt geworden, daß jemals ein Landmann des Hochgebirgs diesen Baum durch Saat zu vermehren gesucht hätte." [2])

Südlich und östlich von Scarla sind die Bergabhänge noch weit hinauf mit Wäldern bekleidet, deren Hauptbestand Arven ausmachen. Ein großer Arvenwald an der Halde, gegenüber dem Dörfchen, ist für den Holzhau seit langer Zeit in Bann gelegt in der Hoffnung, daß durch denselben die Häuser vor den Schneelawinen gesichert bleiben. Der Wald ist dünn, die alten Arven sind gut gewachsen, ohne Spuren der so rauhen Lage; zwischen den alten Stämmen finden sich aber keine jungen Arven, aus dem Grunde ohne Zweifel, weil er der Weide nicht verschlossen, weil unter und zwischen den dichtbelaubten Stämmen der Boden zu sehr beschattet ist, und weil die Zapfen vor dem Abfall immer gebrochen werden, um den Einwohnern zur Speise, oder vielmehr zum Naschwerk und Zeitvertreib während der langen Winter zu dienen. Pallas bezeugt, daß auf den russischen Gebirgen, wo große Arvenwaldungen vorkommen, ganze Gemeinden zur Arvensamenernte in die Wälder ziehen, und das Oel, welches sie aus diesen Samen pressen, allgemein, wie in Italien das Olivenöl, zur Bereitung der Speisen diene und den Ankauf jedes anderen Oels den Landleuten erspare. Da dieses Oel in die Classe

---

[1]) K. Kasthofer, Bemerkungen auf einer Alpenreise über den Susten, Gotthard, Bernardin ꝛc. Arau 1822. S. 107, 108.

[2]) Karl Kasthofer a. a. O. S. 344, 345. Daß man nicht schon seit Jahrhunderten für Anzucht der Arve im Großen gesorgt hat, macht allerdings der Schweizer Regierung wenig Ehre. Ist es nicht eine unverantwortliche Nachlässigkeit, daß noch heutigen Tages die schweizerischen wie auch die tiroler Forstbehörden es versäumen, die Zapfen sammeln zu lassen und daß die betreffenden Regierungen nicht auf's Strengste das Einsammeln durch Privatleute unterdrücken?!

der nicht siccativen Oele gehört, so würde dasselbe für die Seifenfabrikation so
dienlich als das Olivenöl werden; aber in Bünden so wenig als in der übrigen
Schweiz, wo die Arve zu Hause ist, wird das Oel aus den Arvensamen gewonnen,
sondern überall diese Frucht als Naschwerk angesehen, und nie in den Waldungen
zur Erhaltung oder Anzucht von Arvenwäldern ausgesäet.[1])

Zu den mächtigsten Kiefern gehört die weiße Kiefer oder Weymouths-Kiefer
(White Pine) Nordamerikas (Pinus strobus *L.*). Am Eriesee findet sie sich nicht
selten in Stämmen von 180—183 Fuß Höhe und 4¼ bis 5¼ Fuß Durchmesser,
einzelne sogar von 200 Fuß Höhe und über 7 Fuß Durchmesser.[2])

Nach Dr. Williams wurde im Jahre 1736 zu Dunstable, New Hampshire,
eine weiße Kiefer gefällt von 7¾ Fuß Durchmesser. Dr. Dwight erzählt von einer
umgestürzten Weißkiefer in Connecticut von 247 Fuß Stammhöhe. Er fügt hinzu,
daß sie wenige Jahre zuvor in den nördlichen Gegenden des Flusses Connecticut
in großer Anzahl zu finden gewesen. In einem anderen Briefe bemerkt er, daß
Weißkiefern von 6 Fuß Stammdurchmesser und 250 Fuß Höhe keine Seltenheit
seien, und erwähnt eines Baumes von 264 Fuß Länge, welcher in Lancaster,
New Hampshire, gefällt wurde. Im Jahre 1846 schrieb Emmerson, daß vor etwa
50 Jahren in Massachusets auf ziemlich trockenem Lande in Blandford einige
weiße Kiefern von 223 Fuß Länge gefällt wurden. Alle diese Bäume übertraf
jedoch ein Baum, welcher etwa 100 Jahre zuvor zu Hannover in New Hampshire
gefällt wurde, und welcher 270 Fuß lang war.[3]) In einer Sitzung des natur-
forschenden Vereins zu Riga berichtete Jegor von Sivers über Riesenstämme
Livlands, indem er folgende Beispiele anführte:[4])

Eine Kiefer am Wege vom Schloß Schmilten nach Wollmar maß 4 Fuß,
über der Erde 13¾ Fuß im Umfang.[5]) Ein Wachholder (Kaddig der Livländer)
besaß einen kegelförmigen Stamm von 9 Fuß Höhe, dicht am Boden, mit einem
Umfang von 10 Fuß, 2 Fuß über dem Boden von 7 Fuß. Zwei Aeste am Gipfel
bildeten ein halbkreisförmiges Dach von 12 Fuß Halbmesser.[6]) Ein Wachholder
von 35 Fuß Höhe bei 3¼ Fuß Stammumfang stand auf dem Kirchhof der
Wiezenhoff'schen Bauerngemeinde im Kirchspiel Trikatew.

Ueber große Lärchen berichtet Kasthofer:[7]) „Hinter Suvers, auf der Sonnenseite des Gebirgshanges stehen die schönsten Lärchtannen, von mehr als 3 Fuß
Durchmesser, unter dem Fichtenwald, der die höheren Gebirgszonen überzieht.
Die Lärchentannen haben hier auf der Sonnenseite alle gelbe Nadeln; gegenüber
hingegen stehen sie, soweit das Auge reicht, noch frisch und grünend. Das ist
die Wirkung der Maifröste, die da, wo nach kalten Nächten des Morgens die

---

[1]) K. Kasthofer's Bemerkungen auf einer Alpenreise über den Brünig, Bregel, Kirenzenberg ꝛc. Bern 1825. S. 168, 169.

[2]) Kritische Blätter für Forst- und Jagdwissenschaft. Bd. 47. Heft 2 (1865) S. 218.
Es wäre besser, wenn auch wir uns der amerikanischen Bezeichnung „weiße Kiefer" be-
dienten, statt des ganz überflüssigen Namens „Weymouths-Kiefer". Beiläufig bemerkt, ist
die gelbe Kiefer (yellow pine) der Amerikaner Pinus ponderosa *Douglas*, die Pechkiefer
(pitch pine) ist P. rigida *Miller*, die Schierlingstanne (Tsuga canadensis *Curr.*) wird
hemlock spruce genannt.

[3]) G. P. Marsh, Man and nature. p. 275. J. Williams, History of Vermont in
New England and New York. New Haven 1821. 4 Vol. II. p. 53. Timothy Dwights
Travels. II. p. 21 and III. p. 36. George B. Emerson, Trees of Massachusetts,
Boston 1850. A report on the trees and shrubs growing naturally in Massachusetts,
p. 61. Dr. Parish, Life of President Wheebock. p. 56.

[4]) Rigasche Zeitung. Nr. 221, den 23. Sept. bis 5. Oct. 1863.

[5]) Die Tanne der Eingeborenen. Die Fichte heißt bei ihnen Grähne.

[6]) Dieser merkwürdige Baum stand auf dem Gute Koltenberg im Ermeßschen Kirchspiel.

[7]) Aarau 1822. S. 111.

Sonnenstrahlen hinfallen, immer verderblicher werden, als auf der Mitternacht=
und Abendseite der Berge.“

Bezüglich des Wuchses der Lärche sagt derselbe Berichterstatter:[1] „Ueber
5000 Fuß über dem Meer erhöht stehen am Altein 5 Fuß im Durchmesser haltende
Lärchtannen. Je höher hinauf sie hier am Gebirge stehen, desto weniger zeigen
sie gekrümmte Stämme, und desto schlanker scheint ihr Wuchs zu werden; eine
Erscheinung, welche die Vermuthung begründet, daß die so häufig vorkommenden
verbogenen Stämme der Lärchtannen in unseren tieferen Thälern die Folge des
zu üppigen Wachsthums und der größeren Weichheit ihrer Jahrestriebe sind.“

Eins der größten und schönsten Nadelhölzer ist die neuseeländische Kauri=
sichte (Dammara australis Don.). Bei Wangaroa stand ein Stamm von 43³/₄
Fuß Umfang, astfrei bis auf eine Höhe von 60 Fuß, mit einer Krone von 41
Hauptästen, wovon einige 4 Fuß Dicke haben.[2] Diesen Baum entdeckte Sabbler,
Befehlshaber des Schiffes Buffalo, nach Neuseeland gesandt, um Masten für die
englische Marine zu holen.[3] Der erwähnte Baum war anscheinend ganz gesund,
stand am Abhang eines Bergpasses und war mehr als doppelt so groß wie irgend
ein Baum dieser Art, den Sabbler je zuvor gesehen. Auch Capitän Home bemerkt,
den Kauribaum niemals größer als 18 Fuß 8 Zoll Umfang gefunden zu haben.

Ein wunderbar regelmäßig gewachsener Baum, den wir mit Vorliebe in
unseren Kalthäusern ziehen, da er leider ebenso wenig wie die Kaurisichte unsere
Winter erträgt, ist die Norfolksichte (Araucaria excelsa Sol.). Home sah eine
solche auf der Norfolkinsel von 187 Fuß Höhe, 4 Fuß über dem Boden mit 54
Fuß Stammumfang und noch in 20 Fuß Höhe mit einem Umfang von 51 Fuß.
Der bis zu 16 Fuß Höhe hohle Baum war dennoch vollkommen gesund.

Hodgkinson berichtet in seinem Werk: „Australia from Port Macquarie to
Moretonbay“, daß ein Arzt auf der Norfolkinsel einen solchen Baum gemessen
habe, welcher am Boden einen Durchmesser von 12 Fuß, und in einer Höhe von
80 Fuß noch einen Durchmesser von 9 Fuß hatte und 267 Fuß hoch war.

Ueber die berühmten Cedern am Libanon sagt Schleiden:

„Daß ein kümmerlicher Rest jener uralten Cedern in der Schlucht von
Bscherreh steht, und daß in entlegenen Thälern noch junge Anflüge dieses Baumes
sich geborgen haben, ist bekannt. Vergleiche Osterwald in Schallers und Giebels
„Weltall“ 1854, No. 2. Aeltere Nachrichten über die Libanonsceder, besonders aus
dem 16. und 17. Jahrhundert in Fechners „Centralblatt für Naturwissenschaften
und Anthropologie“ 1854, No. 2. Allerdings ist schon von älteren Gelehrten
bezweifelt worden, daß die hochgepriesene Libanonsceder (אֶרֶז הַלְּבָנוֹן) eben der
erwähnten fast ausgerotteten Species angehöre. Ein neuerer amerikanischer
Reisender erhebt den alten Zweifel zu großer Wahrscheinlichkeit. Er hat an
Ort und Stelle die Beschaffenheit des Holzes geprüft und es so schwach, spröde
und zerbrechlich gefunden, daß Salomo es unmöglich zu seinen Großbauten habe
benutzen können. Vielmehr, sagt er, es sei das Wort אֶרֶז der allgemeine Name
für Nadelhölzer und habe man an die Libanonsfichte zu denken, einen starken
festen Baum der auf dem Gebirge sehr häufig wachse und vielfach zu baulichen
Zwecken verwendet werde.“ —

---

[1] Ebendaselbst S. 143, 144.

[2] Proceedings of the Linn. Soc. 1847. Febr. Brief des Kapitäns Sir E. Home
an Rob. Brown über zwei große Coniferen auf Neuseeland und Norfolk Island.

[3] Annals and magazine of natural history. No 129. 1847. Kaurifichten von
150 Fuß Höhe und 25 Fuß Stammumfang sollen nichts Seltenes sein. In den Wäldern
der östlichen Küstenkette steht der von den Eingeborenen so genannte „Vater des Kauri“
mit 75 Fuß Stammumfang. Der unterste Ast hat 6 Fuß im Durchmesser.

Der libanotischen Ceder sehr ähnlich und nahe verwandt ist die Himalaya-Ceder (Cedrus deodara *Lowl.*), welche aus Nepal zu uns gekommen ist. Ein Wald derselben zwischen 8000 und 11,000 Fuß Meereshöhe am oberen Hydaspes (Behut), welcher den Alpensee von Kaschmir durchströmt, lieferte dem Neander das Material für seine Flotte. [1]) Es kommen dort Stämme von 40 Fuß Umfang vor.

Ich schreite nun fort zur Betrachtung der Laubhölzer. Für diese gilt fast noch mehr wie für die Nadelhölzer, die Forderung einer äußerst rücksichtsvollen Behandlung während der Zucht, ganz besonders bezüglich des Versetzens und des Schnittes. Beim Versetzen soll man namentlich das Wurzelwerk über die Maßen schonend behandeln, und schneiden soll man wo möglich gar nicht, soweit es sich irgend vermeiden läßt. Mit vollem Recht sagt Roßmäßler, daß die durch das Beschneiden bedingten wiederholten Verletzungen das ruhige Gestaltungsleben der Bäume gewaltsam stören, so daß sie zu allerlei Gestaltveränderungen gezwungen sind. [2])

Noch bestimmter spricht sich Göppert aus:

Wenn die Einschließung oder Ueberwallung der verletzten Theile zu spät erfolgt, wie namentlich beim Stehenbleiben von Aststummeln, tritt Zersetzung und Fäulniß des Stammes ein, daher die vielen Löcher in unseren Kultur- und Waldbäumen die stets auf mehr oder weniger vorgeschrittene Zerstörung im Innern, also auch auf Unbrauchbarkeit des Holzes zu gewissen Zwecken schließen lassen, wie z. B. bei Eichen. Wir wissen sehr wohl, daß sich in der Baumkultur Hieb und Schnitt nicht entbehren lassen, aber auch eben so sicher, daß dies nur zu häufig und ganz rücksichtslos in Folge alten Herkommens und Unkenntniß der damit verknüpften Nachtheile geschieht und oft zum Heil unserer Baumwelt unterlassen werden kann. Man betrachte sich das klägliche Aussehen so vieler auf diese Weise mißhandelter Obst- und Waldbäume und wird es nicht für überflüssig halten, daß unser der öffentlichen Belehrung besonders gewidmete Pavillon auch eine ganze Reihenfolge solcher Beispiele vor Augen führt, insbesondere von den bisher ganz unbeachtet gebliebenen, aber in diesem Falle ganz vorzüglich wichtigen Längsschnitten. Noch schlimmer als mit den Aesten verfährt man gemeiniglich mit den für die Pflanzen so wichtigen Pfahlwurzeln, überhaupt mit dem gesammten Wurzelsystem: Die ersteren werden ohne weiteres schon in frühester Jugend abgeschnitten, bei Obstbäumen und sogar bei den Eichen ohne Beachtung ihrer hohen Bedeutung, insofern sie von der Natur bestimmt sind, der Pflanze sicheren Halt, Feuchtigkeit und Nahrung aus den dieser sonst nicht zugänglichen tieferen Schichten und Schutz vor tief eindringendem Frost zu gewähren. Mit den übrigen Wurzelfasern wird nun bei jedesmaligem Umsetzen oder Verschulen in der Regel auf die rücksichtsloseste Weise verfahren, so daß man, was das große Publikum ganz unglaublich finden dürfte, aber nichts destoweniger vollkommen begründet ist, in Wahrheit sagen kann, daß von den Billionen und abermals Billionen von Bäumen, die zu irgend einem Zwecke verpflanzt werden, nur sehr wenigen vergönnt ist, ihre Existenz mit dem ihnen von der Natur verliehenen Wurzelsystem weiter zu begründen.

Unzählige gehen in Folge dieses Verfahrens zu Grunde und wenn die Ueberlebenden immerhin sich noch als nützlich erweisen, so kann sich doch wohl Niemand der Ueberzeugung entschlagen, daß sie kultivirt auf einem von der Natur selbst, unserer unvergleichlichen Lehrerin, vorgezeichneten Wege, nicht blos

[1]) Humboldt. Kosmos II, 482. (Burnes Travels Vol. I, p. 59).
[2]) E. A. Roßmäßler, Der herbstliche Wald. Im Feuilleton des österr. Landwirthsch. Wochenblatts. 1877. Wien, 6. Oktober. Nr. 40. S. 457.

gewinnreichere Erträge liefern, sondern auch ein höheres Alter als bisher erreichen würden.

Wann werden wir den Engländern gleichkommen, welche jedem Dorf den
Reiz der Natürlichkeit zu erhalten wissen, weil sie die Holzpflanzen gewähren
lassen, ohne sie durch Schnitt zu quälen und zu verunstalten.

Man nennt diese Quälerei: „Verjüngung" der Bäume. Ja, man schaue die
Folgen solcher Verjüngung z. B. in der Lindenallee zu Fürstenried. Die armen
Bäume frühzeitig zu elenden, kränklichen Krüppeln machen, das heißt, sie verjüngen.

Es giebt nur einen einzigen Fall, wo es erlaubt, ja geboten sein kann, bei
Bäumen, namentlich bei einigen Arten, die Krone einmal (aber später niemals
wieder, zu stutzen, nämlich bei der Versetzung aus der Baumschule in eine Allee,
an eine Landstraße oder an einen öffentlichen Platz, wo es an Arbeitskräften fehlt,

Fig. 24.

Bonchurch auf der Insel Wight.

vielleicht auch an Wasser, um die Bäume während der ersten Monate zu überwachen und nöthigenfalls einmal zu bewässern. Im Park wird das niemals
nöthig sein, sobald man nur die rechte Verpflanzzeit nicht verabsäumt. Will man
aber z. B. Roßkastanien an die Landstraße pflanzen, welche unmittelbar aus der
Baumschule kommen, so muß man, besonders wenn die Bäume schwächlich
sind, einen Theil der Zweige stutzen. Daß jeder gestutzte Zweig noch möglichst
viele Seitenaugen haben muß, daß aber auch eine Anzahl von Endknospen stehen
bleiben muß, das sollte jedem Baumgärtner so selbstverständlich erscheinen wie ein
Gebot des Katechismus. Die wenigsten aber richten sich danach. Werden schwächliche Bäume gar nicht gestutzt, so schlafen sie meistens in einem trockenen Frühjahr
plötzlich ganz ein, wenn sie schon Blätter und Blüthen getrieben haben; einige
Tage später, und sie stehen verdorrt da. Weit häufiger aber ist der umgekehrte

Fall, daß die Kastanie zu stark gestutzt und dadurch aller Endknospen und der meisten Seitenknospen beraubt wird. In diesem Fall erstickt sie meist im Safte, wie der Gärtner sagt, d. h. sie ist zu schwach zum Treiben, weil sie fast aller Ernährungstriebe beraubt ist, die stagnirenden Säfte beginnen zu faulen und der Baum geht an dieser Fäulnißkrankheit zu Grunde.

Im Park aber soll man nur ganz kräftige junge Bäume pflanzen und keinen einzigen Trieb einstutzen, denn dadurch schändet man den Baum für zeitlebens.

Man spricht so häufig von Baumpflanzungen an Bahndämmen, Landstraßen und anderen bis dahin fast unbenutzten Orten, daß ich nicht unterlassen möchte, bei dieser Gelegenheit die Vorschläge eines Ungenannten mitzutheilen, welche, wenn sie auch nicht alle ausführbar sein sollten, doch im Ganzen von einem gesunden Sinn eingegeben sind.

So viele Tausende Straßen- und Bahnmeilen wir besitzen, so viele Lehranstalten für Obstbaum- und Gartenbaukunde könnten wir haben.

Und gering wäre die Arbeit, durch welche wir das erreichen könnten, bescheiden sind die Mittel, die wir beanspruchen möchten.

Es sei uns gestattet, einer Formulirung unserer Ansichten, Wünsche und Hoffnungen in folgender Fassung Ausdruck zu geben.

§ 1. Alle Fahrwege, welche einen Ort mit einem anderen verbinden, sind Eigenthum des Landes, werden aus den Mitteln des Landes erhalten und überwacht und heißen „öffentliche Wege". (Es ist hier nicht der Ort, um die Vortheile auseinander zu setzen, welche eine einheitliche Straßenverwaltung brächte, und die Nachtheile unseres jetzigen Straßenwesens zu beleuchten.)

§ 2. Alle öffentlichen Wege müssen zu beiden Seiten mit Bäumen bepflanzt sein, und zwar mit solchen, die den Boden- und Klimaverhältnissen entsprechen, womöglich stets mit Obst tragenden. Die Zwischenentfernungen zwischen den Bäumen sind mit Hecken zu bepflanzen, womöglich mit genießbare Früchte tragenden. (Bei Schneewehen von besonderem Vortheile.)

§ 3. Die Ueberwachung, resp. Anlage und Erhaltung der Bepflanzungen unterstehen dem Landesgärtner, den Bezirksgärtnern und Straßeneinräumern.

Dem Landesgärtner untersteht die Landesbaumschule, er wählt die geeigneten Baumarten für den Standort und hat die Ueberwachung sämmtlicher Baumanlagen.

Die Bezirksgärtner überwachen die Baumanlagen des ihnen zugewiesenen Bezirkes und die Straßeneinräumer ihres Distriktes.

Der Landesgärtner ist Landesbeamter.

Die Bezirksgärtner werden aus dem Stande der Lehrer oder sonstiger mit der Baumkultur vertrauter Personen gewählt, sie beziehen keinen Gehalt, aber einen Antheil vom Bruttoertrage der ihrer Aufsicht unterstehenden Anlagen.

Die Straßeneinräumer sind vom Lande (Gemeinde?) anzustellen und beziehen einen Antheil des Bruttoertrages der Anlagen ihres Distriktes.

§ 4. Innerhalb eines Zeitraumes von mehreren Jahren werden sämmtliche Straßeneinräumer nach Art der Bahnwächter längs der öffentlichen Wege angesiedelt. Jeder Straßeneinräumer erhält außer seiner etwaigen Besoldung einen 800 Quadratmeter großen Hausgarten. Mindestens ein Zehntel dieses Gartens hat er als Baumschule zu verwenden, und er erhält die Pfropfreiser ꝛc. unentgeltlich aus dem Landesgarten; ebenso ist er gegen Entschädigung der Selbstkosten mit den besten Gemüsesämereien zu versorgen. (Die Landes- und Bezirksgärtner haben die Straßeneinräumer für jede Art Gartenkultur möglichst anzueifern.)

§ 5. Die Straßeneinräumer werden in Eid genommen und verehen, soweit es ihr Dienst erlaubt, den Dienst der Straßen- und Feldpolizei. (Sie könnten auch sonst als Polizeiorgane dienen, vorzüglich dann, wenn ihre Weiber für Straßenarbeiten verwendet würden. Sie könnten gute Dienste verehen bei steckbrieflich Verfolgten u. f. w.)

§ 6. Der Ertrag aus allen Baumanlagen bildet eine Landeseinnahme.

§ 1. Die Eisenbahnverwaltungen sind verpflichtet, beide Fronten der Geleise mit geeigneten, in erster Richtung Obstbäumen oder Sträuchern zu bepflanzen, ebenso alle Materialgräben, sogenannte Skarpen. Die Wahl der Bäume obliegt dem Landesgärtner.

§ 2. Jedem Bahnwächter (Schrankenwächter u. f. w.) ist ein Garten von mindestens 500 Quadratmeter zuzuweisen (wir wollen hier nur darauf hinweisen, daß die Verwaltungen dieses im eigenen Interesse längst hätten thun sollen zur sittlichen Hebung u. f. w.), und sollen die Verwaltungen diesbezüglich auf Hebung der Gartenkultur ein besonderes Augenmerk haben.

§ 3. Alle Stationen und Bahnhöfe sind, soweit es die Verhältnisse erlauben, mit Gärten zu verehen.[1]

Wenn ich das Verlangen gestellt habe, daß Parkbäume, Alleebäume und Bäume an öffentlichen Plätzen nicht durch Scheere, Messer oder Säge verunstaltet werden, so beschränkt sich das eben auf diese Fälle, wo der Baum möglichst natürlich aufwachsen soll. Im architektonischen Garten, bei lebenden Zäunen, begeben wir uns der Natur und greifen zur Scheere. Ebenso im Obstgarten und bei einzelnen Kulturgewächsen des Blumengartens, wie z. B. bei den Rosen. Hier ist aber gar nicht Natürlichkeit unser Zweck, sondern möglichst großer Ertrag an Blumen oder Früchten. Damit haben wir es hier nicht zu schaffen.

Vom Landschaftsgarten aber erwarten wir, daß man ihn mit Scheere, Messer und Säge möglichst verschone. Hier herrschen Spaten und Axt. Ist eine Schutzpflanzung nicht mehr nothwendig, so schlage man sie weg und rode sie aus. Steht ein schöner Baum im Wege, so versetze man ihn.

Selbstverständlich gilt das Gesagte auch für die Sträucher, ja fast noch mehr als für Bäume. Nichts kann einen naturwidrigeren Anblick gewähren als ein geschorenes Boskett. Wird ein Strauch unansehnlich, so rode man ihn aus. Wo Lücken entstehen, da ersetze man das Fehlende durch neue Pflanzung. Unter Umständen kann es erlaubt sein, einen oder den anderen Strauch zu „verjüngen." In diesem Fall muß es aber dicht über der Wurzel geschehen, und unter allen Umständen so, daß der im Sommer Vorübergehende von diesem Eingriff keine Ahnung erhält.

Die erste Familie der Laubhölzer, welche wir zu berücksichtigen haben, ist diejenige der Ulmen- oder Rüstergewächse. Diese Familie enthält kleinere oder größere Bäume mit wendelständigen, aber zweizeilig gerichteten Blättern und Zweigen. Diese zweizeilige Verzweigung der jungen Aeste giebt der Rüster auch im Winter ein eigenthümliches Ansehen, woran man sie leicht erkennt. Die Blätter sind meist kurz gestielt, lanzettlich, länglich oder eiförmig, meist etwas schief, d. h. die eine Blattseite ist größer entwickelt als die andere und zieht sich neben dem Mittelnerven, welcher eine Fortsetzung des Blattstiels ist, tiefer an diesem herab. Rechts und links vom Mittelnerven laufen die Seitennerven in spitzem Winkel (schräg) gegen den Blattrand und das Blatt ist zwischen ihnen auf- und abwärts gefaltet. Dadurch erhält das Ulmenblatt Aehnlichkeit mit demjenigen der Weiß-

---

[1] Wiener Obst- und Gartenzeitung. November 1876. S. 526, 527.

buche (Carpinus betulus *L.*). Die Ulmenbäume sind den Nesseln (Urticaceae) so nahe verwandt, daß Manche beide Familien zu einer vereinigen. Es unterscheiden sich jedoch die Ulmenbäume auffallend schon durch ihre zweigeschlechtigen, meist in Büscheln zusammengestellten Blüthen, während die Nesselgewächse stets eingeschlechtige, entweder einhäusige oder zweihäusige Blüthen besitzen.

Bei uns sind drei Arten von Rüstern heimisch: die Feldrüster, Feldulme oder Effe (Ulmus campestris *L.*), die Wasserrüster (U. effusa *W.*) und die Bergrüster (U. montana *Withering*). Alle drei sind einander sehr ähnlich und sind nahe verwandt. Die Wasserrüster hat sehr lang gestielte Blüthen, woran man sie am leichtesten unterscheidet, denn bei der Feldrüster wie bei der Bergrüster sind die Blüthen stiellos. Die Bergrüster ist am leichtesten durch ihre sehr großen Blätter zu unterscheiden.

Die Bergrüster findet sich in Bergwäldern verstreut besonders in Norddeutschland, aber hie und da auch weiter südlich, und in den Alpen bis 1277 Meter emporsteigend. In England ist sie die häufigste Art und reift auch ihren Samen, was bei uns selten der Fall ist. Die Wasserrüster kommt in Norddeutschland hie und da auf feuchtem Boden vor, an Ufern von Flüssen, Seen und Bächen, in Gebirgsthälern. In Süddeutschland ist sie selten, ebenso in Dänemark, während sie in England ganz fehlt. In den Alpen steigt sie nur bis 1800 Fuß über dem Meer empor. Die Feldrüster ist in Südeuropa sehr häufig, besonders in Italien. Sie kommt bei uns wild nur vom Alpengebiet bis zum Donauufer vor, weiter nördlich nur angepflanzt.

Alle drei Rüstern sind landschaftlich fast gleichwerthig. Es sei hier noch bemerkt, daß von Kindern die Rüstern wegen ihrer ganz platten, kreisrunden Flügelfrüchte auch (Pfennigbäume) Schillingsbäume genannt werden. Die Rüstern lieben alle einen feuchten Standort. Sie wachsen sehr rasch und gehören zu den schönsten europäischen Bäumen. Eine ältere Rüster streckt ihre Hauptäste gabelig, im spitzen Winkel aufstrebend, empor, nach oben sich sanft auseinander biegend. Niemals darf an einer Rüster Säge oder Messer in Anwendung kommen, sonst ist sie für immer geschändet. Nach meiner Erfahrung ist das auch keineswegs nöthig. Ich habe kräftige, junge Rüsternstämme aus der Baumschule auf schweren, trockenen Boden versetzt, ohne Wurzelwerk oder Krone mit dem Messer zu berühren, und mit dem besten Erfolg. Die Bäume trieben gleich im ersten Jahr kräftig weiter, und nach wenigen Jahren nannte mein Gartennachbar die größte der von mir gepflanzten Wasserrüstern den „Stolz der ganzen Gegend.“ Die Rüster eignet sich vorzüglich zur Hochwaldbildung, sei es im reinen, sei es im gemischten Bestand. Giebt man ihr gehörig Raum, so bildet sie eine gewaltige, sehr schattige Krone. Die beste Gesellschaft für Rüstern sind Eichen und Eschen, allenfalls auch Schwarzpappeln. Steht die Rüster in reinem Bestande, so müssen die Bäume eine Entfernung von 12—15 Meter von einander haben. Eine freistehende Rüster mittlerer Größe im englischen Garten zu München zeigt bei einem Stammumfang von 3 Meter (in Meterhöhe über dem Boden) einen Kronendurchmesser von 26,80 Meter. Die Rüster wächst rasch. Die beste Zwischenpflanzung ist die Esche, die aber nur da angewendet werden darf, wo man nicht eine starke Mischung mit Eschen beabsichtigt, denn dadurch würde man seinem Nachfolger, wenn derselbe nicht mit großem Nachdenken gesegnet ist, das spätere Aushauen erschweren. Dagegen wird ein taktvoller Künstler später von selbst gewahren, wo er etwa einen Baum der Schutzpflanzung stehen lassen muß und wo etwa eine schwächliche, kränkliche, im Wachsthum zurückgebliebene, verkrüppelte Ulme zu fällen ist. Man wird in der Regel das Aushauen der Eschen=Schutzpflanzung bereits im Laufe des zweiten Jahrzehnts vornehmen müssen.

In Ermangelung von Eschen kann man auch den amerikanischen Heuschrecken=

baum (american locust), bei uns irrthümlich Akazie (Robinia pseudacacia *L.*) genannt, zur Anwendung bringen. Derselbe wächst noch rascher als die Esche und sein hellgrünes Laub kontrastirt angenehm mit dem dunklen Laube der Rüster. Diese Schutzpflanzung muß aber rechtzeitig ganz vollständig entfernt werden. Man kann auch Eichen als Zwischenpflanzung anwenden. In diesem Fall würde man dieselbe stehen lassen und, je nach Bedürfniß, bald eine schwächliche oder un= schöne Ulme, bald eine Eiche hinwegnehmen. Auch darf man gruppenweis Fichten dem Rüsternwald beimengen oder dem Laubwald einen Fichtenbestand anlehnen, denn das giebt eine schöne Farbenabstimmung.

Freistehende Ulmen sollen unbedingt ihren Stammausschlag behalten. Der Saum eines Ulmenbestandes muß aber meistens gedeckt werden, entweder durch das vortretende Unterholz oder durch besondere Vorpflanzungen. Am besten ist es, wenn man es so einrichten kann, daß der Ulmenbestand nahe an einem Bach oder Landsee liegt. In diesem Fall läßt man Sumpferlen, Grauerlen, oder mäßig hohe Weidenarten, auch einzelne Pappeln das Vorholz bilden, hier und da Strauchweiden; der Boden schmückt sich mit Attich (Sambucus Ebulus *L.*) mit Pestwurz (Petasites officinalis *Moench*), weißen Pinselblumen (Petasites albus *Gärtn*), Huflattich (Tussilago Farfara *L.*), mit Wasserdosten (Eupatorium cannabinum *L.*), mit Minze (Mentha silvestris *L.* und M. aquatica *L.*), mit Quirl= stern (Lysimachia vulgaris *L.*), Goldstrauß (Lysimachia thyrsiflora *L.*), und Pfennigkraut (*L.* nummularia), mit Wassergamander (Teucrium scordium *L.*), Uferbienensaug (Lamium maculatum *L.*) und anderen Ufer= und Feuchtigkeits= pflanzen. An solchen Stellen, wo der Waldsaum nicht auf ein Ufer trifft, kann man als Vorpflanzung die strauchartigen Formen der Feldrüster, so z. B. die Korkrüster (Ulmus suberosa *Ehrh.*) wählen. Selbstverständlich muß man dem Vorübergehenden auch einmal einen Blick zwischen den Bäumen hindurch in das Dunkel des Waldes gönnen, wo nicht der Weg den Wald durchzieht.

Als Unterholz sind zu empfehlen: Haselsträucher, Pimpernuß (Staphylea pinnata *L.*), Pfaffenhütchen (Evonymus europaeus *L.* und Ev. verrucosus *Scop.*), in milden Gegenden: Stechpalme (Ilex aquifolium *L.*), Schneeball (Viburnum opulus *L.*), Flieder (Sambucus nigra *L.*), Heckenkirsche (Lonicera xylosteum *L.*) u. a. Man pflanze das Unterholz ja nicht zu dicht, lasse vielmehr passende Strecken ganz frei davon, damit auch die schöne Waldflora in Kräutern und Stauden ihr Recht erhalte. Denn es kann, namentlich im Frühjahr, für den durch den Wald wandelnden nichts erfreulicheres geben, als wenn der Boden mit den zierlichsten und buntesten Waldpflanzen bedeckt ist. Man muß dafür sorgen, daß der Boden vom März bis zum Oktober einen stets wechselnden Flor trägt, wie es in der Wildniß so häufig ist, namentlich in den thüringischen Wäldern. Für den Ulmenwald sind geeignet für März, April: Schneeglöckchen (Galanthus nivalis *L.*), Märzglöckchen (Leucojum vernum *L.*), Narzisse (Narcissus pseudo-narcissus *L.*), Simse (Luzula campestris *D.C.*), Seidelbast (Daphne Mezereum *L.*, ein kleiner Strauch, wie der folgende), Lorbeer=Seidelbast (Daphne Laureola *L.*), Schlüsselblume (Primula elatior *L.*), Osterblume (Anemone nemorosa *L.*), gelbes Windröschen (*A.* ranunculoides *L.*) darf nicht zu sehr im Schatten stehen, hohe Nießwurz (Helleborus foetidus *L.*), Winterblume (Eranthis hiemalis *Salisb.*), Christblume (Helloborus niger *L.*), Märzveilchen (Viola odorata *L.*) und Rain= veilchen (V. hirta *L.*), Schuppenwurz (Lathraea squamaria *L.*)[1] u. s. w. Von Mitte April bis gegen Ende Mai müssen folgende Pflanzen zur Blüthe gelangen:

---

[1] Da sie auf den Wurzeln des Haselstrauchs und anderer Gesträuche schmarotzt, so muß man, um sie in die Anlage zu verpflanzen, den ganzen Strauch mit der Schuppen= wurz im März vorsichtig ausheben.

Moschuskraut (Adoxa moschatellina *L.*), Einbeere (Paris quadrifolia *L.*), Leber=
blümchen (Anemone hepatica *L.*), Wiesen=Kuhschelle (Pulsatilla pratensis *Miller*),
Scharbockskraut (Ranunculus ficaria *L.*), Erdrauch (Corydalis cava, *Schweigger*
und *Koerte*, C. fabacea *Pers.*, C. digitata *Pers.* und C. pumila *Host.*), Wald=
veilchen (Viola silvestris *Lam.*), Hainveilchen (V. riviniana *Rchb.*), Wunder=
veilchen (V. mirabilis *L.*), einzelne Riedgräser, wie z. B. das blaue Riedgras
(Carex glauca *Scopoli*), das Frühlings=Riedgras (C. praecox *Jacq.*), das Wiesen=
Riedgras (C. caespitosa *L.*), das Rasen=Riedgras (C. vulgaris *Fries*) u. a., einzelne
Gräser, wie z. B. das Ruchgras (Anthoxanthum odoratum *L.*), ferner die Wald=
simse (Luzula pilosa *W.*), die Grastulpe (Tulipa silvestris *L.*), auf Lichtungen
oder Waldwiesen die Schachblume (Fritillaria meleagris *L.*), au ähnlichen Orten
der Hundszahn (Erythronium dens canis *L.*), der Waldstern (Gagea lutea
Schultes, G. spathacea *Schult.*, G. stenopetala *Rchb.*), die Sternhyacinthe (Scilla
bifolia *L.*), welche nicht selten schon im März blüht, der Bärenlauch (Allium
ursinum *L.*), die Traubenhyacinthe (Muscari racemosum *Miller* und M. botryoides
Miller), die Waldhyacinthe (Endymion nutans *Dum.*), der Aron (Arum maculatum *L.*), das Goldhaar (Ranunculus auricomus *L.*), die grüne Nießwurz (Helleborus viridis *L.*), die Männertreue (Veronica chamaedrys *L.*), die Waldkresse
(Cardamine hirsuta *L.* und C. silvatica *Lk.*), verschiedene Arten der Zahnwurz
(Dentaria), des Gänsekrautes (Arabis) u. s. w. u. s. w. Ich will hier nicht fort=
fahren, komme aber später auf die Flora der Laubwälder zurück. Hier kam es
mir nur vorläufig darauf an, zu zeigen, wie der Gärtner dafür sorgen sollte, daß
ein feuchter Laubwald in jedem Monat das für ihn und für die Jahreszeit Charakte-
ristische, gleichsam von selbst hervorbringt.

Mit Schlingpflanzen soll man im Allgemeinen sparsam umgehen. Es sieht
aber prächtig aus, wenn eine freistehende Ulme ganz und gar mit einem Wein=
stock bekleidet ist. Der Wein, und besonders die Korinthe, erklettern die höchsten
Ulmen und lassen aus deren Zweigen die Reben mit Blüthen und Früchten herab=
hängen. Eine Ulme, gewissermaßen als Vorposten des Waldes frei auf einer
Wiese stehend und mit Wein bewachsen, gewährt einen prachtvollen Anblick.
Natürlich darf das in einem Park nur ein einziges Mal versucht werden. Man
darf selbstverständlich den Weinstock erst dann pflanzen, wenn die Rüster nahezu
ihre volle Größe erreicht hat. Eine junge Rüster würde durch den Weinstock er=
stickt werden. Hat man im Bestande eine alte, im Absterben begriffene Rüster,
so kann man sie in den wärmeren Theilen Deutschlands, vom Oberrhein bis gegen
Hamburg, mit Epheu bekleiden, der leider im kalten Süden, Osten und Nordosten
nur am Boden kriecht, weil die am Baum emporkletternden Zweige erfrieren.
So ist es noch in Thüringen. Im botanischen Garten zu Jena stand früher eine
sehr große Ulme, ganz und gar mit Vitis tiliaefolia bekleidet. Man hat sie
leider später entfernt.

Die Ulmen vermehren sich häufig spontan durch Wurzeltriebe, was für den
Gärtner um so wichtiger ist, als sie nicht überall Samen zur Reife bringen. Die
Zöglinge aus Wurzeltrieben sind natürlich von vornherein weit kräftiger als die-
jenigen aus Samen, denen sie im Wachsthum rasch voraneilen. Daher ist die
Anzucht aus Schößlingen vorzuziehen. Es ist Aufgabe des Gärtners, in jedem
Herbst die mannshohen Triebe im Park ausgraben und in die Baumschule setzen
zu lassen oder sofort anderweitig zu verwenden. Bleiben sie stehen, wo sie ent=
standen sind, so entziehen sie dem Mutterbaum die Kraft und es giebt Stangenholz.

Nun noch ein paar Beispiele von dem ehrwürdigen Alter und Ansehen, welches
die Rüster erreichen kann. „Hinter der katholischen Pfarrkirche in Samter steht
eine außerordentlich schöne, kräftige Rüster, deren Durchmesser mindestens 1 Meter

beträgt und deren Alter gewiß auf 500 Jahre geschätzt werden kann. Die polnischen Anwohner nennen den Baum eine Eiche (dab). An diesen Baum knüpft sich, so erzählt die „Posener Zeitung", eine historische Erinnerung, die kaum gekannt und doch ungemein interessant ist. Vor ungefähr 200 Jahren wurde die Mark und namentlich bis Landsberg a. W. von den Polen durch Einfälle äußerst beunruhigt. Der große Kurfürst sah sich genöthigt, diesem Treiben Einhalt zu thun und beorderte den General Derflinger mit 2500 Mann Truppen, diesen Einfällen ein Ziel zu setzen. Derflinger rückte bis Samter vor und dort stellten sich ihm 5000 Mann Polen entgegen; er schlug sie in diesem Treffen aufs Haupt und sprengte das ganze Corps auseinander. Vor ungefähr 12 oder 15 Jahren lebte dort noch ein alter Kuhhirt, der darauf aufmerksam zu machen pflegte, daß vor langer Zeit dort unter jenem Baume ein deutscher Feldherr gehalten, als er die Polen geschlagen. Jedenfalls hat Derflinger dort die Stellung der Feinde recognoscirt und seinen Angriff von dort aus geordnet. Vor ungefähr 20 Jahren stand rechts nach vorwärts des Baumes ein Eichwald, dessen Alter auf mindestens 400 Jahre berechnet wurde und links von dem Baume ist seit undenklichen Zeiten eine ebene Getreidefläche gewesen, so daß wohl mit Sicherheit angenommen werden kann, daß die Aufstellung der Polen dort stattgefunden haben muß. Der alte Mann sagte ausdrücklich, daß sein Großvater ihm öfters den Baum gezeigt und diese Erzählung von seinem Vater, dem sie wieder von dessen Vater mitgetheilt worden ist, sei." [1]

Im Sommer 1875 besuchte ich den Donnersberg in der Rheinpfalz, jenen eine herrliche Rundsicht bietenden Gipfel, der sich den Vogesen anschließt. Vornehmlich waren es die alten Kastanienpflanzungen am Fuße desselben, in und bei dem Dörfchen Dannenfels, welche ich zu sehen wünschte, da denselben die stärksten Exemplare von Castanea vesca *L.* angehören, welche das deutsche Reich aufzuweisen hat, die, nebenbei erwähnt, noch jährlich eine reiche Ernte geben.

Daselbst wurde mir durch einen alten Mann, einen Hausirer, Kunde von einem großen Baume in der Umgegend, im benachbarten Großherzogthum Hessen, von der sogenannten „Schimsheimer Effe", und ich war natürlich sofort entschlossen, denselben aufzusuchen, und ich kann nicht dankbar genug dieser Fügung gedenken.

Das Dorf Schimsheim liegt eine Stunde von Wörrstadt, zunächst der Bahnstation Armsheim. Auf dem Dorfplatze desselben steht die „Schimsheimer Effe", nur so wird der Baum dort genannt, eine riesige Feldulme, Ulmus campestris *L.*

Ein Prachtbaum in jeder Beziehung, augenscheinlich der vom Geschick am meisten begünstigte und der mächtigste, ansehnlichste der gegenwärtig noch vegetirenden Baumveteranen Deutschlands. [2] Bewunderung ergreift den Nahenden, obgleich erst in nächster Nähe die kolossalen Dimensionen desselben recht vergleichbar werden und ein heiliger Schauer wird durch die Majestät dieser erhabenen Erscheinung erregt, durch dieses selten glückliche Geschöpf, welches, obgleich völlig freistehend, ungebrochen, anscheinend unbeschädigt, 500, vielleicht 600 oder mehr Jahre durchlebte, trotzbietend Sturm und Wetter, die nur wenige seines Geschlechts schonten, ein Zeuge vieler großer weltgeschichtlicher Begebenheiten.

Er ist es, dessen unteren Theil der Holzschnitt zeigt, dessen volle Krone aber bis zu einer Höhe von etwa 30 Meter emporragt.

---

[1] Feuilleton der deutschen Romanzeitung. 1875. Nr. 30.
[2] Die Linde zu Staffelstein in Bayern hat zwar am Boden 18,15 M. bei 1 M., 16,85 M. bei 2 M., 14,36 M. Stammumfang, ihre Krone ist jedoch unbedeutend. Die Linde zu „Neuenstadt a. d. Linde", die gewöhnlich als die stärkste und älteste genannt wird, hat bei 1 M. Höhe vom Boden oder 0,5 M. über dem umgebenden Gemäuer, nur 11 M. Umfang.

Der Stamm erscheint von drei Seiten völlig gesund, ohne Beschädigung und auch auf der vierten, südwestlichen Seite ist er im Ganzen wohlerhalten, nur eine nicht sehr große Oeffnung am Fuße zeigt, daß er hohl ist. Das Durchkriechen derselben brachte mich in sein Inneres und dieses stellt einen so weiten Hohlraum dar, daß es mir mit Hilfe eines Einwohners des Ortes und mit Benutzung einer gewöhnlichen großen Holzmachersäge möglich war, einen abgestorbenen vorspringenden inneren Holztheil der Altersbestimmung wegen zu entnehmen. Dennoch ist die Holzmasse des Baumes noch außergewöhnlich stark, kräftig und frisch. Der Umfang des Stammes beträgt am Boden 15,07 Meter, in 1 Meter Höhe 13,19 Meter, bei 2 Meter 10,38 Meter, der untere Durchmesser also 4,80 Meter. Der Stamm ist 3,5 Meter astlos, bei 5 Meter in zwei mächtige Aeste getheilt, während von einem dritten Hauptaste nur noch Spuren vorhanden sind, da derselbe im Jahre 1858 zusammenbrach. Auch diese Aeste sind gänzlich hohl, so daß die Dorfjugend es sich zum Vergnügen macht, in ihrem Innern emporzuklettern und von oben herab sich umzuschauen. Der ganze Baum wurde, wie man mir erzählte, im Jahre 1820, bei etwa 10 Meter Höhe, gestutzt, doch verdeckt jetzt die reiche Zahl junger Aeste, die auch schon wieder bedeutend angewachsen sind, und die üppige Krone diese Beschädigungen nicht nur vollständig, sondern es erscheint auch der ganze Baum, und insbesondere seine Krone, verhältnißmäßig eng und weit."[1]

„Nach der durchschnittlichen Breite der Jahresringe zweier circa 100jähriger Ulmen aus Polen — 3,916 Millimeter, berechnet sich das Alter zu 606 Jahren. Den Querschnitt einer 160jährigen Ulme von 3,89 Meter Umfang am Boden, aus dem K. Großen Garten zu Dresden zu Grunde gelegt, der eine Durchschnittsbreite der Jahresringe — 3,97 Millimeter beobachten ließ, ergiebt sich das Alter zu 598 Jahren.

Gründet man aber die Rechnung auf die Verhältnisse, welche der ältere De Candolle an der Ulme zu Morges bei Genf beobachtete, die, nachdem sie in der Nacht zum 5. Mai 1824 zusammengebrochen war, auf Befehl des Magistrats gemessen wurde und, da völlig gesund, ein 335jähriges Alter auszählen ließ, während der normale Durchmesser des Baumes (ohne Rinde) nach De Candolle's Tabelle 1175,5 Lin. — 3,52 Meter betrug, so ergiebt sich für die Schimsheimer Effe ein Alter von (3,52 : 4,70 — 335 : x) 447 Jahren.

Da die Ulme zu Morges vom Genfer See bespült wurde, jene zu Schimsheim dagegen einen trockenen Standort hat, so dürfte letzterer ein langsamerer Wuchs zuzuschreiben sein, als der, den die erstere zeigte. Jedenfalls kann man sagen, die Schimsheimer Effe hat ein Alter von wenigstens 450 Jahren, sie kann aber leicht möglich 600 Jahre alt sein, wenn nicht noch älter.

Aller Wahrscheinlichkeit nach ist dieser Baum die stärkste Rüster des Continents. Aehnliche Stärke mochte die historische Ulme von Gisore in Frankreich, Dép. de l'Eure, haben, da acht Männer den Stamm kaum umspannen konnten. Sie wurde unter Philipp's II. Regierung im Kriege gegen Heinrich II. von den erbitterten französischen Soldaten selbst umgehauen.

Möge die Ulme zu Schimsheim auch ferner den Schutz des Himmels genießen, von Seiten der Menschen aber eine rücksichtsvolle Behandlung, mehr als in den vergangenen Jahrzehnten.

Zu den uralten Rüstern ist ferner die wenig bekannte Ulme vor dem Städtchen Göllheim in der Pfalz, 3½ Meilen von Worms, zu zählen. Sie beschattet das Denkmal Kaiser Adolph's von Nassau.

---

[1] Sitzungsber. der naturw. Gesellsch. „Isis" zu Dresden. 1878. Heft I. II. Die mächtigste Rüster Deutschlands, von C. F. Seidel.

Der Stamm, an der Nordseite unversehrt, doch gänzlich hohl und in Süd 1,5 Meter weit offen, ist gegenwärtig nur noch 10 Meter hoch und dort durch ein Zinkdach geschützt. Sein Umfang beträgt bei 0,25 Meter 9,31 Meter, bei 1 Meter 7,57 Meter, bei 2 Meter noch 6,5 Meter. Spuren am Boden deuten auf einen ehedem größeren unteren Umfang von etwa 10 Metern.

Die entscheidende unglückliche Begebenheit, die sich hier zutrug, überliefern mehrere Inschriften. Der alte, höchst verwitterte, 10 Schritte südlich von der Ulme stehende Denkstein trägt unter einem Crucifix die Worte:

> „Anno milleno Trecentis bis minus Anno.
> In Julio mense, Rex Adolphus cadit ense.
> Renovavit 1611.“

Außer den Rüstern ist die Familie der Ulmengewächse in Mitteleuropa nur noch durch den Zürgelbaum (Celtis australis *L.*) vertreten, ein Baum von 10—12 Meter Höhe oder ein niedrigerer Strauch, welcher im südlichen Alpengebiet in Gebirgswaldungen, außerdem in Südeuropa, vorkommt.

Die Gattung Zürgelbaum (Celtis) unterscheidet sich durch flügellose, beerenartige, meist eßbare Früchte. Die Blätter des europäischen Zürgelbaums sind aus schiefem Grunde schmal länglich, lang zugespitzt, etwas unregelmäßig geadert.

In den wärmeren Gegenden, wie z. B. am Rhein, eignet sich der Zürgelbaum sehr gut als Vorpflanzung vor einem Ulmenbestand. Ist der Boden feucht genug, so kann man hie und da einen Zürgelbaum durch eine Schlingpflanze, namentlich durch den reizenden Bittersüß mit seinen violetten Blumensternen und blutrothen Beeren, oder auch durch weiße Winden oder Hopfen schmücken. Mit diesen beiden Pflanzen muß man aber vorsichtig sein, da sie sich beide stark vermehren und namentlich die Winde den Wirth, welchen sie bewohnt, zusammenschnürt, und seine jüngeren Zweige erwürgt. Winden beschränkt man am besten auf Weidengebüsch. Hopfen paßt für größere Bäume eines älteren Laubholzbestandes, an dessen Saum und so angebracht, daß ein zur Herbstzeit Vorübergehender die prachtvollen, elegant herabhängenden Aehren der weiblichen Pflanze wahrnehmen kann.

Der Hopfen gehört zur Nesselfamilie (Urticaceae). Der Feigenbaum (Ficus carica *L.*), der Maulbeerbaum (Morus alba, nigra und rubra *L.*), ebenfalls dieser Familie angehörig, gehören in den Obstgarten oder Ziergarten. Den weißen Maulbeerbaum sollte man wegen seines großen Nutzens für den Seidenbau weit mehr als es bis jetzt geschieht, an Bahndämmen kultiviren.

Die große Familie der Ranunkelgewächse (Ranunculaceae) enthält keine eigentlichen Bäume oder Sträucher, wohl aber für den Landschaftsgärtner sehr wichtige holzige Schlingpflanzen in der Abtheilung der Waldreben (Clematideae). Die gemeine Waldrebe (Clematis vitalba *L.*) ist die bedeutungsvollste unter ihnen. Sie findet sich durch den größten Theil von Mittel- und Süddeutschland verbreitet und läßt sich in ganz Mitteleuropa leicht kultiviren. Sie eignet sich am besten für den Waldsaum und für Vorholzungen, wo man ihr höhere Gesträuche zum Emporklettern anbieten muß. Sie erfreut im Sommer durch ihre weißen Blumenrispen und ihre schöne gefiederte Belaubung, im Herbst durch die langgeschwänzten, seidig behaarten Früchte. In südlichen, wilden Gegenden kann man auch die Felsen-Waldrebe (Clematis Flammula *L.*) anwenden. Hat eine Gehölzanlage einen mehr subalpinen Charakter, so verwende man die Alpenrebe (Atragene alpina *L.*) mit den schönen einzeln stehenden, veilchenblauen Blumen, oder statt ihrer die ähnliche italienische Waldrebe (Clematis Viticella *L.*). Diese beiden gedeihen jedoch nur in den milderen Gegenden ohne Winterbedeckung.

Auch schöne Stauden bietet uns die Waldrebengruppe an zum Schmuck der Wiese vor einem Laubholzsaum oder dessen Vorpflanzung. Es eignen sich zu diesem Zwecke die weiße Wiesenrebe (Clematis recta *L.*) und die ganzblättrige oder violette Wiesenrebe (Cl. integrifolia *L.*). Beide kommen in unserem Florengebiet vor, wenn auch selten. Schöne Stauden für die nämliche Verwendung liefert uns die Ranunkelfamilie noch in den Wiesenrauten (Thalictrum). Die geeignetsten sind die Agleiraute (Th. aquilegifolium *L.*), die gelbe Wiesenraute (Th. flavum *L.*). Auch die Abtheilung der Nießwurzgewächse (Helleboreae) liefert für einen solchen Waldwiesenflor schöne Beiträge, so z. B. die Harlekinsblume (Aquilegia vulgaris *L.*), den Eisenhut (Aconitum Lycoctonum *L.*, A. napellus *L.* und A. Stoerkeanum *L.*).

Die kleine Familie der Sauerborngewächse (Berberideen) liefert uns im Essigkrügle oder gemeinen Sauerborn einen höchst werthvollen Strauch, den man auf die verschiedenartigste Weise verwenden kann, wie er denn an den höchsten Kalkalpen die Grenze der Holzvegetation erreicht, aber auch in die Waldungen und Gebüsche der Vorebene herabsteigt und überall fortkommt. Man kann ihn auf den verschiedensten Bodenarten, ebenso auf trockenem wie auf nassem Grunde verwenden, als Unterholz wie in der Vorpflanzung von Laubholzbeständen. Hier am Waldsaum, wo er sich frei entwickeln kann, erfreut er im Spätfrühling durch seine duftenden, gelben Blüthentrauben, im Herbst durch die blutrothen Beerenfrüchte. Daß das Essigkrügle im Gebüsch und im Buschwald vortreffliche Dienste thut, ist bereits früher erwähnt worden.

Einem Ziergarten darf selbstverständlich dieser schöne Strauch nicht fehlen.

Es mag zum Schluß hier noch Erwähnung finden, daß eine schöne Staude aus dieser Familie, die Alpen-Sockenblume (Epimedium alpinum *L.*) an lichten Stellen eines feuchten Laubwaldes vortrefflich gedeiht und eine hübsche Zierde des Waldes bildet.

Hat man im Park einen Bach, welcher nach Art der Gießbäche des Hochgebirges sein Bett zeitweilig nicht ganz ausfüllt; so wird man nicht versäumen, den nieblichen Halbstrauch der deutschen Tamariske (Myricaria germanica *Desv.*) anzupflanzen, und zwar in den Uferkies. Die ausländischen, hochwüchsige Sträucher bildenden Tamarisken, wie die afrikanische (Tamarix africana *Poiret*) und die gallische (T. gallica *L.*) gehören zu den schönsten und elegantesten Gesträuchen des Ziergartens, wo man sie in einer Coniferenanlage in der Nähe des Wohnhauses zur besten Wirkung bringen kann. Gut ist es auch, wenn sie durch das Nadelholz und durch die Nähe des Wohnhauses gegen die stärksten Winterfröste geschützt werden.

Die Familie der Cistrosen (Cistineae) enthält in der Gattung Sonnenröschen (Helianthemum) zierliche und mit hübschen goldgelben Blumen versehene Zwergsträucher, deren einige man an trockenen Gehölzrändern auf der Wiese anpflanzen sollte, namentlich das Wald-Sonnenröschen (H. vulgare *Gaertner*), das Lein-Sonnenröschen (H. fumana *Miller*) und das Wein-Sonnenröschen (H. oelandicum *Wahl.*).

Hat ein Park moorige Stellen oder ist man in der Lage, durch billiges Herbeischaffen von Moorerde oder Torfmull, ein Wiesenstück an einer feuchten Stelle, etwa vor einer Waldanlage, in eine Moorfläche zu verwandeln, so wird man nicht versäumen, neben anderen Moorgewächsen hier die Sumpfmyrte (Myrica Gale *L.*) anzupflanzen, einen hübschen bis meterhohen Strauch mit lederigen, länglich lanzettlichen, am Ende stumpfen, gesägten, glänzenden Blättern.

Die Sumpfmyrte ist der einzige mitteleuropäische Vertreter der Familie der Myriceen.

Man wird natürlicherweise einem solchen künstlichen Moorland noch weiteren Schmuck geben durch Haidekraut (Calluna vulgaris *L.*, Erica tetralix *L.*), Moor= weiden (Salix repens *L.*, S. rosmarinifolia *W.*), Moosbeeren (Vaccinium oxy-coccos *L.*), Sumpfbeere (V. uliginosum *L.*), auch Preißelbeere (V. vitis idaea *L.*) und Heidelbeere (V. myrtillus *L.*), Enzian (Gentiana lutea *L.* und G. pneu-monanthe *L.*), Mehlprimel (Primula farinosa *L.*), Wollgras (Eriophorum), Tausendgüldenkraut (Erythraea centaurium *L.* und E. pulchella *L.*), verschiedene Zypergräser, Riedgräser und Moorgräser, Beinwell (Narthecium ossifragum *Huds.*), Rauschbeere (Empetrum nigrum *L.*), Torflilie (Tofieldia calyculata *Wahl.*), Zeitlose (Colchicum autumnale *L.*), verschiedene Moorbinsen (Juncus conglomeratus *L.*, effusus *L.*, filiformis *L.*, glaucus *Ehrh.*, supinus *Moench*, squarrosus *L.*, alpinus *Vill.*, obtusiflorus *Ehrh.*) und noch manches andere Moor= gewächs.

Hier wie bei allen ähnlichen Pflanzungen hüte man sich, zu vielerlei zu geben und den Eindruck des Erkünstelten zu machen.

Eine für den Park höchst wichtige Holzfamilie sind die Weidengewächse (Sali-cineae). Sie enthält nur zwei artenreiche Gattungen, nämlich die Gattung Weide (Salix) und die Gattung Pappel (Populus).

Daß die Weiden einen ganz eigenartigen und bedeutsamen ästhetischen Charakter haben müssen, das geht schon aus der großen Rolle hervor, welche sie in der Volkssage und im Volksaberglauben spielen. In der Poesie (man denke nur an Goethe's Erlkönig) wie in prosaischen Darstellungen[1] sind sie ein häufig vorkommender Vorwurf.[2]

Für die landschaftliche Verwerthung der Weiden müssen wir die einzelnen wichtigeren Formen für sich betrachten. Der wichtigste Weidenstamm für unseren Zweck ist derjenige der Bruchweiden (Fragiles). Zu diesem Stamm gehört die schon mehrfach erwähnte Lorbeerweide (Salix pentandra *L.*), die Bruchweide (S. fragilis *L.*), die Silberweide (S. alba *L.*) und die Dotterweide (S. vitellina *L.*).

Die Lorbeerweide ist wegen ihres breiten, glänzenden Laubes allgemein beliebt. Sie liebt nassen und moorigen Boden und bildet in der Wildniß bald nur 2—5 Meter hohe Büsche, bald Bäume von 10—12 Meter Höhe. So läßt sie sich auch im Park als Baum oder als Strauch benutzen. Sie ist vortrefflich geeignet als Alleebaum, besonders auch als Zwischenpflanzung zwischen größere Alleebäume; nur darf der Boden nicht zu trocken sein, als Schutzpflanzung im jungen Laubwald, als Gemengtheil und Unterholz des Laubwaldes, als Bestand= theil des Buschwaldes und der Buschanlage, als Uferbaum sowie auch als Ufer= gebüsch zum Abtrieb.

Die Bruchweide besitzt schmälere, länglich=lanzettliche, weniger glänzende Blätter. Sie bildet einen Baum von 10—15 Meter Höhe und Meterdicke, wird im 50. Jahre schlagbar, kann aber auch bis zum 60. Jahre stehen bleiben, ohne daß Kernfäule eintritt. Sie kann besser noch als die vorige als Triebweide und Buschweide verwendet werden. In Gehölzen kann man sie nur an nassen Stellen verwenden. An rauhem Standort ist sie widerstandsfähiger als die Silberweide.

Der Silberweide kommt im Allgemeinen ein höherer Werth zu als der vorigen. Sie wird am höchsten und stärksten von allen europäischen Weiden. Sich selbst überlassen, bildet sie zuletzt einen Baum von 20—25 Meter Höhe und gewaltigem Stammumfang. Ihre landschaftliche Schönheit liegt zum größten

---

[1] Eduard Ziehen, Wendische Weiden=Erzählungen. Erzählungen aus dem wendischen Volksleben. Frankfurt a. M. 1854.

[2] Eine gedrängte Uebersicht über alle mitteleuropäischen Weidenarten findet man in Schlechtendal=Halliers „Flora". Bd. 10.

Theil in ihrer Belaubung. Die Blätter sind lanzettlich, schmäler als bei der vorigen, zuletzt beiderseits dicht seidenhaarig. Durch diese Behaarung bekommen sie starken Silberglanz und geben, vom Winde sanft bewegt, ein angenehmes Farbenspiel von hellgrün und Silberblau.

Man kann die Silberweide auf sehr feuchten Boden, wie im englischen Garten zu München im Mischwald verwenden im Wechsel mit Eschen, Ulmen, Erlen, Fichten u. s. w. Am Waldsaum, namentlich auch einzeln vor dem Nadelholz, kann man mit der Silberweide, nebst dem Oleaster (Elaeagnus) und dem Seedorn eine schöne Farbenwirkung hervorrufen. Als Einzelbaum oder auch in kleinen Gruppen auf der Wiese kann die Silberweide kaum durch einen anderen Baum übertroffen oder auch nur ersetzt werden. Alte Bäume mit gewaltigem, zuletzt hohlem Stamm haben zuletzt etwas sehr ehrwürdiges. Oft theilt der Stamm sich schon an der Wurzel in ein Zwillingspaar, was bei dem Baum, verbunden mit der Länge und Stärke der weit sich hinausreckenden Hauptäste höchst malerisch wirkt. Ein alter, hohler Baum spaltet sich zuletzt der Länge nach und die Theile biegen sich auf die Wiese nieder, — ein zauberisches Naturbild, welches früher im Flottbecker Park in ungewöhlich großem Maßstab zu sehen war.

Während die Ulme die ästhetische Idee des Erhabenen weckt, erregt die Weide vielmehr Sehnsucht, die Empfindung des Idyllischen.

Als Schnittweide und im Buchenwald oder Ufergebüsch hat die Silberweide größeren Werth als die Bruchweide. Auf dem Lande sieht man sie nur als Kopfweide behandelt, was im Park unbedingt nicht vorkommen darf. Ein einmaliger Schnitt macht den Baum für immer zum Krüppel. [1]

Die Dotterweide ist eine Abart der Silberweide mit dottergelben Zweigen. Sie ist namentlich als vereinzelter Vorbaum vor Nadelwald zu empfehlen.

Endlich gehört zu den Bruchweiden auch die babylonische Trauerweide (Salix babylonica *L.*) Dieser Baum stammt zwar aus dem Orient, aber nach seiner Verwandtschaft mit unseren Bruchweiden schließt er sich diesen so unmittelbar an, daß seine Verwendung nicht auffällt und der Laie ihn gar nicht für einen Ausländer halten wird.

Seine Verwendung beschränkt sich aber streng auf zwei Fälle; jede andere ist ausgeschlossen. Sehr schön macht sich die Trauerweide am Ufer eines Gewässers, besonders, wenn dasselbe durch einen Abhang gebildet wird. Hier kann man einige zu einer kleinen Gruppe zusammenstellen. Unwillkürlich denkt man bei solchem Ausspruch an die Klage der Juden:

„An den Wassern Babylons saßen wir und weinten, und hängten unsere Harfen an die Weiden.“

Für ein Grab oder ein Monument ist die babylonische Weide der schönste aller Trauerbäume. Nebst der Cypresse und ihren Verwandten ist er hier durch nichts zu ersetzen. Leider hat man allerlei geringwerthige Surrogate aus Amerika eingeführt; so z. B. Salix nigra pendula u. a., ferner eine künstlich gezüchtete Form der Bruchweide u. dgl. m.

Ein anderer Gebrauch als in den beiden genannten Fällen darf durchaus von der Trauerweide im Park nicht gemacht werden, sonst verliert sie dort, wo sie wirken soll, allen Werth.

Es sei hier die allgemeine Bemerkung über die Anwendung von Hängebäumen gestattet, daß man überhaupt mit solchen Effekten höchst sparsam umgehen muß. Ein am unrechten Ort angebrachtes Ornament kann ein ganzes Gebäude schänden. Ebenso kann eine ganze Gegend im Park durch unpassende

---

[1] F. Marc, Die Weide in ihrem Werth für den Park und die Landschaft, sowie in technischer Beziehung. Wiener Illustr. Gartenz. 1882. Heft 8. 9. S. 356—358.

Anwendung von Hängebäumen lächerlich und albern erscheinen. Wenn man
z. B. an einem Wege, welcher neben einer Holzanlage vorbeigeht, Hängeeschen
pflanzt, etwa auf den gegenüberliegenden Rasenrand, so zieht man die ganze,
wenn auch vorher noch so schöne Anlage in's Lächerliche. Durch solche Geschmack=
losigkeiten und Taktlosigkeiten ist schon mancher großartig angelegte Park durch
die Nachfolger seines Schöpfers total ruinirt worden. Der einzig richtige Ge=
brauch von der Hängeesche ist ihre Anwendung zur Beschattung von Ruhesitzen
und Lauben. Man sitzt unter ihr, wenn sie gut gezogen ist, unter einem dichten,
grünen Laubbach, sogar gegen den ersten Regen geschützt. Ein so bekleideter und
abgeschlossener Raum ist äußerst lauschig und anmuthig. Als Trauerbaum ist
die Hängeesche nicht viel werth. Man glaubt nicht an ihre Trauer, weil sie den
Stamm steif aufrichtet und dann die fast abwärts geknickten Aeste förmlich in die
Erde bohrt, wie jemand, der Krokobilsthränen weint. Aber frei auf dem Rasen
stehend ist die Hängeesche gradezu lächerlich, weil sie hier zwecklos und verlassen
steht, keinen Schutz gewährend und noch weniger Trauer verkündend. Wozu auch
die Trauer, mitten in einer fröhlichen Landschaft oder in einem Ziergarten.

Die Hängebuche vollends ist als Trauerbaum wegen ihres steif aufrechten
Wuchses gänzlich werthlos; Schutz gewährt sie auch nicht; sie soll also durch ihre
eigene Schönheit glänzen. Wer sie in ihrer Steifheit für schön hält, der pflanze
sie getrost im Ziergarten einzeln auf den Rasen, aber den Park verschone man
damit, wenn man nicht seinen ganzen Eindruck stören will. Später Weiteres da=
rüber. Kehren wir zu den Weiden zurück.

Die Mandelweide (S. amygdalina L.) mit ihren verschiedenen Formen und
Bastarden, obgleich Vertreter eines eigenen Stammes, ist doch im Charakter und
im landschaftlichen Werth der Bruchweide fast ganz gleich, so daß die über deren
Anwendung gemachten Mittheilungen auch für jene Gültigkeit haben.

Die Schimmelweide, (S. daphnoides Vill.), bei uns einziger Vertreter ihres
Stammes (Pouinosne), verdient wegen ihrer schönen Belaubung und ihrer Höhe
bis zu 30 Metern eine Stelle auf feuchten Boden.

Die Purpurweide (S. purpurea L.) und die Korbweide (S. viminalis L.)
nebst ihren Verwandten eignen sich nur als Ufergebüsch oder im feuchten Busch=
wald, wo namentlich die Purpurweide mit ihren purpurrothen Aesten prächtig
aussieht. Beide sind Schnittweiden und besonders die Purpurweide für die Korb=
flechterei werthvoll.

Die Grauweide (S. incana Schrank), die Aschenweide (S. cinerea L.), die
schlesische Weide (S. silesiaca Willd.), die großblättrige Weide (S. grandifolia
Séringe), die Salweide (S. caprea L.) und die Ohrweide (S. aurita L.) mit ihren
zahlreichen Formen und Bastarden vertreten bei uns den Stamm der Waldweiden
oder Salweiden. Sie kommen alle in Waldungen und Hainen vor, haben breite,
gerunzelte Blätter und sind bald strauchig, bald bilden sie kleine Bäume. Sie
geben eine passende Zwischenpflanzung in lichten Nadel= und Laubwäldern und
an Waldsäumen. Die Ohrweide verträgt keinen schweren, namentlich keinen
Kalfboden.

Der beiden bei uns heimischen Moorweiden (S. repens L. und myrtilloides L.)
und ihrer Verwendung ist bereits Erwähnung geschehen. Die kleinen, oft winzigen
Alpenweiden und Gletscherweiden kommen hier außer Betracht, so hohen Werth
sie auch für alpine Anlagen haben.

Die meisten Pappeln unterscheiden sich von den Weiden schon durch ihre
breiten, durch eine eigenthümliche Einrichtung am Stielansatzpunkt schwankenden
Blätter. Dagegen besteht das eigentliche Unterscheidungsmerkmal darin, daß die
Gattung Weide am Grund des Pistills, bezüglich der Frucht, nur eine Schuppe,
die Gattung Pappel (Populus) dagegen an dieser Stelle einen rings umfassenden

Becher entwickelt. Die Blätter stehen bei beiden Gattungen in schlaffen Aehren, die man Kätzchen nennt, weil sie bei vielen Weiden mit seidig-zottigen Deckblättern versehen sind.

Unsere heimische Flora ist ziemlich arm an Pappelarten. Die verbreitetste Art ist die Schwarzpappel (Populus nigra *L.*). Sie wächst sehr rasch. In 50 Jahren erreicht sie eine Höhe von 20—30 Meter und einen meterdicken Stamm. Bis zum 80. Jahr nimmt er noch 50—60 Centimeter an Stammdicke zu, wird dann kernfaul und stirbt nach etwa 120 Jahren ab. Der Wuchs einer großen Pappel hat etwas Erhabenes, doch kann hierin die Pappel weder mit der Platane noch mit der Esse verglichen werden, weil ihre Hauptäste sich weit nach allen Seiten ausbreiten und eine Krone von großem Umfang bilden. Dieser sparrige Wuchs und das beständige Schwanken der Blätter im Spiel des Windes geben der Pappel etwas Flatterhaftes, Unstätes. Erhabene Stimmung ruft sie aber wach, in einem Grade, wie wenig andere Bäume, wenn ein mächtiger Wind in ihren Aesten und in ihrem Laubwerk rauscht und braust.

Die gärtnerische Anwendung der Pappel ergiebt sich aus der Art ihres Vorkommens in der freien Natur. Man findet sie an etwas feuchten Orten in Wäldern, an Ufern und auf Wiesen zerstreut. Auf dem Lande wird sie überall angepflanzt und häufig als Kopfpappel (Pappelweide) behandelt, was natürlich in Alleen und Anlagen niemals geschehen darf. Im Park verwendet man die Pappel am besten im gemischten Bestande. Man sollte nicht zu viele Pappeln pflanzen, weil jede Pappelart lange, flachliegende Wurzeln aussendet, welche den Boden sehr aussaugen. Sie treiben auch Wurzelschößlinge, welche einerseits das Angenehme haben, daß man diese und jede andere Pappelart durch sie rasch vermehren kann; andererseits werden die Schößlinge in der Anlage leicht lästig, weil sie fortwährende Beaufsichtigung nöthig machen, welche freilich auch aus anderen Gründen unerläßlich ist. Sehr gut kann man die Pappel auch als Schutzpflanzung verwenden, namentlich bei Eichen und anderem langsam wachsendem Laubholz. Die Schwarzpappel ist ein sehr schöner Alleebaum auf feuchtem Lande. Daß auch hier niemals Säge oder Messer angewendet werden dürfen, brauche ich nicht zu sagen. Alleen von Pappeln wird man nicht grade an der Auffahrt zum Haus anbringen, wegen ihres unruhigen Charakters; hier sind Roßkastanien, Linden, Buchen u. a. vorzuziehen. Dagegen eignet sich die Pappel vortrefflich für Landstraßen, Landwege, auch für einen Fahr- oder Reitweg durch die Anlage, wie Stuttgart zeigt. Die schöne Pappelallee als Wandelbahn für Kurgäste, welche Goethe in Berka a. Ilm anlegte, habe ich bereits erwähnt. Zu solchem Zweck kann es kaum einen geeigneteren Baum geben, denn das fast nie fehlende Geflüster des beweglichen Laubes weckt in angenehmster Weise Gedanken und Empfindungen.

Einen ganz anderen Charakter trägt die Pyramidenpappel (Populus pyramidalis *Rozier*) zur Schau. Sie stammt aus dem Orient, ohne daß sich ihr Vaterland genau angeben ließe. In Europa kommt sie nirgends wild vor, daher ist der Name „italienische Pappel", den man ihr bisweilen beilegt, unrichtig.

Die Pyramidenpappel erreicht eine Höhe von 30 Metern und bildet eine schmale, büschelige Pyramide. In der Schönheit des Kronenumfanges und Profils wird sie nur von der Pyramideneiche übertroffen, vor der sie aber das rasche Wachsthum voraus hat. Auf gutem Boden erreicht sie schon im 20. bis 25. Jahr eine Höhe von 20 Metern. Sie ist im Frühjahr sehr empfindlich gegen Nachtfröste, daher eignet sie sich am besten für das südwestliche Deutschland, wo sie sich weit schöner entwickelt als weiter nach Osten und Norden. Die schönsten Pyramidenpappeln sah ich auf den Rheinauen in Oberbaden und im Oberelsaß. Auch die Pappelgruppe auf der Rousseauinsel bei Genf ist höchst stattlich. Im

Elsaß auf den Rheinauen kann man die ästhetische Wirkung der Pappel am besten studiren. Hier stehen auf der Wiese die schönsten Gruppen beisammen, meist mit Weiden, Erlen und anderen Bäumen untermengt.

Dies ist auch eigentlich die einzig erlaubte Anwendung der Pyramidenpappel im Park. Zur Bildung schöner Baumgruppen auf einem Rasen, so z. B. als Vorposten eines Laubwaldbestandes ist die Pappel unübertrefflich. Die Pappeln werden hier meistens die Mitte der Gruppe bilden müssen, um welche die übrigen Bäume sich schaaren. Als Alleebaum ist die Pyramidenpappel sehr häßlich und für die benachbarten Ländereien schädlich, da sie den Boden sehr aussaugt. Nur da wirkt eine Pappelallee angenehm, wo man sie, wie bei Schulpforta, als Maßstab für einen Bergabhang oder einen anderen Gegenstand ansehen darf.

Der Landschaftsgärtner hat in kälteren Gegenden, eigentlich in ganz Deutschland mit Ausnahme des Südwestens einen Feind der Pappel zu bekämpfen, nämlich die Gipfeldürre. Diese Krankheit hat ihren Grund darin, daß die einem südlichen Klima angehörige Pyramidenpappel oft im April, wo der Trieb schon begonnen hat, noch von sehr heftigen Frösten getroffen wird. Natürlich gehen die jungen Triebe zu Grunde und der Baum wird von oben her dürre. Die unteren Triebe haben etwas mehr Schutz durch die Nähe des Bodens.

Vorbeugungsmittel gegen diese Krankheit giebt es nicht. Das einzige, was man thun kann ist, daß man die Pappelpflanzung keiner zu rauhen Lage aussetzt. Ist aber dieselbe gipfeldürr geworden, so muß man den Baum bis auf die völlig gesund gebliebenen Theile wegschneiden. Die untersten Zweige bedürfen besonderer Schonung, weil sie am meisten zur Ernährung des ganzen Baumes beitragen. Ein vom Boden auf verästelter Baum wird auch nicht so leicht gipfeldürr, weil er kräftiger und widerstandsfähiger ist. Ist der gekappte Baum nicht im zweiten Jahr darauf wieder bei völliger Gesundheit und Kraft und in mächtigem Triebe, dann rode man ihn aus. Es wird niemals wieder ein ordentlicher Baum, und nichts kann abscheulicher aussehen als eine kränkliche Pyramidenpappel, wie so viele Parks sie aufzuweisen haben. Hat der Gärtner warmes Interesse für den unter seiner Leitung stehenden Garten, so wird er solche Unzierden baldigst entfernen und die Bäume durch andere ersetzen.

Die Espe (Populus tremula *L.*) ist als Waldbaum durch ganz Deutschland verbreitet. Der Baum wächst sehr rasch, bildet eine schöne, ausgebreitete Krone und wird in 50 Jahren 20—30 Meter hoch bei einem Stammdurchmesser von $\frac{1}{2}$ bis 2 Meter. Die Espe ist ein munterer Baum zufolge der großen Beweglichkeit seiner fast runden, langgestielten, mattgrünen, rückseits weißgrauen Blätter. Sie eignet sich vortrefflich als Beimengung zum Mischwald und ebensowohl als Schutzpflanzung für Laubhölzer. Auch zur Gruppenbildung ist sie geeignet, wo man eine schöne Farbenwirkung und Abstimmung zu erreichen sucht. Ebenso ist sie ein schöner Zwischenbaum für Alleen zwischen Eichen, Buchen, Ahornen u. s. w.

Noch wirkungsvoller für Farbenstimmungsbilder ist die Silberpappel, welche im Orient und in Südeuropa wild vorkommt, aber auch unser Klima, namentlich in den mittleren Gegenden Deutschlands, erträgt. Sie ist von ähnlichem Wuchs wie die Schwarzpappel, wächst auch ebenso rasch und übertrifft diese sogar noch an Höhe und Umfang. Ihre zierlich handförmig getheilten Blätter sind oberseits matt dunkelgrün, rückseits schneeweiß. Für Kontrast-Farbenwirkung ist die Silberpappel einer der werthvollsten Bäume, so z. B. einzeln oder in kleinen Gruppen vor einer Fichtenpflanzung. Als Alleebaum sowie als Zwischenbaum für Alleen ist die Silberpappel von großem Werth.

Hie und da trifft man die Graupappel (P. canescens *Smith*), ein Bastard zwischen der Silberpappel und der Espe. Ihre Anwendung ist die nämliche wie bei der Silberpappel.

Als Alleebäume sind auch die nordamerikanischen Pappeln sehr zu empfehlen, besonders die Kanadische Pappel (P. monilifera *Ait.*), mit ihrem schönen, hell= grünen, glänzenden Laub, auch die Balsampappel (P. balsamifera *L.*).

Bei der Verwerthung aller Pappelarten ist zu berücksichtigen, daß sie Feuch= tigkeit lieben und sich daher am besten als Uferbäume entwickeln.

Der Weidenfamilie zunächst steht unter den Kätzchenträgern die Birkenfamilie (Betulaceae). Sie besteht ebenfalls aus zwei Gattungen: Erle (Alnus *L.*) und Birke (Betula *L.*). Sie unterscheiden sich leicht von den Weiden und Pappeln durch die Frucht. Bei der Weidenfamilie ist dieselbe eine kleine Kapsel, welche nach Oeffnung der beiden Klappen zahlreiche kleine mit seidigem Flugapparat versehene Samen entläßt. Bei der Birkenfamilie öffnet sich die Frucht nicht, sondern umschließt den meist einzigen Samen fest (Nuß= oder Schließfrucht). Den Flugapparat trägt hier meistens die Frucht selbst in Gestalt eines mehr oder weniger entwickelten Flügels, der aber auch fehlen kann. Bei allen Arten sind die Kätzchen einhäusig.

Die Birke (Betula alba *L.*), welche durch unser ganzes Florengebiet und bis in den höchsten Norden als Waldbaum wild vorkommt, gehört nebst der baby= lonischen Trauerweide zu denjenigen Laubhölzern, welche am meisten geeignet sind, die ästhetische Empfindung der Sehnsucht, des Elegischen zu wecken. Die Birke wächst sehr rasch. Nach 60—70 Jahren hat sie eine Höhe von 20—30 Metern und 60—80 Centimeter Stammdurchmesser erreicht. Sie wächst von da ab sehr langsam, wird bald kernfaul und stirbt von oben her ab.

So lange die Birke keine Früchte trägt, stehen ihre zahlreichen Zweige auf= recht und büschelig beisammen. Sobald aber starke Fruchtbildung eintritt, biegen sich durch die Schwere der Fruchtkätzchen die Zweige abwärts und es entsteht die Form der Hängebirke. Uebrigens ist die Birke äußerst variabel. Manche Formen bringen den hangenden Wuchs stärker, andere weniger stark zur Ausbildung. Außer dem zierlichen, entfernt stehenden Laube und der weißen Borke tragen die langen, ruthenförmigen, hangenden Zweige am meisten zur Wirkung des zierlichen Baumes bei. Man unterscheidet in unserer deutschen Flora noch die Moorbirke (B. pubescens *Ehrh.*) als Art, doch hat für den Landschaftsgärtner diese Unter= scheidung keine wesentliche Bedeutung.

Die Birke liebt in der Wildniß leichten, sandigen Boden. Auf schwerem Kalkboden gedeiht sie nicht gut. Sehr schöne Birkenbestände findet man z. B. in der sächsischen Lausitz auf Quadersandstein. Sie liebt auch Feuchtigkeit, namentlich Moorboden; gedeiht jedoch auch auf trockenen Sandhaiden recht gut.

Ihre Benutzung im Park ist eine sehr mannigfache. Für Nadelholz, besonders für Kiefern, ist sie das wichtigste und schönste Gemengholz. Man pflanze sie so, daß man später die meisten Exemplare stehen lassen kann. Sehr schön eignet sich die Birke auch zur Gruppenbildung in der Gesellschaft anderer Bäume. Hängebirken sind von großer Wirkung am Ufer eines Landsees, wenn andere Bäume hinter ihnen stehen. Am Abhang eines sanften Hügels bilden im Fichten= bestand eingesprengt die Birken einen schönen Gegensatz.

Wird die Birke als Alleebaum allein angepflanzt, so macht sie einen etwas kalten Eindruck mit ihren weißen Stämmen und ihrer mattgrünen Belaubung. Eine solche Allee findet man z. B. auf der Peißnitzinsel bei Halle a. Saale. Bessere Wirkung übt die Birke als Alleebaum im Wechsel mit anderen Bäumen. Von besonders schöner Wirkung ist sie als Zwischenpflanzung in einer Fichten= allee. Auch zwischen Eichen sieht sie sehr gut aus.

Im Nadelwald kann man die Birke auch als Unterholz anwenden, ebenso als Buschholz in Vorpflanzungen.

Für Mooranlagen kann man die kleineren Birken unserer Alpenformen benutzen, nämlich die Jurabirke (B. intermedia *Thomas*), die Strauchbirke (B. humilis
Schrk.) und die Zwergbirke (B. nana *L.*).

Die Erlen sind bei uns in drei Arten vertreten: die Sumpferle (Alnus glutinosa *Gaertn.*), die Grauerle oder Bergerle (A. incana *DC.*) und die Grünerle
oder Alpenerle, im Berner Oberland Tros genannt (A. viridis *DC.*).

Die Sumpferle, ein Baum von mäßiger Stärke und von 20—25 Meter
Höhe, wächst in ganz Mitteleuropa an Ufern, an Gräben und Bächen, in Ueber-
schwemmungsgebieten, in Sümpfen, auf feuchten Wiesen u. s. w. Sie kann auch
als Strauch gezogen werden. Von ihren Verwandten unterscheidet man sie leicht
an ihren breiten, klebrigen, am Ende ausgerandeten oder gestutzten, breit abgerundeten Blättern.

Sich selbst überlassen, bildet die Sumpferle eine schöne, ausgebreitete Krone.
Ihr Standort ist durch ihr natürliches Vorkommen auch für den Park vor-
gezeichnet. Nur auf sehr feuchtem Boden kann sie zur Waldbildung mit benutzt
werden; im Uebrigen muß ihre Verwendung auf Uferpflanzungen beschränkt
bleiben. An Landseen bildet sie vortreffliche Gruppen im Verein mit Silberweiden, Bruchweiden, Pappeln, Fichten und Birken. Kann man es bewerkstelligen,
daß solche Gruppen vom Wohnhaus aus gesehen werden können, so erhält man
den Hausbewohnern bis in den Winter hinein den Anblick grünen Laubholzes,
denn die Erlen und Weiden verfärben ihr Laub wenig oder gar nicht und werfen
es erst im November ab. Am besten von allen Laubhölzern eignen sich die Erlen
zur Bepflanzung von Bach- und Flußufern, auch da, wo man auf einer Wiese
den Verlauf des Baches durch Uferpflanzung sichtbar machen will.

Die Grauerle bildet das Gebüsch am Ufer der Gebirgsflüsse im Alpengebiet
und auf den höheren Gebirgen. Mit den Alpenflüssen wandert sie abwärts, am
Rhein bis Germersheim, in Bayern bis zur Donau. Sie tritt auch als Waldbaum auf, so namentlich im höheren Norden, in den russischen Ostseeprovinzen,
aber auch in den Alpen, wo sie sich hoch über die Meeresfläche erhebt. Sie wird
bisweilen 20 Meter hoch, wächst aber häufig auch strauchförmig.

Im Park kann man sie besonders im Buschwald verwenden, wie wir bereits
früher gesehen haben. Sie liebt Feuchtigkeit und gedeiht daher besonders gut an
Ufern. Man kann sie aber auch im Mischwald sehr gut gebrauchen, auch neben
der Birke als Schutzpflanzung in jungen Kiefernbeständen. Auch sie behält ihr
Laub im Herbst sehr lange und wird daher gern in die Nähe des Hauses gepflanzt oder in Anlagen, die man vom Wohnhause aus sehen kann.

Die Grünerle bildet einen der Hauptbestandtheile des Buschholzes in der
Nähe der Holzgrenze in der Knieholzregion auf den Alpen und höherem Gebirge.
Sie erreicht nur 4 Meter Höhe. Ihre eirunden oder fast kreisrunden Blätter
unterscheiden sie leicht von der Grauerle, deren Blätter länglich, meist auch größer
sind. Im Park kann man die Grünerle in Mooranlagen und in feuchten Gebüschen verwenden.

Der Wallnußbaum (Juglans regia *L.*) kommt in Europa in Gärten und
Weinbergen sowie an Wegen angepflanzt, aber nirgends wild vor. Er ist der
einzige Vertreter einer kleinen Familie, deren Angehörige besonders in den milderen Gegenden Nordamerikas und Nordasiens wohnen. Unser Nußbaum stammt
aus Asien. Kultivirt wird er mit Ausnahme der nördlichen Länder in ganz
Europa. Im Süden ist er fast eingebürgert und bildet schon an den Ufern des
Genfersees und der norditalischen Seen, sogar am Mittelgebirge des Innthals
ganze waldartige Bestände. Er erreicht dort fast die Größe alter Ahorne. Im
Garten ist er als Obstbaum zu behandeln; doch kann man ihn im Park wegen
seines schönen, großen Fiederlaubes als Gesellschafter einer größeren Baumgruppe

verwenden. Er ist ein trefflicher Alleebaum, bedarf aber in diesem Fall wegen seines langsamen Wachsthums einer Zwischenpflanzung, etwa von amerikanischen Heuschreckenbäumen (Robinia).

Landschaftlich noch werthvoller wegen ihrer Hochwüchsigkeit und ihres weit größeren Laubes ist die amerikanische Hickorynuß (Juglans nigra *L.*). Ihre Verwendung ist die nämliche wie bei der Wallnuß. Petzold empfiehlt eine Zusammenstellung von Wallnußbäumen und Maronen.[1]) Sehr schön wird eine Allee von Wallnußbäumen oder Hickorybäumen aussehen mit einer Zwischenpflanzung von Pavia rubra, rothblühenden Roßkastanien. Bei der Hochwüchsigkeit des Hickorybaums wird man wahrscheinlich niemals gezwungen sein, die Paviapflanzung wieder zu beseitigen.

Zunächst muß uns nun diejenige Laubholzfamilie unter den Kätzchenträgern beschäftigen, welche wir für unsere Gegenden als die wichtigste anzusehen haben, nämlich diejenige der Becherträger oder Cupuliferen. Der Name bezieht sich darauf, daß die Frucht durch ein sehr verschiedenartiges, aus Deckblättern entstehendes Gebilde eingeschlossen oder am Grunde gestützt wird. Zu den Becherträgern gehören diejenigen Bäume, welche bei uns den eigentlichen Bestand des Laubwaldes bilden: die Buche, die Eichenarten, die Steinbuche, auch der Haselstrauch, die Hopfenbuche und die Marone.

Die Rothbuche (Fagus silvatica *L.*), meistens schlechtweg Buche genannt, nimmt unter unseren Laubhölzern den ersten Platz im Range der Schönheit ein. Diese beruht zunächst auf dem herrlichen Wuchs des Baumes, der eine Höhe von 20—40 Metern erreicht und seine Hauptäste hoch emporrichtet, ferner auf der Schönheit und Zartheit sowie dem bis in den Herbst lichten Grün des eirunden, gestielten, am Rande schwach gezähnelten Laubes. Die Buche ist durch ganz Mitteleuropa verbreitet. Ihr eigentlicher Wohnsitz sind die oceanischen, feuchten Gegenden, das Gebiet der Nordsee und des südlichen Theils der Ostsee, namentlich die dänische Halbinsel, Nordhannover, Mecklenburg. In den Alpen steigt sie bis 1000, ja stellenweise bis 1500 Meter hoch empor.

Nach ihrem Wuchs unterscheide ich drei landschaftliche Formen der Buche: die Waldbuche, die Thalbuche und die Gebirgsbuche. Die Waldbuche könnte man gewissermaßen als die Normalform ansehen. Sie findet sich am schönsten auf der dänischen Halbinsel und im südlichen England. Der Baum ist von mäßiger Höhe und von gewaltigem Umfang. Wo er frei steht oder am Waldsaum, da bildet die Krone eine bis auf den Erdboden herabhängende Riesenglocke. Die Waldbuche wächst vorwiegend auf der Ebene, aber auch auf niedrigen Bergen, im Wesergebirge, in der Gegend von Göttingen, im Unterharz und im Thüringer Wald. Von der geologischen Bodenbeschaffenheit ist die Buche fast ganz unabhängig, denn sie gedeiht auf Sandboden (Geestlande der Elbe), auf Kreide (England und Rügen), auf Basalt (Hoher Hagen, Dransberg, Wesergebirge), auf Rothliegendem und Porphyr (Thüringer Wald), auf Muschelkalk (unteres Thüringer Saalgebiet) u. s. w.

Die Thalbuche entwickelt sich in Gebirgen am Fuß hoher Wände und in tiefen Schluchten. Der Stamm der Thalbuche ist eine Riesensäule, welche ihre erst hoch oben beginnenden Aeste in spitzem Winkel zum Himmel empor hebt, oben das hellgrüne Laubdach tragend. Am schönsten entwickelt sah ich die Thalbuche im Thüringer Wald, bei der Hochwaldsgrotte, rechts über der Landgrafen-

<hr>

[1]) Arboretum Muscaviense. Ueber die Entstehung und Anlage des Arboretum Sr. Kgl. Hoheit des Prinzen Friedrich der Niederlande zu Muskau, nebst einem beschreibenden Verzeichniß der sämmtlichen in demselben kultivirten Holzarten, bearbeitet von E. Petzold und G. Kirchner. Gotha 1864. S. 334.

schlucht, in der ganzen Gegend zwischen Ruhla und Eisenach. Diese Form steht bezüglich des Eindrucks der Erhabenheit auf gleichem Range mit der Platane und der Rüster, ja, sie dürfte diese beiden Bäume noch übertreffen.

Die Gebirgsbuche, die man auch Wetterbuche nennen könnte, sieht man auf hohen, den kalten und heftigen Winden sehr ausgesetzten Bergen, so z. B. nahe am Gipfel des Inselsberges im Thüringer Wald, an der Weinstraße zwischen der hohen Sonne und dem Drachenstein. Der Baum bleibt niedrig, mit dickem, gedrungenem Stamm. Die Krone ist dicht und sehr buschig, äußerst stark ver-ästelt. Die Verästelung reicht tief herab, hängt aber nicht glockig, sondern die Zweige stehen steif ab. Eine ähnliche Form findet man nicht selten in Wild-parks, so z. B. im Hirschpark bei der Solitüde unweit Stuttgart.

Für den Landschaftsgarten ist die Buche der wichtigste aller Bäume, nur die Eiche kommt an Werth ihr gleich, je nach den Umständen. Auf ziemlich trockenem Boden wird man der Buche, auf nassem oder sehr feuchtem Boden dagegen der Eiche den Vorzug geben. Man thut am besten, durch den ganzen Park einen dieser beiden Bäume im Hochwald vorherrschen zu lassen. Hat man feuchtes und trockeneres Terrain, so kann man auch zwischen beiden die Herrschaft theilen.

Die passende Form giebt die Buche im Park sich selbst, wenn man ihr nur ihren Willen und ihre Freiheit läßt. Das Messer und die Säge suche man durchaus zu vermeiden und gebe den Bäumen den Zwischenraum ihres Kronen-durchmessers und eine Schutzpflanzung von Espen, Ahorn, Linden oder Robinien, später ein Unterholz von Salweiden, oder auch gar keins. Wie man für die Flora sorgt, das wollen wir bei der Eiche besprechen. Die Flora des ersten Frühlings ist ähnlich wie die bei der Ulme geschilderte, nur daß im Buchenhoch-wald die Flora im Ganzen weit ärmer ist.

Die Buche eignet sich auch vorzüglich, einzeln oder in Gruppen, als Vor-baum auf der Wiese vor einem Waldbestand. Hier kann man sich auch unter Umständen der sogenannten Blutbuche (var. sanguinea) bedienen, welche sich besonders für Farbenkontraste in einer Gruppe vorzüglich eignet.

Als Alleebaum mit einer Zwischenpflanzung von Ebereschen, Elsebeeren, Robinien, allenfalls auch Ahornen, ist die Buche höchst empfehlenswerth.

Die Marone (Castanea vulgaris *Lam.*) stammt wie der Wallnußbaum aus Asien, ist in ganz Südeuropa eingebürgert und bildet Bestände an den Süd-wänden (d. h. nach Süden gerichteten) der Alpenthäler auf dem sogenannten Mittelgebirge wie der Nußbaum, dem er im Wuchs sehr ähnlich ist, den er an Höhe bisweilen noch übertrifft. Seine breit lanzettlichen, scharf gesägten, dicht beisammenstehenden, lebhaft grünen, glänzenden Blätter geben dem Baum ein prächtiges Ansehen.

Die Anwendung des Baumes im Park ist ganz dieselbe wie beim Nuß-baum, doch ist zu bemerken, daß die Edelkastanie in den kältesten Theilen von Deutschland, wie z. B. im nördlichen Thüringen und auf der oberbairischen Hochebene nicht gedeiht. Man wird im Park Nußbäume und Kastanien nur da pflanzen, wo sie vor den Nachstellungen der naschhaften Jugend gesichert sind, — natürlich nicht der Früchte wegen, die man ihnen ja gern gönnen könnte, sondern weil sie bei solchen Unternehmungen die Anlagen ruiniren würden.

Die Eiche, nebst der Buche unser wichtigster Waldbaum, tritt in ganz Mittel-europa zunächst in zwei verschiedenen Formen mit abfälligem Laub auf, die so ähnlich sind, daß Linné sie unter einem Artnamen zusammenfaßte. Es sind diese die Wintereiche (Quercus sessiliflora *Smith.*) mit stiellosen Früchten, und die Sommereiche (Q. pedunculata *Ehrh.*) mit gestielten Früchten. Ihre ästhetische Aehnlichkeit ist so groß, daß wir sie als Landschaftsbaum nicht zu unterscheiden brauchen.

Die Eiche erreicht ein sehr hohes Alter und bisweilen ganz außerordentliche Dimensionen.[1] Sie wird bei verschiedenen europäischen Völkern als heilig verehrt, so namentlich bei den Kelten.[2]

In dem berühmten, sehr großen „Hagenauer" Forst befindet sich die älteste Eiche des Elsasses und überhaupt einer der ältesten Bäume der Welt. Die Sage will, daß der heilige Arbogast im 8. Jahrhundert schon seine Hütte oder Kapelle unter dessen Schatten erbaut. Die Forstleute bestätigen die Möglichkeit des Alters von 1200 Jahren, welches man dem Baum zuschreibt. Uebrigens befindet sich derselbe in den günstigsten Verhältnissen, um ein hohes Alter zu erreichen. Er steht nämlich in einer Senkung, wo er vom Winde geschützt ist und von allen Seiten Zufluß von Wasser hat, das durch fette, düngerreiche Erdschichten kommt. Nicht bloß der Stamm, sondern auch alle Zweige sind hohl, und trotzdem grünt diese Eiche lustig weiter und steht so fest, daß sie in der ganzen Gegend als Sinnbild der dauernden Stärke und Unwandelbarkeit gilt.[3]

Eine große Eiche steht nicht fern von der Straße, die von Balleroy nach Littry (im Departement Calvados) führt, im Walde von Cerisy. Sie wird vom Volke la vieille chênesse genannt und ist wahrscheinlich für die Normandie der Nestor der Wälder. Sie hat am Fuße 9 Meter im Umfang, ist fast ganz hohl, aber dennoch belaubt. In ihrem Innern ward im vorigen Jahre eine steinerne Kapelle, die 16 Personen Platz gewährt, aufgeführt. Am Pfingstmontage wird alljährlich unter ihrem Schatten ein ländliches Fest gefeiert, das viele Besucher herbeiführt.[4]

Die große Eiche (Quercus pedunculata) zu Pleischwitz, zu den größten Bäumen Europas gehörend, steht 1½ Meile von Breslau; obwohl innerlich hohl, doch bis 1833 ganz gesund.[5] Da nahm ihr ein Sturm einen der drei Hauptäste. Derselbe soll 14 Klafter Holz geliefert haben. Ward 1846 von Göppert beschrieben und abgebildet (Verhandlungen des schlesischen Forstvereins 1846 pag. 180). 2 Fuß über dem Boden hat der Baum 42½ Fuß preuß. Umfang, in 14 Fuß Höhe stehen seine beiden noch übrigen Hauptzweige, deren einer 16½, der andere 13½ Fuß Umfang hat. Die Höhe des ganzen Baumes ist 78 Fuß. An der Bruchstelle des dritten Astes ist eine Thür, wodurch man in die Höhlung steigen kann, hier können 25—30 Menschen nebeneinander stehen. 1857 brach der Baum durch das Mißverhältniß der Aeste zum hohlen Stamm zusammen. Das Holz des Stammes war im dritten Theil seines Umfanges und bis zur Dicke von 2—3 Fuß gesund. Aus den Jahresringen ließ sich ersehen, daß er in den letzten 150 Jahren nur 1 Fuß dicker geworden war und daß sein ganzes Alter auf 700 Jahr zu schätzen sei.

Die „Breslauer Zeitung" schreibt aus Pleischwitz bei Breslau, 1859, 5. Juli: „Heute Nachmittag 2 Uhr stürzte die berühmte alte Eiche in Pleischwitz unter heftigem Krachen zusammen, nachdem sie bereits seit zwei Tagen einen bedenklichen Riß gezeigt hatte. Den meisten Breslauern wird sie bekannt sein; für diejenigen, welche sie nicht gesehen, sei noch die Notiz, daß die Eiche bei dem Austritte der Wurzeln aus der Erde 66 Fuß und unterhalb der Stelle, wo die drei mächtigen Hauptäste sich theilten, 33 Fuß Umfang hatte, und daß in ihrem hohlen Innern

---

[1] Beiträge zur Kunde Preußens. Bd. 2. Königsberg 1819. S. 114—116.
[2] K. Eckermann, Religionsgeschichte und Mythologie. Bd. III. Abth. II. S. 84—88. Bd. IV. Die Kelten. K. VIII. Geweihtes.
[3] Frankfurter Nachrichten. 1871 den 12. April. Extrabeilage.
[4] Schleiden und Froriep, Notizen. 3. Reihe. Bd. V. Weimar 1848. 4°. Bd. I. Sp. 122. Voleur du 20. Juin 1847.
[5] Zeitschrift für die gesammte Naturwissenschaft von Giebel & Heintz. Jahrgang 1859, Februar. (Bd. III. Heft 2. S. 184.)

auf einer dort angebrachten Bank neun Personen nebeneinander sitzen konnten. Ihr Alter war nicht genau zu ermitteln, wurde aber von einer der ersten wissenschaftlichen Autoritäten für Pflanzen=Physiologie auf etwa anderthalb Jahrtausend geschätzt."

Eine alte Eiche steht im Reichenfelser Schloßpark bei Hohenleuben, bei 5 Fuß Höhe Umfang — 14,10 Fuß, Alter 370 Jahre. [1]

In verschiedenen Strichen Niedersachsens und Westphalens haben sich bis auf die neueste Zeit Spuren heiliger Eichen erhalten, denen das Volk einen halb heidnischen, halb christlichen Dienst bewies: im Fürstenthum Minden pflegten die jungen Leute beiderlei Geschlechts am ersten Ostertage, unter lautem Freuden=geschrei, Reigen um eine alte Eiche zu führen. [2] Unweit dem paderbornschen Dorfe Wormeln im Gehölz steht eine heilige Eiche, zu welcher noch jährlich die Einwohner von Wormeln und Calenberg feierlich ziehen. [3]

„Derselbe Probst Arnkiel berichtet: In dem holsteinischen Ampt Borsholm ist vor Alters auff der Scheide, zwischen Spring und Blumenthal ein überaus schöner und ansehnlicher Eichbaum gestanden, die Schwertzeiche, welche die Heiden sollen heilig und religiös gehalten und venerirt haben, wie Mart. Coronaeus in Beschreibung der Borsholmischen Antiquitäten erzählet." (Annalen Cimbr. Heiden=religion I. S. 176.) [4]

Die älteste und stärkste Eiche, der schönste Baum Hannovers, die tausend=jährige Winter=Eiche auf Lobeburg's Hof in Wetter, ist durch den Orkan am 7. d. M. umgestürzt worden. Am Boden hielt der gewaltige Stamm 40 hannover'sche Fuß im Umfange und breitete in einer Höhe von 20 Fuß rundum seine Riesenäste aus, welche er alle bis dahin behalten hatte. Unter seinen mächtigen, laubreichen Aesten versammelten sich im Mittelalter die Freien dieses Amtshofes, die soge=nannten Wetter=Freien, um ihre Rechte zu wahren und Streitigkeiten unter ihren Mitgliedern zu schlichten. Da der Besitzer dieses Hofes im Kriege als Reiter dienen mußte, ist es nicht unmöglich, daß König Wittekind schon im Schatten dieser Eiche geruht hat. [5]

England ist das Land der schönen alten Eichen. Sir W. Symonds schreibt: Die sogenannte parlamentarische Eiche im Park von Clipston soll 1500 Jahre alt sein. Dieser Park bestand schon vor der normannischen Eroberung und gehört dem Herzog von Portland. Die höchste Eiche war das Eigenthum desselben Edel=mannes. Sie ward des Herzogs Spazierstock genannt und war höher als die Westmünsterabtei. Die dickste Eiche in England ist die Calthorpe=Eiche in York=shire, welche am Boden 78 Fuß im Umfange mißt. Die Tree=Shire=Eiche heißt so, weil sie in den drei Grafschaften Nottingham, Derby und York liegt. Sie beschattet mehr als 777 englische Quadratellen. (Die englische Elle, Yard — 3 Fuß.) Die einträglichste Eiche war die im Jahre 1810 gefällte Eiche von Gelenos in Monmouthshire, indem für die Rinde 200 Lstrl. und für das Holz 670 Lstrl. bezahlt wurden. In dem Herrenhause von Tredegarpark in Monmouthshire soll sich ein 42 Fuß langes und 27 Fuß breites Zimmer befinden, dessen Fußboden

---

[1] Verhandl. d. Gesellsch. d. Freunde d. Naturw. in Gera und b. naturw. Kränzchens in Schleiz. Bd. II, 1863—67. S. 29.

[2] Webdigens westph. Mag. 3, S. 712.

[3] Spilckers Beiträge 2, S. 121. J. Grimm, Deutsche Mythologie. 2. Aufl. Bd. I. S. 64.

[4] A. Niemann, Vaterländ. Waldber. Bd. 2. St. 3. Altona 1821. S. 27.

[5] „Neue freie Presse". Wien, 19. Dezember 1868. Die berühmte „Brauteiche" bei Schleswig in der Nähe des Dorfes Husbye, siehe A. Niemann, Vaterl. Waldber. 1. Stück. Altona 1820. S. 45 ff. Große Eichen im Gute Salzau, siehe A. Niemann, Vaterländ. Waldberichte. 1. Stück. Altona 1820, S. 41 f. und Kieler Blätter. 1. 3. S. 377—403. „Holsteins Eichen und Buchen."

und Wandbekleidung von einer einzigen, auf dem Gute gewachsenen Eiche her=
rührt. [1])

Die Farriskönigin und der Farriskönig, zwei alte Prachteichen, standen, nach
von Krogh's Berichtigung, auf dem Oeddirbraubrupper Felde, dicht an der Oster=
byegaarder Scheide, waren beide vor 1773 gefällt; die Stubben standen noch. [2])

In der „russischen Flora" von J. H. Ligea ist angeführt, daß in England
einstens eine Eiche stand, unter deren Schatten sich 4000 Krieger lagern konnten.
In Curland, unweit Goldingen, fand man einen Eichenbaum, der 1 Fuß über
der Erde 42 Fuß 8 Zoll und 11 Fuß über der Erde 28 Fuß im Umfange maß.
Als Peter der Große Kronstadt gründete, fand er dort zwei alte große Eichen;
die eine benutzte er mit seinem Gefolge als Schatten vor der Sonne, und ruhte
darunter beständig aus, die andere, welche hohl war, verwandte er zur Aufbe-
wahrung seiner Bagage und Mundvorräthe. [3])

Quercus alba *L.* in Oberkanada hat häufig 7 Fuß und darüber im Durch=
messer. (Pfeil, Krit. Blätt. f. Forst= u. Jagdwissensch. Bd. 47. Heft 2 [1865] S. 218.)

Die Eiche war der den Druiden geheiligte Baum und wurde von den Kelten
besonders hoch verehrt. Marinus Tyrius sagt: ἄγαλμα Διὸς κελτικοῦ ὑψηλὴ δρῦς. [4])

Humboldt (Kosmos II, 21) sagt: „Lucanus, der Enkel des Rhetors M.
Annaeus Seneca, ist diesem freilich durch rednerischen Schmuck der Diction nur
zu sehr verwandt; doch finden wir bei ihm ein vortreffliches und naturwahres
Gemälde von der Zerstörung des Druidenwaldes an dem jetzt baumlosen Gestade
von Marseille (Phars. III, 400—452, Vol. I, p. 374—384 ed. Weber). Die
gefällten Eichenstämme erhalten sich schwebend an einander gelehnt; entblättert
lassen sie den ersten Lichtstrahl in das schauervolle heilige Dunkel dringen."

Den Verbreitern des Christenthums mit Feuer und Schwert war freilich
in der Natur nichts heilig, sie besaßen keine Spur von dem hohen Natursinn
des Stifters ihrer Religion. Daß den nordischen Völkern die Eiche noch jetzt so
ehrwürdig erscheint, [5]) mag wohl zum Theil eine Reminiscenz an den alten Götter=
kult sein.

Von England, dem Lande des Naturgeschmacks, ist die Pflege der Eichen in
Anlagen und Parks in Deutschland eingedrungen. In Norddeutschland ist die
Eiche mehr populär als im Süden. In der Umgegend von Hamburg fanden
sich schon in der ersten Hälfte dieses Jahrhunderts in den Parkanlagen die herr=
lichsten Eichenhaine. Wie an die meisten auffallenden Naturerscheinungen, so
haben Landmann und Gärtner auch an die Eiche abergläubische meteorologische
Vorstellungen geknüpft. Bekommt die Eiche das Laub vor der Esche, so folgt ein
trockener Sommer, treibt dagegen die Esche früher aus, so wird der Sommer naß.

Um den Werth der Eiche für den Park kennen und würdigen zu lernen,
muß man alte Eichenwälder und alte Eichenpflanzungen in Parkanlagen, wie sie
in England so häufig sind, studiren. Es kann nichts Großartigeres geben als

---

[1]) Arch. f. Pharmacie von Bley. 2. Reihe. Bd. 99. Heft 2. (Der ganzen Folge
Bd. 119). August 1859. S. 241.

[2]) A. Niemann, Vaterländ. Waldber. Bd. 2. St. 8. Altona 1822. S. 13 f. Ueber
englischen Baumwuchs siehe Descriptions and Sketches of some remarkable Oaks in
the Park at Welbeck in the county of Nottingham a seat of his Grace the duke of
Portland by H. Rooke illustr. with plates London 1790, 4°.

[3]) A. Hohenstein, Der Wald. Wien 1860. S. 45.

[4]) M. Schaßler, Versuch einer Physiognomik der Waldbäume aus dem Gesichtspunkte
der Landschaftsmalerei. Deutsche Kunstzeitung. Heft 1. Leipzig 1851. S. 12 ff.

[5]) Remarks on forest scenery and other woodland views, relative chiefly to
picturesque beauty, illustrated by the scenes of New-forest in Hampshire by W. Gilpin.
In three books. London 1791. Two volumes. Deutsch mit Anmerkungen von G. F. Kunth.
Leipzig 1800.

einen Reinbestand uralter Eichen am sanften Abhang über einem Wiesengrund! Einzelne Bäume läßt man auf die Wiese vortreten. Die Eiche läßt man keine Gruppen bilden; man stellt den einzelnen Baum ganz frei auf die Wiese, so daß er seine Aeste mächtig ausbreiten und emporrecken kann. Am besten natürlich, wenn man in der Lage ist, hundertjährige Eichen zu verpflanzen, wie es der Fürst Pückler schon gethan hat und Borsig in Moabit, und viele andere nach ihnen.

Die gärtnerische Verwendung der Eiche ist mit dem Gesagten fast erschöpft. Die größte Wirkung erzielt dieser Baum im reinen Bestand, besonders auf einer sanften Anhöhe, so daß man noch etwas unter die abwärts geneigten Kronen der Bäume sieht. Die englischen Parks liefern uns besonders prächtige Bilder einfacher Villen, von einem Hain gewaltiger, uralter Eichen umgeben. Man kann natürlich die Eiche auch im gemischten Laubwald verwerthen, besonders auf nassem Boden im Verein mit Eschen, Ulmen und anderen Feuchtigkeit liebenden Bäumen.

Großartig wirken alte Eichen als Alleebäume. Pflanzt man junge Eichen, so bedarf es nothwendig einer Zwischenpflanzung. Es ist bei dem sehr langsamen Wuchs der Eiche sogar zu einer doppelten Zwischenpflanzung zu rathen; etwa: Eiche, Eberesche, Robinie, Eberesche, Eiche u. s. w., oder: Eiche, Elsbeere, Ahorn, Elsbeere, Eiche u. s. w., oder: Eiche, Lorbeerweide, Schwarzpappel, Lorbeerweide, Eiche u. s. w.

Eichenwald gebraucht viel Licht, man darf daher als Schutzpflanzung keine solchen Bäume wählen, welche den jungen Eichbaum rasch überflügeln und dichten Schatten werfen, wie z. B. Roßkastanien, Linden oder Ahorn. Am meisten empfiehlt sich, aus schon oben erörterten Gründen, die Robinie als Zwischenpflanzung.

In den milderen Gegenden kann man statt der nordischen Eiche auch die französische Eiche (Q. pubescens W.) pflanzen. Sie ist etwas kleiner und hat zierlichere, derbere Blätter, so daß sie fast einen Uebergang zu den immergrünen Eichen des Südens bildet. Von diesen kann man einige der härteren, nämlich die österreichische Eiche (Q. Cerris L.), die Steineiche (Q. Ilex L.), die Scharlacheiche (Q. coccifera L.) und allenfalls auch die Korkeiche (Q. Suber L.) in den mildesten Gegenden Deutschlands im gemischten Laubwald verwerthen, wenn man diesem einen südlicheren Anstrich zu geben wünscht. Im Ganzen und Großen haben sie für unsere Gärten keine Bedeutung, ebenso wenig wie die amerikanischen Arten.

Die Haselnuß (Corylus avellana L.) ist der verbreitetste Strauch als Unterholz im lichten Hochwalde, in Hecken, Hohlwegen, im Buschholz an Bergabhängen wie auf der Ebene. Seine Anwendung im Park ergiebt sich daraus von selbst. Dieser Strauch ist vortrefflich geeignet als Zwischenpflanzung, da er rasch aufschießt, ohne die jungen Bäume zu überwachsen und zu beschatten. Am besten schließt sich die Haselnuß als Unterholz oder Schutzpflanzung den breitblätterigen Laubhölzern an, der Ulme, Buche, Weißbuche, Platane, auch der Eiche.

Die Weißbuche, auch Steinbuche, Hainbuche oder Heckenbuche (Carpinus betulus) hat vor der Rothbuche während der ersten drei Jahrzehnte ein sehr rasches Wachsthum voraus, so daß sie eine Höhe von 10—15 Metern erreicht: von da ab wächst sie langsamer bis zum fünfzigsten Jahr. Unter Umständen erreicht sie aber ein weit höheres Alter. Sie ist im Wuchs der Rothbuche nicht unähnlich, wenn sie auch nicht ganz so hoch wird. Ihre Blätter sind weniger groß und zwischen den Seitennerven geriefelt. Im geschlossenen Bestand ist die Rothbuche der Weißbuche weit vorzuziehen. Die Weißbuche ist dagegen ein werthvolles Material im Mischwald. So tritt sie auch in unseren Laubwaldungen stets einzeln auf, niemals in Beständen. Darauf bezieht sich auch der Name Hainbuche. Heckenbuche hat man sie genannt, weil man sie in der französischen

Gartenkunst nächst der Eiche am häufigsten zur Bildung von geschorenen Wänden und Hecken in Anwendung brachte. Dazu ist sie noch jetzt für architektonische Anlagen zu empfehlen. Man sollte Eibenhecken pflanzen, und vor diese provisorisch Hainbuchenhecken, weil sie rascher wachsen und früher unter dem Schnitt gehalten werden können. Ist die Eibenhecke herangewachsen, so kann man ja die Buchenhecke ausroden, sobald sie anfängt, lückenhaft zu werden.

An sehr geschützten Orten läßt sich im Unterholz, besonders aber im Vorholz, die kleine orientalische Hainbuche (Carpinus duinensis *Scopoli*) verwenden, welche meist strauchig wächst.

Werthvoller für den Park ist die Hopfenbuche (Ostrya carpinifolia *Scop.*). Sie macht ganz den Eindruck einer kleineren und zierlicheren Steinbuche. Ihren Namen hat sie ihren weiblichen Kätzchen zu verdanken, welche denjenigen des Hopfens ähneln. Man verwende die Hopfenbuche in Gesellschaft mit der Steinbuche auf nicht zu trockenem Erdreich; auch in Vorholzungen vor dem Mischwald.

Ich habe weiter oben die Ausschmückung des Laubwaldes in unserer heimathlichen Natur mit blühenden Kräutern, Stauden und Sträuchern besprochen, und habe dabei besonders auf feuchte Bodenbeschaffenheit Rücksicht genommen. Im ersten Frühling ist der Waldboden fast überall feucht, daher ist der Unterschied in der Flora des feuchten Bodens und des trockenen zu dieser Zeit zwar schon deutlich sichtbar, indessen doch nicht so überwiegend wie im Sommer. Es sollen daher hier den Pflanzen des Spätfrühlings und des Sommers im Laubwalde noch einige Zeilen gewidmet werden.

Im Frühling erfreuen uns besonders die einfachen, architektonisch gebauten Formen der Liliengewächse und Grasgewächse: mit einem Wort, der Einsamenlappigen (Monocotyledoneae). Später treten sie sparsamer neu hinzu; die Zweisamenlappigen (Dicotyledoneae) gewinnen mehr und mehr die Ueberhand. Von grasartigen Pflanzen treten im Mai die Simsen in größerer Anzahl auf. Es erscheinen: Luzula multiflora *Lej.*, L. albida *DC.* (gegen Ende des Monats oder Anfangs Juni), L. maxima *DC.* Wir setzen dabei einen lichten Hochwald voraus, etwa einen Buchenwald, keinen Sumpfboden. Im Juni und Juli erscheinen die Lilien, die Feuerlilie (Lilium bulbiferum *L.*) und der Türkenbund (L. martagon *L.*). Besonders dieser sollte in keiner Parkanlage dem Gehölz fehlen. Er liebt etwas schweren, kalkreichen Boden und warme Lage. An lichten, warmen Stellen lasse man die Waldlilie (Anthericum Liliago *L.*) auftreten, eine große Zierde des Holzes. Etwas später kommt die zierliche Berglilie (A. ramosum *L.*) zur Blüthe, oft in Gesellschaft von Laucharten (Allium acutangulum, rotundum, fallax, oleraceum u. a.).

Auf feuchtem Waldboden sehen der Milchstern (Ornithogalum umbellatum *L.*) und die Vogelmilch (Ornithogalum nutans *L.*) sehr gut aus und vermehren sich rasch.

In Buschwaldungen in warmer Lage wird man nicht versäumen, die hübschen bunten Traubenhyazinthen (Muscari comosum *Miller* und M. tenuiflorum *Tausch*) anzupflanzen, welche, wie die meisten Zwiebelgewächse, durch starke Vermehrung die Mühe lohnen.

Eine Zierde jedes Waldes sind die Spargelgewächse (Smilaceae). Ich nenne hier zuerst den Spargel (Asparagus officinalis *L.*), welcher durch ganz Deutschland zerstreut in Laubwaldungen auf Wiesen, auf Felsen und an Bergabhängen wild vorkommt, vom Landschaftsgärtner aber nicht genug gewürdigt wird. Er sollte keiner Laubwaldanlage fehlen, da er im Juni und Juli seine so äußerst zart belaubten Triebe mit den kleinen Glockenblüthen vollendet. Der Kniefuß (Streptopus amplexifolius *DC.*), welcher in feuchtem Laubwald wohl gedeihen möchte, kommt erst im Hochsommer zur Blüthe. Aeußerst empfehlenswerth sind

die verschiedenen Maiblumen, so insbesondere die Wirtel-Maiblume (Convallaria
verticillata *L.*), das Salomonssiegel (C. Polygonatum *L.*) für warme, feuchte
Lage im Buchwald, das vielblumige Salomonssiegel (C. multiflora *L.*, auch C.
latifolia *Jacq.*) für den Hochwald, die Maiblume (C. maialis *L.*) für lichten,
nicht zu trockenen Laubwald, ebenso das zierliche Zweiblatt (Maianthemum bi-
folium *DC.*), auch kleine Maiblume genannt.

In den wärmsten Theilen Deutschlands könnte man den Mäusedorn (Ruscus
aculeatus *L.* und R. Hypoglossum *L.*) als Unterholz verwenden. Er sollte
auch nirgends in der Umgebung des Wohnhauses fehlen, so weit er nicht gedeckt
zu werden braucht, denn seine grünen, laubartigen Blüthenstiele gewähren den
ganzen Winter ein hübsches Ansehen.

Die oberständigen Liliengewächse oder Amaryllideen sind auch in unseren
Breiten durch prächtige Typen vertreten. Das Schneeglöckchen und Märzglöckchen
haben wir bereits kennen gelernt. An einem warmen Abhang könnte man vor
dem Wald auf der Wiese die schöne gelbe Amaryllis zur Ueberraschung des Wan-
derers erblühen lassen. Dieses schöne Zwiebelgewächs blüht im Herbst, gleichzeitig
mit der Zeitlose, zu welcher seine Blumen einen herrlichen Kontrast bilden. Noch
besser kontrastirt der ebenfalls um diese Zeit blühende Safran (Crocus sativus *L.*
und Cr. autumnalis *L.*). Denselben Standort könnte man auch dem Sommer-
glöckchen (Leucoium aestivum *L.*) anweisen, welches schon im Spätfrühling blüht.
Auch die Narzisse (Narcissus poeticus *L.*) darf sich des Sommerglöckchens nicht
schämen und blüht meist schon früher.

In sehr milden Gegenden kann man aus einer nahe verwandten Familie,
den Bataten (Dioscoreae), den einzigen europäischen Vertreter derselben, die euro-
päische Batate oder Schmeerwurz (Tamus communis *L.*) in Gebüschen und Vorholzungen als Schlingpflanze verwenden. Ihre elegant herzförmigen, lang zu-
gespitzten Blätter am langgliedrigen, rebenartigen Stengel und die scharlachrothen
Beeren im Herbst sind eine hübsche Zierde. Auf der Insel Wight kommt die
Pflanze viel in Zäunen und Hecken vor.

Auf der Wiese vor dem Walde darf man es an Frühlingspflanzen ebenso
wenig fehlen lassen, wie im Holze selbst. Hier müssen blühen: das Schneeglöckchen
(Galanthus), das Märzglöckchen (Leucoium), der Frühlings-Safran (Crocus
vernus *L.*), der Sumpf-Schwertel (Gladiolus palustris *Gaud.*, auch Gl. communis
L., Gl. illyricus *K.*, Gl. imbricatus *L.* Im lichten Walde bringe man hie und
da die schöneren Arten der Fledermäuse an (Iris pallida *L.*, florentina *L.*, germanica *L.*, sambucina *L.*, squalens *L.*, Fieberi *Seidl.*, hungarica *W.K.*, bohemica
Schm., variegata *L.*, lutescens *Lam.*). Die Zwergfledermaus (I. pumila *L.*) ist
keine Waldpflanze. Sie giebt aber eine frühe Zierde für Mauern, Felsanlagen,
trockene Rasenabhänge. Endlich unsere schöne gelbe Wasserfledermaus (I. Pseuda-
corus *L.*) wird man überall dort anwenden, wo Wald oder Gebüsch an den
Laubsee grenzt. Dort wird sie mit Kalmus und anderen Wasserpflanzen, auch
Böttcherschilf (Typha latifolia *L.* und augustifolia *L.*), Schilfrohr (Phragmites
communis *L.*), Wasserliesch (Glyceria altissima, spectabilis, fluitans, aquatica
u. s. w. das Ufer wahrhaft schmücken. Auf der Waldwiese dürfen die Wiesen-
fledermäuse (Iris sibirica *L.*, spuria *L.*, graminea *L.*) nicht vergessen werden.

Nun kommen wir an das Heer der Orchideen, diesen größten Zierden des
Waldes und des Parks. Man darf bei den Orchideen dreierlei nicht außer Acht
lassen: 1) Beim Verpflanzen sind sie mit dem ganzen sie umgebenden Erdreich
auszuheben. 2) Die meisten brauchen einen schweren, feuchten, kalkreichen Boden,
die sogenannten Sandorchideen sind in der Minderzahl. 3) Die meisten Orchideen
bedürfen großer Wärme und Beleuchtung. Man pflanze sie daher im lichten
Wald an einen Südabhang.

An solchen Orten blüht im Mai: Orchis militaris *L.*, O. fusca *L.*, O. Simia *Lam.*, O. ustulata *L.* (moorige Waldwiesen), O. variegata *All.*, O. coriophora *L.* (nasse Wiesen), O. globosa *L.* (Gebirgswiesen), O. Morio *L.* (sandige Waldwiesen), O. pallens *L.* (warme Laubwälder), O. mascula *L.* (Wälder, Waldwiesen), O. laxiflora *Lam.* (Sumpfwiesen), O. sambucina *L.* (lichter Nadelwald mit Lehmboden), O. papilionacea *L.* (Wiesen), O. maculata *L.* (Waldwiesen mit Sandboden), O. latifolia *L.*, incarnata *L.* und maialis *L.* (auf moorigen Wiesen).

Ein sinniger Gärtner wird sich auch die selteneren Vorkommnisse zu verschaffen und sie zu vermehren suchen; so: Anacamptis pyramidalis *Rich.* (für warme Bergwiesen), ebenso die Riemenzunge (Himanthoglossum hircinum *Spr.*). In warmen, lichten Laub- und Nadelwaldungen sollten nirgends fehlen: Gymnadenia conopsea *R. Br.*[1]), G. albida *Rich.*, G. cucullata *Rich.*, Platanthera bifolia *Rich.* (im schattigen Hochwald), Pl. chlorantha *Custer* und Pl. viridis *Ldl.* Großer Wärme bei schwacher Beschattung bedarf die Fliege (Ophrys muscifera *Huds.*), die Spinne (O. araneifera *Huds.*), der Spiegel (O. Bertolonii *Morett.*), die Hummel (O. Arachnites *Reich.*), die Biene (O. apifera *Huds.*). Diese herrlichen Arten pflanzt man am besten an einem warmen, leicht mit Nadelholz bewachsenen Abhang. Wie die meisten Orchideen bedürfen sie im Winter der Laubdecke.

In einem recht großen Park sollte von unseren schönen Orchideen keine fehlen. Aber der Gärtner muß im Freien ihre Lebensbedingungen studirt haben und sie im Garten so genau wie möglich künstlich herstellen. So z. B. bedarf die Menschenorchis (Aceras anthropophora *R. Br.*) eines ziemlich trockenen, warmen Standorts auf Wiesen oder Rasenplätzen, ebenso das zierliche Herminium. Die seltenen Schmarotzer: Epipogium und Limodorum zu züchten, hat bis jetzt wohl kein Gärtner versucht. Man müßte die ganze Unterlage, worauf diese Pflanzen wachsen (faulendes Holz), sorgfältig mit der Pflanze ausgraben. Den schönen Arten der Gattung Cephalanthera gebe man warmen, schattigen Standort in guter Walderde, ebenso den Arten von Epipactis, von welchen die vanilleduftende Ep. rubiginosa *Gaud.* warme, nur schwach beschattete Kalkabhänge liebt, die im Sommer blühende Ep. palustris *Crtz.* dagegen einen Platz im Moorbeet erhalten muß. Listera ovata *R. Br.* gedeiht auf jedem schattigen Rasen. Ihre seltenere Schwester (L. cordata *R. Br.*) wird man nur an einer moosigen Stelle des Moorbeetes züchten können. Ebenso sind Goodyera und Spiranthes zu behandeln. Das Vogelnest (Neottia nidus avis *Rich.*) und die Korallenwurz (Corallorrhiza innata *R. Br.*) muß man mit dem ganzen sie umgebenden Boden vorsichtig ausheben und an eine dunkle, feuchte Stelle des Buchen-Hochwaldes pflanzen. Liparis (Sturmia), Malaxis und Microstylis gehören in die Mooranlage. Der schönsten aller unserer Orchideen, dem Frauenschuh (Cypripedium Calceolus *L.*), gebe man einen mäßig beschatteten, warmen Standort.

Die Familie der Froschbißgewächse (Hydrocharideae) enthält einige schöne Wasserpflanzen, mit denen man das Ufer und die Fläche des Landsees am Waldsaum schmücken kann, insbesondere den Wasserscheer (Stratiotes aloides *L.*), den Froschbiß (Hydrocharis morsus ranae *L.*) u. a.

Man wird nicht versäumen, dafür Sorge zu tragen, daß sowohl in den Gehölzanlagen als auf der Rasenfläche während des ganzen Sommers und bis in den Herbst die schönsten und seltensten Süß- und Sauergräser nach und nach zur Blüthe gelangen. Aus der großen Familie der Nelkengewächse besonders die eigentlichen Nelken (Sileneae). An Felsanlagen wird man die Gipsblumen (Gypsophila und Tunica) nicht unbeachtet lassen. Auch die Felsennelke, welche die Luft mit Vanillegeruch füllt (Dianthus caesius *L.*), gehört an solche Orte, ebenso die

---

[1]) Ihre schönere Schwester (G. odoratissima *L.*) gehört in die Mooranlage.

Sproßnelke (D. prolifer *L.*). In lichter Waldung und am Waldessaum verwende man die Schopfnelke (D. Armeria *L.*), die Bartnelke (D. barbatus *L.*), die Purpurnelke (D. atrorubens *L.*), die Deltanelke (D. deltoides *L.*), die Bergnelke (D. silvestris *Wulfen*), die Federnelke (D. plumarius *L.*), die Sandnelke (D. arenarius *L.*), die Prachtnelke (D. superbus *L.*), die Vorgebirgsnelke (D. monsspessulanus *L.*). Alle diese Nelken gedeihen am besten in sehr lichtem Nadelwald oder Mischwald. Auf dem Rasen darf die Karthäusernelke (D. Carthusianorum *L.*) und die reizende, sandliebende Deltanelke (D. deltoides *L.*) nicht fehlen. Am Waldrand können hie und da einzelne Stauden des Seifenkrauts (Saponaria officinalis *L.*) stehen. Im Gebüsch sollte man den interessanten Taubenkropf (Cucubalus baccifer *L.*) nicht vermissen, welcher an dem Gesträuch emporklettert. Er sollte in jedem Ufergebüsch zu finden sein. Die Pechnelken (Silene nutans *L.*, chlorantha *Ehrh.*, inflata *Smith.*, otites *Smith.*, Armeria *L.*) wird man am Waldessaum und in lichten Gebüschen nicht entbehren wollen; ebenso wenig die rothe Pechnelke (Lychnis viscaria *L.*), sandliebend; auf dem Rasen die zierliche Kukuksblume (L. flos cuculi *Lam.*) an feuchten Stellen. Die Abendlichtnelke (L. vespertina *Sibth.*) erfüllt am Abend, wenn sich die weißen Blumen öffnen, den Gehölzsaum mit angenehmem Duft. Die Taglichtnelke dagegen, schön roth blühend, gehört in das Ufergebüsch. Auch aus der großen Abtheilung der Sternblumen (Alsineae) wird der Landschaftsgärtner sich das für die verschiedenen Oertlichkeiten passende aussuchen.

Wenn die Frühlingsveilchen verblüht sind, dann erscheinen auf Sandboden, auf etwas beschatteter Rasenfläche, die Hundeveilchen (Viola canina *L.*) recht erfreulich. Auf einem feuchten Felsen dürfen die Alpenveilchen (V. lutea *L.* und V. biflora *L.*) nicht vermißt werden. An Grabenrändern und in Ufergebüschen lasse man das Grabenveilchen (V. stagnina *Kit.*) und ihre Verwandten nicht fehlen. In der Mooranlage gehören die Sonnenthaugewächse (Droseraceae) zu den lieblichsten und interessantesten Erscheinungen. Eine Vereinigung unserer deutschen Arten des Sonnenthaues (Drosera rotundifolia *L.*, longifolia *L.*, obovata *M. K.*, intermedia *Hayne*) würde sogar eine werthvolle Sammlung bilden. Dazu kommt noch das liebliche Einblatt (Parnassia palustris *L.*), welche auf jeder nassen und moorigen Wiese gedeiht. Zu ihm gesellt sich fast immer der skabiosenähnliche Teufelsabbiß (Succisa pratensis *Moench*), welcher, wie das Einblatt, noch im Herbst mit seinen Blüthen erfreut, während im Frühling an derselben Oertlichkeit der Sumpfbaldrian Valeriana dioica *L.*) die Wiese schmückt.

Aus dem Heer der Kreuzblüthler (Cruciferae) wird sich der Gärtner die für jede Lokalität sich eignenden Formen heraussuchen.

Auf der Wiese und an lichten, rasigen Stellen des Waldes erscheinen nun die Flügelblumen (Polygaleae), namentlich die ungarische Flügelblume (Polygala maior *Jacq.*), die Schopf-Flügelblume (P. comosa *Schkuhr*), die Wiesen-Flügelblume (P. vulgaris *L.*), welche nicht gern auf kalkreichem Boden wächst, auch an nassen Stellen die Moor-Flügelblume (P. depressa *Wender*) und das Bitterkraut (P. amara *L.*). Am trockenen Waldsaum mag man dem schönen Zwergbuchs (P. chamaebuxus *L.*) ein Plätzchen anweisen.

Jeder Gärtner, namentlich aber der Landschaftsgärtner, sollte mit der heimischen Flora so genau vertraut sein, daß er sich für jeden Monat und für jede Lokalität das passende Material selbst aus dem Freien herbeischaffen kann. Ich breche hier ab und komme später auf die Waldflora des Sommers und des Herbstes zurück.

Zunächst habe ich noch einige wichtige Laubhölzer zu besprechen.

Erstlich komme ich noch einmal auf die Eiche zurück. Petzold nennt die Eiche mit Recht die Königin der Wälder und preist sie als den am meisten majestätischen

Waldbaum. Sie hat uns überdies noch ein besonders werthvolles Material für Baumgruppen geschenkt, worüber ich Petzold[1]) berichten lasse:

„Die Pyramideneiche soll unter allen Umständen hierbei die Pyramiden= pappel verdrängen, da sie mindestens ebenso hoch und schlank wird wie diese, da sie eine viel schönere Belaubung hat, da sie durchaus nicht langsam wächst und da sie ein Alter von Jahrhunderten erreicht, während die Pyramidenpappel nur ein durchschnittliches Alter von 80 Jahren erlangt.

Die Pyramideneiche ist deutschen Ursprungs, und es existirt der Mutter= baum heute noch. Schon Bechstein in seiner mehrerwähnten Forstbotanik nennt sie die „schöne Stieleiche" und giebt ihren Standort, sowie alles dasjenige, was er sonst darüber sagt, ebenso zutreffend an, wie es nach den neuesten darüber von dem Verfasser eingezogenen Erkundigungen an Ort und Stelle sich heute noch verhält.

Die Eiche steht etwa 10 Minuten von Harreshausen, einem Dorfe bei dem Landstädtchen Babenhausen mit einem alten Schloß, zwischen Dieburg und Aschaffen= burg gelegen, früher zu Hanau (Kurhessen) gehörend, seit längerer Zeit aber bereits dem Großherzogthum Hessen zugetheilt. Der Baum steht ganz frei, dicht an einem Feldweg, ungefähr eine Viertelstunde vom nächsten Wald, welcher wohl früher bis hierher gegangen sein mag.

Nach den im vorigen Jahre vorgenommenen Messungen des dortigen Ober= försters beträgt die Höhe des Baumes 100 Fuß, die Stärke des Stammes auf Brusthöhe 10 Fuß im Umfange, gleich 3 Fuß 4 Zoll im Durchmesser, sein Alter wird auf 280 Jahre geschätzt. Die Beästung fängt erst bei 30 Fuß Stammhöhe an, was sehr zu beklagen ist, da Pyramidenbäume, um schön zu sein, von unten auf bezweigt sein müssen und vom Stamme nichts zu sehen sein darf. Der Stamm ist vollkommen glatt und grade wie eine Kerze. Die breiteste Stelle des Kronen= durchmessers ist beim Beginn desselben und beträgt 9 Fuß, er würde mindestens das Doppelte betragen, wenn die Beästung über dem Wurzelhalse anfinge. Vom Beginn der Beästung und deren breitester Stelle verjüngt sich die Baumkrone bis zur Spitze ganz gleichmäßig pyramidal, die Aeste stehen so dicht und schmiegen sich derart an den Stamm, daß man kaum in die Krone steigen kann.

Der Baum ist noch ganz frisch und gesund und gewährt einen herrlichen Anblick; er ist von weithin sichtbar und erscheint aus der Ferne wie eine schön gleichmäßig gewachsene, aber unten aufgeästete, mächtige Pyramidenpappel. Der Stamm ist auf der Westseite in einer Breite von 1 Fuß bis zur Hälfte des Kronen= ansatzes durch einen Blitzschlag entrindet, überwallt sich aber wieder."

„Der Sage nach soll der Baum in einem ausgemauerten Brunnen gepflanzt, und auf solche Weise, da die Wurzeln nicht in die Breite gehen konnten, die Pyramidenform entstanden sein: dies ist jedoch nur Hypothese und in keiner Weise festgestellt. Gewiß ist aber, daß zur Zeit des siebenjährigen Krieges diese „schöne Eiche" durch einen französischen General im Walde entdeckt, und daß dieser Wachen zur Beschützung an den Baum gestellt hat."

„Lange Zeit war man der Ansicht, daß es unmöglich sei, diesen Baum durch Veredlung zu vermehren, eine Meinung, die auch durch Bechstein vertreten wurde, welcher es in der oben angeführten Stelle seiner Forstbotanik besonders hervor= hebt, daß sich diese „schöne Eiche" weder durch Pfropfen noch durch Oculiren in ihrer Abart vermehren ließ. Heute ist man anderer Ansicht, da jährlich Tausende von Exemplaren der Pyramideneiche in den Baumschulen durch Veredlung auf die Stammform, Quercus pedunculata, vermehrt werden und da sie ein sehr

---

[1]) Die Mutter unserer Pyramiden=Eiche und ihre älteste Tochter. Eichenstudie von Petzold, Park= und Gartendirektor in Muskau. Wiener Obst= u. Gartenz. 1876. Heft 3. S. 131—135 und Heft 4. S. 183—186.

gesuchter Artikel sind, auch immer guten Absatz und immer größere Verbreitung
finden und die Pyramidenpappel mit Recht immer mehr verdrängen. Aber auch
zu jener Zeit hatte man mit Erfolg das Vermehren dieser Eiche durch Vereblung
versucht.

In der zweiten Hälfte des vorigen Jahrhunderts erwachte, wie in England,
so auch in Deutschland das Interesse für Dendrologie und es wurden in mehreren
Orten Anpflanzungen mit fremden und interessanten Gehölzen gemacht, welche
man zum Theil erst aus Amerika beziehen mußte. Dies geschah namentlich in
Wörlitz bei Dessau, in Weimar, in Harbke bei Helmstedt, in Schwöbber im
Hannover'schen, in Schwetzingen bei Heidelberg, ganz besonders aber auch in
Cassel, namentlich bei dem Schlosse Weißenstein, der jetzigen Wilhelmshöhe.

An vielen dieser Orte findet man nur noch die Rudera dieser früheren Herr-
lichkeit, indem man versäumte diese Bäume zu überwachen und ihnen durch Entfernung anderer nicht den Raum zum Wachsen und zu ihrer malerischen Ausbildung gab, indem man sie dem Zufall überließ. So ist es gekommen, daß die
meisten derselben, welche bei richtiger Behandlung zur rechten Zeit, durch Freistellung, jetzt Prachtexemplare von seltener Schönheit sein müßten, theils zwischen
anderem Holze in die Höhe gespindelt und landschaftlich gar nicht mehr zu verwerthen, größtentheils aber ganz unterdrückt und zu Grunde gegangen sind, wie
dies z. B. in Harbke der Fall ist, wo von den von Dr. Du Roi 1772 beschriebenen
Gehölzen nur noch sehr wenig und das Wenige in großentheils krankem und elendem
Zustande zu finden ist.

Es erhellt auch hieraus wiederum, wie wichtig die Anwendung der Axt für
die Unterhaltung der Anlagen im Allgemeinen und für die Ausbildung der Bäume
und Baumgruppen im Besonderen ist, denn Niemand kann eine Anlage so pflanzen,
daß sie dasselbe Bild, wenngleich im veränderten Maßstabe, bei ihrem Entstehen,
und nachdem die Bäume sich ausgebildet haben, bieten soll. Die Axt ist und
bleibt nun einmal im Landschaftsgarten das Werkzeug des Unterhaltens und
Erhaltens, welches leider noch viel zu wenig angewendet wird.

In Cassel, wo in den letzten Decennien des vorigen Jahrhunderts, namentlich unter dem Landgrafen Wilhelm IX., späteren Kurfürsten Wilhelm I., sich
bei dem Schlosse Weißenstein, der jetzigen Wilhelmshöhe, eine dendrologische Ver-
suchsstation befand, wurden in dieser Zeit mit besonderer Rührigkeit fremde Hölzer
eingeführt. Hier ist es der unermüdeten Sorgfalt und dem richtigen Verständniß
des im October 1873 hochbetagt heimgegangenen Hofgarten-Directors Hentze vorzugsweise zu danken, daß sich in den großartigen Anlagen bei Cassel, begünstigt
allerdings auch durch die herrliche Vegetation, so wundervolle Exemplare von
Bäumen und Baumgruppen, namentlich auch von seltenen Bäumen finden, von
gleichem Werth für den Maler, wie für den Gärtner.

Die Meinung, daß die Pyramideneiche durch Vereblung sich nicht vermehren
ließe, wurde denn auch in Cassel durch den günstigen Erfolg glänzend widerlegt.
Durch den Forstmeister Hartig, einem Sprossen der für die Forstwissenschaft bekannten Familie, wurden Edelreiser von der Mutter-Pyramideneiche zu Harreshausen, welches damals zu Kurhessen gehörte, nach Wilhelmshöhe gebracht und
daselbst die älteste veredelte Tochter dieser Eiche unter der Regierung des oben-
genannten Landgrafen Wilhelm IX. um das Jahr 1795, wahrscheinlich von dem
Hofgärtner Mohr, gepflanzt; sie hat gegenwärtig ein Lebensalter von circa
90 Jahren.

Diese Tochter ist schöner als die Mutter, weil sie, von unten auf bezweigt,
keinen kahlen Stamm zeigt, die Zweige sich wie bei der Muttereiche eng an den
Stamm anschließen, auch der Wuchs streng pyramidal ist. Sie steht vom Schlosse
Wilhelmshöhe, nach dem Oktogon gesehen, auf der linken äußersten Seite des

Schloßrasens, nahe am Fontainenbassin und ist, wie erwähnt, das älteste der noch übrig gebliebenen wenigen Exemplare, welche damals von dem Mutter= Exemplare zu Babenhausen gezogen worden sind.

Die durch Hofgarteninspektor Vetter zu Wilhelmshöhe genau gemessene Höhe dieses Prachtexemplares beträgt gegenwärtig 92 Fuß, der Kronendurchmesser an der breitesten Stelle 18 Fuß, der Stammumfang auf Brusthöhe 7 Fuß, der Durchmesser des Stammes 2 Fuß 4 Zoll. Der Baum ist vollkommen gesund."

„Beide deutschen Eichen sind in ihrer äußeren Erscheinung für den Land= schaftsgärtner gleichbedeutend, da die botanischen Unterschiede für ihn keinen be= stimmenden Werth haben. Beide erreichen eine Höhe von 100—180 Fuß und einen Stammdurchmesser bis zu 12 Fuß. Es ist ein Vorurtheil, wenn man glaubt, die Eiche wachse langsam. Namentlich in der Jugend ist dies keineswegs der Fall, wo sie oft Jahrestriebe von 1—2 Fuß macht, besonders auf tief= grundigem Boden, den sie verlangt, da sie mit ihrer Pfahlwurzel tief in die Erde einbringt. Die Eiche wächst nicht langsam, wohl aber lange. Man nimmt das durchschnittliche Alter unserer Eiche auf 900 Jahre an, man nimmt an, daß sie 300 Jahre wächst. 300 Jahre in voller Kraft grünt und daß sie 300 Jahre stirbt. Bekannt ist, daß alle Eichen eine zähe Lebenskraft besitzen; sie leben noch lange, wenn auch das Kernholz anbrüchig und angefault ist. Bei alten Eichen findet man kaum eine Hand breit lebendes Holz um die Peripherie, während der Stamm, soweit er nicht bereits hohl, aus abgestorbenem Holz besteht. Oft sind auch ganze Partien einzelner alter Eichbäume ganz abgestorben, während andere noch grünen. Hat man das Glück, solche alte Exemplare in den Anlagen zu besitzen, so sollte man niemals die abgestorbenen Aeste und Theile von ihnen entfernen, da diese den Bäumen, auch wenn sie nur noch Baumruinen sind, ge= wöhnlich eine sehr malerische Wirkung verleihen, während das Unterlassen dieser Operation bei jungen Bäumen unschön ist und als eine Nachlässigkeit erscheint.

Unsere heimische Eiche neigt, ebenso wie die burgundische Eiche, am meisten zum Variiren, theils in Beziehung auf die Farbe und Form der Blätter, theils in Beziehung auf den Habitus. Es sind das Naturspiele, die nur durch Ver= edlung sicher festzuhalten sind; durch Samen vermehrt fallen diese Varietäten mit wenigen Ausnahmen wieder in die Grundform der Species zurück; dies ist auch z. B. mit der Blutbuche der Fall, deren Mutterpflanze sich nach Bechstein (Forstbotanik) in den Forsten bei Sondershausen gefunden hat. Sie ist eine Varietät unserer Rothbuche (Fagus silvatica P.) und fällt, aus Samen gezogen, zum allergrößten Theil wieder in die Farbe der Mutterpflanze zurück; denn das ist der Charakter der echten Species, daß sie stets samenbeständig ist, die Varietät aber nicht.

Von den Varietäten der Quercus pedunculata, welche sich durch die Farbe der Blätter besonders auszeichnen und einer größtmöglichen Verbreitung werth sind, verdienen besonders genannt zu werden:

Quercus pedunculata Concordia — Goldeiche. Sie hat goldgelbe Blätter, mit denen sie den ganzen Sommer prangt. Ihr Ursprung ist nicht näher be= kannt, zu uns ist sie aus Frankreich gekommen.

Quercus pedunculata foliis argenteopictis, die Silbereiche. Dies ist eine Eiche, welche im ersten Triebe gewöhnlich grün kommt, wie die Stammform. Der zweite oder Sommertrieb ist in den Stielen, sowie in den Blättern ganz milchweiß. Hierdurch erhalten diese Bäume ein höchst eigenthümliches und schönes Ansehen, sie erscheinen um diese Zeit von Weitem gesehen, wie mit Blüthen be= deckt. Die dem Verfasser bekannten Mutterstämme dieser ebenso interessanten als schönen Spielart sind ziemlich alte und starke Bäume und befinden sich im Park des Grafen von Görtz zu Schlitz bei Fulda.

Quercus pedunculata foliis atropurpureis, die Bluteiche, mit dunkelbraun=
violetter Belaubung, ähnlich der Blutbuche. Sie ist wie diese letztere eine
Thüringerin.

Der Mutterstamm dieser Spielart befindet oder befand sich im Lauchaer
Holz des Herzogthums Gotha, woselbst sie Forstrath Bechstein (Forstbot. p. 332)
zu Anfang dieses Jahrhunderts gefunden hat.

Außer diesen durch die Färbung der Blätter ausgezeichneten giebt es noch
verschiedene Varietäten mit charakteristischen Blattformen, von denen nur Quercus
pedunculata filicifolia, die farrenkrautblättrige, Quercus p. aspleniifolia, die ge=
schlitztblättrige, und Quercus pedunculata pectinata, die kammblättrige Stiel=
eiche als die interessantesten erwähnt werden mögen.

Die Varietäten unserer Eiche mit abweichendem Habitus oder Tracht be=
greifen zwei Formen in sich, die hängenden oder Trauereichen und die Pyramiden=
eichen, von denen es wieder verschiedene giebt.

Die beste Trauereiche ist Quercus pedunculata *Dauvessei*, welche wir aus
Frankreich erhielten.

Die beste Pyramideneiche ist Quercus pedunculata fastigiata.

Die Anwendung der Pyramidenbäume in der Landschaft darf nur unter
Umständen und mit Verständniß erfolgen, für Alleepflanzungen sollten sie nur
mit größter Vorsicht angewendet werden. Es sei nur an die Pyramidenpappel
erinnert, die, zeilenartig an Landstraßen gepflanzt, bei der bedeutenden Höhe, die
sie erreicht, ganze Gegenden zu verunstalten vermag.

Am rechten Ort für die Landschaft verwendet, sind die Pyramidenbäume
aber durch keine anderen Bäume zu ersetzen, namentlich da, wo es gilt Horizontal=
linien zu charakterisiren, seien dies lange einförmige Linien der Gegend, lang=
weilige Linien von Dächern (Gebäuden), welche man, wie das namentlich bei An=
lagen in der Nähe der Städte häufig der Fall ist, durch Pflanzungen nicht zu
verdecken vermag: seien dies endlich Horizontallinien, welche durch Bäume oder
Pflanzungen von gleicher Höhe entstehen, und die man nicht los werden kann.
In diesen Fällen muß man sie brechen, das heißt durch den Contrast interessant
machen, dadurch, daß man ihnen verticale Linien entgegensetzt, und dies geschieht
am wirksamsten durch spitzkronige oder Pyramidenbäume, welche man aber nie
einzeln oder zeilenweise, sondern stets gruppen= oder klumpenweise pflanzt. Auf
diese Weise wird das Gleichgewicht im Landschaftsbilde hergestellt. Für solche
Verwendung am richtigen Orte sind sie oft von wunderbar mächtiger Wirkung
und durch keine andere Baumform zu ersetzen."

Vor der Pyramidenpappel hat nun die Pyramideneiche noch eine andere
werthvolle Eigenschaft voraus, nämlich die, daß sie den ganzen Winter ihr Laub
behält, dessen röthlichbraune Farbe in einer Gruppe von Fichten und anderen
Nadelhölzern einen angenehmen Gegensatz bildet. Es gilt dies allgemein und
ist namentlich für Pflanzungen in der Nähe des Wohnhauses beherzigenswerth,
daß junge Eichen, und auch junge Buchen, da sie nicht selten ihr Laub durch den
Winter behalten, sich vor einem Fichtenbestande sehr gut ausnehmen zufolge ihres
rothbraunen Laubes. Man findet diese Verbindung wohl überall, besonders
schön in den ausgedehnten Fichtenbeständen um Fürstenried bei München, sowie
überhaupt in der ganzen oberen Isargegend.

Es mag hier nochmals betont werden, daß junge Eichen schon nach 20 Jahren
bei freiem Stande eine verhältnißmäßig große, allseitig ausgebildete Krone ge=
trieben haben. Wer sich davon überzeugen will, der betrachte die Friedenseichen,
welche 1871 gesetzt worden sind. Es ist aber durchaus vorzuziehen, den Bäumen
gleich bei der Pflanzung die Entfernung des späteren Kronendurchmessers zu
geben und die anfänglichen Zwischenräume durch Schutzpflanzung auszufüllen,

denn wenn die Bäume, namentlich auch die Eichen, anfänglich enge gepflanzt werden, so gehen sie mehr in die Höhe und bilden keine großen Kronen. Wenn man nun denkt, es sei Zeit, auszuforsten, so ist es bereits viel zu spät. Die Eichen spindeln schon und ihr Wuchs ist für immer verdorben. Eine rasch wachsende Zwischenpflanzung stört die Waldbäume weniger und man erkennt leichter den Zeitpunkt, wann jene herausgeschlagen werden muß.

Zu den Kätzchenbäumen (Amentaceae) gehört auch noch die Platanenfamilie, die in Europa eigentlich keinen Vertreter hat. In unseren Anlagen tritt sie hauptsächlich in zwei etwas verschiedenen Platanenbäumen auf, der morgen=ländischen Platane mit tiefer handförmig eingeschnittenen Blättern, und der amerikanischen oder abendländischen Platane (Platanus occidentalis *L.*). Die letztgenannte ist für unser Klima vorzuziehen.

Die morgenländische Platane war zur Zeit der alten Griechen und Römer der beliebteste Baum für Alleen, öffentliche Plätze und Lustgärten. Bei der Lektüre der römischen Schriftsteller hat man indessen zu berücksichtigen, daß nicht selten auch der Ahorn (Acer) von ihnen Platane (Platanus) genannt wird. Die Platane unterscheidet sich leicht durch die nußgroßen kugeligen Fruchtstände, welche an fadenförmigen Zweigen zierlich herabhangen. Für unsere Parke paßt die amerikanische Platane besser, weil sie weit widerstandsfähiger ist gegen unsere starken Winterfröste.

Die Platane, von den Amerikanern Sykomore genannt, gehört zu den schönsten und außerordentlichsten Bäumen der Erde. Niemann berichtet über sie Folgendes: [1]

In dem waldreichen Staate Ohio ist unter den mannigfaltigen trefflichen Baumarten der Platanus besonders durch seine Stärke ausgezeichnet. In der Nähe von Pittsburg sieht man sie 10—16 Fuß im Durchmesser. Bei Marietta fand Harris einen dergleichen hohlen Stamm von 60 Fuß im Umfange, in welchem 18—20 Mann Platz hatten. Michaux d. J. hatte einen Platanus ge=messen, der, 4 Fuß über der Erde, 47 Fuß im Umfange hielt. Der von General Washington gemessene auf einer Insel im Ohio, 15 Meilen über dem Fluß Musknigum, war 30 Fuß im Durchmesser stark. [2] Von einem andern giebt Melish [3] Nachricht, in dessen hohlem Stamm 13 Reiter Raum fanden und der 14. nur durch sein scheues Pferd daran verhindert ward. Bei dieser Nachricht fügt der Uebersetzer von dessen Reise, Hr. Brauns, ehemals Prediger in Pen=silvanien, die folgende Erzählung hinzu, die er bei seinem Aufenthalte in Newyork von dem Quäferältesten E. Smith vernahm: „Als ich mich am 17. Sept. 1810 in der Stadt Aurelius im Staate Newyork befand, wurde ich ersucht, in einem großen Kohlen=Sykamorebaum in der Stadt Mesim, im nämlichen Staate, zu predigen. Nachdem wir in dem Baum versammelt waren, ließ ich einen Psalm nach der Melodie „Amerika" singen, verrichtete mein Gebet und predigte über Lucas II, 12. Es waren in dem Baume 19 Männer, 12 Weiber und 4 Knaben, und man glaubte, daß noch 25 mehr Platz gehabt haben würden. Zwei Weiber und 19 Männer standen inwendig in einem Zirkel herum, welcher auswendig, 3 Fuß hoch vom Boden, 33 Fuß im Umkreise war. Der Gipfel des Baumes ist, ohngefähr nur 10 Fuß vom Boden, abgebrochen, und hohl bis oben hinauf. Obschon dieser Baum eine bloße Schale ist, so ist er doch grün, das Holz nur 4 Zoll dick und vollkommen gesund, mit Ausnahme der Thür, welche ausgehauen

[1] A. Niemann, Vaterländische Waldberichte. Bd. 1. Stück 2. Altona 1820. S. 243 ff.
[2] Harris tour to Ohio. — Wasden II. p. 241.
[3] Reisen durch die Ver. St. Deutsch v. Brauns. Weimar 1819. S. 314.

ist. An dem Stamme dieses außerordentlichen Baumes sind verschiedene grüne Zweige, und ein großer Zweig steht nahe an dem abgebrochenen Theil.

Daß auch die morgenländische Platane riesige Dimensionen erreicht, darüber berichtet (Grisebach): [1]

In der Mitte dieser Felder [2] stehen einige der ungeheuren Platanen, welche der frühere Reisende zu 40 Fuß Umfang maß und nebst den berühmten Stämmen auf Gottfried von Bouillons Lagerplatz am Bosporus für die stärksten Bäume des Landes erklärte. Aber dem Absterben nahe werden sie, wenn nicht durch Stärke des Stammes, doch durch Ausbreitung der Aeste und Reichthum des Laubes von einigen Wallnußbäumen übertroffen, welche in demselben Thale prangen.

Herodot erzählt die Freude des Xerxes an der großen Platane in Lydien, die er mit einem Goldschmuck beschenkte und ihr einen eigenen Wächter bestellte. [3]

·Ueber Werth und Verwendung der Platanen ist weiter oben bereits das nöthige mitgetheilt worden.

Bezüglich der Blatt- und Stammbildung ähneln viele Ahorne den Platanen, namentlich unsere beiden europäischen Hauptformen. Verwandt sind die Platanen aber keineswegs mit den Ahornbäumen (Acerineae), denn diese sind Kelchblüthler.

In Mitteleuropa finden sich überall zerstreut, theils ursprünglich, theils durch die Kultur verbreitet, der Weißahorn (Acer pseudo-Platanus *L.*) und der Spitz-ahorn (*A.* platanoides *L.*).

Der Weißahorn blüht erst im Juni, nachdem er sein Laub vollständig aus-gebildet hat; die grünlichen Blüthen bilden eine herabhängende Traube; sein Laub ist weniger tief eingeschnitten. Der Spitzahorn blüht schon im April, vor der Entwickelung des Laubes; die gelben Blüthen bilden eine aufrechte Doldenrispe: seine Laubabschnitte sind zugespitzt.

Die eigentliche Heimath der beiden Bäume ist das Gebirge, besonders das Alpengebiet, wo sie in den Thälern bis 1600 Meter emporsteigen. Der Ahorn erreicht nach 60—80 Jahren eine Stammhöhe von 15—25 Metern, wird aber nicht selten 200 Jahr alt und hat dann einen mindestens meterdicken Stamm. Nicht selten erlangt der Baum ein weit höheres Alter. [4]

Gewaltige Ahorne trifft man in den Alpenthälern in der Nähe von Berchtes-gaden. Hier steht der Baum in voller, freier Entfaltung und in größter Kraft. Die meisten Bäume stehen ganz frei da, völlig vereinzelt. Nur so ist ein Ahorn schön, wenn er sich unbeengt entwickeln kann. Auch da, wo die Ahorne in den Berchtesgadener Alpen Bestände bilden, stehen die einzelnen Bäume in großen Entfernungen von einander. [5]

So muß der Ahorn auch im Park behandelt werden. Ein einzelner Baum, frei vor dem Wald auf dem Rasen stehend, gewährt einen prachtvollen Anblick. Im Hochwald. müssen auch die Ahorne, wie eigentlich alle Bäume, und zwar von vornherein, Raum, Luft und Licht genug haben, um sich vollkommen zu entwickeln. In der Regel wird man den Ahorn nur einzeln dem Hochwald beimengen.

Für Alleen ist der Ahorn einer der werthvollsten Bäume, wie schon die Alten wußten. An vielen Orten kommen aber die Ahornalleen niemals zu ordentlicher Geltung, weil man die Bäume zu dicht pflanzt und ihre Kronen durch den Schnitt

---

[1] Reise durch Rumelien und nach Brussa im Jahre 1839, von A. Grisebach. Göttingen 1841. Bd. 1.

[2] Im Thale von Ponajia auf Thasos.

[3] Tibullus ed. Voss 1811. Eleg. I, 6, vers 27—34, lib. II, 1, 37—66.

[4] Ein alter Ahorn, der sogenannte „Stelzenbaum“, steht im Reußischen Oberlande. Umfang = 16' 6“, 5 Fuß über dem Boden. Alter etwa 343 Jahre. Dr. Rob. Schmidt, Verhandlungen der Gesellsch. von Freunden d. Naturwissenschaft in Gera und des naturw. Kränzchens in Schleiz. Bd. II, 1863—67. S. 29.

[5] Vgl. Karl Müller, Ansichten aus den Alpen. S. 50, 51.

verdirbt. Schneiden darf man den Ahorn überhaupt nicht. Man gebe dem Ahorn in der Allee mindestens den vollen Kronenabstand und setze dazwischen etwa Robinien oder ein anderes rasch wachsendes Holzgewächs, wie z. B. Espen, Schwarzpappeln oder Lorbeerweiden. Die Robinie hat in der rasch wachsenden Ahornallee den Vorzug, daß man sie, sobald sie zu hoch emporschießt, am Boden abschneiden kann. Der Wurzelaustrieb gewährt dann ein anmuthiges Gebüsch. Erst wenn die Kronen der Ahornbäume sich einander näher rücken, rodet man die Robinien aus.

Außer den beiden genannten Arten haben wir in unseren deutschen Wäldern, namentlich in Gebirgswaldungen verbreitet, noch eine dritte Art aufzuführen, nämlich den bekannten, schönen und nützlichen Maßholder (A. campestre L.). Derselbe wächst bald strauchartig, anmuthige, dichte Gebüsche bildend, bald baumartig. Als Baum erreicht er in der Regel nicht über 8—12 Meter Höhe und 45 Centimeter Stammdurchmesser. Er bildet keinen hohen Stamm, aber eine schöne, rundliche Krone. Anfangs wächst er rasch, mit dem 20. Jahre langsamer, vom 50. Jahr an sehr langsam. Er erreicht ein Alter von 200 Jahren und darüber. Seine kleinen, abgerundet 3—5 lappigen Blätter und die schöne Korkbildung seiner Zweige geben ihm namentlich in der Strauchform ein hübsches Ansehen.

Der Maßholder sollte keinem Park und Garten fehlen. Er giebt im Laubwald ein treffliches Unterholz, ist von noch schönerer Wirkung in Vorholzungen und Gebüschanlagen, sowie in Baumgruppen. Er ist sehr nützlich für Holzarbeiten.

Von ganz ähnlicher landschaftlicher Wirkung ist der französische Maßholder (A. monsspessulanum L.), welcher in der Mittelrheingegend wild vorkommt.

Man findet in Gärten und Anlagen noch verschiedene Ahorne aus Südeuropa und Nordamerika, wie z. B. den Eschenahorn (A. Negundo L.), den Tatarenahorn (A. tataricum L.), den Zuckerahorn (A. saccharinum Mch.), den pensylvanischen (A. striatum Decaisne) und den floridanischen (A. dasycarpon Ehrh.) Ahorn.[1] Es sind schöne Allee und Zierbäume und werden als solche unseren heimischen Arten gleich behandelt. Auch die buntblättrigen Ahorne (A. rubrum L.) gehören, ebenso wie die Eichen mit bunten Blättern, in den Ziergarten; es sei denn, daß man im Park eine eigene amerikanische Anlage schafft, von den übrigen Anlagen getrennt. Noch bedenklicher ist es, im Park die verschiedenen durch gärtnerische Züchtung erzeugten, buntblättrigen Spielarten des Weißahorns und anderer Arten anzuwenden. Man soll alle derartigen Knalleffekte auf den Ziergarten beschränken.

Aus der Familie der Oelbäume können wir leider den europäischen Oelbaum (Olea europaea L.), welcher jener ihren Namen (Oleaceae) gegeben hat, nicht verwenden, wegen unseres zu rauhen und strengen Winters. Der Familie gehört aber ein bei uns und bis in den hohen Norden heimischer Baum an, welcher zu den schönsten Zierden unserer Wiesen und Sumpfwälder gehört, nämlich die Esche (Fraxinus excelsior L.).

Die Esche ist einer der heiligsten Bäume der germanischen und nordischen Mythologie.[2] Das begreift man, wenn man eine freistehende, ausgewachsene Esche betrachtet. Die Gelegenheit dazu ist leider nicht allzu häufig, denn merk

---

[1] Nach Petzold (briefliche Mittheilung) hat Acer dasycarpon (*Ehrh.*) auch den großen Vorzug, daß er auf feuchtem, sogar nassem Boden freudig wächst, denselben sogar verlangt.

[2] Humboldt, Kosmos 3, 26. Anm. 6. Vergl. über den Weltbaum Yggdrasill und den rauschenden (tobenden) Kesselbaum Hvergelmir, die Deutsche Mythologie von Jacob Grimm, 1844, S. 530 und 756, wie Mallet, Northern Antiquities, 1847, p. 410, 489 und 492.

würdiger Weise hat dieser herrliche Baum bei den Landschaftsgärtnern viel zu wenig Beachtung gefunden. Bisweilen fiel es allerdings schon in früherer Zeit auf, welche majestätische Größe und Pracht eine große Esche zur Schau tragen kann. So berichtet Niemann [1]) über eine Esche auf dem Gute Loitmark, welche bis zu einer Höhe von 75 Fuß astfrei ist, völlig grade gewachsen und in 2 Fuß Höhe über dem Boden 2¼ Fuß Stammdurchmesser zeigt.

Evelyn preiset die Esche als die süßeste aller Waldfütterung an. Auch als Brennmaterial ist das Eschgesträuch sehr nützlich, indem die Zweige sowohl grün als trocken ein herrliches Feuer geben. Ihre Asche liefert gute Pottasche, und ihre Rinde wird zum Gerben von Kalbsfellen ꝛc. benutzt.

In dem nördlichen Theile von Lancashire benutzt man das Laub der Esche, wenn das Gras auf die Neige geht, zur Fütterung des Viehes. Auch zur Vermischung mit Thee hat man die Blätter gebraucht, und in einigen Gegenden Englands leben manche arme Leute von dem Einsammeln derselben. Während selbst die ärmsten Leute in England dermaßen an dieses so wenig Nahrung gebende Getränk gewöhnt sind, daß sie ihr letztes Geld dafür anwenden, sollen manche Chinesen den englischen Kräutern zur Bereitung ihres Thee's den Vorzug geben.

Auch Medicin hat man aus den Blättern, der Rinde, dem Samen und dem Sägestaub bereitet, und nach Evelyn giebt der mild eingesalzene Samen einen herrlichen Salat.

Wie Einige behaupten, ist die Esche aber der Butter schädlich. Man will bemerkt haben, daß diese in Gegenden, wo dieser Baum häufig wächst, ranzig ist, was daher kommen soll, wenn die Kühe viel von den jungen Trieben dieses Baumes fressen. Indessen wird diesem von Andern als völlig grundlos widersprochen und das Bitterwerden des Rahms, was übrigens auch da stattfindet, wo das Vieh auf Weiden ohne Bäume geht, nur in dem Falle zugegeben, wo das Vieh von den abgefallenen und schon verdorbenen Blättern frißt.

In einiger Hinsicht ist die Esche allerdings ein schlimmer Nachbar; so verbreiten sich ihre so zahlreichen Sprößlinge von der Wurzel aus in weitem Umfange und dicht über der Erde, daß nichts anderes in der Nähe fortkommen kann: auch macht sie das Land mager, und das Geträufe von ihren Zweigen schadet dem Grase und dem Getreide. Sie gedeiht übrigens in dem schlechtesten Boden, und leidet selbst nicht durch die kalten Seewinde, so daß sie sich gut zum Anpflanzen längs den Küsten, wo sonst nur wenig Bäume fortkommen, eignet.

Wodins Edda hält die Esche in hohen Ehren, aus der nach ihr die Menschen gebildet worden. Auch Hesiod läßt seine eherne Menschen-Rasse von der Esche abstammen.

Evelyn erwähnt als Ueberbleibsel der diesem Baume gezollten abergläubischen Verehrung, daß Landleute in einigen Gegenden Englands kranken Kindern Stücken von jungen Eschen durch den Schlund schieben, und sie durch diese Kur herzustellen glauben. Andere bohren ein Loch in eine Esche, in welches sie eine Spitzmaus einklemmen, wonach ein paar Schläge mit einem von solchem Baume gebrochenen Zweige ein herrliches Mittel wider Krämpfe und Lähmung beim Vieh sein sollen.

In den schottischen Hochländern herrscht die Sitte, daß die Wehmutter ein grünes Stück Eschenholz ins Feuer steckt und den Saft, der dann am anderen Ende ausquillt, in einem Löffel auffängt, und ihn dem neugeborenen Kinde als erste Nahrung reicht.

Das Eschenholz ist oft höchst sonderbar geädert, und wird dann von den Mobilienarbeitern sehr hoch geschätzt, die ihm den Namen „Grün-Ebenholz" bei-

---

[1]) Vaterl. Waldber. 3. Stück. Altona 1820. S. 384.

legen. Die darin vorkommenden Figuren sollen oft höchst merkwürdig sein. So erzählt man, daß ein Herr zu Oxford einen Eßtisch hat, der aus einem alten Eschbaum gemacht ist, auf dem sich mancherlei Abbildungen von Menschen, Vieh und Fischen zeigen; und daß eine in Holland gespaltene Esche Aststellen hat, die ganz deutlich einen Kelch, ein Chorhemd, eine Priesterstola und mehrere andere priesterliche Bekleidungen vorstellen. Inzwischen ist die Phantasie hierbei wohl auch im Spiel, so wie bei brennendem Feuer und den ewig wechselnden Wolken zwanzig verschiedene Beobachter zwanzig verschiedene Bilder zu sehen pflegen.

Der Eschbaum wird in der Regel nicht sehr groß, doch giebts hiervon Ausnahmen, davon wir einige anführen wollen. In der Nähe der Kennety-Kirche, in Kings Grafschaft, steht eine Esche, deren Stamm einen Umfang von 21 Fuß 10 Zoll, und bis zu den ersten Zweigen, die sich ungeheuer ausbreiten, eine Höhe von 17 Fuß hat. Bei Leichenbegängnissen geringer Leute setzen diese den Sarg einige Minuten unter diesen Baum, halten ein kurzes Gebet und werfen dann einen Stein zu dem bereits sehr angewachsenen Haufen rund um die Wurzeln. Zu Doniray, unweit Clare Castle, ist eine andere, die 4 Fuß über dem Boden 44 Fuß, und 6 Fuß hoch 33 Fuß dick ist. Der Stamm ist seit lange ganz hohl, und es ist eine kleine Schule darin gehalten worden. Der Zweige hat sie nur noch sehr wenige, diese sind aber frisch und kräftig. Dr. Walker hat vor kurzem auf dem Kirchhofe von Lochaber in Schottland eine abgestorbene Esche gemessen, deren Stamm 5 Fuß über der Erde 58 Fuß dick war.

Einer alten, jedoch nach Evylin grundlosen Sage zufolge können Schlangen die Nähe der Esche nicht leiden, und würden eher durchs Feuer, als auf einen Eschenzweig kriechen.

Die Heroen der Vorzeit nahmen Eschstämme zu ihren Speeren, und auch jetzt noch macht man die Pikenschäfte daraus. Plinius sagt, sie seien zu diesem Behuf jenen der Cornelkirsche und des Myrthenbaumes vorzuziehen. Auch Sannazaro sagt, Eschholz sei besser als das der Haselstauden, leichter als das der Cornelkirsche und geschmeidiger als das des Sperberbaums.

Auch die Lanze, mit welcher Achilles den Hector getödtet, soll einen Schaft von Eschholz gehabt haben.[1]

Nicht immer weiß man den wahren Werth der Esche zu schätzen.[2] Auch hat nicht jeder Gelegenheit, schöne Eschen zu sehen. Die schönsten und größten Eschen, die mir bekannt sind, stehen bei München im Englischen Garten. Diese von Sckell gepflanzten Bäume breiten ihre Kronen gewaltig aus und gleichen im Wuchs uralten Eichen. Natürlich nur da, wo sie ganz frei stehen oder wo man ihnen im Bestande genügenden Raum gegeben hat.

Dieser mächtige Wuchs giebt der Esche den höchsten Werth als Landschaftsbaum. Dazu kommt das schöne gefiederte Laub. Vor der Eiche hat die Esche das rasche Wachsthum voraus.

Auf gutem Boden und in guter Lage wird die Esche schon nach 80 Jahren ein Baum von 20—30 Meter Höhe und 60 Centimeter Stammdurchmesser. Sie wird aber 150 Jahre alt und bekommt einen Stammdurchmesser bis zu 1,20 Meter.

Sie ist nebst der Eiche und Ulme der beste Hochwaldbaum auf feuchtem Boden, am besten jenen Bäumen beigesellt und mit Unterholz von Erlen und Feuchtigkeit liebendem Gesträuch. Sie muß von vornherein viel Raum und Licht

---

[1] Literarische Blätter der Börsenhalle. Hamburg 1825. Nr. 22. 27. Aug. S. 847, 848. Die Esche. Nach den Sylvan Sketches Literary Gazette.
[2] Vgl. u. a. die Anmerkung: Die Esche als Ornamentalbaum. Wiener Illustrirte Gartenz. 1882. Heft 8. 9. S. 370, 372.

haben, um gut zu gedeihen. In milden Gegenden kann man auch die Manna-
esche (Fraxinus Ornus *L.*), in Tirol Steinesche genannt, verwenden, welche durch
ihre weißen Blumen erfreut.

Der als Unterholz in Gebüschen und Buschwaldungen so werthvollen Rainweide habe ich schon wiederholt gedacht. Sie giebt bei richtiger Behandlung auch
gute, dichte natürliche Hecken.

Der Lilak (Syringa vulgaris *L.*) ist kein bei uns heimischer Strauch und
sollte in den Ziergarten verwiesen werden. Im Park sieht er nicht gut aus.
Meistens wird er geschoren oder stark geschnitten, wo er dann einen abscheulichen
Anblick gewährt. Beispiele braucht man kaum zu nennen, denn man findet deren
in den öffentlichen Anlagen der meisten Städte. Es giebt gar keinen Strauch,
welcher das Schneiden weniger verträgt als der Lilak, zumal, da seine dichten
großen Blumenrispen sich endständig entwickeln. Der Lilak erfreut im Ziergarten
durch die schönen, duftenden Blumen. Man sollte ihn aber niemals in größerer
Anzahl beisammen pflanzen, sondern im Verein mit Jungfer Nieblich (Lonicera
tatarica *L.*), Blut-Johannisbeere (Ribes sanguineum *Pursh*), Gold-Johannisbeere (R. aureum *Pursh*), Essigkrügle (Berberis vulgaris *L.*), Goldregen (Cytisus Laburnum *L.* und alpinum *L.*) und anderen schönen Gesträuchen.

Ist ein Gebüsch von Lilak zu alt und lückenhaft geworden, so treibe man es
dicht über dem Boden ab und es wird sich kräftiger entwickeln.

Die Eschenwaldung ist eine Sumpfwaldung, darauf muß man natürlich
nicht bloß beim Unterholz, sondern auch namentlich bei der Krautflora Rücksicht
nehmen. Als Unterholz würde sich vor allem die Sumpflegföhre (Pinus mughus
uliginosa) empfehlen. Wendet man diese an, so bedarf es gar keiner Zwischenpflanzung, da diese Kiefernform niemals so hoch geht, daß sie die Eschen stören
könnte. Ist Wasser in der Nähe, so wird man auf seiner Fläche außer anderen
Wasserpflanzen die schöne Seekanne (Villarsia nymphaeoides *Lk.*) nicht entbehren wollen, am nassen Ufer ebenso wenig die heimische Kalla (Calla palustris
L.), den zarten Fieberklee (Menyanthes trifoliata *L.*), den Sumpfenzian (Swertia
perennis *L.*), das Tausendgüldenkraut (Erythraea Centaurium *L.* und E. pulchella *L.*). Wo der Boden im Walde nicht gar zu naß ist, da sollte er streckenweis mit Epheu und mit Immergrün (Vinca minor *L.*) überzogen sein, wie in
jedem feuchten Laubwald. An etwas höher gelegenen Stellen kann man die im
Sommer blühende Schwalbenwurzel (Cynanchum Vincetoxicum *R. Br.*) pflanzen.

Um ein undurchdringliches Dickicht von Buschwerk herzustellen, sollte man
der Rainweide (Ligustrum), dem Essigkrügle (Berberis) u. a. auch den Teufelszwirn (Lycium barbarum *L.*) hinzugesellen, welcher durch seine niedlichen lila-
farbenen Blüthen erfreut. Er ist auch sehr empfehlenswerth zur Bekleidung von
Lauben, sowie als hängender Strauch auf Mauern und Felsen. Daß in feuchten
Gebüschen und Waldungen der Bittersüß (Solanum Dulcamara *L.*) nicht fehlen
sollte, habe ich bereits früher betont. An lichteren Waldstellen werden die Schlutte
mit ihren großen mennigrothen Fruchtkelchen (Physalis Alkekengi *L.*), die Toll-
kirsche (Atropa Belladonna *L.*), das Bilsenkraut (Hyoscyamus niger *L.*) und
der Stechapfel (Datura Stramonium *L.*) der Oertlichkeit eine geheimnißvolle, fast
unheimliche Weihe geben.

Unter den noch zu erwähnenden heimischen Baumfamilien ist die wichtigste
diejenige der Lindenbäume (Tiliaceae). In Mitteleuropa ist sie nur durch die
Sommerlinde (Tilia grandifolia *Ehrh.*) und die Winterlinde (T. parvifolia *Ehrh.*)
oder Steinlinde vertreten. Die erstgenannte unterscheidet sich durch weichhaarige,
größere Blätter und größere, aber in geringerer Zahl auftretende Blüthen. Sie
kommt 14 Tage früher zur Blüthe als die Winterlinde.

Die Linde ist einer der schönsten unserer Laubbäume und ist in beiden Formen durch die Gebirgswälder Deutschlands zerstreut. Der Werth ist bei beiden ziemlich der nämliche. Der Baum wird gewöhnlich 10—30 Meter hoch und bildet bei freiem Standort eine riesige, glockenförmige Krone, derjenigen der Buche nicht unähnlich.

Die Linde war bei den Germanen in noch höherem Grade geheiligt als wie die Eiche. Als der Götterkult vernichtet war, da hafteten noch lange Zeit abergläubische Vorstellungen an dem Bilde des heiligen Baumes, ja noch jetzt sind dieselben nicht überall verbannt.

Zu Hennebergers Zeit („Erklärung der preußischen Landtafel" um 1570) war zu Zakanischken an der Ruhr eine geheiligte Linde. Alte Leute schlichen sich damals noch in der Nacht zu derselben hin, um ihre Gebete zu halten. [1]

Die Linde wird man im Park nur in zwei Formen auftreten lassen: als Gesellschafter im Mischwald oder Hochwald und als Einzelbaum vor dem Walde. Einen schöneren Einzelbaum kann es nicht geben als eine ausgewachsene Linde.

Von Messer und Säge muß eine Linde, mag sie nun im Park oder in der Allee stehen, unter allen Umständen verschont bleiben, wenn sie eine schöne Krone bilden soll.

Wohin es führen kann, wenn man die Krone der Linden stutzt, das zeigte (ich weiß nicht, ob noch jetzt) die Lindenallee an der Alster in Hamburg. Dieselbe wurde gestutzt, um den Hausbewohnern in den oberen Stockwerken den freien Ausblick zu bewahren. Da diese Prozedur Jahrzehnte hindurch alljährlich geschehen mußte, so hat man eine Art französischen Laubenganges geschaffen, wie er häßlicher gar nicht erdacht werden kann: unten völlig kahle Stämme und oben ein gemeinsames oben abgeschorenes Dach, aus lauter verkrüppelten Zweigen zusammengesetzt. Hätte man die jungen Bäume emporgehen lassen und unten etwas aufgeästet, so würden sie schon nach einem Jahrzehnt ihre Kronen über die Dächer der meist niedrigen Häuser emporgehoben und prächtigen Schatten gegeben haben, ohne die Aussicht im geringsten zu beeinträchtigen.

Eine freigewachsene Linde von mäßiger Größe im Englischen Garten zu München hat bei 3 Meter Stammumfang einen Kronendurchmesser von 18 Meter. Der Abstand der Linden von einander dürfte also im Mittel zu 20 Meter angenommen werden.

Die in Ungarn heimische Silberlinde (Tilia **argentea** *Desf.*) ist für Alleen und Ziergärten sehr empfehlenswerth, weniger für den Park, da ihre rückseits silberweißen Blätter ihr zwar ein sehr schönes, aber für unsere Gegenden etwas fremdartiges Ansehen geben.

Im Jahre 1576 kamen nach Endlicher durch den damaligen österreichischen Internuntius David von Ungnad die Samen der Roßkastanie aus Konstantinopel nach Wien. [2] Mattioli schreibt jedoch in einem seiner Briefe an Aldrovandus (epist. lib. III. p. 361), daß er die Samen der Roßkastanie von dem Arzte des österreichischen Gesandten Busbeq in Konstantinopel, Quakelbeen, weit früher,

---

[1] Beiträge zur Kunde Preußens. Bd. 2. Königsberg 1819. S. 116. Ueber geheiligte und prophetische Bäume vergl. auch: Lenz, Botanik der Griechen und Römer. S. 189 ff. Der Baumkultus der Germanen und ihrer Nachbarstämme. Mythologische Untersuchungen von W. Mannhardt. Berlin (Bornträger) 1875. S. auch die Kritik von H. Rückert, Blätter für literarische Unterhaltung 1875, S. 748.

[2] Vergl. K. Koch, Zeitschrift für die gesammten Naturwissenschaften. Herausgegeben von dem Naturw. Vereine für Sachsen und Thüringen in Halle, redigirt von C. Giebel und W. Heintz. Jahrg. 1856. Juli. Bd. VIII. Heft 7. S. 73—81.

nach Sprengel im Jahre 1557, erhalten habe und nennt sie schon Castaneae equinae. Erst später lernte Charles de Cluse, als Clusius mehr bekannt, die Pflanze kennen. Im Jahre 1576 war sie bereits in Wien. Jaume de Sainte=Hilaire erzählt jedoch in seiner Abhandlung über die Roßkastanie (Mémoire sur les Marrons d'Inde), daß die ersten Kastanien aus Thibet nach England, und zwar schon im Jahre 1550, gekommen seien. Nach Parkinson jedoch erhielten die Engländer die Kastanie ebenfalls aus Konstantinopel. Gerard kennt den Baum schon 1579, obgleich ihn noch als selten bezeichnend. Nach Frankreich kam er durch einen berühmten Blumenzüchter, Bachelier, erst im Jahre 1615. Interessant ist es, daß man, namentlich in England, die Roßkastanie für eßbar hielt und dem ge= rösteten Samen einen süßen Geschmack zuschrieb. Parkinson pflanzte den Baum deßhalb in seinem Obstgarten zwischen Wallnuß= und Maulbeerbaum. Das Vater= land des Roßkastanienbaumes ist noch heut zu Tage durchaus unbekannt. Die Angaben Jaume's de Saint Hilaire, daß es Thibet sei, möchten auf einem Irr= thum beruhen, zumal die Engländer zu jener Zeit noch gar nicht mit den Himalaya= ländern in Verbindung standen. Das Wahrscheinlichere ist immer noch Nordwest= China. Seitdem Wallich in Ostindien die noch nicht beschriebene A. Punduana und Colebrooke A. indica, eine der A. flava Ait nahe verwandte Art, im Hima= laya ferner schon Thunberg die später von Blume mit Recht als A. turbinata unterschiedene Art in Japan, und Bunge endlich eine dritte und zwar wahrschein= lich stachelfrüchtige Art, A. chinensis, entdeckt haben, ist das Genus Aesculus nicht mehr auf Nordamerika beschränkt."

„Börhave nannte die rothblühende Art mit unbewehrten, glatten Früchten und aufrecht stehenden Blumen nach Peter Paaw, Professor der Botanik und Anatomie zu Leiden 1589—1617, wo er starb. Auch Linné nahm anfänglich das Genus an, zog es aber später mit Recht als gar nicht stichhaltig wieder ein. Eingeführt wurde übrigens diese Art, wie es scheint, zuerst durch Börhave im Jahre 1711 in Leiden. Weit später, und zwar erst 1714, hat man die gelbblühende Art A. flava Ait. in England eingeführt, ohne daß jedoch Linné sie kennen ge= lernt hatte.

Alle Roßkastanien sind schöne Alleebäume, aber unsere alte stachelfrüchtige Art bleibt doch die schönste von allen. Dieser Baum wird bis 35 Meter hoch und kann, frei und ungehindert aufwachsend, sogar die Stimmung des Erhabenen hervorrufen. Allseitig senkt er seine schön belaubten Zweige bis auf den Boden, was besonders am Ufer eines Wasserbeckens sich sehr schön ausnimmt.

In Alleen sieht man leider nur zu oft die Bäume durch den Schnitt ver= borben, so daß sie niemals ihre volle Majestät entfalten können. Der unbelaubte Baum sieht meistens unschön aus, weil die durch die Schwere der Früchte ge= drückten dicken Aeste sich in ungeschickter Kurve abwärts und am Ende wieder aufwärts biegen. Einen sonderbaren Wuchs nimmt die Roßkastanie bei der in den Parks üblichen Stangenkultur an, nämlich bei zu enger Pflanzung. Sie wird jetzt auch zur Stange, wie alle anderen Bäume, und ihre Zweige hängen wie Rankengewächse sehr lang herab. Diejenigen Gärtner, welche von allen Bäumen hängende Abarten haben möchten, könnten sich diesen Umstand zu Nutze machen.

Die nahe verwandte Gruppe der Terebinthengewächse (Terebinthaceae) liefert uns einige schöne Gesträuche. Die Terebinthe (Pistacia Terebinthus L.) und die Pistazie (P. Lentiscus L.) eignen sich freilich nur für die mildesten Gegenden unseres Vaterlandes. Dagegen kommt der sogenannte Perrückenbaum (Rhus Cotinus L.) in den meisten Gegenden gut fort. Seine dunkel blaugrünen Blätter machen ihn geeignet für Farbenwirkungen. Auch die amerikanischen Sumacharten, namentlich Rhus typhinum *L.*, bürgern sich nicht nur in unseren Gärten immer mehr ein, sondern fangen sogar hie und da an zu verwildern, so z. B. an Bahn= dämmen.

In Waldanlagen gönne man der schönen Blätter wegen auch dem Giftsumach ein Plätzchen.

Des Weinstocks als Schlingpflanze für die wärmeren Gegenden habe ich zwar bereits Erwähnung gethan, komme aber hier nochmals auf die Familie der Weingewächse (Ampelideae) zurück.

Es ist zu bedauern, daß die Engländer mit ihrer großen Vorliebe und ihrem ungemeinen Geschick für die Weinkultur in ihrem Vaterland wegen des kühlen Sommers keinen Weinbau im Freien treiben können. Nichts kann aber mehr für die hohe gärtnerische Begabung der Engländer Zeugniß ablegen, als daß einer der größten Weinstöcke der Erde bei ihnen in einem Treibhaus zu sehen ist.

Hampton Court Palast steht am nördlichen Ufer der Themse, 12 englische Meilen westlich vom Hyde Park, London, Middlesex, und figurirte schon in der früheren Geschichte Englands. Im Jahre 1211 kam er (das damalige Besitzthum) als Erbtheil an den Johanniter=Orden. Später im Jahre 1515 kaufte es der berühmte Prälat Cardinal Wolsey, welcher den gegenwärtigen prächtigen Palast erbaute, wozu er den Plan selbst gemacht hatte. Nach seinem Ableben, vom Jahre 1530 an, kam er an die Krone England. Der Palast selbst nimmt 12 Morgen Landes (preußisch) ein. Die Gärten und der Park wurden von Loudon und Wise in ihre gegenwärtige Form gebracht: Männer ohne Zweifel groß zu ihrer Zeit, aber zu einer Periode als der französische Geschmack der Gartenkunst über Alles ging und welcher, von Lenôtre in England eingeführt, nicht nur in England Mode wurde, sondern auch über das ganze Festland sich verbreitete. Viele Jahre lang wurde die Scheere in diesen Gärten auf die liebliche Naturwildniß ange= wendet. Der Zirkel und das Winkelmaaß waren wichtiger als der Gärtner. Ilex= und Taxusbäume waren zu Formen von Pfauen und anderen Vögeln und Thieren geschnitten, denn selbst die Königin Anna, nach dem Tode von William und Mary, erging sich in „verschnittenen Gärten." An der Ecke der östlichen Fronte des Palastes führt eine Thüre in den Privatgarten, wo zwei Conservatorien stehen mit einigen seltenen Pflanzen, die Ueberreste der botanischen Sammlung der Königin Marie, und einige schöne Orangenbäume, aber das Merkwürdigste hier ist der große Weinstock, gewiß der größte in Europa, wenn nicht in der ganzen Welt. Das Haus, womit derselbe überbaut ist, ist 72 Fuß lang und die Breite der Sparren oben 30 Fuß. Die große Rebe ist über 110 Fuß lang und hat, 3 Fuß vom Fußboden gemessen, 30 Zoll Umfang. Es ist die schwarze Hamburger Varietät und die Masse Trauben, welche der Stock trägt, beläuft sich über 2500 in manchen Jahren.

Es läßt sich hieraus ersehen, zu welcher Vollkommenheit man in England die Rebenzucht unter Glas gebracht hat, weil das Klima dem Weinbau im Freien durchaus ungünstig ist. Es ist erstaunlich die Häuser voll Trauben zu erblicken; so rein, so vollkommen und so delicat von Geschmack sind diese Trauben, daß man die freien vollbeladenen Geleite bei uns kaum damit zu vergleichen wagt.

Aehnliche Erfolge hatten zufolge des milden und warmen südeuropäischen Klimas schon die Alten aufzuweisen. In den Säulenhallen der Kaiserin Livia stand nach Plinius (H. N. XIV., 13) ein riesiger Weinstock, welcher jährlich 24 Eimer Wein lieferte. Was das Klima in dieser Hinsicht zu leisten vermag, das sehen wir noch jetzt in wärmeren Ländern.

„Der größte Weinstock der Erde befindet sich in Californien, in der Nähe von Santa Barbara. Er wurde vor ungefähr 72 Jahren von Donac Marellina Dominguez gepflanzt. Seine Zweige bedecken 5000 Quadratfuß und tragen in einem Jahre über 10000 Pfund Trauben. Der Stamm hat, wo er am dickſten iſt, 4 Fuß 4 Zoll im Umfange."[1]

Etwa 3½ Meilen von Santa Barbara, im Hofe eines alten ſpaniſchen Luſtziegelhauſes, befindet ſich eines der Wunder Californiens, der größte Weinſtock der Welt. Der Stamm dieſes Weinſtocks, welcher vor 48 Jahren gepflanzt worden, iſt am Boden 4 Fuß 4 Zoll im Durchmeſſer. 8 Fuß vom Boden beginnen die Zweige, welche wagerecht auf Spalieren rings umher gezogen ſind und jetzt 2 Acres Land bedecken. Der jährliche Ertrag an Trauben von dieſem einzigen Stock beläuft ſich auf 100 bis 120 Centner und Trauben von 2 bis 6 Pfund ſind keine Seltenheit. Der Weinſtock befindet ſich auf einer Anhöhe und iſt niemals gedüngt worden. Ein nicht weit entfernter Weinſtock, welcher erſt vor 15 Jahren gepflanzt iſt, ſcheint noch größer als der erwähnte Stock werden zu wollen und trägt auch feinere Trauben.[2]

G. P. Marſh beſchreibt den Weinſtock an dem alten großen Portal der Kathedrale von Ravenna. Er hatte 14 Fuß Länge und 1¼ Fuß im Durchmeſſer. Er ſoll um das 11. oder 12. Jahrhundert über Konſtantinopel vom ſchwarzen Meer gekommen ſein. Marſh fand in Syrien und in der Türkei niemals einen Weinſtock von mehr als 6 Zoll Durchmeſſer.[3]

Da der Weinſtock als Schlinggewächs leider bei uns nur an wenigen Orten gedeiht, ſo thut man in den meiſten Fällen beſſer, den ſogenannten wilden Wein (Ampelopsis hederacea *Mich.*) ſtatt ſeiner anzupflanzen.

Derſelbe ſtammt aus Nordamerika und iſt die werthvollſte aller Schlingpflanzen für architektoniſche und dekorative Zwecke. Seine Vorzüge beruhen auf: 1) ſehr raſchem Wachsthum, 2) großer Leichtigkeit der Fortpflanzung, da die Reben im Boden überall Wurzeln ſchlagen und jeder Knoten als Steckling benutzt werden kann, 3) Leichtigkeit in der Behandlung. Der wilde Wein klimmt ſelbſt an Mauern und Dächern ſo gleichmäßig und raſch empor, daß man faſt niemals nöthig hat, ihm durch Anbinden nachzuhelfen, 4) die Schönheit des glänzenden fünfblätterigen Laubes und deſſen wundervolle Purpurfarbe im Herbſt. Man ſollte den wilden Wein beſonders in der Nähe des Wohnhauſes anbringen; für den Park iſt er weniger empfehlenswerth. Die Art ſeiner Anwendung iſt Legion. Zur Bekleidung von Häuſern, Lauben, einzelnen abgeſtorbenen Bäumen giebt es nichts Beſſeres. Außerdem kann man ihn in architektoniſchen Gärten zu Kordons, Guirlanden zwiſchen Bäumen, Blumengehängen aller Art anwenden.

Der ebenſo ſchöne als merkwürdige, unter dem Namen Hülſen oder Stechpalme (Ilex aquifolium *L.*) bekannte immergrüne Strauch, ein Vorläufer einer tropiſchen Familie der Stechpalmen (Aquifoliaceae), ſollte in keinem Park fehlen. Freilich iſt er ſehr empfindlich gegen zu ſtarke Fröſte und kommt daher in der deutſchen Flora nur im Rheingebiet vor und an den Küſten von Hannover bis Mecklenburg und Pommern. Darauf iſt bei der Kultur Rückſicht zu nehmen.

In offener, freier Lage gedeiht die Stechpalme wohl nirgends gut, denn ſie iſt eben ein Strauch des Hochwaldes. Sie gehört im Park als das ſchönſte denkbare Unterholz in den Waldbeſtand. Nach meinen Erfahrungen in meinem weiland botaniſchen Gärtchen in Jena kann man die Stechpalme auch in ſolchen Gegenden ziehen, wo ſie nicht wild vorkommt, wenn man nur für dichten Schutz von obenher, für Schutz gegen die Wärmeſtrahlung ſorgt. Das gelingt natürlich im Winter nur durch Nadelholz oder durch Buchsbaum, den man gleichzeitig als Unterholz verwenden könnte, ebenſo auch den Wachholder. Unter ſolchen dichten immergrünen Gebüſchen hält die Stechpalme ſtarke Fröſte aus.

---

[1] Sonntags-Blatt. 1878. 8. December. S. 588.
[2] Deutſche Romanzeitung, herausg. v. Otto Janke. 11. Jahrg. 1874. Nr. 2.
[3] G. P. Marſh, Man and nature. p. 60. Anm.

Ihre große Schönheit beruht auf der Gestalt und Färbung der länglichen, tief buchtig dornig gezähnten, wellig auf und nieder gebogenen, lederigen, glänzenden, tiefgrünen Blätter. Die Stechpalme kommt im Freien meistens strauchförmig vor, bildet aber auch ein prächtiges, 4—6 Meter hohes Bäumchen. In der Parkanlage ist die Stechpalme als Unterholz von außerordentlich hohem Werth. Aber sehr hoch ist auch ihr dekorativer Werth anzuschlagen. Als Baum erhält die Stechpalme eine schöne pyramidenförmige Krone. Ein solches Bäumchen, von der Sonne beschienen, gewährt einen reizenden Anblick. Die Stechpalme verträgt aber auch den Schnitt vorzüglich, eignet sich daher so gut wie Buchsbaum und Eibe zur Bildung von Wänden, Hecken, Einfassungen im architektonischen Garten. Zu Umzäunungen kann man in südlichen Gegenden kaum ein zweckmäßigeres Material verwenden.

In ganz mildem Klima erreicht die Stechpalme eine ausnehmende Größe. Auf der Insel Innisfallen im Killarney steht ein Ilex aquifolium, dessen Stamm 12 Fuß im Umfang hat, mit einer großen reichen Krone. [1]

Bei der Oberförsterei Bersenbrück in Hannover kommen noch große Ilex aquifol. vor, z. B. ein Stamm 45 Jahre alt, 15,2 Centimeter Durchmesser, ein anderer in Meterhöhe, 24 Centimeter Stammstärke und bis 10 Meter Baumhöhe. [2] Im Garten der Holzvogtei Speck zu Stenderup im Glücksburgischen steht ein Ilex 30 Fuß hoch und 8 Fuß Durchmesser. [3]

Schöne Gesträuche für Unterholz in lichten Hochwaldbeständen sowie für Vorhölzer und Gebüsche liefern uns die beiden kleinen Familien der Pfaffenhütchengewächse (Celastrineae) und der Pimpernußgewächse (Staphyleaceae).

Das Pfaffenhütchen (Evonymus europaeus L.) gehört zu unseren schönsten Waldsträuchern. Das dunkle Grün des Laubes kontrastirt im Herbst vortrefflich zu dem Purpur der Fruchtkapsel und dem Mennigroth oder Scharlach der an zartem Faden heraushängenden Samen. In der Wildniß wird dieses Holzgewächs zuweilen baumartig. So erzählt Kasthofer: [4]

Auf der Höhe von Kerns waren uns merkwürdige Stämme des Spindel- oder Pfaffenhütchenstrauchs aufgefallen. In den Einfriedungen jenseits des Brünigs kommt derselbe immer als niedriger Strauch, hier kommt er als schuhdicker Baum vor, dessen Holz Abhard wegen seiner größeren Feinheit und Härte noch lieber als das Holz des Maßholders zu seinen Schnitzarbeiten braucht. Auch der Haselnußstrauch kommt hier herum als 2 Fuß im Durchmesser haltender Baum vor.

Im Park kann man auch die übrigen europäischen Arten des Pfaffenhütchens verwenden (E. verrucosus Scop., E. latifolius L.), doch ist unsere heimische Art eigentlich die schönste von allen.

Die niedliche Pimpernuß (Staphylea pinnata L.), namentlich, wie es auch häufig in der Wildniß vorkommt, in der Form eines eleganten, 2—4 Meter hohen Bäumchens, wird der Landschaftsgärtner gern unter anderen Holzgewächsen im Unterholz des Laubwaldes sehen.

Der Kreuzdorn (Rhamnus cathartica L.) ist ebensowohl wie der Faulbaum (Rh. Frangula L.) für Vorhölzer sowie als Unterholz zu empfehlen. An den Rändern von Waldgebüschen kann man durch die Osterluzei (Aristolochia Clematitis L.) einen angenehmen Abschluß geben. Es ist eine Rhizompflanze, eine zwerghafte Schwester der zur Lianenbildung so vorzüglich geeigneten amerikanischen

---

[1] J. G. Kohl, Reisen in Irland. Dresden und Leipzig 1843. S. 299.
[2] Zeitschrift für Forst- und Jagdwesen v. B. Danckelmann. B. IV. (1872). S. 151.
[3] A. Niemann, Vaterländ. Waldber. Bd. 2, St. 8. Altona 1822. S. 38.
[4] K. Kasthofer, Bemerkungen auf einer Alpenreise über d. Brünig, Bregel, Kirenzenberg ꝛc. ꝛc. Bern 1825. S. 80.

Aristolochia Sipho *L.* Unser Osterluzei bringt höchstens meterhohe Sommertriebe mit hübschen Blättern und gelben trompetenförmigen Blumen hervor.

Daß unsere Johannisbeeren und Stachelbeeren auch in den Wäldern vorkommen, weiß jeder Schulknabe. Der Gärtner wird also nicht versäumen, sie hie und da im Unterholz zu verwenden.

Die große Familie der Schmetterlingsblüthler (Papilionaceae) enthält in unserer Flora eine ganze Anzahl schönblühender Sträucher, von denen der Gärtner sich das für seine Gegend geeignete aussuchen wird.

In haibeartigen Hügellandschaften wird man den Haibeginster (Ulex europaeus *L.*), den Besenstrauch (Sarothamnus vulgaris *Wimm.*), eine ober die andere unserer schönen mitteleuropäischen Ginsterarten (Genista germanica *L.*, anglica *L.*, tinctoria *L.*, pilosa *L.* u. a.) anpflanzen, auch die Heuhechel (Ononis spinosa *L.* und O. repens *L.*). Zwischen biesen Gesträuchen muß natürlich eine passende Krautvegetation stehen, wie z. B. Haibekraut, verschiedene Disteln, Luzerne und Eichelklee und ihre bunten Bastarbe, Natterkopf (Echium), Hundszunge (Cynoglossum), Ochsenzunge (Anchusa) u. dgl. mehr. Es treten dann Wachholder und kleine Kiefern oder Fichten hinzu, so daß der Uebergang von der Haide zum Nadelholz allmählig eingeleitet wird. Für bieses sind dann der Besenstrauch (Sarothamnus) und der Färberginster die passendsten und am schönsten blühenden niedrigen Unterholzbildungen. Selbstverständlich kann die Vorhaibe bei feuchtem Boden auch in Laubwald übergehen, so z. B. in Eichenwald. In diesem Fall sorgt man natürlich für andere Blüthensträucher: Seidelbast (Daphne Mezereum *L.*), Attich (Sambucus Ebulus *L.*), Strauchnießwurz (Helleborus foetidus *L.*), Stechpalme (Ilex aquifolium *L.*) u. a.

Von unseren schönen mitteleuropäischen Arten des Kleeginsters (Cytisus) wird der Landschaftsgärtner eine passende Auswahl treffen. An Gesträuchabhängen vor dem Laubwalde kann es nichts schöneres geben als den Golbregen: Cytisus laburnum *L.* und C. alpinus *Miller.* Die letztgenannte Form ist ziemlich empfindlich gegen starke Fröste und eignet sich daher nur für die milderen Gegenden.

Der Wald-Kleeginster ist, besonders auf Sandboden, eine große Zierde lichter Waldungen und Vorhölzer. Er hat auch den Namen schwärzlicher Kleeginster (C. nigricans *L.*), von dem Umstand herrührend, daß sein Laub im Welken schwarz wird.

Zu den Schmetterlingsblüthlern gehört auch die schon so häufig erwähnte Robinie oder der amerikanische Lokustenbaum (Robinia Pseudacacia *L.*). Dieser Baum gehört zu den schönsten Gehölzen Nordamerikas und würde noch viel häufiger und allgemeiner angepflanzt werden, wenn er nicht auch seine nachtheiligen Eigenschaften hätte. Seine Vorzüge sind: 1) Genügsamkeit in jedem Boden. In Leipzig ist über dem Portal eines Hauses aus der Mauerfuge eine ziemlich große Robinie hervorgewachsen; 2) leichte Vermehrung durch Samen und Ausläufer; 3) sehr rasches Wachsthum; 4) höchst elegante Belaubung; 5) schöne, duftende Blumen, welche das vorzüglichste Bienenmaterial liefern. Diesen großen Vorzügen stehen folgende Nachtheile gegenüber: 1) Geringwerthigkeit des Holzes; 2) große Sprödigkeit des Holzes, infolge deren der Baum leicht am Windbruch leidet; 3) hat sie in landschaftlicher Beziehung das Unangenehme, daß sie nach einem starken Samenjahr noch im Mai voller Früchte hängt. Im gemischten Bestand an einem Abhang sieht es daher bis gegen Ende Mai so aus, als ob in dem Bestande viele abgestorbene Bäume vorkämen.

Sehr empfehlenswerth ist die Robinie für Böschungen, wenn sie alle 4 bis 6 Jahre abgetrieben wird, auch für Zieranlagen, mit anderen Bäumen untermischt. In größeren Zieranlagen darf man sie bestandweis wegen des Windbruchs nur an geschützten Abhängen pflanzen, wie z. B. der schöne Robinienhain, welcher früher in Hamburg auf dem Dammthorwall unweit der Sternwarte stand.

Als Zwischen- und Schutzpflanzung in jungen Waldanlagen und Alleen kann es kaum etwas besseres geben als die Robinie.

Schöne Holzpflanzen liefert uns die Rosenfamilie (Rosaceae), besonders an strauchartigen Formen. Zunächst in der Abtheilung der Apfelfrüchtler (Pomaceae) oder des Kernobstes. Hierzu gehört der Weißdorn (Crataegus oxyacantha *L.* und **Cr. monogyna** *L.*), anerkannt einer der besten Sträucher für Heckenumfriedigungen und für Unterholzbildungen im Laubwald. Bekannt sind die verschiedenen schönen Spielarten des Weißdorns in unseren Gärten, besonders der Rothdorn (Crataegus oxyacantha flore rubro pleno). Bekannt ist es auch, daß man den Weißdorn und seine Formen baumartig ziehen kann, bisweilen zu bedeutenden Dimensionen. A. Niemann (Vaterländ. Waldberichte Bd. 2. St. 3. Altona 1822. S. 57) erzählt:

Der Weißdorn zu Kleinentonu, eine Meile von Tondern, eine durch seinen Standort und seine Größe ausgezeichnete Merkwürdigkeit seiner Gegend, darf in Rücksicht der letzteren auch in den Vaterländischen Waldberichten auf einen Platz Anspruch machen. Drei Fuß von der Wurzel genau gemessen hält er 2 Ellen 4 Zoll im Umfange. Seine Höhe beträgt ohngefähr 25 und die Ausbreitung seiner Krone ohngefähr 40 Fuß. Er steht hart an der Landstraße von Tondern nach Flensburg in einem Walle, und weil seine Entfernung von Tondern grade eine deutsche Meile beträgt, dient er als Meilenzeiger. Als der einzige Baum auf dem ganzen 5 Meilen langen Wege von Tondern bis Bau — denn die übrigen verkrüppelten Gewächse verdienen diesen Namen nicht — ist sein Anblick dem Reisenden desto auffallender und anziehender.

Dieser Weißdorn ist also von gleicher Stärke mit dem berühmten im Lustgarten des adeligen Gutes Karstein, 2 Meilen von Kolberg, von welchem das Forstmagazin V. S. 272, Nachricht giebt. Dieser maß 2¼ Berliner Ellen im Umkreis und war 10 Ellen hoch). Im Schatten desselben ward im Jahre 1728 vom König von Preußen, bei einem Besuch des Grafen Manteuffel, das Mittagsmahl eingenommen. Von einem Weißdorn auf dem Kirchhofe zu Soest, 2 Fuß im Durchmesser, nahe an der Erde, 4 Zoll unter dem Astraum und 32 Fuß hoch, liest man in Hartig's Journal 1806, S. 404.

Es ist höchst merkwürdig, daß man den Dornbaum noch nicht als Zwischenpflanzung in Alleen benutzt hat. Der Rothdorn als Zwischenpflanzung zwischen Aesculus rubicunda würde einen prächtigen Eindruck machen. Auch den Goldregen (Cytisus laburnum *L.*) sollte man als Zwischenpflanzung benutzen.

Die reizende Zwergmispel (Cotoneaster vulgaris *Ldl.*) und die Alpenmispel (C. tomentosa *Ldl.*) gehören zu den empfehlenswerthesten Gesträuchen für lichte Waldpartieen und lichte Gebüsche. Auch die Mispel (Mespilus germanica *L.*) gehört dahin, ebenso unser Kernobst im wilden Zustand, nämlich der Birnbaum (Pirus communis *L.*), die Schneebirne (P. amygdaliformis *Villars*), der Apfelbaum (P. malus *L.*). Daß das Kernobst in der Anlage ganz wild und vom Messer unbehelligt aufwachsen muß, versteht sich von selbst. Die Kulturformen gehören nicht in die Anlagen, sondern in den Obst- und Ziergarten. Ein sehr schöner Strauch, der auch als kleiner Alleebaum gezogen werden kann, ist die Felsenmispel (Aronia rotundifolia *Pers.*). Zu denselben Zwecken empfiehlt sich auch der Sperberbaum (Sorbus domestica *L.*), die schon wiederholt erwähnte Eberesche (S. aucuparia *L.*), der Mehlbeerbaum (S. Aria *Crantz*), der Elsbeerbaum (S. torminalis *Crantz*). Sie sind alle für gemischten Bestand und für Alleen sehr empfehlenswerth. Der Werth des Schwarzdorns oder der Schlehe als Wald- und Heckenpflanze ist bekannt. Außer der gewöhnlichen Schlehe

(Prunus spinosa *L.*) kann man auch die hochwüchsigere Heckenschlehe (Pr. insititia *L.*) verwenden, ebenso auch den wilden Zwetschenbaum (Pr. domestica *L.*) und stellenweis an passenden Orten die Sauerkirsche (Pr. Cerasus *L.*), die Süß=kirsche (Pr. avium *L.*) und die Zwergkirsche (Pr. Chamaecerasus *Jacq.*).

In der Traubenkirsche (Prunus Padus *L.*) liefert uns die Familie einen der schönsten Beiträge für Mittelholzbestände. In der Holzung soll die Trauben=kirsche möglichst frei stehen, um ihren schönen Wuchs und ihre Blüthenfülle zur Entwickelung zu bringen. In der Nähe des Hauses ist eine einzelne große Traubenkirsche sehr angenehm wegen des Duftes, welchen sie zur Blüthezeit ver=breitet. Zu viele sollte man hier nicht anpflanzen, weil sonst der Geruch lästig werden kann. Statt der Traubenkirsche kann man auch die Weichsel (Pr. Mahaleb *L.*) anpflanzen, doch hat sie einen weniger schönen Wuchs und ist unan=sehnlicher zufolge der kleinen Blätter.

Von Spierstauden (Spiraea) wird das sogenannte Theeblatt, ein Strauch von 1—2 Meter Höhe, an Walbrändern und Gewässern häufig benutzt. So hübsch auch die rosenrothen Blüthenrispen sind, so sollte man doch in der An=wendung an solchen Orten sparsam sein. Beete mit dem Theeblattstrauch und anderen Gesträuchen auf dem Rasen sind jedenfalls verwerflich.

Die Gattung enthält schöne heimische Stauden von stattlichem Ansehen, sehr werthvoll im Ufergebüsch und überall da, wo Waldung an das Gewässer grenzt. Es gehört dahin der Geisbart (Spiraea Aruncus *L.*), das Mädesüß (Sp. Ulmaria *L.*) und der Johanniswedel (Sp. Filipendula *L.*).

Die Himbeere (Rubus idaeus *L.*) wird man als angenehmen Gast in Laub= und Nadelholzung hegen, nicht minder die verschiedenen Brombeerarten, welche am besten am Walbrande gedeihen und von denen manche Formen das An=genehme haben, daß sie im Winter grün bleiben, wenn sie von oben her durch die Zweige einigen Schutz haben. Es ist besonders die große, sehr lange, kräftige und dornige Ruthen bildende Strauch=Brombeere (Rubus fruticosus *L.*), welche auch für Hecken sehr zu empfehlen ist, die Hasel=Brombeere (R. corylifolius *Smith*), die Drüsen=Brombeere (R. glandulosus *Bell.*), die Hecken=Brombeere (R. dumetorum *Weihe*). Die Kratzbeere (R. caesius *L.*) darf man nur an solche Orte pflanzen, wo sie nicht durch Wucherung schaden kann, wie z. B. auf einer Insel. Sie wächst so rasch und bildet so lange, wurzelnde Ausläufer, daß sie binnen kurzer Zeit ganze Bodenstrecken mit dichtem Geflecht überzieht, so daß alle anderen Gewächse ersticken. An einer Waldlichtung kann man die niedliche Steinbeere (R. saxatilis *L.*) pflegen.

Ein seltener Strauch, für lichte Gebüsche geeignet, ist das Goldauge (Potentilla fruticosa *L.*), mit zart gefiedertem, weißlich behaartem Laub und gelben Blumen.

Gefüllte Rosen sollen auf den Ziergarten beschränkt bleiben. Im Park hege man die wilden Rosen, die hier von besonderer Wirkung sind. Man kann sogar der einfachen gelben Rose ein Plätzchen in einem lebenden Zaune gönnen, ebenso der Pimpinellrose (R. pimpinellifolia *DC.*), die auch allenfalls im Gebüsch auf=treten darf, während die gelbe Rose (R. lutea *Miller*) daselbst zu sehr auffallen würde. Die Alpenrose[1] gedeiht bei genügender Pflege an einem etwas be=wachsenen Hügel. In Gebüschen und Zäunen vermisse man nicht die früh und dankbar blühende Pfingstrose oder Zimmtrose (R. cinnamomea *L.*) mit ihren bläulichgrünen Blättern. Weit wirkungsvoller ist in dieser Hinsicht die Hechtrose (R. rubrifolia *Vill.*), mit purpurnen, bereiften Zweigen und hechtblauen, röthlich

---

[1] Es werden auch die Rhododendren der Alpen mit Vorliebe Alpenrosen genannt. Hier jedoch meine ich die Rose der Alpen (Rosa alpina *L.*).

angelaufenen Blättern. Für niedrige Gebüsche geeignet. Der Tapetenrose (R. turbinata *Ait.*), obgleich sie nicht eigentlich wild ist, darf man in Gebüschen schon eine Stelle gönnen, denn sie kommt in der Flora von Deutschland hie und da verwildert vor und erfreut das Auge durch ihre großen, lebhaft gefärbten Blumen. Die Hundsrose (R. canina *L.*) und die Weinrose (R. rubiginosa *L.*) sollten in keinem Park fehlen. Beide gedeihen in lichten Gebüschen, an Waldrändern, in Zäunen. Für Zäune bilden sie das beste, undurchdringliche Material. Die Weinrose erfreut durch den überaus angenehmen Duft des Laubes, ähnlich wie Gravensteiner Aepfel. Sie ist in England besonders beliebt und unter dem Namen „sweet briar“ allgemein bekannt. In lichter Waldung läßt man die sammetig behaarte Waldrose (R. tomentosa *Sm.*) an die Stelle treten, auch die Apfelrose (R. pomifera *Herm.*). Die beste Rose für den Hochwald und seine Lichtungen ist aber die Feldrose (R. arvensis *Huds.*), deren grüne Zweige peitschenartig und bogig über den Boden laufen. An warmen Abhängen im Waldgebüsch läßt man die Zwergrose (R. gallica *L.*) an ihre Stelle treten.

Es ist bekannt, daß die Rosen ein sehr hohes Alter erreichen können. Berühmt ist die Hundsrose an der alten Kapelle im Innern des Domhofes zu Hildesheim. Es scheint, daß die Mauer derselben absichtlich um ihn ausgesperrt ist, und die Kapelle ist älter als der Dom, der im Jahr 818 erbaut wurde. [1] Ein sehr großer Rosenstock befindet sich im Garten der Marine zu Toulon, nämlich eine Banksiarose, welche 1813 durch Bonpland eingesandt wurde. Der Stamm mißt jetzt 2 Fuß 8 Zoll Umfang über dem Boden; seine Zweige decken eine Mauer von 75 Fuß Breite und 10—18 Fuß Höhe. Er macht jährlich 11—15 Fuß hohe Triebe, welche man abschneiden muß, da die Mauer nicht mehr faßt. Er blüht im April und Mai und hat oft 50—60000 Blumen zugleich. [2]

Die Familie der Hartriegelgewächse (Cornaceae) liefert uns zwei treffliche Sträucher für den Park. In Gebüschen und an Abhängen prangt im Herbst der Bluthartriegel (Cornus sanguinea *L.*) mit prachtvoll roth verfärbtem Laube. Im Wald und Gebüsch erfreut im ersten Frühjahr die Herlitze oder Cornelkirsche (C. mas *L.*) durch seine lichtgelben Blüthen. Sie wächst als Strauch oder kleiner Baum. Ihr Holz ist sehr werthvoll, besonders zur Stockfabrikation.

Die Epheugewächse (Araliaceae) sind bei uns durch den so werthvollen Epheu (Hedera Helix *L.*) vertreten, welcher im Plattdeutschen den charakteristischen Namen „Klimmup“ trägt. Freilich ist der Epheu nicht in allen Gegenden Deutschlands ein wahrer Klimmup. In Thüringen z. B. sieht man ihn wohl auf niedrigen Mauern, wo er auch zur Blüthe gelangt, wie am chemischen Laboratorium in Jena, aber er klettert nicht, wie in den milderen Gegenden Deutschlands, hoch in die Bäume und in Ruinen empor, weil er die harten dortigen Winter nicht erträgt. Aehnlich auf der bairischen Hochebene, während er schon bei Stuttgart die höchsten Bäume bekleidet. Man muß sich also in der gärtnerischen Verwerthung des Epheu dem Klima anbequemen.

Die für uns brauchbaren Vertreter der Geisblattgewächse (Caprifoliaceae) haben wir zum Theil schon genannt. So den Attich, welcher am Waldrand, besonders in der Nähe des Wassers, einen prächtigen Anblick gewährt. Der Flieder oder Hollunder (Sambucus nigra *L.*) ist ein prachtvoller Strauch für Waldränder und giebt in seinen Beeren ein vortreffliches, reichliches Futter für Amseln, Staare und andere Vögel. Da die Beeren häufig von den Vögeln verschleppt werden und ihre Samen leicht keimen, so muß man durch rechtzeitiges Ausjäten Sorge

---

[1] Annalen der Gewächskunde. B. 13. Heft 1. S. 467.
[2] Blei's Archiv der Pharmacie. 1859. August. S. 242.

tragen, daß der Flieder sich nicht zu sehr verbreitet, denn als Unkraut ist er un=
bequem und lästig und ein übles Zeugniß für die Nachlässigkeit des Gärtners.

Bei dem nicht minder schönen Traubenflieder, welcher Kalkboden nicht liebt,
hat man derartiges Verwildern weniger zu befürchten. Der Traubenflieder (S.
racemosa *L.*) gedeiht am besten auf Lichtungen und Schlägen in Laubwäldern.
Besonders schön sieht er im Sommer aus, wenn seine prächtig rothen, gedrungenen
Beerentrauben zur Reife gelangen.

An ganz lichten Stellen gedeiht der hübsche Schlingbaum (Viburnum Lan-
tana *L.*). Im Unterholz des Laubwaldes darf der Schneeball (V. Opulus *L.*)
nicht fehlen. Beide Sträucher (auch kleine Bäume bildend) eignen sich sehr gut
für Gebüschanlagen. Zu den schönsten Schlinggewächsen für Gebüsche, Zäune
und Lauben gehört der, besonders seines Duftes wegen, so allgemein beliebte
Jelängerjelieber (Lonicera Caprifolium *DC.* und L. Periclymenum *L.*).

Zum Schluß dieses Abschnittes komme ich nochmals kurz auf die Aus=
schmückung der Anlagen mit Blumen (Kräutern und Stauden) zurück, mit be=
sonderer Rücksichtnahme auf Hochsommer und Herbst.

An einem wenig bewachsenen Abhang oder Rand läßt man die prächtige
Königskerze (Verbascum Schraderi *Meyer* und V. thapsiforme *Schrader*) ihre
leuchtendgelben Blumenkandelaber entfalten. In lichten Gebüschen erfreuen die
Lichtkerze (V. Lychnitis *L.*) und die Waldkerze (V. nigrum *L.*, kalkfeindlich) das
Auge. Auch das violette Wollkraut (V. phoeniceum *L.*) und das Mottenkraut
(V. Blattaria *L.*) geben an Waldrändern einen sehr erfreulichen Anblick. Die
Frühlings=Braunwurz (Scrophularia vernalis *L.*) ist an lichten Stellen des
Waldes ein gern gesehener Gast.

Die Wald=Braunwurz (Scr. nodosa *L.*) liebt feuchten Hochwald und Busch=
wald, die Sumpf=Braunwurz (Scr. Ehrharti *Steven*) und die Wasser=Braunwurz
(Scr. aquatica *L.*) dagegen den Rand etwas beschatteter Gewässer. Hier wächst
auch, am Grunde des Wassers wurzelnd, die schmalblätterige Männertreue (Veronica scutellata *L.*), unter denselben Verhältnissen auch die Bach=Männertreue
(V. Anagallis *L.*) und der Bachbungen (V. Beccabunga *L.*). Die auf nur
mäßig feuchtem und mäßig beschattetem Boden gedeihenden Arten dieser schönen
Gattung, nämlich die Nessel=Männertreue (V. urticaefolia *L.*), die Hecken=Männer=
treue (V. chamaedrys *L.*), die Berg=Männertreue (V. montana *L.*), der Grund=
heil (V. officinalis *L.*), die liegende Männertreue (V. prostrata *L.*), der Brustthee
(V. latifolia *Koch*), die Amethyst=Männertreue (V. spuria *L.*), die Wiesen=Männer=
treue (V. longifolia *L.*), wie die vorige sumpfliebend, die Aehren=Männertreue
(V. spicata *L.*) u. a. sollte man in keinem größeren Park vermissen.

Am Wasserrand und in Gräben soll das Gnadenkraut (Gratiola officinalis
L.) seine weißen Trichterblumen zeigen. Im Walde, besonders auf Sandboden,
gehören an lichte Stellen der rothe Fingerhut (Digitalis purpurea *L.*) nebst den
gelbblühenden Arten (D. grandiflora *Lam.*, D. lutea *L.*, D. laevigata *W. K.*)
zu den prachtvollsten Zierden.

Das herrliche, große Löwenmaul (Antirrhinum maius *L.*) kann man auf
Mauern und in Ruinen verwildern lassen, wo sein ihm sehr unähnlicher Bruder,
das Ranken=Löwenmaul (Linaria Cymbalaria *Miller*), als die niedlichste aller
unserer Kletterpflanzen auftritt. Hat man Gelegenheit, an einem trockenen Rande
das Feld=Löwenmaul (L. vulgaris *Miller*) anzubringen, so wird man es schwer=
lich bereuen. Ein die Wiesen durchziehendes Bächlein wird durch die Pantoffel=
blume (Mimulus luteus *L.*) prachtvoll goldig gesäumt. Alle schattenliebenden
Arten des Wachtelweizens (Melampyrum) sollte der Laubwald aufzuweisen haben.
Man muß aber diese Saprophyten mit dem Boden ausheben, in welchem sie
wachsen. Aehnlich muß man verfahren, wenn man den Klappertopf (Alectorolophus

maior *Rchb.* und minor *W. & G.*) auf der Waldwiese zu haben wünscht. An nassen Orten ebendaselbst, besonders auf moorigem Erdreich, pflanze man die Läusekräuter (Pedicularis silvatica *L.* und P. palustris *L.*). Den Augentrost (Euphrasia officinalis *L.*) will man auf der Wiese nicht entbehren.

Die große Familie der Lippenblüthler (Labiatae) enthält manche gewöhnliche Formen, die man ungern vermißt, die man aber häufig nicht zu pflanzen braucht, weil sie sich von selbst einstellen, so z. B. der Gundermann (Glechoma hederacea *L.*) auf gutem, beschattetem Boden, die verschiedenen Arten des Bienensaugs (Lamium), des Günsels (Ajuga) u. a. Der Lavendel (Lavandula vera *DC.*) kommt nur im Süden wild vor, bei uns bisweilen verwildert, und so kann man ihn an einem Bergabhang auftreten lassen.

Den verschiedenen Arten der Minze (Mentha) wird man die für sie passenden Plätze anweisen; so auch dem Wolfsfuß (Lycopus europaeus *L.* und exaltatus *L. fil.*) Der gelbe Salbei (Salvia glutinosa *L.*) paßt für Gebüschabhänge des südlichen Gebiets. Den Muskateller-Salbei (S. Sclarea *L.*) kann man vor dem Waldrand verwildern lassen. Der Wiesensalbei (S. pratensis *L.*) sollte keiner Wiese fehlen. An ihren trockenen Rändern gedeiht der Wirtelsalbei (S. verticillata *L.*) und der Bergsalbei (S. silvestris *L.*). Würzige Kräuter für lichte, rasige Waldungen liefert die Thymianzunft (Satureineae); so z. B. den Dosten (Origanum vulgare *L.*), den Quendel (Thymus Serpyllum *L.*), das Berg-Bohnenkraut (Satureja montana *L.*), den Steinquendel (Calamintha acinos *Clairv.*), den Waldquendel (C. officinalis *Moench*), den Wirbeldosten (Clinopodium vulgare *L.*), die Citronenmelisse (Melissa officinalis *L.*), den Ysop (Hypopus officinalis *L.*), die Katzenminze (Nepeta Cataria *L.*), den Drachenkopf (Dracocephalum moldavica *L.*, Ruyschiana *L.* und austriacum *L.*), die Waldmelisse (Melittis Melissophyllum *L.*).

Eine der schönsten Zierden des Laubwaldes ist die Goldnessel (Galeobdolon luteum *Huds.*). Die Arten der Hanfnessel (Galeopsis) wird man am Waldsaum nicht vergessen, besonders die bunte Hanfnessel (G. versicolor *Curtis*) mit dem schönen Farbenkontrast ihrer goldgelben Blumen mit violetter Unterlippe. Zum Waldbilde gehört auch das Theeblatt (Betonica officinalis *L.*). Die Ziestarten wird man nicht übersehen. Der Bergziest (Stachys germanica *L.*) eignet sich nur für sterile Abhänge und Ebenen.

Im Holzbestand kann man dagegen den Alpenziest (St. alpina *L.*), den Waldziest (St. silvatica *L.*) und am Saum den Sumpfziest (St. palustris *L.*) ansiedeln. Auf Sandboden kann man in freier Lage dem Ackerziest, und auf Kalkboden dem Kalkziest (St. annua *L.*) ein Plätzchen anweisen, während das Beruffraut (St. recta *L.*) warme Waldabhänge liebt. Das Herzgespann (Leonurus Cardiaca *L.*) kommt bei schwacher Beschattung fast überall fort, neben dem Andorn (Marrubium vulgare *L.*). Die schönen Helmfräuter (Scutellaria) wird der Gärtner nicht unbeachtet lassen. Vor allem sollte das Sumpfhelmkraut (Scutellaria galericulata *L.*) keinem Seeufer fehlen. In den Wald gehören die Braunellen: (Prunella vulgaris *L.* und grandiflora *L.*), auch die Günselarten (Ajuga reptans *L.*, genevensis *L.* und pyramidalis *L.*). Der Salbeigamander (Teucrium Scorodonia *L.*) gehört in den lichten Nadelwald, der Traubengamander (T. Botrys) an sonnige Stellen, der Knoblauchgamander an nasse Orte. Wer über Felsen oder hohe Mauern verfügt, mag den niedlichen rothen Gamander (T. chamaedrys *L.*) und den kalkliebenden Berggamander (T. montanum *L.*) ansiedeln.

Manches Schöne liefert uns die Familie der Boretschgewächse (Boragineae). Ein bescheidenes Bild gewährt uns im Waldesschatten das Schlangenäuglein (Asperugo procumbens *L.*) neben dem großblumigeren Gedenkemein (Omphalodes verna *Moench*). An freieren Orten sieht man gern die schwarze Ochsenzunge

(Nonnea pulla *DC.*). Auf eine feuchte Wiese gehört der Beinwell (Symphytum officinale *L.*). Im feuchten Wald tritt an seine Stelle der Knollen-Beinwell (S. tuberosum *L.*), der im Park zu Nymphenburg sehr verbreitet ist. Die Wachs=blumen (Cerinthe maior *L.*, minor *L.* und C. alpina *Kit.*) sollten in lichten Gebüschen stehen. Jeder nicht zu trockene Laubwald sollte mit den Lungenkräutern geschmückt sein (Pulmonaria officinalis *L.*, saccharata *Miller*, mollis *Wolff*, be=sonders aber der reizenden azurea *Besser*), mit dem Steinsamen (Lithospermum officinale *L.* und purpureo-caeruleum *L.*), mit dem Waldvergißmeinnicht (Myos-otis silvatica *Hoffm.*), dem Rasenvergißmeinnicht (M. caespitosa *Schulte*), auf sandigen Waldwiesen, dem bunten Vergißmeinnicht (M. variabilis *Moritz Angelis*). Daß keinem Uferrand das Sumpfvergißmeinnicht (M. palustris *With.*) fehlen darf, ist selbstverständlich. Die Himmelsleiter (Polemonium caeruleum *L.*), einziger Vertreter ihrer Familie bei uns, nimmt sich auf einer Waldwiese sehr schön aus. Am rasigen Waldrand kann man die Knaulblume (Collomia grandiflora *Dgl.*), einen Eindringling aus Nordamerika, verwildern lassen.

Mehrfach haben wir schon Gelegenheit gehabt, der Primelgewächse (Primu-laceae) zu gedenken. Der Siebenstern (Trientalis europaea *L.*) ist eine der nied=lichsten Erscheinungen im Hochwald. Der trockenen Wiese fehle nicht die wohl=riechende Primel (Primula officinalis *Jacq.*). Das reizende Fettkraut (Pinguicula vulgaris *L.*) gehört zu den schönsten Moorpflanzen und die Arten des Wasser=schlauch zu den zierlichsten Vorkommnissen der Gewässer, besonders der gewöhn=liche Wasserschlauch (Utricularia vulgaris *L.*).

Der Mooranlage liefert die Familie der Haidengewächse (Ericineae) manche ihrer schönsten Vertreter; namentlich außer den Haidearten den Porst (Ledum palustre *L.*), die Gränke (Andromeda polifolia *L.*), die Heidelbeergewächse (Vacci-nieae) und Birnkräuter (Piroleae).

In warmer Lage lasse man in lichter Waldung den herrlichen Diptam (Dictamnus Fraxinella *Persoon*) erblühen, dessen Fiederblätter an diejenigen der Esche (Fraxinus) erinnern. Daneben mag auch seine Verwandte, die Raute, nicht fehlen. Nicht übersehen wird man die Hartheugewächse (Hypericineae), welche sich für Waldränder eignen. Besonders empfehlenswerth ist der Grundheil (Andro-saemum officinale *All.*), das Johanniskraut (Hypericum perforatum *L.*), das niedliche Zwerg-Johanniskraut (H. humifusum *L.*), das Wald-Johanniskraut (H. quadrangulum *L.*, tetrapterum *Fries*, montanum *L.*, hirsutum *L.*) u. a. m. Eine der niedlichsten Erscheinungen in feuchter Waldung ist der Sauerklee (Oxalis acetosella *L.*), welcher schon im Frühjahr blüht. Die schönen Leinkräuter (Lineae) unserer Flora werden dem Kenner nicht entgehen und er wird ihnen in der An=lage den passenden Platz anweisen. Am Waldbach sollte das Rührmichnichtan (Impatiens noli tangere *L.*) stets in großen Mengen ihre goldgelben Spornblumen zur Schau tragen und an anderen Stellen lasse man die Ungeduld (I. parviflora *DC.*) schalten; nur sorge man dafür, daß dieser hübsche asiatische Eindringling in unsere Flora nicht mit dem heimischen Rührmichnichtan in Konflikt gerathe, sonst wird er diesen besiegen im Kampf um das Dasein. Die Storchschnabel=gewächse habe ich bereits oben erwähnt. Die wichtigsten Arten sind für den Wald und die Waldwiese der Felsen-Storchschnabel (Geranium macrorrhizon *L.*), der schwarzpurpurn blühende Hain-Storchschnabel (G. phaeum *L.*), der Berg-Storch=schnabel (G. silvaticum *L.*), der Wiesen-Storchschnabel (G. pratense *L.*), der Sumpf-Storchschnabel (G. palustre *L.*), der Wald-Storchschnabel (G. sanguineum *L.*). Im lichten Hain ist der allerliebste Burg-Storchschnabel (G. lucidum *L.*) mit seinen glänzenden, zierlichen Blättern ein gern gesehener Gast.

Unsere heimischen Malven sind besonders für Waldränder und lichte Ge=büsche geeignet. Man wähle die Sigmars-Malve (Malva Alcea *L.*), die Bisam-

Malve (M. moschata *L.*), den Eibisch (Althaea officinalis *L.*), die Thüringer Malve (Lavatera thuringiaca *L.*), die Stundenblume (Hibiscus trionum *L.*).

Die Familie der Gurkengewächse (Cucurbitaceae) liefert in der Zaunrübe (Bryonia alba *L.* und dioica *L.*) eine interessante Schlingpflanze für feuchte Gebüsche. Man wende sie besonders da an, wo man undurchdringliches Dickicht bilden will. Für den Ziergarten, zur Bekleidung von Lauben u dergl. ist sie nicht geeignet, weil sie durch Aussaat ihrer Beeren ungemein wuchert und durch Vögel im ganzen Garten verschleppt wird. Es ist aber ihrer Rübenbildung wegen sehr schwer, sie auszurotten, wo sie sich einmal eingenistet hat.

Der große Verwandtschaftskreis der Glockenblumen (Campanulaceae) liefert dem Park den ganzen Sommer bis in den Spätherbst liebliche Gestalten. Für das Moorbeet würde die Wasserlobelie (Lobelia Dortmanna *L.*) eine nicht minder seltene als erfreuliche Zierde sein. Auf Sandboden, besonders auf Haideland, erscheinen die violblauen kugeligen Blumenköpfe des Bergheilkrauts (Jasione montana *L.*), auch ihre seltenere Schwester, das Waldheilkraut (J. perennis *L.*). Aus der Schaar der Rapunzelarten (Phyteuma) wird man für sandige Waldwiesen die Scheibenrapunzel (Phyteuma orbiculare *L.*), für Sumpfwiesen die schwarze (Ph. nigrum *Schmidt*) und die Wiesenrapunzel (Ph. spicatum *L.*) auswählen.

Sobald auf der Wiese und im Walde die Glockenblumen ihren Flor beginnen, hat der Frühling seinen Höhepunkt überschritten, das Gras ist schnittreif und der Sommer beginnt. Sollte den Rasenflächen die kleine Glockenblume (Campanula rotundifolia *L.*) fehlen, so wird man nicht versäumen, sie anzusiedeln, ebenso am Gebüschrand die kriechende Glockenblume (C. rapunculoides *L.*), welche im Blumengarten, ungeachtet ihrer Schönheit, wegen ihres kriechenden Wuchses und ihrer Ausläufer als lästiges Unkraut zu behandeln ist. Zu den schönsten Formen für lichten Hochwald gehört die Nessel-Glockenblume (C. Trachelium *L.*), die breitblätterige Glockenblume (C. latifolia *L.*), die Rapunzelglocke (C. Rapunculus *L.*), die große Waldglocke (C. persicifolia *L.*), die Natterkopfglocke (C. Cervicaria *L.*), die Knauelglocke (C. glomerata *L.*). Im Frühling beginnt der Reigen mit der Wiesenglocke (C. patula *L.*).

Auch die große Familie der Nachtkerzengewächse (Onagreae) darf man nicht unvertreten lassen, wenn sie auch viele unscheinbare Formen birgt. Zu diesen gehört mit nichten die Nachtkerze (Oenothera biennis *L.*) mit ihren Abends sich öffnenden leuchtenden gelben Blumen.[1] Daß das Hain-Weidenröschen (Epilobium angustifolium *L.*) nebst ihrer zierlichen Vertreterin in den Alpen (Ep. Dodonaei *Vill.*) zu den schönsten Zierden trockener, sonniger Waldränder und lichter Gebüsche auf Sandboden gehört, wurde bereits oben erwähnt. Ebenso ist auch das Wasser-Weidenröschen eines der schöneren Gewächse für Uferbepflanzung. Das Hexenkraut (Circaea lutetiana *L.*, intermedia *Ehrh.* und C. alpina *L.*) ertheilt einem kühlen Hochwald an feuchten Stellen geheimnißvolle Weihe.

Schon wegen des großen biologischen Interesses wird man die Wassernuß oder Stachelnuß gern unter den Gewächsen des Landsees sehen, sowie an seinem Ufer den Weiderich (Lythrum Salicaria *L.*) und den Ruthenweiderich (L. virgatum *L.*). Die Stachelnüsse (Trapa natans *L.*) sind obendrein eßbar, daher gewinnbringend. Die Wasserfeder (Myriophyllum) wird sich im See vielleicht von selbst einstellen. Dagegen wird man den eleganten Tannenwedel in der Nähe des Ufers pflanzen und pflegen müssen.

Wie die Schmetterlingsblüthler uns für den Park eine große Auswahl schönblühender Gesträuche darbieten, so beschenken sie uns nicht minder reich mit einem

---

[1] In der Gegend von Hamburg wird sie aus diesem Grund auch Abendleuchte genannt.

Blumenschmuck von Kräutern und Stauden. Man denke nur an die Mannigfaltigkeit der Kleegewächse. Schon im Frühjahr prangt an kalkreichen Bergabhängen in lichten Nadelwaldungen der Hufeisenklee (Hippocrepis comosa *L.*)
unter der noch spärlichen Staudenvegetation, neben der Kuhschelle (Anemone
Pulsatilla *L.* und pratensis *L.*). Auch der Wundklee (Anthyllis vulneraria *L.*)
und der noch schönere Berg=Wundklee (Anthyllis montana *L.*) erscheinen ziemlich
früh im Jahr in lichter, rasiger Waldung. Später erst tritt die Luzerne (Medicago sativa *L.*) auf neben dem Sichelklee (M. falcata *L.*),[1] mit welchem jene so
schöne Bastarde bildet. Der Hopfenklee (M. lupulina *L.*) pflegt sich neben dem
ähnlichen Fadenklee (Trifolium filiforme *L.*) von selbst einzustellen. Unter den
schönfrüchtigen jährigen Arten der Gattung Schneckenklee (Medicago) wird sich
der Gärtner die ihm interessant und passend erscheinenden Arten auswählen.

In Waldlichtungen sieht man gern die stattlichen Steinkleearten (Melilotus
macrorrhizon *Pers.* und alba *Desr.*), auch wohl den Käseklee (M. caerulea *Lam.*),
welchen der Schweizer zur Bereitung des Kräuterkäses benutzt.

Der König der Kleearten des Waldes ist der Purpurklee (Trifolium rubens
L.). Neben ihm sind aber auch der Mischklee (Tr. medium *L.*), der Kopfklee
(Tr. pratense *L.*), der Gebirgsklee (Tr. alpestre *L.*), der Hasenklee (Tr. arvense
L.) auf Sandboden, der Inkarnatklee (Tr. incarnatum *L.*), der Erdbeerklee (Tr.
fragiferum *L.*), der Bergklee (Tr. montanum *L.*) u. a. ein ungern entbehrter
Schmuck trockenerer, grasreicher Waldung. Auch mit dem prachtvollen Alpenklee
(Trifolium alpinum *L.*) und dem ähnlichen, noch stattlicheren Lupinenklee (Tr.
Lupinaster *L.*) sollte man an geeigneten Stellen Ansiedelungsversuche machen.
Selten wird man nöthig haben, den Lämmerklee (Tr. repens *L.*) auszusäen.
Eher ist das bei dem nicht überall spontan auftretenden Bastardklee (Tr. hybri-
dum *L.*) der Fall.[2] Von den gelbblühenden Arten des Kopfklees wird der
Gärtner sich die schöneren aussuchen, für den Wald den goldigen Hopfenklee (Tr.
spadiceum *L.*) und den Kastanienklee (Tr. badium *Schreber*), für die Waldwiese
oder Trift den Goldklee (Tr. agrarium *L.*) und den Ackerklee (Tr. procumbens
L.). Der Hornklee (Lotus corniculatus *L.*) darf dem Waldrasen so wenig fehlen
wie der Sumpfhornklee (L. uliginosus *Schkuhr.*) den Wiesengräben, wohin auch
der noch schönere Schotenklee (Tetragonolobus siliquosus *Roth*) gehört.

Der Geisklee (Galega officinalis *L.*) ist ein schöner Schmuck der Waldwiese.
Von den zierlichen Traganthpflanzen (Astragalus) eignet sich für rasigen Waldboden am besten der Wiesentraganth (Astragalus hypoglottis *L.*), der Esparsette=
traganth (A. Onobrychis *L.*), für Wegränder und lichte Gebüsche der Kicher-
traganth (A. Cicer *L.*) und der Süßholztraganth (A. glycyphyllos *L.*). Auch
der Erbtraganth (A. exscapus *L.*) ist des Versuches werth. Von den verwandten
Wimpelarten (Oxytropis) wird man sich eine oder die andere zum Ansiedeln heraussuchen. Die schönen Strauchwicken (Coronilla) sollten keinem Parke fehlen,
insbesondere die Zwergpeltsche (Coronilla vaginalis *Lam.*), die Bergpeltsche (C.
montana *Scopoli*) und für Wiesenränder die bunte Strauchwicke (C. varia *L.*).
Die Serradella (Ornithopus sativus *Brotaro*) wird man gern am Rasenrande
sehen, und hat vielleicht auf sandiger Trift ein Plätzchen übrig für ihren zierlichen Bruder, den Krallenklee (O. perpusillus *L.*), wo derselbe neben dem Mäuse=
schwanz (Myosurus minimus *L.*), dem Hornköpfchen (Ceratocephalus) und
anderen niedlichen Sandpflanzen ein bescheidenes Dasein führen kann.

Zum größten Schmuck gereicht der Wiese die Esparsette (Onobrychis sativa
Lam.), welche, wie auch die Luzerne, Kalkboden liebt.

---

[1] Auch unter dem Namen schwedische oder gelbe Luzerne bekannt.
[2] Er wird auch Schwedischer Klee genannt.

Wicken und Platterbſen ſollen als Schling= und Kletterpflanzen die Holzungen beleben, beſonders die zarte Waldwicke (Vicia silvatica *L.*), die Erbſenwicke (V. pisiformis *L.*), die Kaſſubenwicke (V. cassubica *L.*), die Hainwicke (V. dumetorum *L.*), die Vogelwicke (V. Cracca *L.*) und ihre Schweſter, die Waldvogel= wicke (V. tenuifolia *Roth*), die kleine Platterbſenwicke (V. lathyroides *L.*), die Wieſenplatterbſe (Lathyrus pratensis *L.*), die Waldplatterbſe (L. silvester *L.* und L. heterophyllus *L.*), die große Platterbſe (L. latifolius *L.*), die Sumpf= platterbſe (L. palustris *L.*) u. ſ. w.

Eine nicht minder große Blumenfülle bietet uns die Roſenfamilie (Rosaceae) dar. Am Raſenrande blühe der Frauenmantel (Alchemilla vulgaris *L.*) neben dem ſchöneren Atlasmantel (A. alpina *L.*) und dem weißen Fingerkraut (Potentilla alba *L.*) ſowie dem frühblühenden Erdbeerfingerkraut (P. Fragariastrum *L.*). An ſumpfige Stellen der Wieſe gehört die Blutblume (Sanguisorba officinalis *L.*), während die Bibernelle (Sanguisorba minor *Scop.*) trockenen Boden vorzieht. An den Gehölzrand gehört die Nelkenwurzel (Geum urbanum *L.*) und auf die feuchte Waldwieſe die ſchönere Sumpfnelkenwurzel (G. rivale *L.*), während das Blutauge (Comarum palustre *L.*) am beſten am Rande von Moorgewäſſern ge= deiht. Unter den zahlreichen gelbblühenden Arten des Fingerkrautes (Potentilla) wird der pflanzenkundige Gärtner die ihm für dieſe oder jene Lokalität paſſende erſcheinende Art ausſuchen. Eine Pflanze für die graſigen Ränder von Wald= wegen iſt der Odermennig (Agrimonia Eupatoria *L.* und A. odorata *Ait.*).

Die Familien der Fettpflanzen (Crassulaceae) und Steinbreche (Saxifrageen) ſind ſo überaus formenreich, daß jeder Gärtner ihnen ein eingehendes Studium widmen ſollte, um ſeinen Lieblingen im Park paſſende Plätze anzuweiſen. Ich bemerke nur, daß die Goldbecher (Chrysosplenium alternifolium *L.* und Chr. oppositifolium *L.*) an jedem Waldbach ſtehen ſollten, ſchon wegen ihrer frühen Blüthezeit.

Auch Doldengewächſe kann der Park nicht ganz entbehren, ſo vorſichtig man auch in der Auswahl ſein muß. Gern wird man an naſſen Orten das niedliche Waſſertellerchen (Hydrocotyle vulgaris *L.*) kultiviren. In feuchter Waldung ſind die dunkelgrünen Fingerblätter des Sanikel (Sanicula europaea *L.*) neben der Haſelwurz (Asarum europaeum *L.*) erfreulich. Die Silberdolben (Astrantia minor *L.*, maior *L.*) ſind wahre Zierden des Waldes. Am Rande fließenden Waſſers wird man nicht ungern im lichten Wald die hochwüchſigeren Dolden ſehen, ſo den Waſſerſchierling (Cicuta virosa *L.*), die wilde Engelwurz (Angelica silvestris *L.*), beſonders aber die ſtattliche echte Engelwurz (Archangelica officinalis *Hoffm.*), die Kerbelrübe (Chaerophyllum bulbosum *L.*), die Knotendolden (Helosciadium) u. a. Für die Wieſe iſt der Kümmel (Carum Carvi *L.*) als eine der hübſcheſten Dolden zu empfehlen. Zu den kriechenden und wuchernden Un= kräutern aber, die man mit allen Hülfsmitteln ausrotten muß, wo man ſie findet, gehört der Gaisfuß (Aegopodium Podagraria *L.*). Auf der Waldwieſe ſoll der große Bibernell (Pimpinella magna *L.*) ſtehen, auf trockenem, freiem Raſen der kleine Bibernell (P. saxifraga *L.*). Die Berle (Berula angustifolia *Koch*) und der Merk (Sium latifolium *L.*) ſollen den Rand des Waldbaches ſchmücken. Alle Arten des Goldſchirms (Bupleurum), deren man habhaft werden kann, pflanze man im Walde.

In ſtagnirendem Waſſer iſt der Röhrenſchirm (Oenanthe fistulosa *L.*) am Platze, auch die Weindolde (Oen. Lachenalii *Gmelin*), ſowie der Waſſerfenchel (Oen. Phellandrium *Lam.*).

Die Gleiße oder Hundspeterſilie (Aethusa Cynapium *L.*), die man im Küchengarten wegen der möglichen Verwechſelung mit der Peterſilie von Seiten unwiſſender Leute nicht dulden ſollte, verdient immerhin wegen ihrer zierlichen und eigenthümlichen Hüllenbildung ein Plätzchen in feuchten Gebüschen. Zu den echten Waldbolden gehört die Hirschwurzel (Libanotis montana *All.*), der Polladshafer (Seseli coloratum *Ehrh.*), die Bärwurz (Meum athamanticum *Jacquin*), der Mladann (Meum Mutellina *Gaertner*), der Wiesenhaarstrang (Silaus pratensis *Besser*), die Kümmelsilge (Selinum carvifolia *L.*), die Mutterwurz (Ostericum palustre *Besser*), der Haarstrang (Peucedanum officinale *L.*), der Hirschhaarstrang (P. Cervaria *Lap.*), der Berghaarstrang (P. Oreoselinum *Moench.*), der Olsenick (Thysselinum pallustre *Hoffm.*), die Bärenklau (Heracleum Sphondylium *L.*), die Meisterwurz (Imperatoria Orrruthium *L.*), der Pastinak (Pastinaca sativa *L.*), der weiße Enzian (Laserpitium latifolium *L.*), der Berglaser (L. Siler *L.*), der preußische Laser (L. pruthenicum *L.*), die Mohrrübe (Daucus Carota *L.*), der Goldkerbel (Chaerophyllum aureum *L.*), der Gewürzkerbel (Ch. aromaticum *L.*), der Sumpfkerbel (Ch. hirsutum *L.*), der Myrrhenkerbel (Myrrhis odorata *Scopoli*), der Schierling (Conium maculatum *L.*). Wem es gelingt, die schönblüthigste aller Doldenpflanzen, die Bettellaus (Orlaya grandiflora *Hoffm.*) an einem Gebüschrand auf möglichst gutem Boden anzusiedeln, der erwirbt sich zugleich ein Verdienst um unsere heimische Floristik.

Viele schöne Formen liefert der Waldanlage die verwandte Familie der Krappgewächse (Rubiaceae). An trockenen rasigen Orten und auf Felsen, besonders auf Kalk, blüht im Sommer und Herbst der niedliche Bergmeier (Asperula cynanchica *L.*). Dem Laubwald sollte nirgends der duftige Waldmeier[1]) (Asp. odorata *L.*) fehlen. Einen Schmuck der Kalkfelsen und trockenen Bergabhänge bildet der Felsenmeier (Asp. galioides *M. B.*), der schönste seiner Gattung. Das Kreuzkraut (Galium Cruciata *Scopoli*) schmückt die wenig beschatteten Grasränder, während im Sumpf der Wiesenkleber[2]) (G. uliginosum *L.*) und der Sumpfkleber (G. palustre *L.*) zu den zierlicheren Vorkommnissen gehört. Dem Boden des Tannenwaldes, überhaupt des Nadelwaldes, gewährt der Mooskleber (G. rotundifolium *L.*) einen niedlichen Schmuck. Hübsch ist auch der Nordstern (G. boreale *L.*) im Wald und auf der Sumpfwiese. Keiner Wiese fehlt das Labkraut (Galium verum *L.*), auch „Unserer lieben Frauen Bettstroh“ genannt, und keinem Laubwald der Waldstern (G. silvaticum *L.*), keinem rasigen Gebüschrand der Grasstern (G. Mollugo *L.*). In Gebirgsgegenden kommen die beiden kleinen Formen: der Hainstern (G. silvestre *L.*) und der Felsenstern (G. saxatile *L.*) hinzu. Die Fliedergewächse (Caprifoliaceae) bieten uns für lichte Stellen im moosigen Moorwald eine der lieblichsten Erscheinungen des gesammten Pflanzenreichs, nämlich das Moosglöckchen (Linnaea borealis *L.*). Die Arten des Baldrians sollten im Wald und auf der Waldwiese nicht fehlen. Die Kardengewächse (Dipsaceae) schmücken Wiese und Wald mit der Honigblume (Knautia arvensis *Coult.*) und ihren Verwandten, moorige Stellen mit dem Teufelsabbiß (Succisa pratensis *Mnch.*), und den Bergwald mit dem Taubenkopf (Scabiosa Columbaria *L.* und Sc. ochroleuca *L.*). Die Karde (Dipsacus silvestris *Miller*) ist eine stattliche Erscheinung an sterilen Orten; nicht minder die Hainkarde (D. pilosus *L.*) in feuchten Gebüschen.

Werfen wir endlich einen flüchtigen Blick auf die große Familie der Korbblüthler, welche besonders im Herbst den Wald schmücken, wie namentlich die Astergewächse (Asteroideae), als z. B. das Goldhaar (Linosyris vulgaris *Cassini*), die Alpenaster (Aster alpinus *L.*), Virgils-Aster (A. Amellus *L.*), die Doppelkrone (Stenactis annua *Nees.*), die Goldruthe (Solidago Virgaurea *L.*), der Alant

---

[1]) So ursprünglich, von maior, der größere, der Herr, daher man auch Waldmeister sagt, was dasselbe bedeutet. Vgl. maior domi, der Hausmeier, Hausverwalter.

[2]) Die Früchte kleben durch seine Haken an den Kleidern und im Fell von Schafen und Hunden fest.

(Inula Helenium *L.*), der deutsche Alant (I. germanica *L.*), der Schwertalant
(I. ensifolia *L.*), der Weidenalant (I. salicina *L.*), der Bergalant (I. hirta *L.*),
der Wiesenalant (I. britannica *L.*), das Franzosenkraut (Galinsoga parviflora
Cav.), das Rindsauge (Buphthalmum salicifolium *L.*). Am Wasser blüht im
Sommer der Raubart (Bidens tripartitus *L.*) und das Kunigundenkraut (B.
cernuus *L.*), sowie auch die häufig an solchen Orten verschleppte kanabische Gold=
ruthe (Solidago canadensis *L.*). An ähnlichen Stellen kann man auch die inter=
essante Spitzklette (Xanthium strumarium *L.*) als verschleppt auftreten lassen,
sowie den Kaulbars (Xanthium spinosum *L.*). Die zierlichen Beifußarten (Arte-
misia) liefern dem Gärtner eine Anzahl von Formen für verschiedene Standorte
zur Auswahl. Am Waldweg tritt der Rainfarrn (Tanacetum vulgare *L.*) uns
entgegen, am schattigen Ufer der Bertram (Achillea ptarmica *L.*). Am Wiesen=
rande wird die Margarethenblume (Chrysanthemum leucanthemum *L.*) meistens
von selbst sich einstellen. Das Mutterkraut (Chr. parthenium *Pers.*) liebt feuchte
und schattige Orte, während seine Schwester, der Dolbenbertram, zu den Zierden
des lichten Hochwaldes und Buschwaldes gehört. Dem Nadelwalde dürfen die
Strohblumen nicht fehlen: die Wald=Strohblume (Gnaphalium silvaticum *L.*),
die blasse Strohblume (Gn. luteo-album *L.*), die Sumpf=Strohblume (Gn. uliginosum *L.*), besonders aber das Katzenpfötchen (Gn. dioicum *L.*) und die Sand=
Strohblume (Helichrysum arenarium *DC.*).

Schon frühe schmückt den feuchten Hochwald die Gemswurz (Doronicum
Pardalianches *L.*), die Wegbreit=Gemswurz (D. scorpioides *W.*) und die Herz=
blatt=Gemswurz (D. cordifolium *Sternb.*). Den Wohlverleih[1]) (Arnica montana
L.) wird man auf mooriger Wiese nicht vergessen. Feuchten Hochwald lieben
auch die meisten Aschenpflanzen (Cineraria) und Kreuzkräuter (Senecio). Ueber
die Distelgewächse wurde bereits oben das nöthige mitgetheilt. Unter den Floden=
blumen vergesse man im Walde ja nicht die schönste von allen: die Wald=Floden=
blume (Centaurea montana *L.*), am Wege nicht die Wegwarte (Cichorium Intybus
L.). Unter den meistens gelbblühenden Zungenblüthlern (Liguliflorae) bietet sich
dem Gärtner eine große Auswahl. Aufmerksam mache ich auf die schönen Arten
des Bocksbartes (Tragopogon), auf die Schwarzwurzel (Scorzonera hispanica *L.*),
auf den Purpurjalat (Prenanthes purpurea *L.*), den Bergjalat (Lactuca perennis
L.), den Alpenjalat (Mulgedium alpinum *Cass.*), auf das Heer der Pippauarten
(Crepis) und der Habichtskräuter (Hieracium).

Es ist wohl selbstverständlich, daß der denkende Gärtner nicht die Flora der
verschiedensten Gegenden in seinem Park versammeln wird, sondern daß er das
für eine jede Oertlichkeit passende heraussucht. Dem Grundsatz der Einfachheit
darf man auch hier nicht untreu werden.

Was nun die Herbeischaffung der Pflanzen anlangt, so kann man vieles aus
Samen ziehen, den man theils selbst im Freien einsammeln läßt, theils von großen
Samenhandlungen bezieht. Vielleicht hat man auch einen Schullehrer in der
Nähe, der sich für die Sache interessirt und durch seine Zöglinge schöne und
seltene Stauden herbeischaffen läßt. Verpflanzen kann man bei nöthiger Vorsicht
zu jeder Jahreszeit.

§ 6. Rasenanlagen.

„Nichts ergötzt mehr das Auge, als der Spiegel eines grünen Rasenteppichs.
Sein Anblick ist so wohlthuend, daß er mit nichts Anderem verglichen werden
kann. Selbst der gedankenlose Mensch erliegt den Wirkungen desselben und

---

[1]) In Thüringen Johannisblume genannt.

empfindet unbewußt das Lustgefühl, das der nicht nur Empfindende, sondern auch Wissende in allen möglichen Schilderungen zu malen versucht hat.

Entzückt nun schon der unvollkommenste Rasen, wo immer wir solchen in der freien Natur auch antreffen mögen, so soll die Wiesenmatte im Kunstgarten das Vollkommenste sein, was gefunden und geschaffen werden kann. Je kleiner der Garten und je weniger in demselben Raum vorhanden, um imposantere landschaftliche Bilder aufführen zu können, desto mehr Anmuth und Zierlichkeit wird derselbe entwickeln sollen, und jemehr ein solches Gartenidyll an Eleganz hervorragt, desto mehr wird es nöthig sein, darauf zu sehen, daß auch der Rasen an Feinheit, Frische und Lebendigkeit die höchste Schönheit erreicht, die nur denkbar ist. Ohne den grünen Schmelz des Rasens wäre ebenso wenig ein Garten denkbar, wie ein solcher ohne Blumen, Bäume und Gebüsche. War es England, von wo die moderne Gartenkunst ausging, so sind es auch heute noch die Engländer, welche auf einen guten Rasen die allergrößte Aufmerksamkeit verwenden und sich dieser Zierde in einer Pracht erfreuen, wie wir sie nur ausnahmsweis und an sehr günstig gelegenen Orten des Festlandes annähernd wiederfinden, die wir aber auch freilich nicht in dem Maße erreichen werden, so lange wir nicht unsere trockene Atmosphäre in eine englische umwandeln können. Allein, wenn wir auch in klimatischer Beziehung weniger günstig situirt sind, so läßt sich dennoch durch Fleiß und Kunst, durch die Cultur und Mischung schon sehr viel erreichen und durch künstliche Nachhülfe und Hülfsmittel zum Theil wenigstens erringen, was uns nicht von selbst gegeben wird. Solche Hülfsmittel werden aber bestehen:

1) In der Wahl der für die Bodenarten geeigneten Gräser.
2) In der Bearbeitung des Bodens.
3) In der Behandlung des Rasens selbst." [1])

Die Auswahl der Gräser muß zunächst von dem Zwecke abhängen, welchen man im Auge hat. Will man eine grüne Rasenfläche schaffen, möglichst frei von Wegen und beständig mit der Maschine kurz gehalten, so kann man mit wenigen Gräsern auskommen. Die Engländer beschränken sich häufig ganz auf das sogenannte englische Raigras (Lolium perenne *L.*).

Das englische Raigras hat den Vorzug eines ausnehmend raschen Wachsthums, sehr reiner, saftgrüner Farbe und starken Glanzes. Bei beständigem Gebrauch der Schneidemaschine und der Walze hält sich auch der Rasen sehr gut, wenn Klima und Witterung nicht gar zu trocken sind. In dieser Beziehung ist England vor unseren heimischen Gegenden sehr bevorzugt. In unserem trockneren Klima wird der lediglich aus Raigras bestehende Rasen leicht lückig, was natürlich sehr schlecht aussieht. Indessen fällt dieser Uebelstand weg, wenn man es nur mit kleinen Rasenflächen zu thun hat, etwa in der Nähe des Wohnhauses oder in einem kleineren Garten, wo man Wasserleitung und Schlauch zu beliebiger Verfügung hat und wöchentlich 1—2 Mal Rasenmaschine und Walze benutzen kann. [*]) Nach meiner Erfahrung sollten kleine Gärten möglichst wenig Wege, aber möglichst große und zusammenhängende Rasenflächen haben, die unbedingt unter Maschine und Walze ganz kurz zu halten sind. Kann man die Wege ganz entbehren, um so besser. Ein gut gehaltener Rasen wird durch menschliche Fußtritte niemals leiden, wenn er keine Kanten (Wegränder) hat und wenn man durch die Anlage dafür sorgt, daß nicht durch große Frequenz an bestimmten Stellen

---

[1]) W. Groß, Ueber die Anlage eines guten Gartenrasens. Wiener Obst- u. Gartenzeitung. April 1876. S. 194—199. Vgl. auch den Artikel „Rasen" in Rümplers illustrirtem Gartenbau-Lexikon. 1. Auflage. Berlin 1882. S. 819—821.

[*]) Vgl. Abbildung und Beschreibung von Gruns Gartenwalze. Wiener Obst- und Gartenzeitung. März 1876. S. 142—144. Walze und Parkmäher sind abgebildet und ihr Gebrauch ausführlich dargestellt.

Pfade ausgetreten werden. In großen Parkanlagen würde eine derartige Behandlung des Rasens sehr kostspielig sein und man würde auf die schöne Wiesenflora verzichten müssen. Hier wird man wohlthun, den vorderen Theil des Parks, rings um das Wohnhaus und in dessen Nähe, streng unter der Scheere zu halten, die entfernteren Theile aber bis zur Blüthezeit der meisten Gräser und Hochfrühlingsblumen wachsen zu lassen, dann aber zu schneiden, bevor das Gras anfängt braun und überreif zu werden, was den Eindruck der Nachlässigkeit und Unordnung macht.

Wir haben hier also beides zu trennen.

Ist man nicht im Stande, den Rasen beliebig zu bewässern, regelmäßig zu schneiden und zu walzen, dann thut man allerdings am besten, statt des bloßen englischen Raigrases eine Mischung zu wählen. Daß die Art dieser Mischung von den Bodenverhältnissen abhängt, versteht sich von selbst. Auf trocknerem Boden sind schwerere Erdarten (Kalk, Lehm, Mergel) für das Gedeihen des Rasens günstiger; ist aber der Boden sehr feucht, so wächst das Gras auch gut bei mäßiger Düngung in reinem Sande.[1] Die wichtigste Bedingung für gutes Gedeihen der meisten Gräser ist freie Lage und starke Beleuchtung. Wo das fehlt, da bringe man nur Waldgräser an, worauf ich sogleich zurückkommen werde.

Für leichten Lehmboden und gute Lage schlägt W. Groß folgende Mischung vor:

Von 50 Kilo:

a) Lolium perenne, englisches Raigras 25 Kilo.
b) Agrostis capillaris, Rasenstraußgras 5 „
c) Agrostis stolonifera, Fioringras 5 „
d) Cynosurus cristatus, Kammgras 5 „
e) Poa pratensis, Wiesenrispengras . 10 „
50 Kilo.

Derselbe empfiehlt, von dieser Mischung 100 Kilo auf 1 Hektar zu verwenden. Dann fährt er fort:

„In jedem Falle jedoch wird anzurathen sein, daß die Mischung, wenn solche zur Geltung gelangen und nicht zum Theil unwirksam gemacht werden soll, derart in zwei Sorten zerfalle, daß die großsamigen und feinsamigen Arten besondere Mischungen bilden, in welcher Weise auch die Aussaat erfolgen sollte. Es ist das um so wichtiger, als die ersteren mit den letzteren oft staubfeinen Samen beim Ausstreuen sich fast unmöglich würden gleichmäßig vertheilen lassen, andererseits weil die stärkeren Körner aus mehreren Gründen eine tiefere Bodendecke erfordern, wogegen die feinen kaum ein flaches Einharken ertragen und bei gleicher Tiefe mit ersteren vollständig verloren gehen würden. Man wird daher praktisch und sicher gehen, das Raigras mit den gleichsamigen Arten zuerst auszustreuen, dasselbe mittelst eines Harkens oder Rechens möglichst sorgfältig einzuharken, die Fläche wieder zu ebnen und erst dann die zweite Mischung darüber zu streuen, dieselbe nochmals regelmäßig einzuharken und zuletzt entweder zu walzen oder bei kleineren Flächen mit geeigneten Instrumenten anzudrücken, respective anzuklopfen."[2]

Für zu trockenen Boden schlägt Th. Rümpler[3] folgende Mischung vor: Wiesenschwingel (Festuca pratensis)[4], rother Schwingel (F. rubra), Hartschwingel (F. duriuscula), Schafschwingel (F. ovina)[5], Kammgras (Cynosurus cristatus), Ruchgras (Anthoxanthum odoratum). Rümpler fügt dann hinzu: „Wer sich

---

[1] W. Groß, a. a. O. S. 195.
[2] A. a. O. S. 196, 197.
[3] A. a. O. S. 819.
[4] Festuca pratensis Huds = F. elatior L.
[5] Neigt sehr zur Büschelbildung.

den Vorschriften orthodoxer Landschaftsgärtner nicht unterordnen wollte, könnte
den Gräsern etwas Weißklee (Trifolium repens) oder Hornklee (Lotus corniculatus) zusetzen." Hier ist zweierlei zu unterscheiden. Handelt es sich um kurzgeschorene Sammetflächen, die ich der Kürze halber ein für alle Mal als Rasen
bezeichnen will, so ist jeder Zusatz vom Uebel. Man begnüge sich mit Raigras,
oder, wenn der Boden gar zu schlecht ist, so setze man einige Schwingelarten
hinzu, etwa nach Rümplers Vorschlag. Handelt es sich aber um die entfernteren,
wiesenartig zu behandelnden Rasenanlagen, so ist es durchaus nothwendig, daß
man nicht nur jene beiden Kleearten zusetzt, sondern überhaupt alle in der betreffenden Gegend auf der Wiese vorkommenden Gewächse, und namentlich auch
eine weit größere Auswahl von Gräsern. Wir wollen im Gegensatze zum geschorenen Rasen diese Rasenflächen schlechtweg als Wiese bezeichnen. [1])

Hören wir Th. Rümpler weiter:

Auf starksandigem Boden bildet man einen vorzüglichen Rasen durch Schafschwingel, den man mit englischem Raigrase mischt. Das letztere deckt den Boden
rasch und überkleidet ihn im ersten Jahre, verschwindet dann und überläßt seinen
Platz dem Schwingel. Dieser Rasen hat nur den Uebelstand, daß es sich auf
ihm sehr glitschig geht.

Auf trockenem, kalkhaltigem Boden legt man einen schönen Rasen mit Festuca
pratensis an. Keine andere Grasart eignet sich so gut wie diese für derartige
Bodenverhältnisse.

Guten Rasen im Gehölz zu erzeugen, ist nur dann möglich, wenn die
Bäume hoch genug sind, um der Luft hinlängliche Einwirkung auf die Bodenfläche zu gestatten, und ihre Kronen nicht allzu massig. Man gebraucht hierzu
rothen Schwingel, Hartschwingel, Ruchgras und Waldrispengras (Poa nemoralis).

Liegt die Fläche schattig und ist der Boden trocken, so thut man wohl, den
oben genannten Grasarten noch Festuca heterophylla (Waldborstenschwingel)
und F. tenuifolia (Weichschwingel) beizumischen. Da alle diese Arten etwas
langsam wachsen, so ist es immer sehr vortheilhaft, etwas englisches Raigras
darunter zu mischen, welches den Boden in kurzer Zeit überzieht und dann den
übrigen Arten in dem Maße weicht, in dem sie an Stärke zunehmen.

Auf Recepte für Grasmischungen kann man sich nicht immer verlassen, doch
haben sich folgende bewährt:

Für sandigen, etwas leichten Lehmboden:

Lolium perenne tenue, feinblätteriges Raigras	3 Theile.
Poa trivialis, gemeines Rispengras .	2
Agrostis vulgaris, gemeiner Windhalm	1
Festuca pratensis, Wiesenschwingel	1
Anthoxanthum odoratum, Ruchgras	1

Eine andere gute Mischung für dieselben Bodenverhältnisse besteht aus:

Lolium perenne, Raigras . .	3	Theile.
Festuca pratensis, Wiesenschwingel .	2	„
Poa compressa, flachhalmiges Rispengras	1	„
Agrostis alba, gemeiner Windhalm	1	„
Agrostis stolonifera, Fioringras	1	„

Für trockenen Sandboden kann als schön und dauerhaft empfohlen werden
eine Mischung aus:

Festuca tenuifolia, feinblätterigem Schwingel .	2	Theile.
Festuca ovina, Schafschwingel	3	„

<hr>

[1]) Rümpler a. a. C. S. 821. Petzold, Landschaftsgärtnerei. Leipzig 1888. S. 236.
Derselbe zeigt hier die Entstehung des Rasens aus dem Bowling-green der englischen
Spielplätze.

Festuca pratensis, Wiesenschwingel . . . . . 1 Theil.
Cynosurus cristatus, Kammgras . . . . 1 „
Agrostis stolonifera, Fioringras . . . . . . 1 „
Lolium perenne, Raigras . . . . 2 „

Sehr zweckmäßige Vorschläge macht Rümpler bezüglich der Rasenblumen. „Der Park- und Gartenrasen sollte sich vor dem gemeinen Rasen durch Blumen auszeichnen, welche im Rasen selbst wachsen. Wir müssen hierbei die Garten=rasenblumen von den Wiesenblumen unterscheiden; da der Gartenrasen im Sommer ein reines Grün zeigen muß, so können die Rasenblumen nur Frühlingsblumen sein, welche nach dem ersten Mähen verschwinden. Solche sind nur Zwiebel= und Knollengewächse. In erste Reihe gehören: Verschiedene Scilla, Narcissus, Crocus, Muscari, Tulipa, Anemone, Corydalis, Gagea u. s. w. Anders bei den Blumen der Wiesen; diese müssen entweder vor der Heuernte in voller Blüthe sein, oder sich erst mit dem zweiten Graswuchs (Grummet, Oehmb) entwickeln. Der letzteren giebt es wenig. Diese Blumen dürfen das Futter nicht verschlechtern oder vermindern und müssen das Abmähen vertragen. Man bevorzuge blaue und rothe Blumen, weil unsere Wiesen vorherrschend weiße und gelbe haben. Man muß sich auch nach Boden und Lage richten, denn trockene Wiesen haben andere Blumen als nasse, Sandboden hat andere als Kalkboden. Natürlich giebt man sich die Mühe, blumigen Rasen herzustellen nur an Plätzen, wo der Blumen=schmuck gesehen wird. Unter vielen geeigneten Blumen nennen wir nur: Geranium pratense, Salvia pratensis (beide nur auf trockenen Wiesen mit Kalkboden), Aquilegia (blau, roth, weiß), Papaver orientale, Lupinus (perennirend), Galega officinalis, Sisyrhinchium anceps, Ornithogalum umbellatum, Narcissus poeticus, Myosotis alpestris (nur auf schattigen Wiesen) u. a. m.“

Petzold[1]) giebt für Rasenaussaaten folgende Recepte, die sich vielfach in der Praxis bewährt haben, wobei derselbe auf die preußische Quadratruthe ¼ Kilo des gemischten Samens als das passende Quantum annimmt.

Für trockenen, sandigen Boden:

Festuca ovina, Schafschwingel . . . . . . 3 Theile.
Poa pratensis, Wiesenrispengras . . . . . . 2 „
 „ trivialis,[2]) gemeines Wiesenrispengras . . 1 „
Cynosurus cristatus, gemeines Kammgras . . 2 „
Lolium perenne, englisches Raigras . . . . 2 „
Agrostis stolonifera, Fioringras . . . . . . 1 „

„Gewöhnlich wird für solchen Boden noch etwas Samen von kleinem gelben Klee (Trifolium filiforme), Feinstengel= oder Fadenklee nach der Aussaat der Grassamenmischung über die Fläche gestreut; die Anwendung des weißen Klees (Trifolium repens) als Schutzpflanze ist zu verwerfen, da er, namentlich auf besserem Boden, leicht überhand nimmt, die feinen Grasarten verdrängt und durch die reichlich hervorgebrachten weißen Blüthenköpfe lästig wird.“

Für feuchten, niedrigen Boden:

Festuca duriuscula, harter Schwingel . . . . 1½ Theile.
 „ ovina, Schafschwingel . . . . . . 3 „
Poa trivialis, gemeines Rispengras . . . . . 6 „
Agrostis vulgaris, Fioringras . . . . 1½ „
Poa angustifolia,[3]) schmalblättriges Rispengras . 6 „
Cynosurus cristatus, Kammgras . . . . . . 1 „
Lolium perenne, englisches Raigras . . . . . 2 „

---

[1]) Landschaftsgärtnerei 1888. S. 244.
[2]) Dasselbe verlangt feuchten Boden und eignet sich sehr gut für feuchte, etwas be-schattete Wiesenstellen. Es giebt einen sehr schönen, hellgrünen Rasen. Anm. b. Verf.
[3]) P. fertilis *Host.*?

Für schattige Plätze, unter Bäume und an ähnliche Standorte eignen sich:

Aira flexuosa, gedrehte Schwiele	. . . . .	1½ Theile.
Festuca silvatica, Waldschwingel	. . . . .	1½ „
Lolium perenne, englisches Raigras	. . .	2 „
Poa nemoralis, Waldrispengras	. . . . .	3 „
„ trivialis, gemeines Rispengras	. . . .	2 „

Eine ganz andere Behandlung erfordert die Parkwiese. Ich sehe hier ab von deren landwirthschaftlicher Verwerthung. Wer einen Park haben will, der darf hierauf nicht das Hauptgewicht legen. Ist er durch seine Vermögensverhältnisse dazu gezwungen, so lege er keinen Park an, sondern eine Meierei. Uebrigens zeigt sich in den meisten Fällen, daß die künstlerische Instandhaltung eines Parks auch die landwirthschaftlich einträglichste ist und daß richtige Anlage der Wiese und für ihre künstlerische Unterhaltung rechtzeitiger Schnitt, ebenso künstlerische Ausforstung des Waldes mehr Geldgewinn erzielen, als wenn man Wiese und Parkwald wie in einer Meierei behandeln wollte. Das künstlerische Gedeihen der Parkwiese erfordert den Schnitt zur Zeit der höchsten Entwickelung der Gräser und Kräuter, und dieser ist jedenfalls der ertragreichste. So bringt auch die künstlerische Durchforstung der Gehölzanlagen einen weit größeren Gewinn als das willkürliche Abholzen für den Bedarf oder für den Verkauf, schon deshalb, weil ohne jene regelrechte Durchforstung die Bäume ihr Dickenwachsthum fast ganz einstellen.

Das Hauptmotiv für uns muß aber dasjenige sein, welches Petzold[1]) geltend macht, wenn er sagt: „Diese blumigen Wiesenflächen, deren Grün unterbrochen wird durch die duftigen, gelben, rothen (blauen), weißen Farben der an dieser oder jener Stelle vorherrschenden Blüthenkräuter, welche belebt werden durch die rastlose Insektenwelt, das Gaukeln der Schmetterlinge, das Schwirren der Käfer, das Zirpen der Heimchen, oder durch weidende Rinder und Schafe, und welche uns erquicken durch den Duft ihrer zahllosen Blüthen und uns in jedem Monat wechselnde Bilder bieten, sind eine so nachhaltige Quelle des reinsten Vergnügens für uns, daß ihre Abwesenheit uns schmerzlich berühren würde."

Ueber die zu verwendenden Gräser sagt Petzold: „Der Ertrag und der Nährwerth ist bei den verschiedenen Grasarten oft ein sehr verschiedener. So ist Alopecurus pratensis, der Wiesenfuchsschwanz, ein frühzeitiges, ertragreiches und nahrhaftes Gras, allein es braucht 3—4 Jahre, um zur Vollkommenheit zu gelangen, wenn es aus Samen gezogen wird, es ist also sehr schätzbar für dauernde Wiesen. Phleum pratense, das Wiesenlieschgras (Timothee), giebt schweren Ertrag an Halmen, die nährender sind als bei jedem anderen Grase; allein die Nachmahd ist unbeträchtlich, deshalb ist es zum Heumachen sehr gut, muß aber mit anderen Gräsern vereint gezogen werden, die hauptsächlich viel Nachgras geben, wenn es mit Nutzen verwendet werden soll. Dactylis glomerata, Knaulgras, wird halb reif, ist frühzeitig und giebt den ganzen Sommer hindurch viel nahrhaftes Kraut, die Halme aber sind nur wenig nährend. Je nachdem das gewonnene Heu für Pferde, Rindvieh oder Schafe bestimmt ist, ändert sich die Mischung.

Wir unterscheiden von den für Wiesenanlagen verwendeten Gräsern zwei Hauptarten: Untergräser und Obergräser.

Die Untergräser halten sich niedrig, treiben Wurzelausläufer und gewähren so ein Futter, welches mehr aus Blättern besteht als aus Halmen, sie entnehmen ihre Nahrung der Oberfläche des Bodens und machen die Grasnarbe dicht.

---

[1]) A. a. O. S. 245.

Die Obergräser gehen mehr in die Höhe, treiben starke Halme und haben Faserwurzeln, die ihre Nahrung tiefer suchen; sie liefern einen reichlicheren Ertrag. Die besten Wiesengräser wie Avena elatior,[1] Dactylis glomerata, Festuca pratensis, Phleum pratense, Poa pratensis, Poa trivialis erreichen erst im dritten, Alopecurus pratensis sogar, wie erwähnt, erst im vierten Jahr ihre höchste Ertragsfähigkeit.

Der Samen des Timotheegrases (Phleum pratense) mischt sich wegen seines feinen und schweren Kornes nicht mit den Samen der übrigen Grasarten, er wird deshalb mit den Samen der Kleearten besonders gemischt und mit diesen besonders über die zu besäende Fläche gestreut. Wie bei dem Rasen, so ist auch bei Aussaat der Wiesenflächen das Ueberstreuen mit dem Samen einer Schutzfrucht sehr zu empfehlen.

Je nach der Bodenart werden auch noch Samen solcher Futterkräuter ausgestreut, die keine Gräser sind, aber den Futterwerth des gewonnenen Heues bedeutend erhöhen. Es sind dies unter anderen: rother Kopfklee (Trifolium pratense), Bastardklee (Trifolium medium), weißer Klee (Trifolium repens), Luzerne (Medicago sativa), gelber Hopfenklee (Medicago lupulina), Esparsette (Hedysarum Onobrychis), Schafgarbe (Achillea millefolium), Schotenklee (Lotus corniculatus), Becherblume (Poterium Sanguisorba), Wiesenknopf (Sanguisorba officinalis), Bibernelle (Pimpinella Saxifraga). Viele derselben finden sich von selbst ein, wie der Löwenzahn und der Wiesensalbei, die hohen Futterwerth haben.

Es eignen sich zur Ansaat für guten, humusreichen Boden, ohne Bewässerung:

1) Obergräser:

Festuca elatior, hoher Schwingel.
    „   pratensis, Wiesenschwingel.
Lolium perenne italicum, italienisches Raigras.
Alopecurus pratensis, Wiesenfuchsschwanz.
Holcus avenaceus, französisches Raigras.
Avena flavescens, Goldhafer.
    „   pubescens, weiches Hafergras.
Holcus lanatus, Honiggras.
Dactylis glomerata, Knaulgras.
Poa angustifolia, schmalblätteriges Rispengras.
Phleum pratensis, Timotheegras.

2) Untergräser:

Lolium perenne, englisches Raigras.
Festuca ovina, Schafschwingel.
Poa pratensis, Wiesenrispengras.
    „   trivialis, gemeines Rispengras.
Briza media, Zittergras.
Anthoxanthum odoratum, Ruchgras.
Cynosurus cristatus, Kammgras.
Melica ciliata, gewimpertes Perlgras.

3) Andere Futterkräuter zur Beimischung:

Medicago lupulina, gelber Hopfenklee.
Melilotus officinalis, „   Steinklee.
Lotus corniculatus, Schotenklee.
Sanguisorba officinalis, Wiesenknopf.
Trifolium pratense, rother Kopfklee.
        medium, Bastardklee.
        repens, weißer Klee.
        filiforme, Feinstengel oder Fadenklee.

---

[1] Arrhenatherum elatius *Palisot de Beauvais*, das französische Raigras.

Für guten, humusreichen Boden, mit Bewässerung:

1) Obergräser:

Alopecurus pratensis, Wiesenfuchsschwanz.
Avena flavescens, Golbhafer.
„   pubescens, weiches Hafergras.
Dactylis glomerata, Knaulgras.
Festuca duriuscula, harter Schwingel.
„   pratensis, Wiesenschwingel.
Holcus lanatus, Honiggras.
„   avenaceus (Avena elatior), französisches Raigras.
Lolium perenne italicum, italienisches Raigras.
Phleum pratense, Timotheegras.

3) Untergräser:

Anthoxanthum odoratum, Ruchgras.
Briza media, Zittergras.
Lolium perenne, englisches Raigras.
Poa pratensis, Wiesenrispengras.
„   trivialis, gemeines Rispengras.
Cynosurus cristatus, Kammgras.
Agrostis stolonifera, Fioringras.

Für schattige Waldwiesen:

1) Obergräser:

Holcus avenaceus (Avena elatior), französisches Raigras.
Avena pubescens, weiches Hafergras.
Dactylis glomerata, Knaulgras.
Festuca gigantea, hoher Schwingel.
„   silvatica, Waldschwingel.
Milium effusum, Hirsegras.
Phalaris arundinacea, Glanzgras.
Holcus mollis, weiches Honiggras.

2) Untergräser:

Anthoxanthum odoratum, Ruchgras.
Aira flexuosa, Drahtschmiele.
Poa nemoralis, Waldrispengras.
Lolium perenne, englisches Raigras.

3) Andere Futterkräuter zur Beimischung:

Trifolium pratense, rother Kopfklee.
„   repens, weißer Klee.
Medicago lupulina, gelber Hopfenklee.
Lotus corniculatus, Schotenklee.

Das englische Raigras (Lolium perenne) kann allen beigemischt werden, weil, wenn das Futter auch nicht von vorzüglicher Güte ist, es doch einen schnellen Ertrag giebt. Das Ruchgras (Anthoxanthum odoratum) ist ebenfalls für alle Bodenarten; doch mischt man es nur bei, weil es dem Heu den schönen Wohlgeruch verleiht; der Ertrag selbst ist ein geringer. Milium effusum wird vom Wild vorzugsweise geliebt, auch gehen die Vögel demselben sehr nach.

Für wasserhaltigen Thonboden:

1) Obergräser:

Festuca elatior, hoher Schwingel.
Dactylis glomerata, Knaulgras.
Phleum pratense, Timotheegras.
Holcus avenaceus, französisches Raigras.

2) Untergräser:

Agrostis stolonifera, Floringras.
Anthoxanthum odoratum, Ruchgras.
Cynosurus cristatus, Kammgras.
Poa trivialis, gemeines Rispengras.
Aira caespitosa, Drahtschmiele.

Für Sandboden:

1) Obergräser:

Avena elatior, französisches Raigras.
„ pubescens, weiches Hafergras.
Festuca elatior, hoher Schwingel.
Holcus lanatus, Honiggras.

2) Untergräser:

Poa pratensis, Wiesenrispengras.
„ angustifolia, schmalblätteriges Rispengras.
Lolium perenne, englisches Raigras.
Cynosurus cristatus, Kammgras.
Briza media, Zittergras.
Agrostis stolonifera, Floringras.

Für Moorboden:

1) Obergräser:

Phleum pratense, Timotheegras.
Alopecurus pratensis, Wiesenfuchsschwanz.
Holcus lanatus, Honiggras.
„ mollis, weiches Honiggras.
Avena elatior, französisches Raigras.
Festuca elatior, hoher Schwingel.

2) Untergräser:

Agrostis stolonifera, Floringras.

Pezold rechnet auf den Morgen 20—25 Kilo Grassamen und 3—4 Kilo Kleesamen.

Nach meinen weiter oben ausgeführten ästhetischen Gesichtspunkten sollte die Gras- und Blumenflora der Parkwiese eine mannigfaltigere sein, wofür man natürlich gleich bei der Anlage Sorge zu tragen hat. Sehr verständig äußert sich Rümpler[1]) über diesen Gegenstand: „Im Park, besonders im Parkgarten sollte auch die Kräuterflora eine schönere, veredeltere sein, als was wildwachsende Blumen bieten.[2]) Wenn der Nordländer in Mittel- und Süddeutschland und Oesterreich im Frühling die Gebüsche so mit Blumen bedeckt sieht, als wären es Blumenbeete, und in anderen Gegenden, namentlich in den Alpen die Wiesen von Crocus und Narcissen, die Wälder und Hecken der Kalkalpen und Voralpen im Sommer mit Cyclamen übersäet, — dann kann der Pflanzenfreund den Wunsch nicht unterdrücken, eine gleiche Blumenfülle auch im eigenen Garten zu vereinigen. In Mitteldeutschland sind es vornehmlich mehrere Arten von Corydalis, von Anemone (einschließlich Hepatica), Gagea, sowie Leucojum vernum, welche die Gebüsche im Frühling schmücken; weiter südlich kommen noch Scilla, Galanthus nivalis und andere hinzu. Wir müßten die ganze Lokalflora beschreiben, wollten wir nur andeuten, mit welchen Blumen manche Gegenden

---

[1]) A. a. O. S. 1095.
[2]) Rümpler meint hier offenbar die nach der Anlegung des Parks von selbst zum Vorschein kommende Flora, welche natürlicherweise sehr ärmlich ausfällt im Gegensatz zur ursprünglichen Flora der Umgebung.

glänzen. Unsere Anleitung zur Verwilderung geht nun dahin, im Park- und Parkgarten alle schöne Blumen, welche in der Umgegend wild im Walde und auf Wiesen wachsen, nach und nach anzupflanzen, damit sie nicht ärmlicher an Blumen sind, als die einheimische Wald-, Wiesen- und Heckenflora. Es ist dies nöthig, weil durch das Umarbeiten des Bodens, selbst auf früherem Wald- und Wiesenboden, die wilden Pflanzen vernichtet werden. Wie traurig einförmig sieht meist die Gartenwiese gegenüber einer gewöhnlichen Wiese aus. Die Zahl der geeigneten einheimischen und fremden Pflanzen ist so groß, daß wir nur einige nennen können. Die Grasblumen theilen sich in Gartenrasenblumen und in Wiesenblumen. Da Gartenrasen im Sommer keine Blumen haben soll, so eignen sich hierzu nur Frühlingsblumen und zwar nur Zwiebel- und Knollengewächse, welche vor dem ersten Mähen absterben. Solche sind: Scilla bifolia, amoena, sibirica u. a., Crocus, Tulipa (früheste), Muscari (Bellevalia), Anemone nemorosa und ranunculoides, Eranthis hiemalis, Galanthus nivalis, Leucojum vernum, Narcissus Pseudo-Narcissus, Fritillaria u. a. Für Wiesen eignen sich alle Blumen, welche bis zur Heuernte blühen. Wir benutzen im eigenen Garten: Aquilegia aller Sorten, Salvia pratensis, Geranium pratense und mehrere fremde, schönere, Narcissus poeticus, Scilla nutans (Agraphis nutans, Hyacinthus non scriptus), Ornithogalum umbellatum, Papaver orientale, Lupinus notkanus und andere perennirende, Galega officinale u. a. m. Bedingung ist, daß diese Pflanzen das Futter nicht verschlechtern. Frühlings-Gebüschpflanzen sind die bei den Rasenpflanzen genannten Zwiebel- und Knollengewächse, vorzüglich 2—3 Arten Corydalis und Anemone. Die Zahl der Hochwald-Randpflanzen ist nicht zu berechnen. Wir erinnern daher nur an den prächtigen Digitalis purpurea und lutea, Viola mirabilis, Epilobium angustifolium, Trifolium rubens, Aconitum und die herrlichen Farnkräuter.[1]

Der denkende Gärtner wird es niemals versäumen, sich eine gründliche Kenntniß der heimischen Flora zu verschaffen. In jedem Garten sollte ein Abbildungswerk der deutschen Flora stehen, zur Verfügung der Gärtner.[2] Für manchen weniger gebildeten Gärtner würde das auch die gute Folge haben, ihn zu belehren, daß er manche Pflanze, die er um verhältnißmäßig hohen Preis vom Handelsgärtner bezieht, in seiner Heimath wildwachsend antrifft.

Unter den deutschen Süßgräsern giebt es eine große Anzahl herrlicher Formen von großem Futterwerth, welche vom Landwirth wie vom Gärtner bisher keine Beachtung gefunden haben. Deshalb halte ich es nicht für überflüssig, die Gräser der deutschen Flora hier noch etwas ausführlicher zu besprechen. Ich befolge dabei die Reihenfolge der Zünfte (Tribus) in Schlechtendal-Halliers Flora.

Bartgräser (Trib. Andropogoneae).

Bartgras (Andropogon Ischaemum *L.*). Mit schönen, violetten Fingerähren. Liebt warme Lage in dürrem, leichtem Sand-, Gips- oder Kalkmergelboden. Ein Untergras. Zerstreut in Mittel- und Süddeutschland. Die Grundblätter geben gutes Schaffutter. Die Schafe fressen die ersten Triebe ab, „weshalb es bei uns nicht früher zur Blüthe kommt, als bis die Schossen mit Gewalt hervorbrechen, was erst im September geschieht. Diese sind hart und werden von den Schafen nicht mehr berührt. Obgleich die Weide keine reiche Futtermasse

___

[1] Auf Farnkräuter und Moose komme ich weiter unten zurück.

[2] Das einzige vollständige Kupferwerk ist die von mir herausgegebene ehemals Schlechtendal'sche „Flora von Deutschland" in 30 Bänden. Gera-Untermhaus 1880—1887. Der Preis ist verhältnißmäßig kein zu hoher.

gewährt, so ist sie doch während der Hundstage von der Art, daß sie die dürren, sonnigen Orte recht gut verwerthet." [1]

Hirsegräser (Paniceae).

Blutrother Fennich (Panicum sanguinale *L.*), auch Bluthirse oder Fingergras (Digitaria sanguinalis *Scopoli*) genannt. Dem Bartgras ähnlich, aber hochwüchsiger und bartlos. [2] Durch Deutschland zerstreut, aber stets in wärmerer Lage. Treibt zahlreiche, am Boden liegende und aufsteigende Halme, daher auf der Parkwiese unbequem, aber von großem Nährwerth. Sie ist jährig und liebt kräftigen Sandboden.

Glanzgräser (Phalarideae).

Kanarengras (Phalaris canariensis *L.*). Ein Obergras von sehr hohem Futterwerth, jährig, von den Kanaren bei uns eingeführt und nicht selten verwildernd. Es verlangt warmen Boden und warme Lage. Am Ende des breitblätterigen bis meterhohen Halms steht eine eirund-längliche, gedrungene Rispenähre mit schönen, kahnförmigen Hüllspelzen. Es gehört zu den schöneren Gräsern und lohnt den Anbau auf der Wiese. Es ist aber empfindlich gegen zu dichte Stellung und muß, wenn die Wiese zur Blüthezeit geschnitten wird, stets neu ausgesäet werden.

Glanzgras (Phalaris arundinacea *L.*). Perennirendes Obergras mit ästigen, kriechenden Ausläufern und 1—2 Meter hohem Halm, an den Ufern von fließenden und stehenden Gewässern, durch ganz Deutschland verbreitet. Zum Anbau auf der Wiese ist es eigentlich ungeeignet, dagegen schmückt es die Ränder der Wiesengräben und Bäche. Es giebt reichliches aber hartes Futter. Eine grün und weiß gebänderte Form (Bandgras) kultivirt man im Blumengarten.

Darrgras (Hierochloa odorata *Wahlb.*). Perennirendes Obergras mit kriechenden Ausläufern und aufrechtem, unten dicht beblättertem, 1—2 Fuß hohem Halm, welcher in die zierliche, ausgebreitete Rispe mit glockenförmigen, glänzenden, grünlich-gelben Aehrchen endigt. Es wächst im nördlichen und östlichen Deutschland auf feuchten oder sumpfigen Wiesen und Brüchen. Sein Futterwerth ist der Quantität nach nur ein mäßiger, doch gehört es zu den gesündeten Gräsern und zeichnet sich durch Kumaringeruch aus. Es gehört zu den Zierden der Wiese, namentlich an feuchten Stellen.

Pferdegras (Hierochloa australis *R. S.*). Dem vorigen ähnlich, aber kürzere Ausläufer bildend. Es ist in feuchten Waldungen und Moorbrüchen durch das östliche und südliche Deutschland zerstreut. Im Werth und in der Anwendung dem vorigen ganz gleich.

Ruchgras (Anthoxanthum odoratum *L.*). Ein überall in Wäldern und auf Wiesen verbreitetes Untergras mit kurzem, dauerndem Rhizom. Es wird auf jeder Wiese gern gesehen, weil es am meisten zum Kumaringeruch des Heus beisteuert. Es dient daher auch dem Vieh in erster Linie als Würze des Futters. Fehlen darf es keiner Wiese. Rispe ährig zusammengezogen.

Fuchsschwanzgräser (Alopecuroideae).

Fuchsschwanz (Alopecurus pratensis *L.*). Ein überall verbreitetes, breitblätteriges Wiesen-Obergras mit walziger, dichter Aehrenrispe. Eines der besten Wiesengräser, zart, wohlschmeckend, nahrhaft und einträglich. Es zeigt den besten,

---

[1] Chr. Eb. Langethal, Handbuch der landwirthschaftlichen Pflanzenkunde und des Pflanzenbaues. 5. Auflage. Erster Theil: Gras und Getreide. Mit 107 in den Text gedruckten Abbildungen. Berlin 1874. S. 57, 58.
[2] Grannenlos.

frischen, kräftigen Wiesenboden an. Es darf keiner Parkwiese fehlen. Im Park=
rasen darf man es seiner breiten Blätter wegen nicht dulden, sondern muß es
durch Ausstechen entfernen. Es giebt auch reichlichen Ertrag für die Grummet=
ernte. Die übrigen Arten dieser Gattung sind weniger empfehlenswerth, doch
sollte man sie dulden, wo sie sich von selbst einstellen.

Lieschgras, Timothygras (Phleum pratense *L.*). Langethal[1]) berichtet über
dieses werthvolle Gras folgendes: „Das Timotyhgras wurde von Timothy Hansoe
in Samen aus Amerika nach England gebracht, wo man es zu kultiviren begann.
Von dort her haben wir es bezogen und dann erst gefunden, daß es bei uns ein
sehr gemeines Wiesengras ist, welches die Botanik unter dem Namen Wiesen=
Lieschgras lange schon kannte. Es wächst im Feuchten und Trockenen, auf Wiesen
und an Rändern, in der Sand= und in der Kalkregion, am schönsten aber im
sandhaltigen und sandreichen Boden, ärmlicher auf dürrem Kalklaube, und kommt
gewöhnlich erst Anfangs Juli zur Blüthe; doch habe ich es auch auf einer guten
Wiese mit sandreichem Boden schon vor Johannis in voller Blüthe gesehen. Als
Wiesengras gehört es jedoch durchschnittlich zu den späteren, wird 1—3 Fuß hoch, und
obschon es in jeder Bodenart, selbst auch in mooriger, steht, und die verschiedensten
Grade der Feuchtigkeit aushält, sobald nur das Land bei seinem Schossen völlig
abgetrocknet ist, so gedeiht es dennoch im besseren Sandboden frischer und trockener
Lage am schönsten. Die Nährkraft desselben ist gut, und sie steigert sich noch bis
zum Körnen; doch darf man mit dem Schneiden bis dahin nicht warten, weil
sonst die Halme zu hart werden. Da, wo dieses Gras Hauptbestand auf Wiesen
ist, den ich selten nur angetroffen habe, indem es sich gewöhnlich unter anderen
Gräsern eingesprengt findet, muß also die Zeit seiner Blüthe den Zeitpunkt des
Mähens bestimmen; kommt es bloß einzelner in der Grasnarbe vor, dann findet
die Sense im Trockenen, wo es früher blüht, das Gras gemeinlich kurz vor oder
in der Blüthe; dagegen in nassen und moorigen Wiesen, die später geschnitten
werden, wenigstens nicht im Halme verhärtet.

Weit größer ist die Bedeutung des Timothygrases zum Anbau auf Feldern.
Ein kräftiger, lehmiger Sandboden mittlerer Qualität und ein Untermittelboden
der Sandregion, den man gemeinlich mit dem Namen „guten Roggenboden" be=
legt, sind die Felder, die man dem Timothygrase einzuräumen pflegt, was auch
noch auf Ländern dieser Art, wenn sie etwas moorig werden, sehr gut geräth.
Es wächst auf solchem Lande 3—4 Fuß hoch, bildet einen so eng geschlossenen
Stand wie Getreidefelder, liefert aber nur einen Schnitt, der zwar sehr reichlich
ausfällt, aber das Nachgras ist bloß unbedeutend zu nennen. Man baut es in
reinen Beständen und im Gemenge mit Kleearten an, verfüttert es aber mit Klee,
indem es so seinen höchsten Werth erreicht, wodurch man nämlich die Gedeihlich=
keit beider Futterarten erhöht. Für Kalkgegenden hat es ungleich geringeren
Werth als für Sandland, weil auch Untermittelboden des Thon= und Kalkmergels
noch Klee und Esparsette trägt. Vergleicht man die Vorzüge und Nachtheile des
Timothygrases mit den des Wiesenfuchsschwanzgrases, so stellen sie sich in folgen=
der Art: Das Timothygras nimmt fast mit allen Bodenarten und Lagen fürlieb,
das Fuchsschwanzgras verlangt dagegen gutes, tiefgründiges Erdreich. Das
Timothygras giebt schon im zweiten Jahre den höchsten Ertrag, das Fuchsschwanz=
gras erst im vierten. Das Timothygras trocknet schneller und seine Körner lassen
sich sehr leicht durch Dreschen gewinnen, während Fuchsschwanzgras ungleichmäßig
reift. Aber dieses vegetirt früher, ist weit weniger hart im Halme und giebt reich=
Nachmahd. Der Same des Timothygrases geht gut auf; für reinen Bestand
braucht man 6—10 Pfund, im Gemenge mit weißem Klee nimmt man nur ²/₃

---

[1]) A. a. O. S. 51, 52.

ober die Hälfte. Der Klee wächst in deſſen Gemenge auch da noch, wo er unver=
mengt nicht mehr gedeihen will. Es iſt beſſer, wenn man im Gemenge mit Klee
nur zur Hälfte Timothygras nimmt, weil dann das Gemenge für das Vieh
ſchmackhafter wird; man braucht es dann ſpäter nicht mit Klee zu verſetzen."

Von Anſehen iſt das Lieſchgras dem Fuchsſchwanz ähnlich, aber dieſer be=
ſitzt Grannen an den Aehren, welche jenem fehlen. Im Park iſt das Lieſchgras
dem Fuchsſchwanz gleichwerthig, d. h. es ſollte der Wieſe nicht fehlen, aber auf
dem Raſen darf man es nicht dulden.

Berg=Lieſchgras (Phleum Boehmeri *Wibel*). Ein Berg= und Triftengras,
welches auf der Wieſe kaum gedeihen wird.

Zwerggras (Chamagrostis minima *Borkhausen*). Ein äußerſt zartes, nied=
riges Gräschen, in einigen Gegenden Deutſchlands auf ſandigen Aeckern vor=
kommend. Für die Wieſe iſt es ungeeignet, denn es würde von den übrigen
Gräſern erbrückt werden, auch iſt es jährig, und von einem Futterwerth kann
kaum die Rede ſein. Doch findet man irgendwo im Park vielleicht ein ſandiges
Plätzchen, wo man es ſeiner großen Niedlichkeit wegen anſäen kann, und wo es
ſich ſelbſt weiter ausſäet, vorausgeſetzt, daß man den betreffenden Platz von Un=
kraut rein hält.

Hundszahngräſer (Chlorideae).

Hundszahn (Cynodon Dactylon *Pers.*). Ein Ausläufer bildendes Untergras,
welches ſich in Deutſchland auf ſandigen Aeckern und an Sandwegen einer nur
beſchränkten Verbreitung erfreut, im Süden aber häufiger auftritt. Es ähnelt
dem Fingergras, mit welchem Linné es in eine Gattung ſtellte, aber es unter=
ſcheidet ſich davon durch ſehr kurze Hüllſpelzen, durch die Ausläufer und durch
blaubuftige Blätter. Es iſt ſehr zuckerreich und gilt in Oſtindien als das beſte
Weidegras. Bei uns lohnt ſein Anbau nur an warmen, geſchützten Orten. Für
die Parkwieſe eignet es ſich nicht.

Reisgräſer (Oryzeae).

Reisquecke (Oryza clandestina *A. Br.*). Ein an naſſen Gräben und Ufern
in der Rheingegend, an der mittlen Saale in Thüringen und in einigen anderen
Gegenden vorkommendes, Ausläufer bildendes Untergras. Es giebt gutes Futter
und verdient ſeiner hübſchen Riſpen wegen im Park eine Stelle an Wieſengräben
und Ufern.

Straußgräſer (Agrostideae).

Weißes Straußgras, Fioringras (Agrostis stolonifera *Koch*). Ein überall
an Gräben, naſſen Orten, auf feuchten Wieſen vorkommendes Ausläufer bildendes
Gras mit eleganter, weit ausgebreiteter Riſpe und ſehr kleinen, einblüthigen
Aehrchen. Ein ſehr gutes Weidefutter für Rinder, welche danach fett werden und
ſehr gute Milch geben. Sehr ertragreich und gut gedeihend auf einer feuchten
Parkwieſe. Auf trockenem Erbreich und namentlich auf Thonboden iſt ſein An=
bau nicht lohnend.

Kleines Straußgras (A. vulgaris *Withering*). Die Ausläufer fehlen oder
ſind ſehr kurz. Das Gras iſt dem vorigen ähnlich, aber niedriger, zierlicher, in
allen Theilen kleiner. Ueberall verbreitet auf ſandigen, trockenen Wieſen und
Grasplätzen. Für trockene Parkwieſen als Beimengung ſehr empfehlenswerth und
von hohem Futterwerth.

Moor=Schilfgras (Calamagrostis lanceolata *Roth*). Perennirend, von Johan=
nis bis in die Hundstage blühend. Die hohen Halme ſind bloß nach oben etwas
ſcharf, die hohen Raſenblätter überall ſcharf, die Halme breiten ſich in der Blüthe

weit aus. Die Haare sind kürzer als die Kelchspelzen, aber länger als die Blüthenspelzen, und in ihnen ist die kurze Spitzengranne verborgen. Es wächst auf nassen
Wiesen, an nassen Ufern, wo man es schon an dem dunkeln Grün seiner hohen
bogigen Blätter, die einen sehr lockeren Rasen bilden, erkennt. Die Halme werden
mit ihren violetten Rispen gewöhnlich 3 Fuß hoch und sind hart. Das Futter
hat sehr geringen Werth.

Für die Parkwiese sind alle Schilfgräser ungeeignet; dagegen sind sie sehr
zu empfehlen für feuchte Stellen und Ufer in Waldanlagen. Am besten ist es,
man säet diese Gräser nicht aus, sondern pflanzt sie mit allen Ausläufern gleich
an Ort und Stelle.

Ufer-Schilfgras (C. littorea *DC.*). Mit sehr langen Ausläufern und lang
haarigen Blüthen. Halme meterhoch. An Flußufern, im Flußkies, im Ufergebüsch und in nassen Waldungen. Anwendung wie bei dem vorigen.

Land-Schilfgras (C. Epigeios *Roth*). Perennirend, in den Hundstagen
blühend. Der Halm steht steif in die Höhe und ist nach oben scharf. Die Blätter
sind sehr scharf, die Grasährchen stehen in der Rispe in Knaueln, die Haare in
den Blüthchen sind mit den Kelchspelzen gleichlang, und die Rückengranne ist in
ihnen verborgen. Vom Knaulgrase leicht durch einblüthige Grasährchen, vom
Glanzgrase durch die Haare und von beiden durch die sehr scharfen Blätter zu
unterscheiden.

Es ist in Sandgegenden sehr gemein, besetzt den wilden Sand auf Triften,
in Haiden, an Rändern und auch den Triebsand an Flüssen, wird 2–3 Fuß
hoch, bildet mindestens handlange, oft fußlange Rispen, hat einen buftgrünen
Anflug und gehört zu den schlechten Gräsern, die zugleich auch dürftigen Graswuchs verkündigen. Anwendung im Park wie bei dem vorigen.

Steifes Schilfgras (C. stricta *Spr.*). Perennirend, im Juli und August
blühend. Die Halme sind glatt, stehen steif aufrecht, die Blätter sind scharf und
langgespitzt. Die kurze, schmale Rispe steht steif in die Höhe, die Haare sind kürzer
als die Blüthenspelzen, und letztere haben eine kurze Rückengranne. Die Halme
erreichen nur 2 Fuß Höhe, die Rispen sind oft bloß fingerlang und zusammengezogen. Daher ist es leicht vom vorigen und durch seine Steifheit leicht von
Agrostis zu unterscheiden, kann eher mit Molinia, dem Pfeifengrase, verwechselt
werden, zumal seine Staubbeutel ebenfalls schwarzviolett sind. Aber der Halm
ist knotig, und die Grasährchen sind einblüthig. Als Futter hat es wegen Härte
und Schärfe wenig Werth, bekleidet meistens stark versauerten, torfigen Boden.

Wald-Schilfgras (C. silvatica *DC.*). Perennirend, im Juni und Juli
blühend. Die glatten Halme werden 2—3 Fuß hoch, die Rispe wird 3—8 Zoll
lang, ist bleichgelb oder licht fleischroth. Die Haare der Blüthchen sind sehr kurz,
die Rückengranne sieht aber aus den Blüthen weit hervor. Durch die Kürze und
Färbung der Rispe hat dieses Gras nicht mit den vorigen Arten, wohl aber mit
dem Honiggrase einige Aehnlichkeit und kann mit ihm verwechselt werden. Das
wollige Honiggras hat aber keine hervorragende Granne, und das weiche, dem
es am ähnlichsten ist, zumal seine Haare sehr kurz sind, unterscheidet man durch
die zweiblüthigen Grasährchen und durch die haarigen Rispenäste. In Waldungen
und Gebüschen durch den größten Theil von Deutschland zerstreut. Im Park
für die Waldanlagen zu empfehlen.

Federgräser (Stipaceae).

Waldhirse (Milium effusum *L.*). In schattigem Hochwald durch ganz Deutschland verbreitet. Ein schönes, breitblätteriges Obergras mit abstehend ausgebreiteter,
großer Rispe und einblüthigen, grannenlosen Aehrchen, deren Spelzen nach der

Blüthe das Korn fest einschließen. Ein vortreffliches Futter für Waldweide. Sehr empfehlenswerth für Hochwaldbestände des Parks mit nahrhaftem, nicht zu trockenem Boden.

Federgras (Stipa pennata *L.*). Dieses durch einen großen Theil Deutschlands zerstreute, an den fußlangen, geknieten, fein gefiederten Grannen leicht kenntliche Gras sollte keinem Park und keinem Blumengarten fehlen. Es findet sich auf Bergplateaus und auf trockenen, rasigen Abhängen, vorzugsweise auf Kalk- und Sandboden. Im Park wird man ihm eine Stelle geben an einem trockenen Rasenabhang oder in der Haideanlage. Der Futterwerth ist unbedeutend.

Haargras (St. capillata *L.*). Dem vorigen ähnlich, aber die Grannen ungefiedert. Auf trockenen, sonnigen Abhängen, besonders auf Gipsboden, hie und da in Deutschland. Für Park und Blumengarten ebenfalls als Ziergras von großem Werth und ebenso zu behandeln wie die vorige.

Rohrgräser (Arundinaceae).

Schilfrohr (Phragmites communis *Trinius*). Ueberall an Ufern und auf nassem Boden. Perennirend, im September blühend. Der Wurzelstock treibt unterirdische Ausläufer und 4—8 Fuß hohe, bis fast fingerdicke Halme, mit scharfen, steif abstehenden, in eine lange Spitze auslaufenden Blättern und mit handlangen, vor der Blüthe übergebogenen Rispen, die nach der Blüthe durch die hervorwachsenden Haare ein besonderes Ansehen erhalten.

Das Schilf vermehrt sich rasch durch seine im Schlamme oder in nasser Wiesenkrume hinlaufenden, fingerdicken Ausläufer, wird daher auf Wiesen mit einem Erdreiche, welches tief in den Frühling hinein naß bleibt, ein Unkraut, was kein Vieh gern frißt, trächtigen Kühen sogar nachtheilig sein soll, auch nur durch Trockenlegung der Wiesen zu entfernen ist. Den Pferden, welche dergleichen Wiesen beweiden, schadet es nichts, auf Salzwiesen des Meerstrandes wächst es auch, denn es ist die einzige schlechte Pflanze, welche der Salzgehalt des Bodens nicht entfernt. Ganz anders ist der Werth des Schilfes für die Technik. Es wird zur Berohrung der Wände und Decken sehr gesucht und gut bezahlt, so daß mancher Schilfteich, bei einem großen Bedarf von Deckrohr, eben so viel und mehr als eine gleichgroße gute Wiese einbringt. Man pflanzt es daher an geeigneten Orten an, legt Stücke der kriechenden Wurzel im Frühjahre wagrecht in den Schlamm, der nicht allzu naß sein darf, sondern eine Feuchtigkeit haben muß, wie sie der Töpferthon besitzt, wenn er zu Ziegeln oder Töpfen verarbeitet wird. Diese Feuchtigkeit muß man durch zeitweises Aufspannen des Wassers erhalten, und dafür sorgen, daß das Wasser den Schlamm nicht fortspült. Haben die Ausläufer Wurzeln gefaßt, dann schadet ihnen ein Nässerwerden des Schlammes nicht.

Das Schilfrohr darf, seiner ästhetischen Wirkung wegen, keinem Park fehlen. Den schönsten Eindruck macht das Röhricht an einer tiefen, einsamen Bucht eines größeren Landsees. Hier bringe man an geeigneter Stelle eine Ruhebank an. Das Säuseln des Rohrs im Winde versetzt in eine elegische, träumerische Stimmung.

Silbergräser (Sesleriaceae).

Blaues Silbergras (Sesleria caerulea *Arduino*). Perennirend und im April oder Anfangs Mai blühend. Die festen und kurzen Grasbüschel haben einen langen Wurzelstock, dessen Kopf mit weißen Scheiden dicht besetzt ist, und durch Seitensprossen sich erweitert. Die Wurzelblätter sind gleich breit, flach, nur an der Spitze verschmälert, der Rasen ist kaum fingerhoch, und in ihm sieht man schon zur Zeit des Märzes die blauen bis $^3/_4$ Zoll langen Aehren in Knospen. In der Blüthe erhebt sich der Halm über den Rasen und wird $^1/_2$—1 Fuß hoch.

Dieses Gras findet sich bloß im Kalkboden, wo es steile Ränder und den Abhang der Berge, namentlich an der Sommerseite derselben besetzt. Es bietet ben Schafen schon frühzeitig eine gute Weide, ist aber außerdem für Kalkberge durch die Bindung des leichten Bodens sehr wichtig, den es vor der Abwaschung durch Regen- und Thauwasser schützt. Es wächst gemeinlich mit Carex humilis, dem niedrigen Riedgrase, in Gesellschaft, bildet keine zusammenhängende Narbe, gehört daher den guten Triftgräsern an. Wegen seines frühen Erscheinens kann es nicht mit anderen Gräsern verwechselt werden, zumal die Aehre vor der Blüthe sich an der Sonnenseite durch ihr schönes Blau auszeichnet.

Eines der schönsten Parkgräser für Waldränder und Abhänge, aber nur für Kalkboden, den man jedoch streckenweis durch Kalkdüngung erzeugen kann.

Hafergräser (Avenaceae).

Kammschmiele (Koeleria cristata *Persoon*). Perennirend, im Juni und Juli blühend. Die etwas lockere, in der Blüthe gelbgrüne oder blaßgrüne, auch violett geschäckte, glänzende Rispenähre wird 3—6 Zoll lang, findet sich erst nach der Blüthe sehr zusammengezogen, und steht wie die 1—2 Fuß hohen Halme steif aufrecht. Die Blätter sind flach und am Rande gewimpert, die Grasährchen drei- bis vierblüthig. An den blassen, glänzenden Spelzen wird dieses Gras unter den Rispenährengräsern leicht erkannt. Von Melica ciliata, mit dem es noch die meiste Aehnlichkeit hat, unterscheidet man es durch den Mangel der langen Wimperhaare, die sich an den unteren Blüthenspelzen bei dem letzteren vorfinden.

Es wächst sehr häufig auf Kalk- und Sandmergelboden, auch auf Sandboden besserer Art und wird zu den guten Triftgräsern gerechnet; denn die Schafe beweiden es gern. Auf magerem Sande findet man Koeleria glauca *DC.* mit blaugrüner Farbe, borstenartig zusammengerollten Blättern, zweiblüthigen Grasährchen und in allen Theilen kleiner als vorige. Sie ist nur die dürftige Form der vorigen, welche der magere Boden erzeugt, und giebt wegen Härte eine schlechtere Weide als die vorige Form.

Die Kammschmiele sollte der Parkwiese nicht fehlen.

Wiesenschmiele (Aira caespitosa *L.* Aira pratensis vieler Autoren.). Ein überall verbreitetes, höchst elegantes Gras, welches man in keinem Park vermissen sollte. Es liebt leichten, nicht zu trockenen Boden. Als Viehfutter steht es nicht grade in erster Linie, ist aber doch recht brauchbar, wenn der Schnitt nicht zu spät stattfindet.

Haferschmiele (Aira flexuosa *L.*). Der Stock bildet Büschel mit dichtstehenden, borstenartigen Blättern. Die dünnen, glänzenden Halme stehen aufrecht und werden 1—2 Fuß hoch; die Rispen spannen sich allseitig aus, ihre Aeste sind zart, die Zweige wellig gebogen, die Grasährchen doppelt größer als bei der vorigen, und die beiden Grannen ragen weit aus ihnen hervor. Durch zarten Bau, borstige Blätter und weit hervorragende Grannen unterscheidet man diese Art leicht von der vorigen; weil sie aber den Haferarten in etwas ähnlich ist, darf man sie nicht mit ihnen verwechseln, was man leicht vermeiden kann, wenn man auf den Rasen sieht, der borstige Blätter hat.

Sie liebt armen, lockeren Sand, namentlich solchen, der etwas Humus hat, steht daher massenhaft auf sandigen Waldschlägen, bietet dem Vieh eine zwar spärliche, doch gute Schafweide, kann aber nicht in den Rang des Schafschwingels gesetzt werden, der weit dauernder als dieses Gras die Blößen begrünt, und nahrreicheres Futter in größerer Quantität gewährt. Für den Forstmann ist das Erscheinen der Haferschmiele deshalb willkommen, weil sie immer einen tragbaren Waldboden verkündigt und der Ansaat nicht hinderlich ist. Sobald diese später den Boden beschattet, geht das Gras ein. Für den Park ist die Haferschmiele sehr werthvoll, wenn man über Sandboden verfügt.

Silberschmiele (Corynephorus canescens *P. Beauv.*). Hie und da in der Flora auf trockenem Sandboden, auf trockenen Wiesen, Triften und Haiden. Demgemäß ist ihre Anwendung im Park auf haideartige Anlagen beschränkt. Der Futterwerth ist gering.

Honiggras (Holcus lanatus *L.*). Perennirend, um Johannis blühend. Der Wurzelstock treibt keine Ausläufer, die Halme sind auf, über und unter den Knoten behaart, ebenso wenigstens an den unteren Blattscheiden. Die Rispe hat durch die meistentheils lichtviolett gefärbten Grasährchen ein eigenthümliches Colorit, auch schwarzviolette Staubbeutel und hakenförmige Grannen, die meisten= theils gar nicht aus den Grasährchen hervorsehen, und erst dann sichtbar werden, wenn man die Blüthchen aus den Kelchspelzen herausdrückt. — Holcus mollis, was gemeinlich hellgrüne Grasährchen hat, besitzt gekniete, nicht hakenförmige Grannen, die deutlich aus den Grasährchen hervortreten. Diese sind spitz, die von lanatus stumpf. Die Blüthenzeit ist später und der Stock treibt Ausläufer.

Das gemeine Honiggras kommt überall, aber besonders auf Wiesen der Sandgegenden als Hauptbestand vor, die etwas feucht, oder etwas moorig sind, steht auch dort auf Waldwiesen und frischen Wiesen recht häufig, findet sich einzeln auf trockenen Sandwiesen, wird 1½—2 Fuß hoch, hat Rispen von 2—4 Zoll Länge und darüber, täuscht durch sein schönes Aussehen und durch die Weichheit des Graswerkes, weil sein Futterwerth nicht sehr hoch ist, obschon es viel Heu bringt, was jedoch etwas zusammenfällt. Indessen darf man für eine Ansaat nicht fragen, welche Gräser die besten, sondern, welche für einen anzusäenden Bogen die zweckmäßigsten sind. Man wird daher wohl daran thun, im Fall man ärmeres Sandland mit Gras besäen will, dieses Honiggras zu wählen, weil es reiche Grasmasse bringt, bei Zusatz von etwas Salz gern gefressen wird, und immer noch zu den mäßig nahrhaften Gräsern gehört. Seine Futtermasse wird die geringere Nährkraft ersetzen und den geringen Boden gut verwerthen, selbst auch dann, wenn er etwas trockener liegen sollte. Im Thon= und Kalkmergel= boden nehme man andere Gräser, denn für bindigeres Land paßt es nicht. Da aber, wo der Sandboden etwas moorig ist, wird man kein zweckmäßigeres Gras als dieses zur Ansaat wählen können. Die Grassamen sammeln sich nicht schwer, die Körner sind zwar von Spelzen umgeben, nicht aber mit ihnen verwachsen.

Weiches Honiggras (H. mollis *L.*). Auf Schlägen, an Waldrändern, auf grasigen Waldplätzen, fast nur auf Sandboden. Im Park als Waldgras zu verwenden.

Hoher Wiesenhafer, französisches Raigras (Arrhenatherum elatius *M. K.*). Ein überall vorkommendes, über meterhohes Obergras und eines der besten unserer Futtergräser, besonders auf schwerem und feuchtem Boden. Langethal sagt darüber:

Das französische Raigras fordert zu seinem guten Gedeihen ein gutes, tief= gründiges Erdreich von leichterer Art und warmer Lage, dem aber die Bindigkeit nicht fehlen darf, und welches durch seine Tiefe die Frische des Bodens bewahrt. Daher steht es am häufigsten auf Wiesen mit tiefer Kalkmergel= oder Sandmergel= Bodenkrume, auch auf gutem sandigen Lehmboden; und weil ein solcher dem Graswuchse überhaupt am günstigsten ist, so wird sein Erscheinen immer ein Zeichen von Wiesen hoher Qualität sein, die reiches und gutes Futter liefern. Auf wirklich feuchten Wiesen wächst es nicht, auf trockenen, das heißt nicht frisch= gründigen Wiesen steht es um so sparsamer, je mehr sie sich dem Dürren zuneigen. Will man daher dieses Gras auf sehr sandigem Boden kultiviren, so muß man ihm durch Berieselung die Frische und durch Jauchenbflugung die Kraft verleihen.

Es gehört nämlich zu den besten unserer Schnittgräser, denn es vereinigt Ergiebigkeit, Nährkraft, Zartheit mit Wohlgeschmack und frühzeitiger Vegetation,

bildet durch die zahlreichen, fast fußhohen Wurzelblätter ein schönes Untergras,
und durch hohe Halme ein reiches Obergras. Durch die großen Büschel zarter
Wurzelblätter, die aufrecht stehen, erkennt man es schon vor dem Schossen und
ebenso auch nach der Heuernte, wenn es sich im Grummetwuchse durch solche vor
anderen Gräsern, deren Blattwuchs noch sehr kurz ist, recht in die Augen springend
hervorthut. Ja es schosst und blüht in einzelnen Halmen nach den Hundstagen
auf guten Wiesen zum zweiten Male. Bei allen diesen Vorzügen hat es jedoch
den Nachtheil, daß es da, wo es nicht vorherrschender Hauptbestand ist, und wo
andere später blühende Obergräser einen späteren Schnitt gebieten, zu bald im
Halme verwelkt, dem Heu nur seine halbverwelkten Halme giebt; indessen ist das
reiche Bodengras noch vorhanden. Auch steht es manchen anderen Gräsern, wie
dem Knaulgrase, dem Schwingel u. s. w. an Nährkraft etwas nach, aber die Heu-
masse und das reiche Grummetgras gleichen diesen Nachtheil reichlich aus. Da
nämlich, wo es Hauptbestand ist, stehen die Halme so hoch und so dicht, daß der
Bestand keiner Wiese, sondern einem Getreidefelde gleicht. Beim Schneiden wird
man das vortreffliche Untergras gewahr, was in vorzüglicher Dichtheit steht.

Für den Park gehört es zu den besten Wiesengräsern. Leider leidet es
häufig am Staubbrand.

Rainhafer, Sammethafer (Avena pubescens *L.*). Unterer Theil des Halms
nebst den Blattscheiden weichhaarig. Auf gutem Wiesenland fast überall vorkommend.

Der Rainhafer blüht mit Poa pratensis bald nach dem Ruchgrase, und
schosst schon nach der Mitte des Mai's. Da, wo der Boden ihm gerecht ist, nämlich wo er zwar trocken aber nicht dürr ist und sonnig liegt, sind seine Rispen
weit verzweigt; wo der Boden zu dürr ist, wächst er ärmlich, oder kommt gar
nicht vor; auch meidet er Frische oder gar Feuchtigkeit. Daher steht er oft an
guten Rändern, auf besseren trockenen Wiesen, verkündet immer ein Futter recht
guter Qualität, aber nicht besonders hoher Quantität. Als Weidegras ist er
nicht zu empfehlen, obschon die Blätter sehr gutes Futter geben; denn der Blattwuchs ist spärlich und der Stock verträgt den Tritt des Vieh's weniger gut.

Ein sehr gutes Gras für die Parkwiese.

Trifthafer, Berghafer (Avena pratensis *L.*). Dieses dauernde Obergras ist
vom vorigen leicht durch die unbehaarten, bläulichen Halme und Blattscheiden
unterscheidbar und durch den Standort, denn es kommt niemals auf Wiesen vor,
sondern an trockenen Abhängen, auf Triften und Bergebenen. Der Linné'sche
Name ist daher sehr unpassend. Dieses schöne Gras, welches freilich nur mäßigen
Futterwerth hat, paßt nicht auf die Parkwiese, wohl aber auf die seinem natürlichen Standort entsprechenden Oertlichkeiten.

Goldhafer, kleiner Wiesenhafer (Avena flavescens *L.*). Fast überall verbreitet. Perennirend, um Johannis blühend, nach den Hundstagen nochmals
einzeln schossend und blühend. Die zarten Halme werden 1—1½ Fuß hoch,
die Blattscheiden und Blätter sind mehr oder weniger feinbehaart, die Rispen nur
in der Blüthe ausgesperrt und gelbgrün, die Grasährchen bloß ¼—⅕ Zoll lang
und glänzend, die Körner nicht beschalt. Dieses Gras unterscheidet sich durch
seine kleinen Grasährchen am besten von anderen Wiesenhafern; denn die der
vorigen Art sind ¼ Zoll lang, grün und haben nur eine Rückengranne, die der
folgenden Arten messen ½ Zoll, sind also dreimal länger; auch hat die Rispe
dieses Hafers eine stark ins Gelbe fallende Farbe.

Dieses schöne, feine Gras gehört zu den Schnittgräsern erster Güte, ist das
beste der Untergräser, verbindet Zartheit, Nährkraft und Wohlgeschmack mit Reichthum an Untergrasmasse, und bringt reiche Nachmahd, indem es, wie angegeben,
sogar noch einzeln im Grummet schosst und blüht. Aber es steht bloß auf guten

frischgrünbigen Wiesen, wo Tiefe des Erdreichs das Land nicht ausdörren läßt, liebt vorzüglich den Mergelboden, weshalb es im Kalklande auf guten Wiesen der Thäler und Gründe und in Baumgärten eine sehr gewöhnliche Erscheinung ist. Ebenso findet es sich auf Alpmatten und in den Thälern nahe der Alpen sehr häufig, desgleichen in der Sandregion, sobald der Boden lehmartig ist.

Der Goldhafer gehört zu denjenigen Gräsern, welche keiner guten Parkwiese fehlen dürfen.

Die zierlichen Zwergformen des Nelkenhafers (Avena caryophyllea *Wiggers*), des Haarhafers (A. capillaris *M. K.*) und des Frühhafers (A. praecox *P. Beauv.*) wird man im Park gern auf sandiger Haideanlage sehen. Für Wiese und Rasen haben sie keine Bedeutung. Das nämliche gilt für den:

Dreizahn, Brachgras (Triodia decumbens *P. B.*). Es wächst auf Triften und Haiden, besonders auf Sand. Perennirend, im Juni und Juli blühend. Der Wurzelstock bildet Rasen mit schmalen, steifen Blättern. Die ½—1 Fuß langen Halme liegen anfangs im Grase, richten sich erst später empor, haben Aeste, die bloß ein einziges Grasährchen tragen, oder von denen nur die untersten in Verzweigung 2—3 Grasährchen haben. Die concaven Kelchspelzen sind grün oder violett angelaufen. Dieses Gras findet sich in der Sandregion theils auf mehrjährigen Dreschen, theils auf Waldschlägen oder dürren Wiesenrücken, und verkündiget, wo es vorkommt, armes Erdreich. Die Schafe fressen bloß das junge Gras, die Halme sind hart.

Fahnengras (Melica ciliata *L.*). An steinigen Bergabhängen des südlichen und mittlen Deutschland, gern auf Kalk, aber auch auf anderen Bodenarten. Ein schönes 1—2 Fuß hohes Gras mit zusammengezogener Rispe und mit lang seidig behaarten Außenspelzen. Im Park eine Zierde steiniger und felsiger Orte; für die Wiese nicht geeignet.

Einblüthiges Perlgras (Melica uniflora *Retz.*). Ein sehr zartes, bis meterhohes Gras mit lockerer Rispe und langgestielten, einblüthigen Aehrchen. In Waldungen und Gebüschen, besonders in Laubwaldungen der Gebirgsgegenden. Liefert ein gutes, frühzeitiges Waldfutter. Es hat ein kriechendes, dauerndes Rhizom. Für Laubholzanlagen des Parks sehr werthvoll, zumal, da es tiefen Schatten liebt.

Nickendes Perlgras (M. nutans *L.*). Dem vorigen ähnlich, aber meist niedriger und durch den mehr gedrungenen, einseitswendig nickenden Blüthenstand leicht unterscheidbar. An ähnlichen Orten wachsend wie das vorige und sowohl als Futtergras wie auch in ästhetischer Beziehung noch werthvoller. Es kommt auch bei schwächerer Beschattung, so z. B. auf grasigen Waldblößen fort. Für den Parkwald noch schöner als das vorige. Es gehört zu den nieblichsten Grasformen unserer deutschen Flora.

Rispengräser (Festucaceae).

Diese Abtheilung enthält die Mehrzahl unserer guten Wiesengräser.

Großes Zittergras (Briza maxima *L.*). Im südlichen Europa an grasigen Orten wildwachsend, aber in warmer Lage auch auf unseren Parkwiesen gedeihend und eine große Zierde derselben. Es ist aber jährig und muß daher stets auf's Neue ausgesäet werden, wenn man nicht auf der Wiese den Samen reifen läßt.

Deutsches Zittergras (Briza media *L.*). Fast überall auf guten Wiesen vorkommend und wegen seiner nieblichen, herzförmigen, an zarten Stielchen herabhängenden, daher im Winde zitternden Aehrchen allgemein beliebt.

Es ist eins unserer nieblichsten Gräser, wächst in jeder Art des leichteren Bodens, steht im Trockenen und Frischen, und selbst noch im abgetrockneten Moor. Im Kalkmergelboden wird es zuweilen Hauptbestand sehr trockener Wiesen, aber im kräftigen Sandlehmboden findet man es am schönsten. Die Halme steigen nur bis zur Fußhöhe empor, daher gehört es bloß dem Untergrase an; aber es verdrängt kein anderes Gras, füllt nur die kleinen Lücken aus und macht das Untergras dichter. Weil es an und für sich gute Nährkraft hat und die Masse des Untergrases vermehrt, hat man es zu den besten Wiesengräsern gezählt. Anders verhält es sich in der Kultur. Sieht man auf den im Ganzen nur ärmlichen Ertrag, so kann man es natürlich nicht zu den schätzbaren Kulturgräsern rechnen, und muß es für Anlegung von Weiden gänzlich verwerfen, weil es dafür nicht paßt; auch für Anlegung kurzdauernder Schnittwiesen eignet es sich nicht. Soll aber eine Wiese geschaffen werden, die für die Dauer Wiese bleibt, dann darf man dieses Gras nicht vergessen. Eine kleine Beimengung seiner Körner wird auf geeignetem Boden stets die Dichtheit des Untergrases vermehren und keiner Art der beigemengten Gräser Nachtheil bringen.

Auf der Parkwiese darf dieses Gras niemals fehlen.

Das Liebesgras (**Eragrostis poaeoides** *P. B.*), im westlichen und südlichen Deutschland auf sandigem Kulturlande streckenweise vorkommend, dem Zittergras ähnlich, aber mit länglichen Aehrchen, würde im Park an Wegrändern einen hübschen Anblick gewähren. Besser eignet es sich für den Blumengarten. Auf die Wiese paßt es nicht.

Jähriges Rispengras (Poa annua *L.*), Angergras. Es geht schon vor Winters auf, blüht dann im April, keimt aber auch den ganzen Sommer hindurch und findet sich deshalb bis in den Spätherbst in Blüthe. Es ist also theils eine Winterpflanze, theils auch ein Sommergewächs. Der Wurzelstock treibt Faserwurzeln und seitliche Triebe, hat frischgrüne, meist fingerhohe Blätter, weiche, handhohe Halme, die am unteren Ende ein Knie bilden und mit diesem am Boden liegen. Die Blattscheiden sind gedrückt und glatt, die oberen Blatthäutchen länglich, die der unteren Blätter gewöhnlich sehr kurz. Das oberste Halmblatt ist länger als seine Scheide, die Rispe bleibt auch nach der Blüthe noch ausgebreitet, und die fruchttragenden Rispenäste biegen sich abwärts. Dieses Gras ist an seiner Weichheit und Kleinheit leicht zu erkennen und von dem folgenden schon durch die Länge der obersten Halmblätter zu unterscheiden, die hier immer die Länge der Blattscheiden sehr übertreffen.

Es würde ein vortreffliches Futtergewächs sein, wenn seine Halme mehr aufgerichtet wären, wenn es bei dürrem Wetter weniger leicht auswitterte und wenn die Früchte gleichzeitig reiften. Wegen des ungleichzeitigen Reifens hat die Einsammlung der Körner große Schwierigkeit; auch würde selbst reine Aussaat nur eine sehr lückenhafte Grasnarbe bilden, und im Gemenge mit anderen Gräsern könnte man die Körner gar nicht einernten. Auf Angern füllt aber dieses Gras selbst die Lücken aus, welche die Arten von Poa und Festuca übrig gelassen haben und wird dadurch sehr nützlich. In Gärten und auf Grabeland wird das Gras ein höchst lästiges Unkraut, über welches man nur durch unablässiges Jäten Herr werden kann. Zur Ausrottung auf den Wegen ist Gaskalk zu empfehlen.

Wald-Rispengras (Poa nemoralis *L.*). In Wäldern und Hainen, fast durch ganz Deutschland. Ein gutes Waldfuttergras. Von den ihm ähnlichen Grasarten leicht durch das kurze Blatthäutchen unterscheidbar, sowie durch die sehr lockere Blüthenrispe. Ein gutes Futter- und Weidegras für Waldgegenden. Für die Gehölzanlagen im Park sehr empfehlenswerth.

Hain-Rispengras (P. fertilis *Host.*). Ueberall an schattigen, feuchten Orten, besonders im Flußufergebüsch, in feuchten Waldungen und Hainen. Von dem vorigen durch rauhe Rispenäste, längere Blatthäutchen und am oberen Ende safrangelb gesäumte Hüllspelzen unterscheidbar. Ein gutes Futtergras. Für den Parkwald geeignet auf Sandboden, nicht auf schwerem Boden.

Sudeten=Rispengras (P. sudetica *Haenke*). In Gebirgswaldungen, aber auch auf der Ebene zerstreut. Leicht kenntlich an seinen meterhohen Halmen und seinen sehr breiten, am Ende kapuzenförmigen Blättern. Ein gutes Futtergras und werthvoll für Gehölzanlagen im Park.

Graben=Rispengras (P. trivialis *L.*). Ueberall an nassen Gräben, auf feuchten Wiesen. Man erkennt dieses gemeine aber schöne Gras leicht an dem sehr langen Blatthäutchen und an der hellgrünen Farbe aller Theile. Eins der besten Wiesengräser bei genügender Bewässerung. An Futtermasse und Nahrungswerth des Heus übertrifft es alle anderen Rispengräser. Für Parkwiese und Parkwald bei genügender Feuchtigkeit eines der besten Gräser.

Wiesen=Rispengras (Poa pratensis *L.*). Perennirend, Ende Mai und im Juni blühend. Der Wurzelstock treibt nach allen Seiten Ausläufer, die einen grasgrünen Rasen mit schmalen, flachen Blättern erzeugen. Die Halme sind aufrecht, ½—1½ Fuß hoch, ihre Blattscheiden sind glatt (nicht rauh), mehr oder weniger duftig, und die oberste Blattscheide ist viel länger als ihr Blatt. Die Rispen breiten sich in der Blüthe aus, die Grasährchen haben 3—5 Blüthen. — Bei den ähnlichen Arten von Poa trivialis und serotina sind die Blatthäutchen lang, bei Poa trivialis und sudetica die Blattscheiden rauh, bei Poa nemoralis, die mit der Poa pratensis gleiche Blattscheiden und Blatthäutchen hat, wird das oberste Halmblatt weit länger als die Blattscheide.

Das gemeine Angergras steht überall in Deutschland, findet sich im Trocknen, Dürren und Frischen, geht auch in die besseren feuchten Wiesen, sogar in die abgetrockneten Moore, ist grasgrün oder mehr und minder blaubeduftet und bildet ein schönes Untergras, was auf Angern, in Gemeinschaft der Poa annua, den grünen Rasenteppich erzeugt. Aber wie gemein es auch vor dem Juli ist, so findet man doch, mit Ausnahme der Moorwiesen, wo es später vegetirt, im Juli und später keine blühende Poa pratensis mehr; die Grasährchen sind reif und die Poa-Arten schossen, wenn man die Poa annua ausnimmt, im Sommer nur einmal. An dürren Rändern schosst und blüht es schon im Mai, ebenso auf gutem trockenen Wiesenboden, auf frischem kommen die Halme später zur Blüthe. Wo es sich aber auch zeigen mag, bildet es ein treffliches, nahrreiches Untergras, ist gleichgut für Schnitt und für Weide. Es liebt jedoch gutes Erdreich, wo es sich durch Ausläufer kräftig umstockt, dichten Rasen erzeugt, der das Einschlagen der ausdörrenden Sonnenglut verhindert. An solchen Orten bringt es den besten Gewinn, ein pelzartig wachsendes, kräftiges, jeder Thierart sehr angenehmes Futter, und wird daher, bei Anlegung von Wiesen, stets mit im Gemeng ausgesäet, sobald der Boden diesem Grase einigermaßen entspricht. Für armes Erdreich paßt es nicht, obschon es auch auf Mauern wächst; denn dort umstockt sich der Wurzelstock zu wenig. Der Grummetwuchs besteht, wie schon erwähnt, bloß aus Bodengras, ist im guten Erdreiche immer noch von Belang, nicht aber im schlechten.

Viehgras (Glyceria spectabilis *M. K.*). Perennirend, im Juli blühend. Der Wurzelstock kriecht, treibt 3 Fuß hohe, breite, aufrecht stehende Blätter und 5—6 Fuß hohe, fast fingerdicke, grüne, knotige Halme, deren Rispen aufrecht stehen. Die Rispen haben aufrecht abstehende Aeste und fünf= bis neunblüthige, hellgrüne Grasährchen; sie werden über handhoch, die Rispenäste bleiben auch nach der Blüthe noch ausgesperrt. Es ist das größte Gras seines Geschlechtes, wird so hoch und so stark wie Schilf, dadurch vor anderen Gräsern leicht kenntlich. Vom Schilfe ist es durch glatte und nicht harte Halme, durch schnell in

eine Spitze zulaufende, nur am Rande etwas scharfe Blätter, durch die Gras=
ährchen und durch abgerundete, nicht lang zugespitzte Spelzen verschieden.

Dieses ansehnliche, schöne Gras steht in Gräben und Lachen des süßen
Wassers, welches für Berieselung, Wollwäsche und zum Tränken des Viehes
brauchbar ist. Die Menge seines Heues ist groß, doch trocknet es beim Welken
sehr zusammen, ist aber deshalb keineswegs nahrlos. Die Engländer schätzen es
als Rinderfutter sehr, auf der Insel Ely ist es das einzige Nahrungsmittel der=
selben, in Lachen und breiten Wiesengräben größerer Flußthäler steht es sehr
häufig, wird immer, selbst noch kurz vor der Blüthe geschnitten, zu Rinderfutter
verbraucht, und wegen seiner Nahrhaftigkeit sehr gelobt. Schneidet man es schon
bei Anfang der Schossens, dann kann man auf 3 Schnitte rechnen; es ist zu
dieser Zeit zwar weniger nahrhaft, aber viel weicher. Ueberall wo es wachsen
soll, muß der Boden schlammig sein, und der Schlamm darf nicht moorig werden,
nicht kohlschwarz aussehen. Alle solche Stellen werden durch Viehgras zur Fütte=
rung sehr gut benutzt. Man bringt die Körner auf den nassen Schlamm, oder
man legt Stücke der kriechenden Wurzel wagrecht in den Schlamm ein. Das
Gras fördert die Ansammlung von Schlamm, durchzieht zuletzt das ganze Schlamm=
bett, darf daher weder in Abzugsgräben noch in Mühlgräben geduldet werden,
wo es den Zug des Wassers allmählich völlig versperrt. Die Zeit der Körnersaat
ist am besten im Herbst; bei Pflanzung von Wurzelstöcken, die man beliebig im
Frühling oder im Herbst legen kann, kommt man schneller und sicherer zum Ziele.

Das ansehnlichste Gras zur Ausschmückung der Grabenränder in Parkanlagen:

Faltiges Schwadengras, Gl. plicata *Fr.* und
Liegendes   „   Gl. fluitans *R. Br.*

Es wird auch Mannaschwingel, Mannagrütze, Grashirse, Himmelsthau,
Flottgras genannt. Fast überall in nassen Gräben, an überschwemmten Orten.
Mit dauerndem Wurzelstock im Schlamme kriechend. Die flachen Blätter legen
sich, nach Ansammlung von Wasser, auf den Spiegel desselben, und die oft fuß=
langen Rispen haben anliegende Aeste, die sich in der Blüthe aussperren, nach
der Blüthe wiederum aufrichten. Die $^1\!/_4$—$^3\!/_4$ Zoll langen, schmalen, gleichbreiten
Grasährchen sind duftiggrün und vielblüthig, die Körner zwar von Spelzen um=
schlossen, nicht aber mit ihnen verwachsen. Durch die $^1\!/_2$—$^3\!/_4$ Zoll langen, aber
kaum linienbreiten und in gleicher Breite bis zur Spitze fortlaufenden fünf= bis
elfblüthigen Grasährchen macht sich dieses Gras vor allen anderen kenntlich.

Es wächst in allen Gräben mit stehendem Wasser, sogar auch auf nassen
Wiesen, worin der Boden schlammig wird, deckt öfters mit seinen Blättern den
Wasserspiegel völlig zu, und ist da, wo das Terrain einen massenhaften Wuchs
desselben erzeugt, ein werthvolles, von Rindern und Pferden, und sogar von
Schafen sehr gern beweidetes Futter, sobald es in schmalen Gräben wächst, wo
das weidende Vieh ankommen kann. Berühmter noch sind seine Körner. Von
den Spelzen umgeben, haben sie fast die Größe und Form eines Leinsamens;
wenn man sie aber durch Reiben von ihnen befreit, sind sie nicht viel größer als
ein Mohnkorn, haben die Gestalt eines Hirsenkornes, hellgelbe Farbe und glänzen.
Weil sie ungleichzeitig reifen, klopft man sie des Morgens ab, wenn noch der
Thau auf dem Grase liegt, und wiederholt die Arbeit, so lange es reifende Körner
giebt. Gewöhnlich werden die Körner so entspelzt, daß man sie in einen Sack
einfaßt, den man so lange klopft, bis die Körner aus den Spelzen gesprungen
sind, was nicht viel Zeit erfordert, wenn man sie vorher im Sonnenscheine völlig
gedörrt hat. Sie übertreffen im Wohlgeschmack jede andere Art von Grütze,
werden deshalb da, wo dieses Gras in großen Massen wächst, z. B. im Ober=
bruche, in der Danziger Niederung und vielen anderen ähnlichen Orten, zum
Verkaufe gesammelt.

Dieses Gras gehört zu den ertragreichsten und nahrhaftesten aller unserer Wiesengräser. Es wird auch Süßgras genannt. Die beiden Formen sind leicht zu unterscheiden, da das Faltengras aufrecht wächst, das liegende Schwadengras aber knieförmig gebogene Halme hat. Im Park ein hübscher Schmuck für die Wiesengräben.

Schmielen=Schwadengras (Gl. aquatica *Presl.*). Hie und da an Gräben, Bächen, stehenden Gewässern. Ein kriechender Wurzelstock mit aufsteigenden Halmen. Aehrchen sehr klein. Ein gutes, weiches Futtergras, aber wegen der am Grunde liegenden Halme für die Kultur nicht geeignet. Im Park wie die vorige anzuwenden.

Pfeifengras (Molinia caerulea *Moench*). Häufig in moorigen und morastigen Waldungen und auf Torfmooren. Der kurze, dauernde Wurzelstock treibt fuß=hohe bis meterhohe Halme mit endständiger, ährenförmig zusammengezogener Rispe kleiner, violetter, spitzer Aehrchen. Ein hartes, schlechtes Futter. Im Park kann man dieses Gras an nassen Stellen der Holzungen kultiviren, da es hübsch aussieht und die Halme, welche man zum Reinigen der Pfeifenrohre benutzt, noch einen kleinen Gewinn abwerfen.

Knaulgras (Dactylis glomerata *L.*). Ein überall auf Wiesen und auch in Wäldern vorkommendes, ansehnliches, hochwüchsiges Obergras, an der geknäuelten Rispe leicht erkennbar. Es ist ein Futtergras ersten Ranges, den besten Wiesen=boden anzeigend, und gehört, auch wegen seiner großen Schönheit, zu den für die Parkwiese unentbehrlichen Arten. Auf dem Parkrasen darf man es aber wegen seiner breiten Grundblätter und seines polsterförmigen Wuchses nicht dulden.

Kammgras (Cynosurus cristatus *L.*). Ueberall auf Wiesen vorkommend und eine der größten Zierden derselben. Ein sehr nahrhaftes Futtergras. Gehört zu den nothwendigen Bestandtheilen der Parkwiese.

Schafschwingel (Festuca ovina *L.*). Mit sehr feinen, borstlichen, büscheligen Grundblättern. Ueberall auf Triften und an rasigen Orten. Der Same dieses Untergrases sollte jeder Grasmischung für den Park zugesetzt werden.

Hainschwingel (F. heterophylla *Lam.*). Eine Abart der vorigen mit breiteren Halmblättern. Wie der Schafschwingel zu verwenden.

Rother Schwingel (F. rubra *L.*). Perennirend, um Johannis blühend. Der Wurzelstock treibt Ausläufer, die einen lockeren Rasen erzeugen. Die Wurzel=blätter sind borstenförmig, nicht starr, die Halme 1—2 Fuß hoch, ihre Blätter lang und bis zur Blüthenzeit flach, später von den Rändern her eingerollt. Die Rispen haben unten lange Aeste, die mehrere Grasährchen tragen, oben kurze, bloß wenige Grasährchen oder nur ein einziges besitzende Aeste; alle gehen einzeln oder zu zweien von der Spindel aus, und stehen in der Blüthe ausgesperrt, ziehen sich nach der Blüthe locker zusammen. Die Grasährchen sind gemeinlich vier= bis sechsblüthig, violett=röthlich und bläulich beduftet, immer begrannt, und messen ¼ Zoll Länge.

Man verwechselt diese Art oft mit Festuca duriuscula, unterscheidet es aber leicht durch seinen lockeren Rasen, der nicht in feste Polster zusammengedrängt ist, und an den bis zur Blüthenzeit flachen Halmblättern.

Der rothe Schwingel liebt das Trockene und Frische, geht sogar am Gestade, wo ein starker Thau den Boden netzt, in den armen Sand, findet sich an guten, trockenen Rändern, auf guten trockenen und auf frischen Wiesen, und fehlt auch den Salzwiesen nicht, wo seine Halme sehr zart sind. Er wächst überall, wo er lockeres Erdreich findet, in welchem sich seine Ausläufer entwickeln können, fehlt bloß dem strengen Boden, ist aber in der Sandregion viel allgemeiner als im Kalklande zu sehen, wo er nur stellenweise an Rändern auftritt. Im Sandlande dagegen bildet er einen Theil des Hauptbestandes auf vielen Wiesen, formt ein schönes Untergras, ersetzt dort die sparsam oder gar nicht auftretende Avena flavescens, welche in leichterem Sande nicht mehr wächst. Er ist immer, wo er auftritt, eine willkommene Erscheinung, denn das Bodengras und die Halme sind nahrreich. Er gilt als Wiesengras erster Güte, sowohl für Weide als auch für Schnitt. Sein erster Schnitt ist gut, das Nachgras aber sparsam. Ebenso wie er in der Natur immer mit anderen Gräsern gemengt auftritt, die den lockeren Rasen dichter machen, darf er auch in der Kultur nicht unvermengt ausgesäet werden, gleichviel ob man ihn zur Weide oder für den Schnitt zu benutzen gedenkt. Soll er recht lohnen, dann darf auch der Boden für ihn nicht schlecht sein; nur da, wo er schon von Natur Feuchtigkeit bekommt, ist seine Ansaat auf geringem Boden, mit anderen Gräsern gemengt, rathsam. Der Same ist leicht zu sammeln, auch in jeder Samenhandlung zu haben, und geht leicht auf.

Waldschwingel (F. silvatica *Vill.*). Zerstreut in schattigen Waldungen und Hainen, besonders in Gebirgsgegenden. Leicht kenntlich an den sehr schmalen und spitzen Aehrchen und Blüthen. Für den Parkwald sehr zu empfehlen. Ein gutes Waldweidegras.

Breiter Schwingel (F. Drymeya *M. K.*). Hie und da in Gebirgswaldungen. Von der vorigen durch die breiten Blätter leicht zu unterscheiden. Die Anwendung ist die nämliche.

Rohrschwingel (F. borealis *M. K.*). In Norddeutschland an Ufern von Flüssen und Landseen. Von rohrartigem Wuchs und mit 4—5 Fuß hohem Halm, welcher an den untersten Knoten Wurzeln treibt. Im Park als Ufergras zu verwerthen.

Riesenschwingel (F. gigantea *Vill.*). Auch Futtertrespe genannt. Perennirend, blüht in den Hundstagen. Der Wurzelstock ist faserig und bildet seitliche Triebe. Die Blätter sind lang, ebenso breit wie Getreideblätter und tiefgrün. Die Rispe ist lang, hebt sich nicht weit über der obersten Blattscheide empor, und mißt bis 1 Fuß, mit dem Halme 3—5 Fuß. Die Grasährchen sind den übrigen Bromus-Arten nicht sehr ähnlich, sondern gleichen mehr den begrannten Festuca-Arten, sind ½ Zoll lang, haben Grannen, welche doppelt so lang als ihre Spelzen sind, und sich vorn pinselartig zusammenneigen. Mit der folgenden Art könnte eine Verwechselung vorkommen; aber die Halme der Futtertrespe sind völlig haarlos, und die pinselartige Zusammenneigung der Grannen ist ihr ganz eigenthümlich.

Sie findet sich auf gutem Boden an den Rändern der Bäche und Gräben, auch im Ufergebüsch, in schattigen, humosen Waldungen, und ist ein sehr vortreffliches Schnittgras. Sie bringt nämlich ein reichliches Futter von guter Nährkraft, indessen nur sehr wenig Nachwuchs. Für den Anbau würde sie bloß auf einem sehr humosen und etwas bindigen Boden passen, und dann nur zu empfehlen sein, wenn man auf eine frühe Ernte Verzicht leisten wollte, indem der Schnitt in die Mitte der Hundstage fällt. Um diese Zeit sichelt man die Ränder, wo sie wächst, zum zweiten Male ab, und rühmt allerdings das reiche, kräftige Gras, was durch die Futtertrespe entstanden ist.

Sehr vortheilhaft für die Waldanlagen im Park.

Uferschwingel (F. arundinacea *Schreber*). Im Wiesengebüsch und Flußufergebüsch hie und da. Ein brauchbares Futtergras. Empfehlenswerth für feuchte Gebüsche im Park.

Wiesenschwingel (F. elatior *L.*). Ueberall auf Wiesen und Grasplätzen. Eines der besten, nahrhaftesten und ausgiebigsten Futtergräser. Darf keiner Parkwiese fehlen.

Waldzwenke (Brachypodium silvaticum *R. S.*). Perennirend, blüht im Juni und Juli. Die Wurzel treibt keine Ausläufer, bildet einen Rasenbüschel von grasgrüner Farbe. Die Blätter sind flach und schlaff, die Aehren schon vor der Blüthe an der Spitze übergeneigt, die Grannen länger als ihre Spelzen und stehen an der Spitze der Aehrchen dicht aneinander.

Die Rispe ist fest zusammengezogen, ährenförmig. Ein gutes Futtergras als Waldweide. Sollte in jedem Parkwald angebaut werden. Sie findet sich in der deutschen Flora hauptsächlich in Gebirgswaldungen.

Federschwingel, Feldzwenke (Br. pinnatum *P. B.*). Perennirend, blüht Juni und Juli. Die Grasstöcke treiben, gleich der Quecke, unterirdische Ausläufer, Blätter und Halme sind hellgrün, erstere flach, letztere aufrecht gerichtet. Die Aehre steht aufrecht, die Grasährchen sind anfangs an die Spindel gelehnt, sperren sich aber in der Blüthe federartig aus, und die Grannen der äußeren Kronen=spelzen sind so lang oder wenig kürzer als sie. Die Körner sind zwar mit den Spelzen bedeckt und eng von ihnen umschlossen, aber nicht mit ihnen verwachsen. Die Blätter sind weichhaarig, flach, am Kiele und an den Rändern scharf, ihr Blatthäutchen hat Wimpern, die Halme werden 1—2 Fuß hoch und höher, die Aehre mißt 2½—4 Zoll Länge, die Grasährchen sind bis 2 Zoll, gewöhnlich über 1 Zoll lang und vielblüthig.

Dieses Gras wächst nicht im wenig bindigen Sandboden und liebt das Trockene, steht auch im Dürren, wenn der Boden nicht streng und kalkleer ist. Es kommt weniger häufig im Norden als in Mittel= und Süddeutschland vor, ist vorzüglich im Kalklande sehr gemein, wo es sonnige Ränder und Waldschläge besetzt, und durch die Triebe seiner unterirdischen Ausläufer schnell den Boden begrünt und ihn bindet. Im Thonmergel, welchen der Frost im Frühjahre ge=lockert hinterläßt, wuchert es ebenso gut wie im Kalkmergel oder im sandartigen Erdreiche, läßt sich schon vor dem Schossen an seinen hellgrünen, flachen Blättern leicht erkennen, bietet den Schafen gute Weide, aber die Halme verhärten sich bald. Für den Waldbau wird es im Kalklande insofern nachtheilig, weil es den Boden abgetriebener Schläge für die Ansaat allzusehr beraset. Auf dürren Wiesen kommt es bloß sparsam vor, sonst gilt es als Triftgras mittler Güte.

Im Park geeignet für lichte Nadelwaldbestände und Vorholzungen.

Wiesentrespe (Bromus racemosus *L.*, Br. pratensis *Ehrh.*). Ein= und zwei=jährig, blüht im Juni. Der Halm steht aufrecht, alle Blattscheiden sind rückwärts weichhaarig, die Blattflächen steifhaarig. Die Rispen stehen aufrecht, hängen nur gegen die Zeit der Fruchtreise herab, haben unverzweigte, oder nur unten wenig verzweigte Aeste, die bloß ein Grasährchen tragen, welches drei= und mehrblüthig, grün, glänzend und fast haarlos ist; denn bloß die Mittelnerven der Spelzen sind behaart. Die Spelzen sperren sich nicht nach der Körnung aus und haben eine gleichlange, grade Granne.

Diese Trespe hat das Ansehen eines kümmerlich gewachsenen Bromus com=mutatus, ist aber am sichersten an den äußeren Blüthenspelzen zu erkennen, die, flach auf dem Nagel ausgebreitet, mit ihren Rändern, ohne einen Winkel zu bilden, bis zur Spitze verlaufen, was bei Bromus commutatus nicht der Fall ist. Diese Spelzen zeigen sich breitgedrückt weit schmäler als die der folgenden Art.

Man findet die Wiesentrespe in einem bindigeren Boden sehr häufig, wo sie besonders auf Wiesen, an den Seiten der Wiesenwege, oder an Rändern, auch auf feuchten Triften und in Aeckern, doch mehr in Tiefländern als in Berg=gegenden auftritt, und sogleich an den armährigen Rispen erkannt wird. Auf Schutt und in Feldern wird sie jedoch reicher an Grasährchen, und dem Bromus commutatus ähnlicher. Auf den sogenannten Rieden (tiefliegende, der Ueber=schwemmung der Flüsse ausgesetzte und im Winter sehr nasse, ebene Wiesen) ist sie sehr herrschend, giebt ein gutes, weiches Futter, was allerdings weniger Nähr=kraft als Gräser erster Güte besitzt, auch weniger Blätter hat, aber dennoch vom Vieh gern gefressen wird.

Weiche Trespe (Br. mollis *L.*). Ueberall auf trockenen Wiesen und Gras=
plätzen. Von der vorigen durch weiche Behaarung leicht unterscheidbar. Ein
Futtergras mittler Güte.

Waldtrespe (B. asper *Murray*). Zerstreut in Laubwaldungen, besonders in
Gebirgsgegenden. Sie sieht der Festuca gigantea ähnlich, hängt aber nicht so
stark über und hat längere Grannen. Ein etwas hartes Waldweidengras, aber
wegen seiner Schönheit für Parkwaldungen sehr zu empfehlen.

Wiesentrespe (B. erectus *Hudson*). Perennirend, blüht im Juni und Juli,
dann wieder nach den Hundstagen in einzelnen Halmen. Der Wurzelstock er=
weitert sich durch seitliche Triebe, die langen Blätter sind nur unten gewimpert,
die Halme erreichen 1½—2 Fuß Höhe, stehen sammt ihren Rispen aufrecht.
Letztere tragen gegen 1 Zoll lange Grasährchen, deren Grannen nur halb so
lang als die Spelzen und deren Staubbeutel orangefarbig sind. Dieses Gras
sieht einer Festuca pratensis nicht ganz unähnlich, wird aber sogleich an den zu
3—5 aus der Spindel ausgehenden Aesten und an den Grannen erkannt.

Ein vortreffliches Futtergras für kalkreichen, trockenen Boden, merkwürdiger
Weise beim Wiesenbau fast gar nicht berücksichtigt. Auf berieselten Wiesen weicht
es, weil es den frischen Boden nicht verträgt, ebenso im Schatten der Bäume.
An seinem Standorte hält es jedoch große Hitze aus, denn die Wurzeln gehen
tief in das Erdreich ein, weshalb mir zweifelhaft scheint, ob es im gemergelten
Sandboden kräftig und dauernd vegetiren würde, indem durch das Mergeln bloß
die Ackerkrume, nicht auch der Untergrund mit Kalk versehen wird. Die Blüthe
dieses Grases ist durch die vielen, gleichzeitig aus allen Grasährchen herabhängen=
den, orangegelben Staubbeutel sehr schön.

Das schöne Gras sollte keiner guten, trockenen Parkwiese fehlen.

Grannenlose Trespe (Br. inermis *Leysser*). Perennirend, blüht vor und
nach Johannis. Der Wurzelstock treibt Ausläufer, Blätter und Halme sind haar=
los, letztere stehen aufrecht, haben in der Blüthe weit ausgespannte Rispen mit
gegen zolllangen, unbegrannten oder nur grannenspitzigen Grasährchen, deren
Staubbeutel quittengelb sind. Von der Festuca pratensis, mit welcher er einige
Aehnlichkeit hat, unterscheidet man ihn sogleich an den zu 3—5 aus der Rispen=
spindel ausgehenden Aesten, von der vorigen Art an den grannenlosen oder nur
grannenspitzigen Grasährchen und an den reingelben Staubgefäßen.

In der Parkanlage eine große Zierde der Waldränder und trockenen Wiesen.

Der gemeine Trespenschwingel liebt trockenen Boden, der aber so mürb oder
leicht sein muß, daß sich seine Ausläufer entwickeln können; indessen darf ihm
einige Bindung, wegen der Haltung der Feuchtigkeit, nicht abgehen. Er steht be=
sonders häufig im Kalkmergel, aber auch anderwärts wo der Kalk fehlt, doch im
Sande bloß dann, wenn er von Natur schon Feuchtigkeit hat. Seine Blätter
und Halme sind weniger nährend als die der vorigen Art, die Halme fangen
schon in der Blüthe an fest zu werden, und die Stöcke verdrängen durch ihre
Ausläufer andere Gräser, besetzen ganze Plätze, was bei Bromus montanus nicht
der Fall ist. Darum steht er dem Wiesen=Trespenschwingel weit nach, eignet sich
auch zum Anbaue nicht, obschon er einen mannigfaltigeren Boden als Bromus
montanus verträgt. Aber zur Blüthenzeit überrascht die Schönheit dieses Grases,
indem die zahlreichen Staubbeutel, welche von der Rispe herabhängen, durch ihr
reines, der Rapsblüthe gleiches Gelb mehr noch als bei der vorigen Art mit dem
Grün der Rispe kontrastiren.

Quecke (Triticum repens *L.*). Fast überall und an allen Oertlichkeiten: auf
Wiesen, Grasplätzen, in Waldungen, Zäunen, Gebüschen ein sehr gefürchtetes Unkraut.

Die Quecke liebt das leichte oder mürbe Land mit einiger Kraft, in welchem
sich ihre Wurzelläufer recht entwickeln können. Daher ist sie vorzüglich in den

Aeckern der Sandkonstitution die Plage des Landmanns, und um so mehr, je besser dieselben sind. In armem Sandlande kommt sie dagegen nicht mehr vor, auch nicht in geringen Thonfeldern, wo der Boden für die Entwickelung ihrer Wurzelläufer zu fest ist, durch welche sich die Quecke verjüngt. Besitzt aber das Sandland nur einigermaßen Bindigkeit, oder der Thonmergel und Thon höhere Mürbheit, so stellt sich auch die Quecke ein, niemals jedoch in solchen Massen, wie im Lehmboden, oder in dem, welchen man gemeinlich sandigen Lehm=, lehmigen Sand= oder milden Kalkmergelboden nennt. Im Boden solcher Aecker bringt man hohe Haufen von sogenannten Queckwurzeln aus, die große Nährkraft besitzen, weßhalb man sie zur Fütterung benutzen könnte, wenn sie sich, wegen Zähigkeit, nicht so schwer schneiden ließen. Doch thut man wohl die Queckwurzeln zur Einstreu der Schafställe zu benutzen, wo sie gründlich getödtet werden, und die Kraft des Düngers vermehren. Oesters wendet man sie auch zur ersten Begrünung aufgeworfener Erddämme und Schanzen an, wo sie vortreffliche Dienste leisten und in der gelockerten Erde kräftig vegetiren, sobald dieselbe nicht allzu mageres Sandland ist. In den Wällen Küstrins z. B., die man mit losem Sande aufführte, wollten die Quecken nicht mehr wachsen. Ueberall aber, wo man die erste Begrünung der Erde mit Quecken einleitete, wird man finden, daß jetzt dort keine Quecken mehr wachsen; sie gingen daselbst schon nach einigen Jahren ein, und wichen anderen Gräsern, welche die Berasung des Landes fortsetzten und vollendeten. Denn die Quecke verlangt zu ihrer Umstockung lockeres Land, wie sie solches an Zäunen, an Ufern, im Gebüsch und im Walde findet, wo die Holzgewächse das Festschlagen des Erdreichs durch Regen verhindern und den Boden mit Humus versehen; oder sie will einen durch Pflug und Spaten gelockerten Boden, wie er auf Aeckern und in Gärten hergestellt wird. Bleibt das gelockerte Land für Wiese liegen, so wird es der Quecke nach und nach zu fest und sie geht allmählig dort ein. Das ist der Grund, warum die Quecke kein Wiesengras ist. Sollte sich nun ein Landwirth versehen und zur Einleitung der Begrünung eines Landes statt des Raigrases die ähnliche Quecke nehmen, wie das in Mecklenburg und Thüringen vorgekommen ist, so würde der Schade nicht allzugroß sein. Die Quecke erzeugt einen lockeren Bestand eines 1—2 Fuß hohen, kräftigen Futters, läßt schon im zweiten Jahre größere kahle Räume sehen, zwischen welchen bald anderes Gras wächst, und geht nach und nach völlig ein, während die Arten der Wiesengräser die Benarbung vollenden. Die Benarbung geschieht also langsamer, die Erträge sind während der Zeit spärlicher, aber der Zweck wird dennoch erreicht, wenn das auch nicht so gut, wie bei einer kunstgerechten Ansaat geschehen sollte.

Im Park gehört die Quecke zu den Waldgräsern. An allen übrigen Orten muß man sie auszurotten suchen.

Hundsquecke (Triticum caninum *L.*). Zerstreut in Wäldern, an Waldbächen, an Zäunen und in Gebüschen. Sie bildet keine Ausläufer und tritt daher nicht, wie die Quecke, als schädliches Unkraut auf. Wo beide Queckenarten beisammen stehen, da ist die Hundsquecke bereits verblüht, wenn jene zu blühen beginnt. Die Hundsquecke unterscheidet sich außerdem durch lange Grannen. Ein gutes Futter liefernd. Für Gebüsche und Holzungen im Park empfehlenswerth.

Waldgerste (Elymus europaeus *L.*). In Laubwaldungen, besonders in Gebirgsgegenden. Perennirend, blüht Juni bis Juli. Die Grasährchen stehen zu dreien bei einander und sind begrannt, ihre borstenartigen Kelchspelzen sind am Grunde mit einander verwachsen. Man findet die Grasährchen ein= und zweiblüthig, im ersteren Falle ist die Waldgerste vom Gerstengeschlechte nicht verschieden, weßhalb sie mehrere Botaniker diesem Geschlechte beigefügt haben.

Die Gestalt dieses Grases ist unseren Gerstengräsern sehr ähnlich. Der Halm wird 2—3 Fuß hoch, steht steif, hat flache Blätter, trägt eine bis 1½ Zoll lange Aehre, deren Grasährchen die Spindel verdecken. Die Grannen der Blüthenspelzen sind fast doppelt so lang als sie, die sehr schmalen Kelchspelzen gehen in kürzere Grannen aus. Man kann jedoch dieses Gras sehr leicht von dem Wiesengerstengrase an den steifen, rückwärts gerichteten Haaren unterscheiden, die sich am untersten Theile des Halmes befinden. Auch steht es stets in Laubwaldungen, besonders häufig in den Wäldern der Berge und Gebirge. Dort wächst auch die falsche oder Hundsquecke, welche ebenso, wie dieses Gras, keine Wurzelausläufer treibt, also nicht queckt, wie man sagt, und gleich ihm steife Halme, flache Blätter und begrannte Aehren besitzt: aber die Grasährchen der Hundsquecke stehen in zwei Zeilen, lassen stellenweise die Spindel der Aehre sehen und sind mehrblüthig.

Die Waldgerste ist ein recht gutes Futter für Rinder, kann aber nur in Gegenden benutzt werden, wo man die Rinder zur Weide in die Waldungen treibt, oder das Waldgras zur Fütterung benutzt. In den Laubwaldungen Mittel- und Süddeutschlands ist es häufig zu finden, selten kommt es in Norddeutschland vor.

Ein vorzügliches Gras für lichte Laubwaldungen im Park.

Wiesengerste (Hordeum secalinum *Schreb.*). Die Wiesengerste ist unstreitig ein gutes, nahrhaftes Futtergras, und wird in England mehr noch als Weidegras gerühmt; aber ihr Vorkommen verkündiget auch einen reichen Graswuchs, indem sie nur in dem frischen Boden schöner Auenwiesen der Ströme und größerer Flüsse und auf den Marschwiesen der Nordsee zu finden ist. Dieses schöne Untergras sollte dem Grasbestand jeder frischen Parkwiese beigemengt werden.

Lolch, Englisches Raigras (Lolium perenne *L.*). Kommt fast überall vor. Seine Anwendung wurde bereits genügend besprochen.

Italienischer Lolch, Italienisches Raigras (Lolium italicum *A. Br.*). Es ist zwei- und dreijährig, zeigt sich auch einjährig, blüht durch den ganzen Sommer. Der Stock treibt seitliche Triebe und viele Halme, welche gerad aufrecht stehen, und ein lichteres Grün als das englische Raigras besitzen. Auch die bis 9 Zoll langen, aufrecht gerichteten Aehren haben ein lichtes Grün und eine scharfe Spindel, tragen zahlreiche, reichblüthige Grasährchen, die zwei- bis dreimal so lang als ihre Kelchspelzen und stets begrannt sind. Die Grannen stehen auf den Spitzen der Spelzen, sind aber kürzer als diese.

Dieses Raigras ist zwar dem englischen in seiner Gestalt sehr ähnlich, aber gleichwohl leicht von ihm durch die begrannten Grasährchen und durch das lichte Grün der ganzen Pflanze zu trennen. Es hat auch einen gerad aufgerichteten Stand und wird etwas höher. Gleich dem englischen Raigrase bildet es Grasbüschel mit vielen Blättern, die den als Unkraut in Aeckern vorkommenden Lolium-Arten fehlen. Im dritten Jahre lassen die reichen Erträge nach, bei uns im kalkreichen Boden ging es schon im ersten Jahre aus, nachdem es während des Sommers sehr ergiebig gewesen war.

Das italienische Raigras verlangt, wenn es lohnen soll, ein tragbares Land, wächst zwar in jeder Bodenart recht gut, aber in der Sandkonstitution am besten. Wenn es auf Aeckern bestellt wird, um Futter für den Bedarf während des Sommers zu schaffen, so ist es dem englischen Raigrase vorzuziehen, weil es mehr Grasmasse bringt und weichere Halme hat: doch muß man es vor der Blüthe schneiden, indem später die Halme verhärten, und der Nachwuchs weniger energisch ist. Auch für kurzdauernde Weiden ist es besser als englisches Raigras, aber für langdauernde paßt es nicht, weil, wie bemerkt, seine Vegetation in Energie schon nach dem zweiten Jahre erschöpft ist. Vorzüglich schön wächst es in einem tragkräftigen Boden der Sandkonstitution, zumal wenn ein etwas feuchtes Klima sein Wachsthum unterstützt. Fellenberg in Hofwyl hatte seine sämmtlichen Grasäcker mit italienischem Raigrase bestellt, und ich bekam Gelegenheit sie zu sehen und ihren schönen Bestand zu bewundern. Man benutzt es auch, wie das englische Raigras, als Schutzfrucht bei Anlegung von Wiesen; denn es geht schnell auf und beschattet den Boden bald. Zu diesem Zwecke, bei welchem bloß ein lockerer Bestand erzeugt werden soll, sind 6—10 Pfund Samen genug. Man nimmt auch wohl zur Hälfte englisches und zur anderen Hälfte italienisches Raigras, um einen Grasbestand einzuleiten, und vorzüglich dann, wenn man auf andere Grasarten das Hauptgewicht legt; denn die Arten der Poa und Festuca verdrängen später das italienische Raigras. Soll indessen das italienische Raigras unvermengt mit anderen Gläsern und ohne Klee eingesäet werden, so rechnet man 27—30 Pfund auf einen Morgen, denn die Körner sind groß und beschalt. Zweijährige Körner gehen ebenso gut wie frische auf, und unter dreijährigen keimen noch die kräftigen. Man kann zu jeder Zeit des Sommers einsäen, am besten aber ist die Frühlingssaat, wenn die Obstbäume blühen. Weil das italienische Raigras sich nur für kurzbauernde Bestände eignet, so wird es in Ländern mit hochkleefähigem Boden nur einen untergeordneten Rang unter den Gräsern einnehmen, dagegen in Gegenden, deren Klima oder Boden sich weniger für Kleearten eignet, stets von Wichtigkeit bleiben. Bei Rasenanlagen im Park ist es sehr empfehlenswerth, dieses Gras dem englischen Raigrase zuzusetzen.

Borstengras (Nardus stricta *L.*). Mit borstlichen Blättern. Der kriechende Wurzelstock desselben läuft in Schneckenrunde, erneuert sich jährlich an der Spitze, während sein hinterstes Ende abstirbt. Die Halme überragen den Rasen, werden ½—1 Fuß hoch, und sehen vor der Blüthe ebenfalls wie Borsten aus, indem die schmallanzettförmigen Grasährchen in Kerben fest an der Spindel liegen.

Man findet dieses Gras überall, wo loser Sand ist, daher auf Waldschlägen des Sandbodens, im Sande der Haiden und an ähnlichen Orten. Auf Haiden sind die Büschel desselben faustdick, die Krähen hacken die abgestorbenen Enden der Wurzelstöcke aus, um die Insektenlarven zu bekommen, die sich dort aufhalten. Es gehört zwar zu den schlechtesten Futtergräsern, wird aber dennoch nicht ungern gesehen, weil es den losen Sand bindet, und ihm die erste Begrünung giebt; denn seine Wurzeln schlagen tief in den Sand ein. Die Körner sind beschalt, sehr schmal und fast so lang wie ein Gerstenkorn.

Für die lichteren Theile des Parkwaldes muß man sich einer besonderen Grasmischung bedienen. Es empfehlen sich dazu folgende Gräser zur Auswahl:

Waldhirse, Milium effusum *L.*
Wald-Honiggras, Holcus mollis *L.*
Einblätteriges Perlgras, Melica uniflora *Retzius.*
Nickendes „ „ nutans *L.*
Wald-Rispengras, Poa nemoralis *L.*
Hain- „ „ fertilis *Host.*
Sudeten- „ „ sudetica *Haenke.*
Graben- „ „ trivialis *L.*
Pfeifengras, Molinia caerulea *Moench.*
Knaulgras, Dactylis glomerata *L.*
Hainschwingel, Festuca heterophylla *Lam.*
Waldschwingel, „ silvatica *Vill.*
Breitschwingel, „ Drymeia *M. K.*
Riesenschwingel, „ gigantea *Vill.*
Waldzwenke, Brachypodium silvaticum *R. S.*
Feldzwenke, „ pinnatum *P. B.*
Waldtrespe, Bromus asper *Murray.*
Quecke, Triticum repens *L.*
Hundsquecke, Triticum caninum *L.*

Es braucht nicht gesagt zu werden, daß man diese Gräser nicht alle auf einmal aussäet, sondern daß man eine für die betreffende Oertlichkeit passende Auswahl trifft.

§ 7.   Moose und Farne.

Den Moosen gegenüber nimmt die Gärtnerei eine höchst eigenthümliche
Stellung ein.   Die Moose sind, ganz besonders auch für den Gärtner, eine der
wichtigsten aller Pflanzengruppen, aber grade in der Gartenkunst werden sie fast
immer mit einer gewissen Verachtung behandelt, gleichsam als ob sie im Garten
nicht nur überflüssig, sondern sogar schädlich wären.   Es kann ja Fälle geben,
wo das Moos durch allzu große Ueberhandnahme lästig wird, so z. B. auf einer
nassen Wiese oder an den Stämmen der Obstbäume, wenn sie einen zu feuchten
Standort haben.   In allen solchen Fällen trägt aber nicht das Moos die Schuld
an dem gerügten Uebelstand, sondern die zu große Feuchtigkeit; es ist vielmehr
umgekehrt die Ueberhandnahme der Moose erst die Folge von jener.

Nach meiner Meinung ist für jeden gebildeten Gärtner ein eingehendes
Studium der Moose, ihrer Formen, ihres Baues und ihrer Lebenserscheinungen
unerläßlich.   Hier würde mich die Sache zu weit führen.   Es giebt Werke genug,
mit deren Hülfe sich auch der Anfänger eine genügende Kenntniß von den Moosen
zu verschaffen vermag.

Schon Karl Müller[1]) weist auf die außerordentlich große Bedeutung der
Moose für das Pflanzenleben der Erde hin.

Die Moose sind das Kleid der Erde.   Fehlten die Moose ganz, so könnten
in den meisten Gegenden weder Wiesen noch Wälder bestehen.   Die Moose sind
sehr kleine und zarte Gewächse, aber zum großen Theil von einer so ungeheuren
Vermehrungsfähigkeit und Lebenszähigkeit, wie dieselbe bei keiner Gruppe der
sogenannten höheren Pflanzen vorkommt.   Ihre Blätter bestehen meist nur aus
einer einzigen Zellschicht und folgen in gedrängter Lage aufeinander.   Infolge
dessen vermögen sie ungemein große Mengen von Feuchtigkeit anzuziehen aus der
Luft und festzuhalten.   Sie schaffen also für Wald und Wiese eine der wichtigsten Daseinsbedingungen, nämlich die Feuchtigkeit.   Auf einer guten Wiese
findet man fast keinen Grashalm, an dessen Grunde nicht zahlreiche Moose vege-
tirten.   Wäre es ausführbar, diese Moose vollständig zu entfernen, so würde der
Wiesenboden seine Frische verlieren und die meisten Gräser würden absterben.
Ebenso im jungen Waldbestand.   Der höhere Laubwald bedeckt seinen Boden
mit Laub, welches nun auf demselben eine ähnliche Wirkung ausübt wie vorher
das Moos.   Der Nadelwald dagegen kann auch während seiner späteren Entwickelung der Moose nicht entbehren.   In schönen Beständen ist der Boden mehr
oder weniger mit Moos bedeckt.

Der Landschaftsgärtner wird also Sorge zu tragen haben, daß seinen Pfleg-
lingen die Moosdecke nicht fehlt.   Am besten eignen sich für diesen Zweck die
Astmoose (Hypnaceae u. a.), aber auch die Sternmoose (Mniaceae) und Wider-
thone (Polytrichaceae).   Die Ansiedelung der Moose erfordert große Sorgfalt.
Vor allem muß man das Moos mit einem möglichst großen Theil seiner Unterlage (Erdreich, Laub, Moder) ausheben, sorgfältig wieder einsenken und in der
ersten Zeit durch Bebrausen feucht erhalten.   Die Kultur der Moose erfordert
ein eingehendes Studium, welches aber dem Gärtner reichlichen Lohn bringt durch
die Kenntniß der Tausende von wunderbar schönen Formen.   Das Studium der
Moose und ihrer Lebensweise ist eine unerschöpfliche Quelle der reinsten und
unschuldigsten Freuden.   Das öde und kahle Bild, welches uns der Boden so
mancher Parkholzungen gewährt, hat seinen Grund in der Vernachlässigung der

---

[1]) Karl Müller, Deutschlands Moose oder Anleitung zur Kenntniß der Laubmoose
Halle 1853.

Stauden, Kräuter und Moose. In einer jungen Anpflanzung sollte überhaupt der ganze Boden mit, wenn auch trockenem, Moos belegt werden. Es stellen sich dann lebende Moose später von selbst ein. Nur so bekommt der Holzbestand im Park schon früh ein natürliches, waldartiges Ansehen.

Zur Schutzdecke des Bodens im Parkwald gehören im Grunde genommen auch die Farne. Es kann für einen Wald gar keine schönere Zierde geben als eine reiche Farnvegetation. Es eignet sich dazu jeder einigermaßen feuchte Nadel= wald. Sind die Farne erst fest angesiedelt, so sorgen sie selbst für die nöthige Feuchtigkeit. Im Laubwald sind die Farne meistens auf ganz bestimmte Oert= lichkeiten beschränkt. Ich will beispielsweise eine Anzahl der häufigeren und wichtigeren Farne namhaft machen.

Natterzunge (Ophioglossum vulgatum *L.*). Auf feuchten Wiesen. Das Rhizom sitzt tief im Boden und muß mit dem ganzen Erdreich mittelst des Spatens sorgfältig ausgehoben und in ein Loch von der Form des ausgestochenen Ballens sanft eingedrückt werden.

Mondraute (Botrychium Lunaria *Sw.*). Auf rasigen Abhängen und auf Haiden sowie in Gebüschen. Bei der Verpflanzung ebenso zu behandeln. Das= selbe gilt für alle Arten von Ophioglossum und Botrychium.

Königsfarn (Osmunda regalis *L.*). Ein herrlicher bis meterhoher Farn mit doppelt gefiederten Wedeln und endständiger, traubiger Fruchtrispe. Auf feuchten Waldwiesen, in Waldmooren, Brüchen, auf moorigen Haiden. Kommt im Park auch in guter, schwarzer Walderde fort, aber nur bei genügender Feuchtigkeit. Ist tief auszugraben.

Engelsüß (Polypodium vulgare *L.*). Handhohe, einfach gefiederte Wedel, entspringen vom gänsekieldicken, auf dem Boden kriechenden Wurzelstock. Im Wald auf nackter Erde, auf Felsen, an Baumstämmen. Kommt leicht fort, am besten in Nadelbeständen mit Sandboden.

Großer Engelsüß (Phegopteris polypodioides *Fee.*). Das rabenkieldicke Rhizom kriecht unter der Erdoberfläche und bringt fußlange, doppelt fieder= schnittige, dreieckige, gestielte Wedel hervor. Kommt auf dem Waldboden leicht fort, wenn man ihn mit etwas Erdreich ausgräbt und vorsichtig wieder einpflanzt.

Dreiblattfarn (Ph. Dryopteris *Fee.*). Von der Größe des vorigen und an ähnlichen Orten im Nadelholz wachsend. Die Wedel sehr zart, dreizählig=doppelt fiederschnittig. Ebenso zu behandeln.

Kalkfarn (Ph. Robertiana *A. B.*). Von ähnlicher Gestalt wie der vorige, aber robuster und härter und nur auf kalkreichem Boden gedeihend. Man hebt die Rhizome sorgsam aus, umwickelt sie mit feuchtem Moos und klemmt sie mit demselben zwischen kalkreiche Steine an Waldrändern ein.

Adlerfarn (Pteris aquilina *L.*). Das bis fingerdicke Rhizom liegt 1—3 Fuß tief wagerecht im Boden und muß sorgfältig ausgegraben werden, insbesondere darf man die fortwachsende Spitze nicht verletzen. Es gelingt die Ausgrabung am besten an einem wenig bewachsenen Bergabhang. Auch sehe man darauf, den auf meterhohem Stiel sich erhebenden, 3—4fach gefiederten prachtvollen Wedel nicht abzubrechen. Die Einsenkung an die neue Stelle muß natürlich ebenso sorgfältig geschehen. Am besten gedeiht der schöne Farn in lichten Nadel= waldungen mit Sandboden. Hat er sich einmal angesiedelt, so vermehrt er sich rasch.

Spikant (Blechnum Spicant *Roth*). Das kurze, ästige Rhizom kriecht dicht unter der Erdoberfläche und bildet fußlange, breit lanzettliche, einfach fieder= theilige, glänzende, lederige Wedel. In schattigen, moosreichen Waldungen, be= sonders in Gebirgsgegenden, aber fast niemals auf Kalkboden. Für sandige, feuchte Nadelholzbestände sehr geeignet.

Rothes Frauenhaar (Asplenium Trichomanes *L.*). Kleiner, zierlicher Farn mit kurzem Wurzelstock und fingerlangen, schmalen Wedeln mit rundlichen oder eiförmigen, sitzenden Fiedern. Leicht zu verpflanzen. Gedeiht auf allen Bodenarten, auch auf Felsen.

Frauenfarn (Asplenium filix femina *Bernh.*). Ein prachtvoller, großer Waldfarn mit schwarzem Knollstock, mit den Wedelstielbasen faustdick am Ende, mit palmenartig gestellten, bis meterlangen, dreifach gefiederten Wedeln von hellgrüner Farbe. Er läßt sich leicht mit Ballen verpflanzen und gedeiht in jedem feuchten Waldbestand.

Hirschzunge (Scolopendrium officinarum *Sw.*). Das kräftige Rhizom treibt ungetheilte, ganzrandige, kurz gestielte, über fußlange Blätter. Dieser schöne Farn kommt an etwas schattigen und feuchten Orten auf gutem Waldboden leicht fort. Auch auf Felsen und Mauern.

Stachelfarn (Aspidium aculeatum *Sw.* und A. lobatum *Sw.*). Der bis faustgroße, schwärzliche Knollstock treibt eine große Anzahl von über fußlangen, doppelt gefiederten, lederigen, dunkelgrünen, glänzenden, den Winter überdauernden Wedeln. Auf frischem Boden des Hochwaldes, auch in Laubwaldungen.

Bergfarn Polystichum Oreopteris *D. C.*). Von ähnlichem Wuchs wie der vorige, aber die Wedel zart, leicht wellend, zurückrollend. In moosigen Nadelwaldungen auf kalkarmem Boden.

Wurmfarn (Polystichum filix mas *Roth*). Der größte unserer heimischen Farne, von palmenartigem Wuchs, leicht kenntlich an den großen, kreisrunden, mit nierenförmigem Schleierchen bedeckten Fruchthäufchen auf der Rückseite der Wedelabschnitte. Kommt fast auf jedem Waldboden gut fort. Wedel doppelt gefiedert, die Fiederchen abgerundet gezähnt.

Haarfarn (P. spinulosum *D. C.*). Wedel fast dreifach gefiedert, die Fiederchen mit haarspitzigen Sägezähnen. Ein schöner, großer, weit verbreiteter Farn, der im Wald auf verschiedenen Bodenarten leicht fortkommt.

Palmenfarn (Struthiopteris germanica *W.*). Ein sehr hochwüchsiger, palmenartiger Farn mit meterlangen, fast doppelt gefiederten Wedeln mit ungezähnten Fiederchen. Die in der Mitte hervortretenden Fruchtwedel sind nur einfach gefiedert, steif aufrecht, braun. An Waldbächen und an nassen Stellen in Gebirgswaldungen. Muß auch im Park einen ähnlichen Standort erhalten, wenn er sich kräftig entwickeln soll.

Es mag an diesen Beispielen genügen. Ein naturliebender Gärtner wird die Aufgabe nicht scheuen, die für seinen Park passenden Farne auszuwählen und geeigneten Ortes zu pflegen. Auch die übrigen Gefäßkryptogamen verdienen es keineswegs, daß man sie gänzlich vernachlässige. So sollte man z. B. den eleganten Waldschachtelhalm (Equisetum silvaticum *L.*) in jedem Nadelholzbestand mit feuchtem Sandboden kultiviren, ebenso an offenen, sumpfigen Stellen der Gehölze den Riesenschachtelhalm (E. Telmateja *Ehrh.*). Auch die übrigen Arten von Schachtelhalmen könnte man an geeigneten Plätzen anbringen, mit Ausnahme des Düvoe, der als ein gefährliches Unkraut zu betrachten ist.

Keinem moosreichen Nadelwald sollten die Bärlappe fehlen, namentlich die schöneren Arten, als z. B. der Tannen-Bärlap (Lycopodium Selago *L.*), der Wachholder-Bärlap (L. annotinum *L.*), der Cypressen-Bärlap (L. complanatum *L.*), der Hexen-Bärlap (L. clavatum *L.*). Der Sumpf-Bärlap (L. inundatum *L.*) dagegen gehört in die Mooranlagen.

Auch die kleinen Bärläppchen: Selaginella spinulosa *A. Br.* und S. helvetica *Spring.* verdienen Berücksichtigung in der Parkanlage, besonders das letztgenannte. Es ist zwar ein alpines Gewächs, geht aber stellenweise mit den Alpenströmen weit abwärts und findet sich z. B. noch oberhalb München im

Isarthal auf der nassen Wiese unter Schloß Grünwald in großer Menge vor. Es wird in sonniger Lage kupferroth, so daß man es im Park zu ähnlicher Farben= wirkung verwenden kann wie im Gewächshaus die schöne tropische Selaginella caesia. Daß die Selaginella helvetica im Park nur an nassen Stellen fort= kommt oder bei häufiger Ueberbrausung, versteht sich von selbst. Im Gewächs= haus vertreten die Selaginellen den Rasen, so z. B. im Frankfurter Palmengarten.

Ich gebe hier nur Andeutungen für eine bis jetzt vom Landschaftsgärtner noch wenig berücksichtigte Sache, die aber ohne Zweifel seines größten Fleißes und seiner größten Aufmerksamkeit würdig ist. Durch Besetzung des Wiesen= bodens sowie des Waldbodens mit denjenigen Typen, welche man an ähnlichen Oertlichkeiten in der freien Natur findet, wird man den Eindruck der Natürlich= keit, den man doch beabsichtigt, wesentlich erhöhen und dem Park das kahle, leere, frostige Ansehen nehmen, wodurch man manche Anlage von natürlicher Waldung unterscheidet.

V.

Verschiedene Hülfsmittel zur Ausschmückung von Parkanlagen.

Künstlerische Ausschmückung des Parks gehört in die Nähe des Wohnhauses. Im Park selbst soll man damit äußerst sparsam sein. Das Wohnhaus bedarf um so mehr einer architektonischen, künstlerisch ausgestatteten Umgebung, je mehr es selbst auf Kunstwerth Anspruch erheben kann. Es wäre lächerlich, wollte man ein Schloß im Renaissancestyl, wie den Linderhof, mitten in den Naturpark setzen. Nicht minder lächerlich würde es aber sein, wenn man ein einfaches Landhaus im Cottage-Styl mit großartigen französischen Gartenanlagen umgeben wollte. Terrassen und Springbrunnen verlangen ein anspruchsvolles Gebäude und verbinden dasselbe mit der Landschaft.

Im architektonischen Theil der Anlage hat man zweierlei zu unterscheiden: die Architektonik selbst und sonstige Ausschmückungen. Die Architektonik selbst muß durchaus streng gehalten sein, wenngleich einfach. Die Hecken schneide man in einfachen, schönen Formen, ohne viele Spielereien dabei anzubringen. Man lege die Hecken nicht zu niedrig an, damit sie vollkommenen Schatten verleihen, denn in der Umgebung des Hauses will man für Ruhesitze wie für Wandelbahnen den allertiefsten Schatten haben. Man lasse alle Wege zum Lustwandeln durch völlig dichte Hecken beschatten, nicht durch mit Wein oder Schlingpflanzen bezogenes Lattenwerk oder Spalier, denn das Flimmern der Sonne durch solche durchbrochenen Wände macht das Vorübergehen zur Qual und ist sogar für die Augen verderblich. Am unheilvollsten in dieser Beziehung wirken Lattenzäune. Es müßte überall polizeilich verboten werden, Grundstücke auf solche Weise mit Pfahlzäunen oder Lattenzäunen zu umfriedigen, daß die Vorübergehenden von den hindurchfallenden Sonnenstrahlen getroffen werden können, denn dieser Uebelstand ist sicherlich die Quelle zahlreicher Augenleiden.

Es ist nicht immer leicht, den Bewohnern eines Gartenhauses einen jederzeit beschatteten Austritt zu bieten. Die Hauptansicht des Gebäudes wird man natürlich einigermaßen frei lassen müssen. Am häufigsten wird man hier eine größere, entweder ganz freie, oder an den Abhängen und Böschungen mit Teppichbeeten und Blumengewinden geschmückte Terrasse haben wollen, wie es z. B. bei der Schloßterrasse im Donnerschen Garten zu Neumühlen bei Hamburg der Fall ist.[1] Man hilft sich in solchem Fall damit, daß man, wie in Babelsberg, einem der Seitenausgänge den tiefsten Schatten verleiht, worüber sich Architekt und Gärtner schon vor Errichtung des Gebäudes zu verständigen haben.

---

[1] Deutsche Gärtner-Zeitung. Erfurt 1884. Nr. 82. 10. Oct.

Fig. 25.

Schloß Linderhof.

13*

Von der Terrasse aus wird man in der Mehrzahl der Fälle eine weite
Aussicht oder wenigstens einen freien Blick wünschen. In diesem Fall wird man
in der Mittellinie entweder einen Rasenplan (lawn) oder eine Wasseranlage mit
Springbrunnen u. dgl. schaffen, wie in Schleißheim und in den meisten der alten
architektonischen Gärten, und wird die beschatteten Wege zu beiden Seiten an=
bringen. In Nymphenburg ist in späterer Zeit allzuviel von den Schatten=

gängen zerstört worden. Der Besucher des Nymphenburger Parks kann zwar
durch ein Nebengebäude mit Thorweg sogleich in die schattige Waldanlage ge=
langen; dagegen sind die großen Plätze vor und hinter dem Schloß durchaus
schattenlos, was als ein großer Fehler betrachtet werden muß, und zwar keines=
wegs bloß in praktischer, sondern auch in ästhetischer Hinsicht, denn die nackten
Gebäude machen einen recht unschönen Eindruck.

Außer den streng architektonischen Pflanzungen giebt es nun noch solche, bei denen etwas größere Freiheit herrschen muß. Es gehören dahin z. B. Gruppen von Blattpflanzen und anderen Gewächsen. Daß diese sehr leicht zu steif gerathen können, zeigt uns die Palmengruppe der Villa Mariaglia in San Remo, namentlich, wenn wir sie mit der leichten Gruppirung der Palmen der Villa Garnier in Borbighera vergleichen. Die Palmen gehören sicherlich zu den leichtesten und elegantesten Gewächsen, aber durch ihre Zusammenstellung hat man zu San Remo sie in eine steife, unschöne Form gezwängt. Alles zu seiner Zeit und an seinem Ort! Eine Palme ist keine Weißbuche, die man beliebig zustutzen könnte. Sie darf auch in der Gruppe ihre Selbstständigkeit nicht ganz aufgeben.

Anders der Orangenbaum oder Lorbeerbaum in der architektonischen Anlage. Dieser giebt seine Individualität auf, ja, es ist hier gradezu Zweck, alle Indi-

Fig. 27.

Springbrunnen zu Schleißheim.

viduen bis zur Ununterscheidbarkeit einander ähnlich zu machen. Man mag über die beschnittenen Orangenbäume sagen, was man will: in die architektonische Anlage großen Styls gehören sie nun einmal und können immerhin, gut gepflegt, auf einen ziemlich hohen Grad architektonischer Schönheit Anspruch machen. Aber eine Orangerie ist ein kostspieliges Vergnügen. Wer nicht die ausreichenden Mittel dazu zur Verfügung hat, der bleibe lieber davon, denn nichts sieht abscheulicher aus als eine verwahrloste Orangerie.

Uebrigens giebt es einen sehr guten und billigen Ersatz für Orangenbäume im Weißdorn, den man sehr leicht hochstämmig ziehen und dem man durch den Schnitt eine ebenso vollkommene, geschlossene, kugelrunde Krone geben kann wie dem Orangenbaum. Aus einiger Entfernung gesehen, läßt sich eine solche Weißdornanlage vor einem Landhause kaum von einer wirklichen Orangerie unterscheiden. Ein Versuch der Art findet sich im Biedersteiner Park bei München.

Die Dorubäume haben nun noch den Vortheil, daß sie im freien Lande stehen, keines Glashauses, ja nicht einmal einer Frostdecke während des Winters bedürfen. Freilich sind sie nicht immergrün und es fehlt ihnen der köstliche Duft der Blumen sowie der Farbenreiz von Laub und Frucht, wenn:

„im dunkeln Laub die Gold-Orangen glüh'n“:

dagegen aber ist auch ihre Blüthe schön, besonders, wenn man die verschiedenfarbigen Abarten, mit rothen, blaßrothen, weißen Blumen in regelmäßiger Folge wechseln läßt, und der Duft derselben ist auch nicht grade unangenehm.

Fig. 28.

Palmengruppe der Villa Mariaglia zu San Remo.

Ueber die Teppichgärtnerei hört man ebenso verschiedenartige Urtheile wie über die architektonische Gartenkunst überhaupt. Ihr Schöpfer ist eigentlich der Fürst Pückler, welcher, wie Petzold[1]) berichtet, den französischen Gartenstyl als ein Hervorschreiten der Architektur aus dem Hause, den englischen dagegen als ein Herantreten der Landschaft bis vor unsere Thür bezeichnet. Petzold fährt dann fort: „Beide hat er in seinen Blumengärten auf eigenthümliche und sinnreiche Weise, namentlich durch Anwendung der mannigfachsten symmetrischen Figuren zu Blumenstücken, vereinigt.“ Die Anwendung solcher Blumenstücke hat vielfache Nachahmung gefunden, theils am passenden, großentheils aber am unpassenden Orte. „Hätte ich ahnen können“, sagte der Fürst bei einer Gelegenheit

---

[1]) Petzold, Fürst Pückler. S. 54.

über diesen Gegenstand, „daß mit diesen Blumenstücken ein solcher Unfug getrieben würde, ich würde sie niemals angefangen haben." [1]

Unfug ist es insbesondere, wenn man sich nicht auf die Herstellung streng symmetrischer Zeichnungen beschränkt, sondern wenn man durch Blumen allerlei Figuren aus dem gewöhnlichen Leben wie z. B. Füllhörner, Harfen, Vasen oder wohl gar Vögel und anderes Gethier nachahmt. Ein Füllhorn aus Blumen mit Blumen anzufüllen ist ebenso abgeschmackt, wie wenn man Blumentöpfe von Porzellan mit Blumen bemalt, wie es so häufig geschieht. Gegen eine geschmackvolle Farbenanordnung in streng symmetrischer Form wie auf dem Schloßplatz in Stuttgart und an der Promenade in Halle würde gewiß auch Fürst Pückler nichts einzuwenden haben. Bezüglich der bei Anwendung der Farben in der Teppichgärtnerei zu Grunde zu legenden Prinzipien benutze man vor Allem Petzold's Schrift: „Zur Farbenlehre der Landschaft", in welcher man auch ein reiches Beobachtungsmaterial zusammengestellt findet, und meine „Aesthetik der Natur". [2] Hier würde mich ein ausführliches Eingehen auf diese Dinge zu weit abführen. Auch die Form der Teppichbeete gehört nicht in das Bereich dieser Besprechung. Jeder Gärtner, der sich damit zu beschäftigen hat, findet Muster in großer Anzahl in gärtnerischen Handbüchern sowie in Zeitschriften. Empfehlenswerth für Anfänger ist z. B. ein kleiner Aufsatz von Jaeger über Rabatten und Blumenbänder. [3] Auch ein Aufsatz von Dittrich enthält eine größere Anzahl praktischer Vorschläge. [4]

In der Blumengärtnerei sind künstliche Einfassungen nicht nur erlaubt, sondern gradezu geboten. Man kann sich dazu lebender Pflanzen bedienen wie z. B. des Buchsbaums, Epheus und vieler anderer, oder auch todten Materials wie Seeschnecken, Muscheln oder gebrannte Steine. [5]

Für manche Zwecke, besonders zur Abgrenzung der Blumenbeete gegen den Rasen, sind die Kramer'schen Raseneinfassungen aus gebranntem Thon sehr empfehlenswerth. [6]

Ueber die im Ziergarten anzubringenden Gewächse läßt sich Allgemeines natürlich nicht sagen. Hier ist allenfalls die Stelle, wo man gärtnerische Spielereien anbringen kann, welche im Park selbst vermieden werden sollen. So braucht man im Blumengarten nicht zu ängstlich zu sparen in der Anpflanzung von Hängebäumen, [7] von denen Nagy ein hübsches Verzeichniß mittheilt.

Im Park bilden die Ruhepunkte einen der Hauptanlässe der Ausschmückung. Ihre Lage muß ganz vom Bedürfniß abhängen. Hie und da wünscht man einen schönen Ausblick mit Bequemlichkeit genießen zu können. An solche Stellen gehört mindestens eine Bank. Ist der Punkt von besonderer Wichtigkeit, so errichte man eine Hütte oder einen Kiosk. Man nehme aber Rücksicht darauf, daß durch solche Dinge nicht etwa die Waldeinsamkeit der schönsten Theile des Gartens gestört werde. Alle derartigen Baulichkeiten müssen so angebracht sein, daß man sie nur von bestimmten Punkten aus sieht, daß sie sich aber nicht überall aufdrängen. Nochmals betone ich, daß Gartenbänke und Ruhesitze aller Art zu jeder

---

[1] A. a. O. S. 55.

[2] E. Hallier, Aesthetik der Natur. Eine Anleitung zum Naturgenuß. Stuttgart 1890. S. 34—52.

[3] J. Jaeger, Rabatten und Blumenbänder. Wiener Obst= u. Garten=Z. Nov. 1878. Nr. 11. S. 458—461.

[4] A. Dittrich, Die Teppichbeete der Gegenwart. Wiener Ill. G.=Z. April-Mai 1882. Vergl. auch die Notiz in derselben Zeitschrift. Juliheft 1882. S. 286, 287.

[5] L. v. Nagy, Beet=Einfassungen. Wiener Ill. G.=Z. Aug.=Sept. 1879.

[6] Neue Beet= und Rasen=Einfassung der Thonwaaren=Fabrik Carl Kramer in Fulda. Wiener Ill. G.=Z. Aug.=Sept. 1883 S. 374—376. Mit Abbildung.

[7] L. v. Nagy, Trauerbäume. Ebendaselbst S. 354—360. Mit zwei Abbildungen.

Tageszeit beschattet sein müssen, nicht aber, wie die Bänke des ersten und zweiten
Rundtheils der oberen Weinsteige bei Stuttgart, den ganzen Tag über der Sonne
ausgesetzt. Bei nach vorn offenen Hütten und Lauben hat man auch auf die
herrschende Windrichtung Rücksicht zu nehmen. Ferner müssen alle Ruhesitze der
Aussicht zugewendet sein und nicht, wie beim Etzeldenkmal bei Stuttgart von derselben abgewendet und ihr den Rücken zudrehend. Um derartige Uebelstände zu

Fig. 29.

Kiosk im Park von Schloß Berg.

vermeiden, ist es unerläßlich, daß bei Entwurf des Gartenplans zu allererst die
Oerter und Lagen der Ruhesitze, Häuschen, Tempel u. dergl. genau angegeben
werden; dann erst darf man zur Einzeichnung der Wege schreiten, denn diese
sollen die Verbindung herstellen, sind also der wichtigeren Punkte im Garten
halber da, nicht aber umgekehrt. Viele Gartenanlagen werden gewissermaßen der
Wege halber gemacht, d. h. man legt zuerst die Wege in willkürlichen Schlangen-

linien an und bringt nachträglich hie und da eine Baumgruppe, einen Ruhesitz, eine Laube u. dergl. an.

Hat eine Laube oder ein Häuschen an und für sich schon eine sehr schöne, zierliche Konstruktion aus Holz oder Eisen, wie das niedliche, im Oktoberheft 1876 der Wiener Obst- und Gartenzeitung, S. 515 abgebildete Sommerhäuschen, so bringe man es im Schutz einer großen, schattengebenden Baumgruppe an und lasse es möglichst frei von Schlinggewächsen, um die Zierlichkeit des Baues nicht zu

Fig. 30.

Grabmal des Prinzen Heinrich im Park zu Rheinsberg.

beeinträchtigen, oder man wähle wenigstens so zarte Schlingpflanzen, daß sie dem Eindruck der Architektur nicht schaden.

Will man aber eine Laube mit schönen, größeren Schlinggewächsen bekleiden, so wähle man eine einfachere Konstruktion, wie sie z. B. der achteckige Obstpavillon der W. Ill. G. Z. v. Jan. 1881 zeigt. Ob es nun grade zweckmäßig ist, einen derartigen freistehenden Pavillon mit Obstspalieren zu versehen, ist eine andere Frage, die ich verneinen möchte. Selbst im Obstgarten wird man besser thun, diese ganz verschiedenen Zwecke, nämlich die Beschaffung eines schattigen Ruhesitzes und die Besonnung des Spaliers nicht miteinander zu verquicken.

Statuen und Denkmäler, die man, mit alleiniger Ausnahme eines streng architektonisch gehaltenen Gartentheils nur da setzen sollte, wo ihnen eine ganz bestimmte geschichtliche Bedeutung zukommt, verlangen einen Hintergrund. Je heller das Kunstwerk, desto dunkler sei der Hintergrund, und umgekehrt. Büsten und Hermen oder Statuen aus weißem Marmor oder einem anderen hellfarbigen Gestein verlangen einen dunklen Hintergrund, so z. B. eine Fichtenpflanzung oder eine Grotte von dunklem Gestein. Büsten von Marmor heben sich am besten von einer dunklen Nische ab. Am Maximilianeum zu München machen sie einen kleinlichen, fast lächerlichen Eindruck, weil sie sich von der ziemlich hellen Wand des Gebäudes nicht genügend abheben. Dagegen wirkt der Laubwald hinter der Ruhmeshalle sehr gut. Noch besser wäre hier ein Bestand hoher Tannen oder Fichten am Platze. Im Ganzen sei man bei uns sparsam mit dem Marmor. Die Marmorstatuen frieren in unserem Klima in ihrer Nacktheit und Weiße. Sie

Fig. 31.

St. Lorenzkirche auf der Insel Wight.

Fig. 32.

St. Lorenzbrunnen auf der Insel Wight.

gehören dem griechischen oder römischen Himmel an. Büsten oder Statuen von Bronze kann man mit einem etwas helleren Hintergrund versehen oder man stelle sie in etwas größerer Entfernung vor dem dunkeln Hintergrund auf.

Ich komme nochmals auf die Anwendung der Schlingpflanzen als Schmuck zurück. Zur Vorsicht und Sparsamkeit habe ich schon wiederholt gemahnt. Hie und da kann man einen Korinthenstrauch an einer freistehenden Ulme emporklettern lassen oder einen Pfeifenstrauch (Aristolochia *Sipho*) an einem alten Gebäude oder an hohen Bäumen, namentlich wilden Wein und Epheu an häßlichen Mauern und Gebäuden, um sie zu verhüllen. Der wichtigste Platz für Schlingpflanzen ist die Ruine. Wer möchte an einer Burgruine den Epheu entbehren!

Unvergleichlichen Geschmack zeigen auch hierin wieder die Engländer. Was kann es Reizenderes geben, als die ganz in Schlinggewächsen verborgene St. Lorenz kirche auf der Insel Wight, die kleinste Kirche in ganz England, von 11 Fuß Höhe, 11 Fuß Breite und 25 Fuß Länge! Und doch wirkt der in ihrer Nähe befind= liche St. Lorenzbrunnen wohl ein noch größeres Entzücken auf ein unschuldiges Gemüth!

Der Brunnen wird wie von einem gothischen Heiligenschrein gewissermaßen überwölbt und geschützt, — der Spitzbogen am Eingang, das gewölbte Dach, die epheuumrankten Mauern, der einfache Steinsitz — das Alles verbindet sich zur lieblichsten Wirkung. Die Quelle entsendet ihren reinen, hellen Strahl aus einem Delphinskopf in ein geräumiges, vertieftes Becken. Die ganze Umgebung dieser anmuthigen, kühlen Grotte harmonirt mit der Stimmung des Ortes, und gar

Fig. 38.

Blumenaufsatz.

mancher Künstler schon fühlte sich unwiderstehlich angetrieben, dieses Bild seiner Studienmappe einzuverleiben als eines jener auserlesenen kleinen Motive, bei denen Natur und Kunst sich vereinigen, das menschliche Herz zu rühren.

Ueber die Verwendung von Schlingpflanzen im Ziergarten besitzen wir von J. Th. Mößmer einen hübschen mit Abbildungen versehenen Aufsatz, den man dem angehenden Gärtner empfehlen kann.[1]

Im Ziergarten kommt es nicht selten vor, daß man eine Vorhalle, eine Veranda, eine Freitreppe des Wohnhauses mit Blumen oder Blattpflanzen aus= zuschmücken hat. Der Besitzer will während der warmen Jahreszeit gleich beim

---

[1] W. Ill. G.=Z. Nov. 1881. S. 460—468.

Austritt aus dem Hause mit dem Schönsten überrascht werden, was seine Gewächshäuser aufzuweisen haben. Im Allgemeinen sind solche Dinge freilich dem Geschmack des Gärtners anheimzustellen. Viele Verwalter großer Parkanlagen leisten darin mehr als in der Landschaftsgärtnerei, ja ich kenne deren, welche nur für die Glashäuser Sinn und Geschick zeigen und den Park vernachlässigen.

Eins der größten Talente für dekorative Gartenkunst, die mir im Leben vorgekommen sind, fand ich in Herrn F. Schlimbach zu Hummelshain, unter dessen besonderer Aufsicht ich in Jena die Gärtnerei erlernte. Schade, daß dieses Talent nicht an einem Platze lebt, wo es sich großen dekorativen Aufgaben wie z. B. der gärtnerischen Ausschmückung von Weltausstellungen, von großen Festzügen u. dgl. widmen könnte. In Rom oder in Paris würde er an seinem Platze sein.

Nicht selten wird der Parkgärtner in den Fall kommen, an solchen Orten, wie ich sie vorhin bezeichnet habe, Blumenaufsätze, Blumenvasen oder Ampeln anzubringen. Dabei wird von den Fabrikanten derartiger Sachen aus Thon, Glas oder Porzellan vielfach gegen den guten Geschmack verstoßen. Bei Tafelaufsätzen erreicht man oft die annuthigste Wirkung, wenn man vom Träger der Blumen fast gar nichts gewahr wird, — höchstens ein Stück von der durchgehenden Säule. Vasen, Blumengläser und Ampeln sollen durch ihre Form anmuthig wirken, nicht aber durch die Farbe. Jede lebhafte Farbe eines solchen Gefäßes ist vom Uebel, denn erstlich stören und überschreien in solchem Fall die Farben des Gefäßes diejenigen der aufzunehmenden Blumen, und zweitens werden sie mit den Blumenfarben meistens in Disharmonie treten.

Verwerflich sind z. B. Hyazinthengläser aus rosenrothem oder sonstwie lebhaft gefärbtem Glase.[1] Auch die weiße[2] Färbung ist zu vermeiden, weil sie den Blick von den Blumen ablenkt. Die Farbe aller solcher Gefäße sei ein mattes, indifferentes Grau oder Braun. Vortrefflich wirken in dieser Hinsicht die in neuerer Zeit beliebten, oft mit großem Geschmack angefertigten Holzkübel zur Aufnahme von Blumentöpfen, meist mit Ringen und Bändern aus Bronze versehen. Völlig abgeschmackt sind die zu demselben Zweck gefertigten Porzellantöpfe mit bunter Malerei, mit Blumen, Vögeln, Insekten oder Landschaften. Jede derartige Malerei an einem zur Aufnahme von Gewächsen oder Blumen bestimmten Gefäß ist vom Uebel.[3] Will man an solchen Gefäßen Verzierungen anbringen, so müssen dieselben einfach linearsymmetrisch sein, wie z. B. die griechische Zickzacklinie (à la Grecque).[4] Hyazinthen wirken in einem einfachen, mattgefärbten Blumentopf stets günstiger als im Glase, denn selbst das farblose mit Wasser gefüllte Glas stört den Eindruck durch Lichtreflexe.

Um in der Vorhalle des Wohnhauses auch Tropengewächse zur Wirkung bringen zu können, stelle man kleine eiserne Glashäuser auf, wie sie jetzt in so eleganten Formen zu haben sind.[5] Die in solchen in anmuthiger Gruppe zur Schau gestellten Pflanzen können beliebig oft durch neue aus dem Tropenhause ersetzt werden.

Auch eine Ampel mit schönen Hängepflanzen erhöht nicht selten den Reiz einer Veranda oder einer Vorhalle. Es gelten für die Ampel alle die ästhetischen Regeln wie für Blumenbehälter überhaupt. Für die Bepflanzung derselben sollte man unsere heimischen Hängepflanzen nicht vernachlässigen. Der Gundermann (Glechoma hederacea *L.*), die Goldnessel (Galeobdolon luteum *Hudson*), das

---

[1] Wiener Ill. G.-Z. Oct. 1882. S. 435. Fig. 150. 151.
[2] Ebenda Fig. 152.
[3] Ebenda Fig. 148. 151. 154.
[4] Ebenda Fig. 149.
[5] Vgl. u. a. Wiener Obst- u. Garten-Z. Mai 1876. S. 253.

Fig. 34.

Schloßpark zu Harbke (Eingang).

Epheu-Löwenmaul (Linaria Cymbalaria *Miller*), das Gletscherglöckchen (Campanula Cenisia *L.*), das Mauerglöckchen (C. garganica *Tenore*) und die Glocken-Männertreue (C. Elatines *L.*) gehören zu den schönsten Ampelpflanzen der Erde.[1]

---

[1] Vgl. auch Campanula fragilis. B. O.- u. G.-Z. Dezember 1878. S. 498. Mit Abbildung; ferner den Aufsatz von J. E. Peters: „Ueber einige Ampelpflanzen". Ebendaselbst September 1876. S. 434—439.

Zäune und Hecken sollen so wenig wie möglich sichtbar werden; wo man aber Umfriedigungen irgend welcher Art oder Eingangsthore, Gatter u. dgl. m. erblickt, da sollen sie wenigstens nicht häßlich hervortreten.

Ganz besonders gilt das auch für die Umfriedigungen von Springbrunnen, Wasserbecken, Denkmälern und anderen freistehenden Gegenständen. Zu solchen Zwecken sind Geländer von Eisen oder von Draht immer das Zweckmäßigste.[1]) Außerordentlich hübsch und leicht sind auch die Lauben und Spalierarbeiten aus gerissenem Eichenholz,[2]) welche bei Georg Hock in Wien (VI, Gumpendorferstraße 35) angefertigt werden. Treillagen (Spalierwerk) waren früher in Frankreich so beliebt, daß sie fast keinem Garten fehlten. Im Garten von Condé und Louvois sollen Sommerlauben aus Treillagen angewendet worden sein im Werth von über 20,000 Thalern.

Die Hock'schen Lauben und Häuschen sind dadurch unverwüstlich, daß bei ihnen kein einziger Nagel angewendet wird, daß sie auch keine geleimten Verbindungen haben, daß nur das beste, zäheste Eichenholz zur Verwendung kommt, und zwar ohne Hülfe der Säge, nach der Holzfaser gerissen oder gespalten. Dauerhaftigkeit gegen Regen, Frost und Hitze giebt dem Holz eine Tränkung mit Leinöl. Die Verbindung der Eichenstäbchen mit einander geschieht durch nicht rostenden verzinnten Eisendraht, und es können auf diese Weise Flächen von jeder Größe in schönster filigranartiger Arbeit auf's Sauberste hergestellt werden, welche bei aller Zartheit der Zeichnung große Festigkeit und Elasticität besitzen und dabei große Leichtigkeit. So werden die zierlichsten Pavillons, die hübschesten Veranden mit zart gemusterten Feldern und von beliebigen Dimensionen, hohe, elegante Portale, niedliche Balkone, Mauer= und Wandspaliere, Zäune, Umfriedigungen für Wege und Beete u. dgl. m. angefertigt. Auch Baumkörbe und Schattendecken können aus dem nämlichen Material hergestellt werden.

Die Art der Umfriedigung, welche man anzuwenden hat, muß natürlich von der Form des zu umfriedigenden Gartens abhängen. Bei großen Parkanlagen, wenn sie nicht durch tiefes fließendes Wasser von der Umgebung getrennt werden können, wird man eines hohen eisernen Gitters oder einer Mauer bedürfen. Im ersten Fall wird man auch eiserne Thore zur Anwendung bringen, im zweiten Fall entweder eiserne oder hölzerne Thore mit hübschem, dem Styl des Wohngebäudes entsprechendem Eisenbeschlag, wie z. B. die von der Decken'sche Gartenthür, welche die Wiener Obst= und Gartenzeitung (Mai 1876, S. 252) abbildet. Solche hölzerne Thore wird man aber niemals am Haupteingang, sondern an einem hinteren, oder seitlichen Eingang anwenden.

Gegen die Verwendung sogenannten Naturholzes, d. h. roher, beschalter Baumzweige, zu Geländern von Brücken und Wegen oder gar zu Gartenmöbeln habe ich mich bereits ausgesprochen. Sie sind von geringer Dauer, dem Wurmfraß, besonders der Zerstörung durch Borkenkäfer ausgesetzt, baldiger Fäulniß unterworfen, und müssen genagelt werden, so daß die mehr und mehr hervortretenden Spitzen und Köpfe die Kleider der Besucher in Gefahr bringen. Die besten und bequemsten Gartenmöbel sind diejenigen aus Holz und Eisen.[3])

In früheren Zeiten liebte man in den Gärten eine große Ausstattung mit allerlei romantischen Dingen, mit Burgen und Schlössern, Felsen und Ruinen, Grotten, alpinen Pflanzungen und Wasserfällen. Nach neuerem, besserem Ge=

---

[1]) W. O.= u. G.=Z. 1876. März. S. 147. Ebendaselbst im Septemberheft sehr hübsche Abbildungen von eisernen Gartenzäunen S. 455.

[2]) Davon schöne Abbildungen in derselben Zeitschrift Juni 1877. S. 288—291.

[3]) Empfehlenswerth sind beispielsweise die schmiedeeisernen Gartenmöbel aus der Eisenmöbelfabrik Leonberg in Württemberg. Lager in München von Paul Hagemann, Maximilianstraße 32.

schmack beschränkt man sich meistens auf das geschichtlich Begründete und bringt
auf einen Raum nicht mehr zusammen, als auch in der Natur allenfalls sich
beisammen finden könnte. Wenn ein vornehmer englischer Peer, der Abkömm-
ling hoher und berühmter Ahnen, auf seinem Grund und Boden ein burgartiges
Schloß baut, an der Stelle, wo vielleicht früher die Burg seiner Ahnen stand,
so wird darin Niemand etwas Unpassendes finden. Auch der romantische und
ritterliche Sinn eines großen Künstlers, wie Ludwig von Schwanthaler, welcher
auf hohem Isarufer unweit Groß-Hesselohe 1842—1844 die Burg Schwaneck
erbaute, im ältesten Burgenstyl mit
Ringmauern und mit 26 Meter hohem
Thurm, wird von Niemand getadelt
werden. Lächerlich dagegen wäre es,
wenn im flachen Lande ein Kaufmann,
Geldwechsler oder Strumpfwirker in
seinem Garten eine Ritterburg erbauen
wollte.

Fig. 85.

Schloß Schwaneck unweit München.

Schwanthaler's Burg ist in rich-
tigem Kunstgefühl mit einer Wald-
landschaft umgeben, welche in ihrer
Wildheit durchaus zu dem ehrwürdigen
Bauwerk paßt. Eine architektonische
Anlage mit Springbrunnen und Teppichbeeten würde hier abgeschmackt erscheinen und den ehrwürdigen Eindruck
des Gebäudes vernichten.

Pflanzt man in einen Garten
eine künstliche Ruine ohne irgend eine
geschichtliche Beziehung, so wird sie
einen Eindruck machen, wie wenn man
durch eine Wasserpfeife künstliche Nach-
tigallentöne hervorbringen läßt oder
wie wenn ein Konditor ein Relief von
Thorwaldsen in Marzipan ausführt.

Eine wirkliche Ruine dagegen wirkt
stets ergreifend wie Barbengesang oder
wie Windesrauschen in den Wipfeln
tausendjähriger Eichen, — um so mehr,
wenn hohe geschichtliche Bedeutung sich
mit großem Kunstwerth vereinigt wie
bei dem Schlosse Kenilworth in Warwickshire in England.

Zu den besonderen Annehmlich-
keiten eines Parks gehört die Thier-
welt, in erster Linie die Vogelwelt.

Die Aufmerksamkeit der Gartenbesitzer wird sich besonders auf die Singvögel
richten, denen man durch passende Nistkästchen auf eine einfache und billige Weise
die Ansiedelung erleichtern kann.[1] Die darauf verwendete Sorgfalt wird auf's
Reichlichste belohnt werden. In einem größeren Park sollte man auch die nütz-
licheren Raubvögel: Eulen, Bussarde u. a. hegen und pflegen. Der Schaden,

---

[1] Vorschriften zur Anfertigung von Nistkästchen findet man in verschiedenen Garten-
zeitschriften, unter anderen in der Wiener Obst- und Gartenzeitung.

Schloß Kenilworth in Warwickshire.

den sie hie und da anrichten, wird durch den von ihnen gewährten Nutzen zehnfach aufgewogen. Bussarde, Raben, Krähen, Eulen wegzuschießen, wie es in manchen Gegenden leider geschieht, ist ein Frevel, der sich schon oft auf das Bitterste gerächt hat durch das Ueberhandnehmen der Feldmäuse. Dagegen sollte man in keinem Garten Katzen dulden. Es ist schwer zu begreifen, daß man den nützlichen Hund besteuert, die schädliche Katze dagegen unbehelligt läßt. Das Halten heimischer Vögel sollte überhaupt nicht geduldet werden. Die Besteuerung der Nachtigallen hat bekanntlich nichts genützt. Im Gegentheil. Grade seit der Steuer auf die Nachtigall nimmt dieser schönste aller Singvögel rasend schnell ab. Nicht lange wird es dauern, dann ist die Nachtigall ausgestorben, oder wenigstens eine äußerst seltene Erscheinung geworden. Das einzige Mittel, die Singvögel zu erhalten, wäre ein strenges Verbot, nicht nur des Fangens, sondern auch des Haltens der Singvögel. Die Besteuerung reizt die Leute nur, sich diesen Luxus zu erlauben. Aber Konfiskation und hohe Geldstrafen würden schon helfen. Hier wäre eine Aufgabe für die Thierquälereivereine. Oder ist es keine Thierquälerei, einen Vogel seiner Freiheit berauben, um ihn im Käfig dem Martertod auszusetzen? Ich kenne ein Gastlokal, in welchem alljährlich einige Nachtigallen unter dem Einfluß der schlechten Luft zu Grunde gehen.

Man soll im Garten die Amseln, die Staare, die Sperlinge schützen und hegen. Die Sperlinge sind die eifrigsten Vertilger der Engerlinge und anderer verderblichen Insektenlarven. Sie haben im Sommer mehrmals Junge und diese leben nur von thierischer Nahrung. Manche körnerfressenden Vögel nehmen zu Zeiten auch mit Insekten fürlieb. So z. B. schnappt der Buchfink oft fliegende Insekten aus der Luft zu einer Zeit, wo er noch keine Junge hat. Die Gewässer sollen mit Seevögeln belebt sein, mit Schwänen. Wo sich Kiebitze, Möven, selbst Fischreiher ansiedeln, da sollte man sie möglichst schonen. In den Landseen sollen die verschiedensten Fische leben, vor allen Schleien und Karpfen. Sie geben nicht nur direkten Gewinn, sondern reinigen auch das Wasser, wozu auch die Wasservögel beitragen. Auch an Muscheln und Schnecken soll es im Wasser nicht fehlen.

Damit die Amseln, Staare, Sperlinge Nahrung haben, sorge man im Park für Beerenobst, so z. B. für wilde Kirschen, Flieder (Sambucus), Wachholder, Essigträgle (Berberis), Vogelbeeren, Attichbeeren (Ebulus), aber auch Körnerfrüchte, namentlich Disteln und Karden aller Art.

Es giebt Weingärtner, welche sich nicht schämen, die Amseln wegzuschießen, weil sie im Herbst einige Weinbeeren naschen. Wenn solche Weinbergsbesitzer nur hie und da einen Fliederstrauch (Sambucus) und einen Vogelbeerbaum u. dgl. anbringen wollten, so würde ihr Wein verschont bleiben, wer aber alles Gesträuch weghackt, der kann sich nicht wundern, wenn seine Weinbeeren und Kirschen verschwinden. Wer nicht für Vogelfutter sorgt, der bietet den armen Vögeln ja gradezu die Kulturpflanzen an. Leben wollen sie natürlich.

Ein kurzer aber sehr hübscher Aufsatz über Vogelschutz findet sich im ersten Jahrgang der Wiener Obst= und Gartenzeitung. [1] Unter den als Vogelfutter geeigneten Sämereien nennt der Verfasser: Getreide, Mohn, Hanf, Rübsamen, Sonnenblumen, Kürbis, Hollunder, Ebereschen, Weißdorn, Faulbaum u. a. Ferner soll man Fleischabfälle, Wursthäute, Fett, Knorpel, Ameisenpuppen, Mehlwürmer und dergleichen hinzufügen, auch für Meisen halbgeöffnete Wallnüsse und Haselnüsse. Sehr zweckmäßig ist es auch, am Ende einer langen, gebogenen Stange oder an Baumästen ein Körbchen mit Futter aufzuhängen, welches man mit

---

[1] Gust. Ab. Künstler, Schutz den Vögeln. Wiener Obst= u. Gartenzeitung. Januar 1876. S. 20—85.

einem kleinen Schneebach verſehen kann. Solche aufgehängte Körbchen oder
Käſtchen ſind den raubgierigen Katzen unerreichbar.

Den Mangel an Brutſtätten kann man namentlich den ſogenannten Höhlen-
brütern leicht erſetzen durch zweckentſprechende Niſtkäſtchen. Zu den Höhlen-
brütern gehören die Meiſen, Staare, Baumläufer, Kleiber, Fliegenſchnäpper[1] u. a.

In ſehr großen Parkanlagen bilden auch Weidethiere eine ſchöne Staffage,
namentlich Rinder. Man muß aber in dieſem Fall über ſehr große Weide-
gründe verfügen. Am beſten iſt es in ſolchem Fall, die Koppel mit einem ſtarken
Geländer von mäßiger Höhe zu umgeben, ſo wie es in Norddeutſchland geſchieht.
Das Geländer genügt, um die Thiere auf der Koppel zu halten und aus der
Ferne ſieht man kaum etwas davon. Schafe im Park zu halten, iſt weniger
zweckmäßig, da ſie den Boden ſo arg zertreten. Will man aber Schafe und
Ziegen im Park halten, ſo müſſen ſie auf der Weide angepflöckt werden wie auf
den frieſiſchen Inſeln. Das Weidevieh mit gut geſtimmten Glocken zu verſehen,
wird man nicht verſäumen.

Zum Hegen des Wildes muß man einen Theil des Parks durch Waſſer
oder im Nothfall durch einen Wildzaun abſchließen. Wild aller Art iſt eine
ſchöne Staffage, ſo unäſthetiſch und unmoraliſch auch die Jagd iſt, wenn ſie als
Sport betrieben wird. Es iſt widerlich, im Walde oder im Park das Knallen
des Mordgewehrs und das Blaffen der Jagdhunde zu hören. Man laſſe das
überzählige Wild daher nur nach Bedürfniß wegſchießen und betrachte dieſe Nothwendigkeit nicht als Vergnügen, ſondern als unvermeidliches Geſchäft.

Hat der Wildpark eine ſo beträchtliche Größe, daß man der Baulichkeiten
bedarf, ſo wird man deren Beſtimmung durch Bauart und Schmuck andeuten.
Man befleißige ſich aber auch hier der größten Einfachheit. Ueberladung mit
Hirſchgeweihen u. dgl. zieht die Sache in's Lächerliche. Eine ſehr hübſche und
geſchmackvolle Förſterwohnung befindet ſich unweit München in der Nähe von
Oberſendling an der Straße nach Groß-Heſſelohe.

Viele Gartenbeſitzer ſind Freunde von wilden Scenerien, von Felspartien ꝛc.
In der Regel ſind ſolche Veranſtaltungen mehr lächerlich als wild. Nur da
können ſie unter Umſtänden große Wirkung thun, wo ſie von Natur gegeben
ſind und es ſich nur darum handelt, ſie zugänglicher und genießbarer zu machen.
Es ſei hier eines Verfahrens gedacht, durch welches man kahle und ſchwer zu-
gängliche Felſen mit Farnen zu bekleiden im Stande iſt. Thomayer bildet aus
Erde und Waſſer einen Teig von mäßiger Dichte und belegt damit die nicht allzu
ſteilen Stellen des Felſens.[2] Um die Erde locker zu erhalten, wurden derſelben
Hornviehabfälle und gehacktes Moos zugeſetzt. In dieſe Erde wurden die jungen
Farnpflanzen vorſichtig eingepflanzt. Die Oberfläche wird dann ringsum mit
Moos bedeckt. An unzugänglichen Orten ſcheint das Verfahren von H. Dugourd
ſehr zweckmäßig zu ſein. Man vermengt Waſſer mit den auszuſäenden Farn-
ſporen und ſpritzt nun dieſes Waſſer gegen den zu bekleidenden Felſen. Dieſes
Verfahren ſoll mit gutem Erfolg angewendet worden ſein. Thomayer empfiehlt
mit Recht, beide Verfahrungsarten mit einander zu vereinigen.

Eigentliche Blumengärten, Obſtgärten, geographiſche, geologiſche und bota-
niſche Gärten, Viehhöfe und alles, was zur landwirthſchaftlichen Oekonomie gehört, ſowie überhaupt alle Nutzanlagen habe ich, als nicht in das Bereich der
mir hier geſtellten Aufgabe gehörig, ausgeſchieden, womit natürlich nicht geſagt

---

[1] Als Lieferanten für Niſtkäſtchen empfiehlt der Herr Verf. Herrn Fritz Zeller in
Wien, Poſtgaſſe 20.

[2] Fr. J. Thomayer, Bekleidung der Felſenwände. Wiener Illuſtr. Gartenz. Auguſt-
September 1883. S. 370, 371.

sein soll, daß man bei allen jenen Dingen auf ästhetische Gesichtspunkte durchaus
verzichten müsse. Dieselben treten jedoch bei ihnen als nebensächlich zurück:
praktische Rücksichten sollen zuerst zur Geltung kommen und dürfen nicht durch
Schönheitsmaßnahmen beeinträchtigt werden. Hat man die Einrichtungen so
getroffen, daß dem Nutzen, daß der Rücksicht auf möglichst großen Reinertrag
vollkommen Genüge geschehen ist; — warum sollte man dann nicht z. B. einem
Obstgarten eine möglichst nette, saubere Form und Einrichtung geben, zumal, da
nur bei strenger Ordnung der höchste Reinertrag sich erzielen läßt?[1]

Wenn auch die Ausschmückung des Blumengartens durchaus den Vorschriften
der Aesthetik zu folgen hat, so gehört sie doch nicht zur eigentlichen Landschafts-

Fig. 37.

Jagdschloß Letzlingen.

gärtnerei und muß von uns füglich übergangen werden, weil ein Eingehen auf
solche Dinge meinem Buch einen zu großen Umfang verleihen würde.[2]

Dasselbe ist über botanische Gärten, über geographische, geologische und
alpine Anlagen zu sagen. Hier muß der Zweck so durchaus in den Vordergrund

---

[1] Vergl. u. a. Jlsemann: Anlage von Haus-Obstgärten. Wiener Jllustr. Gartenz.
Juni 1883. S. 254—257. Mit Plan. Vergl. auch dieselbe Zeitschrift vom März 1878.
S. 99—101. Ferner den Aufsatz: Ein Beerenobstgarten. Nov. 1877. S. 502. 503.

[2] Vergl. unter zahlreichen anderen Veröffentlichungen den hübschen Aufsatz: über
Rosengärten, von F. Schmidt in Jeßnitz, in der Wiener Jllustr. Gartenz. Juli 1883.
S. 285—290.

treten, daß alles übrige zurückstehen sollte. Leider ist das keineswegs immer der Fall. Es giebt botanische Gärten, in welchen das Landschaftliche und das Blumistische die Hauptrolle spielen und das System der Pflanzen nebensächlich behandelt wird, während es doch grade umgekehrt sein sollte. So war, um nur ein Beispiel zu nennen, der botanische Garten zu Jena unter M. J. Schleidens wissenschaftlicher und Franz Baumanns technischer Leitung grade zu ein Muster für eine derartige kleinere Anlage. Seitdem hat man für gut gehalten, die in neuerer Zeit hie und da beliebte gruppenweise Anordnung und Vertheilung der natürlichen Familien einzuführen, und damit wurde der landschaftlichen und blumistischen Spielerei auf Kosten des wissenschaftlichen Werthes und der systematischen Uebersichtlichkeit Thür und Thor geöffnet. Ein weiteres Eingehen auf diese Dinge kann ich mir hier um so eher ersparen, als ich mich bereits in meiner Schrift: „Ausflüge in die Natur" ausführlich über die Anlage botanischer Gärten verbreitet habe.

Nicht nur botanische Gärten, sondern auch jeder ausgedehntere Park sollte mit Baumschule und Arboretum versehen sein. In dieser Hinsicht hat Eduard Petzold bahnbrechend gewirkt durch das großartige Arboretum, welches er im Verein mit dem Arboretgärtner G. Kirchner zu Muskau geschaffen hat und welches zugleich als Muster eines Landschaftsgartens gelten kann.

Möchten doch die Gründe, welche Petzold zu der Besorgniß veranlassen, daß das großartige Werk nicht im Sinne seines Schöpfers fortgeführt werde, recht bald schwinden. Eine derartige Anlage, welche ganz einzig in ihrer Art dasteht, ist eigentlich eine Nationalangelegenheit. Das deutsche Volk und die deutsche Regierung sollten sich vereinigen zur Erwerbung, Erhaltung und Fortführung des Arboretums. Wer von der Großartigkeit des Ganzen sich eine Vorstellung zu verschaffen wünscht, der nehme das umfangreiche Buch zur Hand, welches Petzold und Kirchner herausgegeben haben.[1] Sind auch seit seinem Erscheinen manche werthvolle Gehölze in unseren Gärten eingeführt worden, so wird doch dieses Werk als das einzige seiner Art jedem, der sich für Dendrologie interessirt, ein unentbehrliches, grundlegendes Hülfsmittel sein. Ein sauber gearbeiteter Plan giebt· eine klare Vorstellung von der Uebersichtlichkeit, Großartigkeit und Schönheit der Gartenanlage.

[1] E. Petzold, kgl. prinzl. Park- und Garten-Inspektor zu Muskau, und G. Kirchner, Arboretgärtner (daselbst): Arboretum muscaviense. Ueber die Entstehung und Anlage des Arboretum Sr. Königlichen Hoheit des Prinzen Friedrich der Niederlande zu Muskau, nebst einem beschreibenden Verzeichniß der sämmtlichen in demselben kultivirten Holzarten. Gotha 1864.

VI.

Fortgesetzte Pflege der Anlage.

§ 1. Gartenbuch.

„Dem Mimen flicht die Nachwelt keine Kränze." Er wird aber wenigstens von der Mitwelt gefeiert.

Schlimmer ist der Landschaftsgärtner daran. Sein Material, die Bäume, erreichen erst spät, oft erst nach des Künstlers Tode, denjenigen Grad der Entwickelung, in welchem allein sie die volle, beabsichtigte Wirkung ausüben können. Und selten kommt überhaupt die Schöpfung des Landschaftsgärtners zu ihrer vollen Wirkung. Und dabei wollen wir noch ganz absehen von Elementarereignissen wie: Krieg, Brand, Ueberschwemmung u. dgl. Der Gärtner hat es mit weit schlimmeren Feinden zu thun. Diese schlimmsten Feinde sind seine Nachfolger im Amt. Denn es ist verhältnißmäßig selten, daß der Nachfolger den Fußstapfen des Schöpfers der Anlage folgt, daß er dieselbe in dessen Sinne fortzuführen und zu erhalten sucht. In den meisten Fällen läßt er den Park verwildern, läßt das Holz immer gedrängter werden, so daß er statt der Bäume Stangen erzielt, läßt wachsen, was weggeschlagen werden muß, läßt die für die Landschaft unentbehrlichsten Bäume zur Nutznießung des Holzes wegschlagen, und — was oft das allerschlimmste ist — läßt ohne Plan und Ziel Bäume und Gesträuch in die Anlage hinein pflanzen, wodurch der von ihrem Schöpfer beabsichtigte Eindruck oft vollständig verdorben wird. Es gehört wahrlich für einen Landschaftsgärtner eine große Gabe von Selbstherrschaft und Selbstverleugnung dazu, das alles klar vorauszusehen, und doch an seiner Aufgabe nicht zu verzweifeln, doch mit Begeisterung an derselben fortzuarbeiten.

Natürlich wird er, was an ihm liegt, nicht unterlassen, um dem zu befürchtenden Unheil von vornherein entgegenzuarbeiten.

Zu den Mitteln, welche dem Schöpfer eines Landschaftsgartens für dessen Erhaltung zu Gebote stehen, gehört vor allen Dingen ein in großem Maßstab ausgeführter Gartenplan. Der Maßstab muß deshalb ein möglichst großer sein, damit man einzelne Bäume und Baumgruppen genau bezeichnen und in den Plan eintragen kann. Alle wesentlichen Veränderungen, welche im Garten vorgenommen werden, namentlich auch das Entfernen oder Versetzen großer Bäume, müssen in den Plan nachgetragen werden. Ein solcher Plan ist zur Erläuterung einem Gartenbuch beizulegen, in welches man tagebuchartig alle im Garten vorgenommenen Arbeiten, aber auch alle künftig vorzunehmenden Veränderungen einträgt. Ganz besonderes Augenmerk ist bei der Führung dieses Gartenbuches auf die größeren Bäume zu richten. Findet man Zeit, von solchen alljährlich einfache Skizzen zu entwerfen, ebenso von den wichtigeren Baumgruppen, so gewinnt man nach und nach ein künstlerisch wie wissenschaftlich höchst werthvolles

Material. Das Buch muß gleich im ersten Jahr möglichst ausführliche Angaben darüber enthalten, welche Bäume in der Anlage um ihrer selbst willen gepflanzt worden sind, und welche anderen nur als Schutz- und Ausfüllungspflanzungen dienen sollen, auch hat man ohngefähr anzugeben, in welchem Jahre die bloßen Schutzpflanzungen wieder zu entfernen sind. Tritt das Bedürfniß dazu früher hervor, als man erwartet hatte, so ist darüber eine Bemerkung in das Garten= buch einzutragen. Das Auge des Landschaftsgärtners soll seine Schöpfung un= unterbrochen überwachen. Bei jeder Wanderung durch den Garten wird er auf= fällige Erscheinungen und vorzunehmende Veränderungen notiren und nach der Rückkehr in sein Arbeitszimmer in das Gartenbuch eintragen. In jedem Spät= herbst sollte er gewissermaßen die Bilanz ziehen, die Beobachtungen des ab= laufenden Jahres zusammenstellen und den Arbeitsplan für das Folgejahr ent= werfen.

Liegt nun beim Abgang des Schöpfers einer Gartenanlage ein derartiges Gartenbuch vor, so wird der Nachfolger im Amt, wenn er nur einigermaßen

Fig. 38.

Brüsseler Stadtpark.

gewissenhaft ist, das Buch fortführen und die Anlage nach bestem Wissen im Sinne seines Vorgängers überwachen.

Es unterliegt wohl keinem Zweifel, daß ein so gewissenhaftes und sorgsames Verfahren des Gärtners auch den Besitzer in das Interesse ziehen wird. Sieht er, wie hohen Werth der Gärtner den Anlagen beimißt, so wird er seine Freude daran haben und seinen Stolz darin suchen, der Erhaltung und Fortführung die nöthigen Mittel nicht zu versagen. Am kostspieligsten sind architektonische An= lagen. Reichen die Mittel des Gartenbesitzers nicht mehr aus, um solche fort= gesetzt zu erhalten, so wird der Gärtner am besten thun, dieselben nach und nach in Parkanlagen zu verwandeln, welche weniger große Opfer fordern, denn nichts ist häßlicher, als ein verwildernder Garten in französischem Styl.

Nochmals betone ich es, daß ein gewissenhafter Gartenintendant es nicht versäumen wird, täglich durch das ganze seiner Aufsicht anvertraute Gebiet die

Runde zu machen, mit Stift und Notizbuch in der Hand. Diese Notizen sind täglich des Abends in das Gartenbuch einzutragen. Sie beziehen sich auf das Wegnehmen oder besser Versetzen ganzer Bäume, auf das (möglichst zu vermeidende) Wegnehmen von Aesten, auf Neupflanzungen und anderweitige Aenderungen.

Die Bäume sollten, soweit das durchführbar ist, nummerirt sein,[1] was am besten durch kurze Pfähle oder Pflöcke geschieht, an einer Seite glatt angeschnitten und mit weißer oder gelber Oelfarbe bestrichen. Einen solchen Nummerpflock steckt man hinter jeden Baum, mit welchem im Spätherbst eine Veränderung vorgenommen werden soll, so zwar, daß der Pflock für Vorübergehende nicht sichtbar wird. Natürlich kann in manchen Fällen die Wegnahme von Bäumen, von dürren oder abgebrochenen Aesten auch sofort bewerkstelligt werden. Absterbende und namentlich kränkliche Bäume sind so rasch wie möglich zu entfernen, sofern sie nicht, wie z. B. sehr alte Weiden, ein malerisches Interesse gewähren. Alte Bäume sind gewissermaßen Heiligthümer eines Besitzthums und sollten auf's Aeußerste geschont werden. Etwas Anderes ist es mit gelbsüchtigen, gipfeldürren oder sonst kränklichen jüngeren Bäumen. Diese sind eine Unzierde und können nicht schnell genug entfernt werden.

§ 2. Behandlung der Holzpflanzen.

Die fortgesetzte Pflege der Gehölzanlagen macht den wichtigsten Theil der Thätigkeit des Parkgärtners aus. Jedem Versäumniß in dieser Beziehung folgt die Strafe auf dem Fuße. Der Park geht unter solchen Umständen der Verwilderung entgegen. Es giebt Leute, welche meinen, ein verwildernder Garten müsse dem Naturzustand sich nähern. Das ist ein großer Irrthum. Verwilderung und Wildniß sind durchaus keine verwandten Begriffe, sondern Gegensätze. In der wilden Natur ist alles Ordnung und Schönheit. Ein verwilderter Garten dagegen ist unordentlich, unsauber und häßlich. Man vergleiche z. B. eine vernachlässigte Nadelholzanlage eines Parks mit den spontanen Fichten=, Tannen= und Kiefernbeständen am Ausgange großer Gebirgsthäler. Welche wunderbaren Gemälde bieten uns die oberen Isarauen oberhalb Münchens, namentlich unmittelbar vor den Alpen, zwischen Tölz und Wolfrathshausen.

Wer nicht langsam, zu Fuß, von der Vorebene aus sich den Alpen nähert, der lernt die Alpennatur niemals völlig verstehen. Von Wolfrathshausen an verbreitert sich das Isarthal nach aufwärts beträchtlich, vereint sich mit dem Loisachthal und verliert sich in die Vorebene vor den Alpen, welche hinter den hier und da sanft erhobenen, mit dunklen Fichtenwaldungen bedeckten Moorländereien gigantisch emporragen. Man erblickt hier die ganze Alpenkette vom Säntis im Westen bis über den Wendelstein hinaus im Osten, besonders, wenn man sich auf die Hochebene zwischen Ebenhausen und Wolfrathshausen begiebt. Besonders imposant tritt das Gebirge von Partenkirchen mit der Zugspitze, ferner das Karwendelgebirge und vor demselben die Benediktenwand hervor.

Ueberschreitet man bei Nautwein die Isar und wandert durch die Moorgegend an ihrem rechten Ufer über Pipling dem Hochgebirge zu, so erfreut man sich einige Stunden lang der herrlichsten Moor= und Waldlandschaften. Die beiden Ufer=Höhenzüge weichen weiter und weiter zurück. Bei Wolfrathshausen nimmt diese Einsenkung beide Ströme, Loisach und Isar, auf. Diese Moorebene

---

[1] Es empfiehlt sich zu diesem Zweck eine Nummerir=Zange wie diejenige nach Tümmlers Patent, welche man in der Wiener Illustr. Gartenz. vom Mai 1879, S. 206, abgebildet findet. Vergl. auch die verbesserte Form, in welcher sie in Heft derselben Zeitschrift vom Aug.=Sept. 1880, S. 369, abgebildet und beschrieben ist.

hebt sich zunächst sanft zu einer etwa 10 Meter hohen Terrasse empor, dann zu
einem höheren Abhang von etwa 50—60 Metern. Beide Erhebungen sind hie
und da bewaldet, namentlich die obere fast durchweg. Auch die Moorebene ist,
bald gruppenweis, bald in ausgedehnten Beständen, mit dunklen Fichten und
Kiefern (Pinus mughus) besetzt. Es macht ganz und gar den Eindruck, als wäre
diese moorige Vorebene gewissermaßen aus den großen Alpenthälern heraus- und
zusammengeflossen. Vor die Alpen legt sich eine breite Barre mit dichtem,
dunklem Fichtenbestand.

Die Flora ist ganz subalpin. An den Rändern der unteren Terrasse findet
sich die Kugelblume (Globularia). Die Moorwiesen sind förmliche Blumengärten,
bedeckt mit rosenrothen Mehlprimeln (Primula farinosa), mit den großen dunkel-
blauen Glocken des Enzians (Gentiana acaulis), den zierlichen, herrlich azur-
farbenen Blümchen der Schusternagerl (Gentiana verna), den zarten weißen,
nickenden Blüthen des Moorveilchens (Pinguicula alpina), den goldgelben Berg-

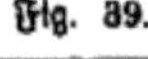

Isarübergang oberhalb München.

ranunkeln; während in den hie und da zerstreuten Laubwaldungen die Buchs-
Kreuzblume (Polygala Chamaebuxus), die Berg-Flockenblume (Centaurea montana) und andere Gebirgspflanzen auftreten.

Hier sollte der Landschaftsgärtner seine Vorstudien machen für Nadelwald-
anlagen. Das Ganze ist ein großer Naturpark. Die Gruppirung von Wald
und Moorwiese ist oft unübertrefflich schön.

Der Ueberrest von Schönheit, welcher den Parkanlagen von Nymphenburg
und von Münchens Englischem Garten, namentlich im hinteren Theil, in der
sogenannten Hirschau, noch geblieben ist, beruht zum großen Theil darauf, daß
diese Anlagen aus einer ähnlichen Moor- und Nadelholz-Wildniß hervorgegangen
sind wie die oben geschilderte. Natürlich bleibt darum Sckells Verdienst un-
geschmälert, welcher diese Verhältnisse so geschickt benutzt hat.

Sowohl für den Eigenthümer als auch für den gärtnerischen Schöpfer einer
Parkanlage ist große Selbstverleugnung und Geduld nothwendig. Manche wollen

balbmöglichſt die Schöpfung in ihrer vollen Entfaltung ſehen: ſie pflanzen daher dicht und mannigfaltig und darüber gelangt die ganze Anlage niemals zu ihrer vollen Wirkung. Kann man ſich dazu überwinden, ſo wird es immer am beſten ſein, die proviſoriſchen Pflanzungen ganz wegzulaſſen und den Bäumen von vornherein diejenige Entfernung zu geben, welche ſie ſpäter bei ausgewachſener Krone beanſpruchen müſſen. Bei dieſem ſtreng durchgeführten Verfahren wird man bereits nach wenigen Jahren die Freude erleben, zu ſehen, wie ungleich ſchöner und kräftiger ſich die Kronen der Bäume entwickeln, als wie bei einer dichteren Pflanzung. Dabei iſt ja nicht ausgeſchloſſen, daß man vorläufig die Zwiſchenräume durch niedrig bleibendes Unterholz ausfüllt.

Uebrigens wachſen die Bäume, ſobald man ihnen den genügenden Raum und ſorgſame Pflege gewährt, weit raſcher als wie man gewöhnlich annimmt. Von der Eiche ſetzt man voraus, daß ſie ſehr langſam wachſe. Sie wächſt aber weit raſcher als man denkt. Die Friedenseiche zu Unterſendling, welche am 1. Mai 1871 geſetzt wurde, zeigt jetzt, im Frühjahr 1890, einen Stammumfang von 0,90 Meter und einen Kronendurchmeſſer von 8 Meter.

Eine neue Gehölzanlage kann während der erſten Jahre ſchon deswegen keinen ſchönen und natürlichen Eindruck hervorbringen, weil man zu ſehr die Hand des Gärtners darin gewahrt. Baumpfähle können nicht gut ausſehen. Man darf ſich das aber nicht verdrießen laſſen. Je ſorgfältiger die Bäume während ihrer erſten Lebensjahre gepflegt werden, deſto früher und deſto ſicherer gelangen ſie zu kräftiger und natürlicher Entfaltung. Ein völlig gegen Wind und Wetter geſicherter Stand durch kräftigen, dauerhaften Pfahl und zweck= mäßigen, widerſtandsfähigen Verband iſt für den jungen Baum erſte Bedingung des Gedeihens. Einen ebenſo einfachen wie praktiſchen Verband, welchen nach dem Oeſterr. landw. Wochenblatt R. Dolenc bei einem ſchlichten Landmanne fand, bildet die Wiener Illuſtr. Gartenzeitung (Dec. 1881, S. 527) ab. Er beſteht aus einem Strohſeil, welches um den Baum gelegt, zwiſchen Baum und Pfahl über's Kreuz durchgezogen, vor dem Pfahl in einen Zopf geflochten wird, welchen man mittelſt einer Weide am Pfahl befeſtigt. Dieſes Verfahren läßt ſich ſehr gut in einer Baumanlage zur Anwendung bringen, wenn man ſtatt des Stroh= ſeils einen hänfenen Strick oder eine andere dauerhaftere Pflanzenfaſer ver= wendet. Der große Vortheil dieſes Verbandes beſteht in ſeiner Weichheit und Dehnbarkeit. Die Nachtheile eines bloßen Weidenverbandes ſind allgemein be= kannt. Ein ſehr gutes Bindematerial iſt der Stengel der Walbrebe (Clematis vitalba). Derſelbe iſt beſonders für den Achterverband geeignet, wie ihn die Wiener Illuſtr. Gartenzeitung (März 1882, S. 125) abbildet und folgender= maßen beſchreibt:

„Derſelbe beſteht einfach darin, daß jedem Baume an der Seite des herr= ſchenden Windes ein ſtarker, nur bis zur Baumkrone, nicht aber auch in dieſe hineinreichender Pfahl beigegeben wird, welcher etliche 5 bis höchſtens 10 Centi= meter vom Stamme abſteht, und um welchen, wie auch gleichzeitig um den Stamm, in beſtimmter Höhe geſchmeidige, doch genügend ſtarke Schoſſe der ſogenannten gemeinen Walbrebe oder Clematis vitalba in der Form der Zahl 8 ſo dicht als möglich mehrmals herumgewunden werden. Um das Aufgehen des Verbandes unmöglich zu machen, überbindet man es an der Kreuzungsſtelle ſo feſt als nur möglich mit einer Weide, und um alle Abreibung des Stammes zu verhindern, legt man zwiſchen dieſen und das Band Moos oder Stroh ein. Der doppelte Achterverband unterſcheidet ſich vom einfachen nur darin, daß er ſtatt eines, zwei Pfähle erhält, von welchen einer an der Seite des herrſchenden Windes, der andere aber dieſem entgegengeſtellt eingeſchlagen wird. Die Walbrebenſchoſſe werden bei dieſem ſelbſtverſtändlich um beide Pfähle und um den Stamm geſchlagen.“

Nicht selten wird dem Landschaftsgärtner die angenehme Aufgabe zu Theil, schon vorhandene Waldstrecken in eine Parkanlage zu verwandeln. In diesem Fall zeigt sich sein wahres Künstlergenie in dem Takt, den er bei den vorzunehmenden Aushauungen und sonstigen Veränderungen an den Tag legt. Selbstverständlich wird er grade diesen Theil seines Wirkens nur unter seiner beständigen, unmittelbaren Aufsicht vollziehen lassen.[1]) Es sollte wo möglich kein Baum gefällt werden, welchen nicht der Oberleiter der Anlage vorher selbst mit der Axt bezeichnet hätte. Die äußerste Sorgfalt ist auf das Fällen der Bäume zu verwenden, um eine Beschädigung der stehenbleibenden Bäume zu verhüten. Es bedarf dazu geschickter und erfahrener Arbeiter mit guten Instrumenten. In den meisten Fällen wird es sich empfehlen, das Ausroden der Stöcke erst nach dem Fällen der Stämme vornehmen zu lassen. Bringt ein großer zu beseitigender Baum seine Umgebung durch seinen Fall voraussichtlich in dringende Gefahr, so nehme man ihm erst die Hauptäste, bevor man den Stamm absägen läßt. In einzelnen Fällen, namentlich in sehr moosigen Waldbeständen, wo ein baldiges Ueberwachsen der Wurzelstöcke mit Moos und Farnkräutern zu erwarten steht, kann man dieselben stehen lassen. Daß man Laubhölzer nur im Spätherbst nach dem Laubfall oder im Winter schlagen darf, ist selbstverständlich.

Jäger äußert sich über die Aushauungen folgendermaßen:

„Man beginnt mit dem Hauen an Stellen, von wo das zukünftige Bild gesehen werden soll und wo die Abfuhr des Holzes leicht möglich ist. Zuerst lasse man, ohne sich die Mühe besonderer Bezeichnung zu geben, alles unwesentliche, jedenfalls zu entfernende Gebüsch und alles unterdrückte Holz beseitigen, damit man freier sehen und sich bewegen kann. Dann kommt das kahle Stangenholz daran, welches auf keinen Fall bleiben kann. Ist dies geschehen, so muß das Holz jedenfalls erst aufgearbeitet werden, damit man einen Ueberblick gewinnt. Unterdessen hat der Gärtner Zeit, sich die einzelnen Holzpartien genau zu betrachten und sie in Gedanken zu gruppiren. Nun erst beginnt die eigentliche künstlerische Arbeit. Kommt man den zu bildenden Gruppen oder dem zukünftigen Waldsaum nahe, so muß jeder Stamm besonders bezeichnet werden. Man verlasse sich dabei nicht auf mündliches Angeben, sondern zeichne jeden Stamm bemerkbar an. Von nun an wird nur Baum für Baum weggenommen, und jedesmal die, durch die Beseitigung eines Baumes hervorgebrachte Wirkung reiflich erwogen und nachgedacht, ob der nächste geopfert werden muß, wobei eine genaue Untersuchung der dahinter stehenden Bäume vorausgehen muß.

Wenn es nicht zur Gewinnung einer landschaftlichen Tiefe nöthig ist, ohne Rücksicht tief einzuschlagen, und es sich um die Bildung einer vollen Gruppe oder eines vollen Waldsaumes handelt, so schlage man nie einen leidlich deckenden Baum ab, ohne vorher die Ueberzeugung gewonnen zu haben, daß der dahinter stehende mindestens eben so schön ist. Kommen bei kahlen Abtrieben sehr schöne Bäume vor, auf die man vorher nicht gerechnet, also auch bei dem Plane keine Rücksicht genommen hat, so lasse man sie ja stehen, denn man weiß nicht, ob sie nicht ein großer Gewinn sind, und oft kommt es nicht darauf an, ob man ein Bild ganz frei, oder zwischen einzelnen Bäumen verdeckt erblickt. Einzelne, schöne Bäume verderben selten etwas, sie müßten denn überall zerstreut stehen, sind dagegen von so außerordentlicher Wirkung, daß man ihnen zu Gefallen selbst von einem gefaßten Plane abgehen kann.

<hr>

[1]) Vergl. u. a. H. Jaeger, Praktische Andeutungen über Aushauungen und Holzlichtungen im Landschaftsgarten und Parkwald. Wiener Illustr. Gartenz. Aug.-Sept. 1880. S. 342—346. Okt. 1880. S. 406—410. Derselbe: Ueber Erhaltung und Veränderung der Pflanzungen in den Landschaftsgärten. Ders. Zeitschr. Jahrg. 1879. Auch das Juniheft 1880.

Sollen Waldbäume in malerischer Weise ausgehauen werden, so hat man sich bloß um die Außenlinie zu kümmern und muß suchen, überall einen grünen Saum zu bekommen. Greift man tief ein, wie es bei Waldbäumen, welche in der Ferne wirken sollen, stets nöthig ist, so bekommt man oft kahle Bäume zum Saum, weil alle im Schluß aufgewachsenen Kronen nur noch oben grün sind, selbst im lichten Hochwald. Diese fallen auch in der Ferne noch unangenehm auf, denn das Auge sucht am Waldrande nur freie Stämme, nicht aber kahle Aeste und dünne Kronen. Sollen Gruppen und Haine gebildet werden, so werden, nachdem erst alle schlecht gewachsenen Bäume beseitigt sind, die Massen durch Lichtungen geschieden und so gruppirt. So gebildete Gruppen werden fast immer schöner, als gepflanzte, vorausgesetzt, daß die Bäume vollkronig sind und in Reihen stehen. Schlecht gewachsene, schwachkronige Bäume sollten nie freigestellt werden, obschon es häufig in Anlagen zu sehen ist. Besser nur einzelne, schöne Bäume, als Gruppen schlechter Bäume. Nur das Bedürfniß des Schattens kann ein Beweggrund sein, sie an Wegen und Gruppen stehen zu lassen. Eine Ausnahme kann und soll man mit alten, ehrwürdigen, bemoosten Stämmen machen, wenn es an schönen, alten Bäumen fehlt. Will man eine ganze Holzmasse durchbrechen, um die Aussicht nach einem bestimmten Punkte zu öffnen, so schlägt man erst in gerader Linie durch und arbeitet von dieser nach den Seiten. Ist die Holzung so breit, daß man auch im Winter nicht durchsehen kann, so muß die Mittellinie der Ansicht ermittelt und fest abgesteckt werden. Auch die Grenzen, wie weit sich die Lichtung nach den Seiten erstrecken soll, können ungefähr abgesteckt werden. Man bleibe jedoch von der eigentlichen Grenzlinie immer etwas fern, damit nicht zu tief eingeschlagen wird. Das Fehlende läßt sich immer nachholen.

Wird ein Waldstück in der Richtung des Durchbruchs von einem Holzfahrwege durchzogen, oder bewirkt Bodenverschiedenheit, etwa Felsen, eine Sandbank, ein Sumpf oder Wasserlauf Zwischenräume im geschlossenen Walde, so suche man solche Stellen wenigstens theilweise als künftigen Waldsaum beizubehalten, denn man findet dort volle, oft bis unten beästete Bäume, welche eine Freistellung besser vertragen. Es ist nämlich in den meisten Fällen mißlich, einen ganz geschlossenen Laubhochwald, besonders Buchenwald, in welchem die Bäume nicht durch allmälige Auslichtung an einen freien Stand gewöhnt sind, zum Zwecke einer Durchsicht oder zur Vergrößerung der Rasenflächen auszuhauen, besonders wenn einzelne schöne alte Bäume stehen bleiben sollen; denn in den meisten Fällen werden die bisher ganz im gegenseitigen Schutz gestandenen Bäume schlecht, gehen nach und nach ein."

Besonders schöne Bäume, welche in die Anlage durchaus nicht hineinpassen, sollte man jederzeit versetzen, wozu ja jetzt an zweckmäßigen Vorrichtungen kein Mangel ist.[1]

Eine besonders lästige Arbeit ist das Ausroden des Unterholzes und Strauchwerks in einer in einen Park umzuwandelnden Waldung sowie auch in einer neuen Anlage, wenn das Unterholz zu sehr wuchert. Eine Erleichterung dieser Arbeit bietet wohl der Gesträuchausrober des Amerikaners J. W. Phillips, welchen die Wiener Illustr. Gartenzeitung (Mai 1883, S. 227) abbildet.

Bei einer jungen Gehölzanlage liegt immer die Gefahr nahe, daß die Bäume durch zu geschlossenen Bestand zu Stangen werden. Es hat sich durch vielfache Beobachtungen und Versuche herausgestellt, daß zu eng stehende Bäume ein äußerst langsames Dickenwachsthum entwickeln. Im Jahr 1869 wurde im Ge-

---

[1] Zum Versetzen jüngerer Bäume eignet sich Chatenay's Baumversetzer, abgebildet in der Wiener Illustr. Gartenz. Aug.-Sept. 1880. S. 371. Für das Versetzen größerer Bäume vergleiche u. a. die „Erinnerungen aus Eisgrub" von H. Licht in derselben Zeitschrift Aug.-Sept. 1882. S. 351—356.

birge bei Hermannstabt in der unteren Laubholzregion eine Buche gefällt, deren Stamm nur 9 Zoll im Durchmesser zeigte, obgleich der Baum nach der mit der Lupe vorgenommenen Zählung der Holzlagen ein Alter von 200 Jahren besaß. Das Holz dieses in gedrängtem Bestand erwachsenen Baumes war steinhart.[1]

Man sieht daraus, wie wichtig es ist, den Bäumen von vornherein einen genügenden Raum zu ihrer vollen Entwickelung anzuweisen. Auch darf man keineswegs etwa so lange warten, um ihnen Luft und Licht zu schaffen, bis ihre

Fig 40.

Seeshaupt am Würmsee.

Kronen sich berühren. Wenn dieser Fall eintritt, so ist es schon zu spät; die Bäume haben dann schon Schaden gelitten in ihrer Entwickelung. Zu beachten ist dabei besonders, daß die Nadelhölzer durchaus keine Ueberwachsung und Beschattung ertragen, wenn sie sich gut entwickeln sollen. Besonders am Rande der Gehölze müssen sie ganz frei stehen.

Ich gebe im Folgenden einige Maße von Bäumen, welche dem Landschaftsgärtner bei der Pflanzung als Fingerzeig dienen können.

Baumart	Vorkommen	Stammumfang	Kronendurchmesser
Fichte (Pinus abies *L.*)	Villa Freiberg, Thalkirchen bei München	3,30 Meter	
	Unter Harlaching	2,55	18 Meter
	„ „	2,70	
	„ „	2,20	
	Hirschau bei München	2,30	18
	„ „ „	2,40	18
	„ „ „	1,90	14
„ (Zwillingsbaum)	„	2,80	
„ (einfach)	„	2,30	12
„ (einfach)	„ am Futterplatz	3,40	14
„ (vielgipfelig)	Nymphenburg	2,60	

[1] „Neue freie Presse". Wien, 7. Juni 1869. Abendblatt.

Baumart	Vorkommen	Stammumfang	Kronendurchmesser
Fichte (einfach)	Nymphenburg	2,20 Meter	
„ „	„	2,65 „	
„ „		2,50 „	
„ „	See zu Nymphenburg	2,80 „	
„		2,90 „	
Kiefer (P. silvestris L.)	Nymphenburg	1,90 „	
„	„	2,30 „	
„	„	2,80 „	18 Meter
„	„	2,00 „	
Lärche (P. larix L.)	„	1,55 „	
„	„	2,20 „	
„	„	2,30 „	
Edeltanne	Schoberalp	4,00 „	
Lebensbaum (Th. occid.)	Nymphenburg	0,90 „	
Weymouthskiefer (P. Strobus) Drilling	„	2,70 „	
Weymouthskiefer (einfach)	„	1,70 „	
Ahorn (Acer pseudopl.)	Hirschau b. M.	1,65 „	14 „
Birke (Betula alba L.)	„	2,30 „	20 „
„	„	1,90 „	15 „
„	„	2,85 „	20 „
Buche (Fagus silv.)	„	2,00 „	18 „
„	Klein-Hesselohe	3,40 „	26 „
„ (in Mannshöhe 4theilig)	„	6,20 „	24 „
„ (in Mannshöhe 2theilig)	Hirschau, Futterplatz	5,10 „	32 „
„ (einfach)		3,50 „	20 „
Eiche (Friedenseiche)	Sendling b. M.	0,90 „	8 „
„	Hirschau b. M.	2,80 „	20 „
„ (alter Baum)		5,00 „	
Eiche (krummer Baum)	Englischer Garten	3,90 „	30 „
„ (schlank)	„ „	3,75 „	30 „
„ (sehr schlank)		3,70 „	20 „
„ (3theilig)	See b. Klein-Hesselohe	4,70 „	28 „
„	Hirschau	3,25 „	
„	„	3,10 „	24 „
Espe	„	2,40 „	20 „
Linde (freistehend)	Englischer Garten	3,00 „	18 „
„	Dianabad	2,80 „	15 „
„ (Zwilling)	Hirschau	4,60 „	
„ (einfach)		6,00 „	
„	See zu Nymphenburg	4,20 „	
Maßholder	Pullach	1,80 „	
Pappel (Populus nigra L.), der große Stamm eines Zwillings	Englischer Garten bei München	5,00 „	20 „
Pappel	Marienklause	4,30 „	28 „
„	Englischer Garten	4,30 „	27 „
„	Bei'm Monopteros	4,30 „	
Roßkastanie	Mariä-Einsiedel	3,80 „	17 „
	Nymphenburg	2,65 „	
Ulme (Ulmus camp.)	Dianabad	3,60 „	24 „
	Monopteros	4,75 „	26 „
Weide (Salix alba L.)	Marienklause	2,80 „	17 „
„ (Stumpf)	Schwabing	7,35 „	
„	Hirschau	4,80 „	
„ (Zwilling)	„	6,00 „	
		4,20 „	
Wallnuß	Weiherburg b. Innsbruck	4,35 „	

Aus vorstehender Tabelle ergiebt sich, daß die meisten Bäume, um sich frei entwickeln zu können, bei der Pflanzung in Alleen oder in Anlagen eines Abstandes von 20—30 Metern bedürfen. Nur wenige Bäume, wie z. B. die Birke, die Fichte und andere Nadelhölzer nehmen etwas weniger Raum ein; jedoch ist der Unterschied keineswegs sehr beträchtlich.

§ 3. Allmählige Entwickelung der Anlage.

Den erkünstelten und gezwungenen Anblick, welchen eine neue Anlage während der ersten Jahre ihres Bestehens gewährt, wird ein sorgsamer Gärtner dem Be-

Fig. 41.

Im Kieler Schloßgarten.

sitzer des Grundstücks sowie Allen, welche dasselbe betreten, zu mildern und zu verbergen suchen. Das geschieht in erster Linie durch die allergrößeste Ordnung, Sauberkeit und Accuratesse. Vor Allem ist den Rasenflächen die peinlichste Sorgfalt zuzuwenden. Rasenmaschine und Walze sollen in ununterbrochenem Gebrauch stehen und große Flächen, für welche die Maschine nicht ausreicht, so oft wie es nöthig ist, mit der Sense oder mit einer größeren Mähemaschine geschnitten werden. Den Rasenkanten muß man beständig mit dem Kantenstecher und der Rasenscheere nachhelfen; schadhafte Stellen müssen durch Rasenziegel ausgebessert werden, die man für jeden größeren Park zur Vermeidung des Klees und anderer Unkräuter aus eigener Anzucht in beliebigen Quantitäten in Bereitschaft halten sollte. Dünne Stellen der Rasenfläche sind mit Komposterde zu bedecken und mit reiner Grasmischung neu anzusäen. Für Bewässerung des Rasens ist nach besten Kräften zu sorgen, soweit die hydrographischen Verhältnisse des Parks es ermöglichen.

Wesentlich wird man das Interesse der Herrschaft an der Gartenschöpfung wecken, wenn man auf dem Rasen sowie auch in den jungen Gehölzen und an den Ufern schon vom ersten Frühling an die der Flora des Landes entsprechenden schöneren und selteneren Blumen auftreten läßt. Für den Rasen eignen sich besonders Zwiebel= und Knollengewächse, so z. B. für die feuchteren Stellen Schneeglöckchen (Galanthus), Märzglöckchen (Leucojum) und Erdrauch (Corydalis cava), für trockenere Stellen Traubenhyacinthen (Muscari), Sternhyacinthen (Scilla bifolia), Milchsterne (Ornithogalum umbellatum), Hundszahn (Erythronium) und Crocus.

Wo die Anlage noch gar zu kahl und unbeholfen aussieht, da kann man sich ja vorläufig durch Vorpflanzungen helfen, über welche jedoch genaue Notizen in das Buch einzutragen sind, mit Vorbemerkung über die Zeit, wann sie wieder beseitigt werden müssen. Selbstverständlich muß man diese provisorischen Schutzpflanzungen so anlegen, daß sie niemals mit den Holzgewächsen der eigentlichen Anlage in Konflikt gerathen können. Die Auswahl der Gehölze für die Schutzpflanzungen hängt natürlich von den Verhältnissen ab und es läßt sich nichts Allgemeingültiges darüber sagen. Robinien und Lorbeerweiden (Salix pentandra) sind für solche Zwecke besonders schön und dankbar.

Ununterbrochene Sorgfalt hat man den Nadelhölzern zuzuwenden. Niemals dürfen sie mit Laubhölzern oder mit Unterholz in Konflikt gerathen, wenn sie sich gut entwickeln sollen. Dem Hineinwachsen anderer Gehölze ist hier stets schon vorher mit der Axt Einhalt zu thun.[1] Niemals sollte man die Nadelhölzer zu dicht pflanzen, sondern von vornherein in solchen Entfernungen, wie sie deren später zu ihrer vollen Entwickelung bedürfen. Die anfänglich vorhandenen Zwischenräume sollte man durch hochwüchsige Farne verdecken. Späteres Ausroden der Nadelhölzer ist stets für die stehenbleibenden Bäume gefährlich. Legt ein Privatmann einen Garten an, so wird er in der Regel von den Baumschulenbesitzern veranlaßt, zehnmal so viele junge Bäume zu kaufen als wie seine Anlage zweckmäßigerweise beherbergen kann. Lieber kaufe man zu wenige Bäume. Nachpflanzen kann man immer, wo es noth thut, aber die Nachtheile einer zu dichten Pflanzung lassen sich schwer beseitigen. Nadelhölzer, welche in Körben herangezogen sind, kann man zu jeder Zeit verpflanzen, wenn man sie mit den Körben in lockeres Erdreich senkt.

Je größere Sorgfalt der Gartendirektor allen diesen Dingen zuwendet, um so mehr wird seine Freude von Jahr zu Jahr wachsen am Gedeihen seiner Anlage. Alljährlich verändert sich der Charakter der Bäume auf eine kaum vorherzusehende Weise. Hier muß man einem Baum mehr Raum und Freiheit schaffen, — dort ist eine zu große Lücke durch Nachpflanzung auszufüllen. Zu sehr wuchernde Holzgewächse sind auszumerzen. Daß Gesträuche mit kriechenden Ausläufern wie z. B. Schneebeeren, sibirischer Hartriegel, strauchige Spierstauden, Lilak u. dgl. m., zumal, da sie bei uns nicht heimisch sind, nicht in eine Parkanlage gehören, müßte man nicht erst zu sagen brauchen. Leider finden sie sich

---

[1] Vergl. auch Jäger in der Wiener Illustr. Gartenz. Dez. 1879. S. 486, 487.

aber in vielen Parks und richten durch ihre Wucherungen überall beträchtlichen Schaden an.

Hat der Gärtner erst ein Jahrzehnt in der angegebenen Richtung gearbeitet, so wird seine Freude an dem Geschaffenen von Jahr zu Jahr in einem vorher kaum geahnten Grade wachsen. Wohl ihm, wenn es ihm gelungen ist, seinen Auftraggeber mit demselben Interesse zu erfüllen. Er wird nach längerer amt-licher Thätigkeit die Palme des Lebens errungen haben und kann mit dem großen Dichter befriedigt ausrufen:

> „Wem wohl das Glück die höchste Palme beut?
> Wer freudig thut, sich des gethanen freut."

Index der deutschen Pflanzennamen.

Dosten 155.
Dotterweide 118.
Drachenbäume 17.
Drachenkopf 155.
Drahtschmiele 188.
Dreiblattfarn 191.
Dreizahn 179.
Drösseln 103.
Drüsen-Brombeere 152.

Eberesche 47. 81. 95. 151.
Edeltanne 94.
Effe 114.
Eibe 7. 19. 63. 95. 96. 102.
Eibenbäume 96.
Eibenbaum, irischer 97.
Eibisch 157.
Eiche 8. 9. 18. 69. 71. 84. 89. 111. 130.
Eiche, französische 130.
Eichen, amerikanische 86.
Eiche, österreichische 130.
Einbeere 113.
Einblatt 134.
Einsamenlappige 131.
Eisenhut 117.
Elsebeerbaum 81. 95. 151.
Engelsüß 191.
Engelwurz, echte 159.
Engelwurz, wilde 159.
Enzian 46. 118.
Enzian, weißer 160.
Epheu 2. 9. 49. 113. 153.
Epheugewächse 153.
Erbsenwicke 159.
Erdbeerbaum 8.
Erdbeerfingerkraut 159.
Erdbeerklee 158.
Erdrauch 113.
Erdtraganth 158.
Erle 13. 64. 69. 122. 123.
Esche 13. 69. 93. 111. 141.
Eschenahorn 141.
Esparsette 47. 158.
Esparsettetraganth 158.
Espe 89. 95. 122.
Essigkrügle 117.
Essigkrüglein 95.

Fadenklee 158.
Färberginster 150.
Fahnengras 179.
Farnkräuter 55.
Faulbaum 149.
Federgras 175.
Federgräser 174.
Federnelke 134.
Federschwingel 185.
Feigenbaum 116.
Feld-Löwenmaul 154.
Feldrose 153.
Feldrüster 111.
Feldulme 111. 114.
Feldzwenke 185.

Felsenmeier 160.
Felsenmispel 151.
Felsennelke 133.
Felsenstern 160.
Felsen-Storchschnabel 156.
Felsen-Waldrebe 118.
Fennich, blutrother 171.
Fettkraut 156.
Fettpflanzen 159.
Feuerlilie 151.
Fichte 13. 46. 47. 48. 53. 57. 69. 75. 76. 84. 92. 94. 95. 103.
Fichte, weiße 96.
Fieberklee 144.
Fingergras 171.
Fingerhut, rother 92. 154.
Fingerkraut, weißes 159.
Fioringras 163. 164. 165. 169. 173.
Fledermaus 132.
Flieder 35. 89. 112. 153.
Fliege 133.
Flügelblume, ungarische 134.
Flügelblumen 134.
Franzosenkraut 181.
Frauenfarn 192.
Frauenmantel 159.
Frauenschuh 133.
Froschbiß 133.
Froschbißgewächse 133.
Frühhafer 179.
Frühlings-Braunwurz 154.
Frühlings-Riedgras 113.
Frühlings-Safran 132.
Fuchsschwanzgräser 171.

Gaisblattgewächse 153.
Gaisfuß 159.
Gamander 155.
Gänsekraut 113.
Gartenbingelkraut 35.
Gebirgsklee 158.
Gedenkemein 155.
Geißbart 152.
Geißklee 158.
Gemswurz 160.
Gewürzkerbel 160.
Ginkobaum 97.
Ginster 150.
Gipsblumen 133.
Glanzgras 168. 171.
Glanzgräser 171.
Gleiße 159.
Glockenblume, breitblätterige 157.
Glockenblume, kleine 157.
Glockenblume, kriechende 157.
Glockenblumen 157.
Gnadenkraut 154.
Goldauge 152.
Goldbecher 159.
Goldhaar 160.
Gold-Johannisbeere 144.
Goldkerbel 160.

Goldklee 158.
Goldnessel 155.
Goldregen 144. 150. 151.
Goldruthe 160.
Goldruthe, kanadische 161.
Goldschirm 159.
Goldstrauß 112.
Graben-Rispengras 181.
Grabenveilchen 154.
Grähne 105.
Gränke 156.
Grastulpe 113.
Grasstern 160.
Grauerle 89. 93. 95. 124.
Graupappel 122.
Grauweide 120.
Grundheil 154. 156.
Grünerle 124.
Guajakbaum 46.
Günsel 155.
Gundermann 155.
Gurkengewächse 157.

Haargras 175.
Haarhafer 179.
Haarstrang 160.
Habichtskraut 161.
Hängeesche 120.
Hafergräser 176.
Haferschmiele 176.
Haide 92. 95.
Haideginster 150.
Haidekraut 118.
Hainbuche 6. 19. 130.
Hainbuche, orientalische 131.
Hainkarde 160.
Hain-Rispengras 180.
Hainschwingel 183.
Hain-Storchschnabel 156.
Hainstern 160.
Hainveilchen 118.
Hain-Wachtelweizen 45.
Hain-Weidenröschen 157.
Hainwicke 159.
Hanfnessel 155.
Harlekinsblume 117.
Hartriegel 90.
Hartriegelgewächse 158.
Hartschwingel 183. 164.
Hasel-Brombeere 152.
Haselnuß 130.
Haselstrauch 112.
Haselwurz 159.
Hasenklee 158.
Hecken-Brombeere 152.
Heckenbuche 131.
Heckenkirsche 112.
Hecken-Männertreue 154.
Heckenschlehe 152.
Heidelbeere 92. 95. 118.
Helmkraut 155.
Herlitze 153.
Herzblatt-Gemswurz 161.
Herzgespann 155.
Heuhechel 150.

Index der lateinischen Pflanzennamen.

Papaver rhoeas 45.
Paris quadrifolia 113.
Parnassia palustris 134.
Pastinaca sativa 160.
Pavia rubra 45. 78. 84.
Pedicularis silvatica 155.
Pedicularis palustris 155.
Petasites albus 112.
Petasites officinalis 112.
Peucedanum cervaria 160.
Peucedanum Oreoselinum 160.
Phalarideae 171.
Phalaris arundinacea 168. 171.
Phalaris canariensis 171.
Phragmites communis 175.
Phegopteris dryopteris 191.
Phegopteris polypodioides 191.
Phegopteris robertiana 191.
Philadelphus 90.
Phleum Boehmeri 173.
Phleum pratense 166. 167. 172.
Phragmites 65.
Phragmites communis 132.
Phyteuma 157.
Phyteuma nigrum 157.
Phyteuma orbiculare 157.
Phyteuma spicatum 157.
Picea cephalonica 96.
Picea grandis 103.
Picea Nordmanniana 96.
Picea pinsapo 96.
Picea vulgaris 94.
Pimpinella magna 159.
Pimpinella saxifraga 97.
Pinguicula vulgaris 156.
Pinus abies 94.
Pinus Laricio austriaca 93.
Pinus larix 96.
Pinus maritima 93.
Pinus maritima minor 93.
Pinus mughus 93. 98.
Pinus nigricans 93.
Pinus picea 94.
Pinus pinaster 93.
Pinus silvestris 92.
Pinus strobus 94. 105.
Piroleae 156.
Pirola minor 95.
Pirola rotundifolia 95.
Pirola umbellata 95.
Pirola uniflora 95.
Pirus amygdaliformis 151.
Pirus communis 151.
Pirus malus 151.
Pistacia Lentiscus 146.
Pistacia Terebinthus 146.
Platanthera bifolia 132.
Platanthera chlorantha 132.
Platanthera viridis 132.
Platanus occidentalis 83. 139.
Poa annua 180.

Poa compressa 164.
Poa fertilis 165. 180.
Poa memoralis 164. 168. 180.
Poa pratensis 163. 181.
Poa sudetica 181.
Poa trivialis 164. 167. 168. 181.
Polemonium caeruleum 156.
Polygaleae 134.
Polygala chamaebuxus 134.
Polygala comosa 134.
Polygala depressa 134.
Polygala maior 134.
Polygala vulgaris 134.
Polypodium vulgare 191.
Polystichum filix mas 192.
Polystichum spinulosum 192.
Polystichum Oreopteris 192.
Polytrichaceae 190.
Pomaceae 151.
Populus 120.
Populus alba 84.
Populus balsamifera 123.
Populus canescens 122.
Populus monilifera 123.
Populus nigra 84. 121.
Populus tremula 89. 122.
Potentilla 159.
Potentilla alba 159.
Potentilla fragariastrum 159.
Potentilla fruticosa 152.
Prenanthes purpurea 161.
Primulaceae 156.
Primula elatior 112.
Primula farinosa 118.
Primula officinalis 156.
Pruinosae 120.
Prunella grandiflora 155.
Prunella vulgaris 155.
Prunus avium 152.
Prunus cerasus 152.
Prunus chamaecerasus 152.
Prunus domestica 152.
Prunus insititia 152.
Prunus Mahaleb 152.
Prunus padus 152.
Prunus spinosa 152.
Pteris aquilina 191.
Pulmonaria azurea 156.
Pulmonaria mollis 156.
Pulmonaria officinalis 156.
Pulmonaria saccharata 156.
Pulsatilla pratensis 113.

Quercus alba 129.
Quercus cerris 130.
Quercus coccifera 130.
Quercus ilex 130
Quercus pedunculata 126.
Quercus pedunculata asplenifolia 138.
Quercus pedunculata Concordia 137.
Quercus pedunculata Dauvessei 138.

Quercus pedunculata fastigiata 138.
Quercus pedunculata ficifolia 138.
Quercus pedunculata foliis argenteopictis 137.
Quercus pedunculata foliis atropurpureis 138.
Quercus pubescens 130.
Quercus sessiliflora 126.
Quercus suber 130.

Ramischia secunda 95.
Ranunculaceae 113.
Ranunculus auricomus 113.
Ranunculus ficaria 113.
Rhamnus cathartica 149.
Rhamnus frangula 149.
Rhus cotinus 146.
Rhus typhinum 147.
Ribes aureum 144.
Ribes sanguineum 144.
Robinia pseudacacia 49. 112. 150.
Robinia viscosa 81.
Rosaceae 151. 159.
Rosa alpina 152.
Rosa arvensis 153.
Rosa canina 153.
Rosa cinnamomea 152.
Rosa gallica 153.
Rosa lutea 152.
Rosa pimpinellifolia 152.
Rosa pomifera 153.
Rosa rubiginosa 45. 153.
Rosa tomentosa 153.
Rosa turbinata 153.
Rubiaceae 160.
Rubus caesius 152.
Rubus corylifolius 152.
Rubus dumetorum 152.
Rubus fruticosus 152.
Rubus glandulosus 152.
Rubus idaeus 152.
Rubus saxatilis 152.
Ruscus aculeatus 132.
Ruscus hypoglossum 132.

Salisburia adiantifolia 97.
Salix alba 118.
Salix amygdalina 120.
Salix aurita 89. 120.
Salix babylonica 119.
Salix caprea 89. 120.
Salix cinerea 89. 120.
Salix daphnoides 120.
Salix fragilis 118.
Salix grandifolia 120.
Salix incana 120.
Salix myrtilloides 120.
Salix nigra pendula 119.
Salix pentandra 89. 118.
Salix purpurea 120.
Salix repens 118. 120.
Salix rosmarinifolia 118.

Druckfehler.

Seite 41 Zeile 4 v. o. lies: nun sichtbar, statt: unsichtbar.
„ 49 „ 16 v. u. „ quinquefolia, statt: quinque folia.
„ 58 „ 15 v. u. „ zerschnitten, statt: verschnitten.
„ 81 „ 9 v. o. „ Fieberlaub, statt: Fliederlaub.
„ 120 „ 28 v. o. „ Pruinosae, statt: Pouinosae.
„ 123 „ 7 v. o. „ Eibe, statt: Eiche.
„ 132 „ 11 v. u. „ angustifolia, statt: augustifolia.
„ 134 „ 2 v. o. „ Armeria, statt: Armerica.
„ 144 „ 18 v. o. „ alpinus, statt: alpinum.
„ 148 „ 15 v. u. „ Hülsen, statt: Hülsen=.
„ 155 „ 23 v. o. „ Hyssopus, statt: Hypopus.
„ 160 „ 8 v. o. „ palustre, statt: pallustre.
„ 160 „ 9 v. o. „ Ostruthium, statt: Ortuthium.
„ 166 „ 2 v. o. „ Schmiele, statt: Schwiele.
„ 167 „ 34 v. o. „ pratense, statt: pratensis.